Gerlinde Frey-Vor, Rüdiger Steinmetz (Hg.)

Rundfunk in Ostdeutschland

Jahrbuch Medien und Geschichte 2003

Herausgegeben vom Studienkreis Rundfunk und Geschichte

Gerlinde Frey-Vor, Rüdiger Steinmetz (Hg.)

Rundfunk in Ostdeutschland

Erinnerungen – Analysen – Meinungen

UVK Verlagsgesellschaft mbH

Gefördert von der Sächsischen Landesanstalt für Privaten Rundfunk und Neue Medien (SLM), vom Mitteldeutschen Rundfunk MDR und von der Universität Leipzig.

Bibliografische Information Der Deutschen Bibliothek
Die Deutsche Bibliothek verzeichnet diese Publikation in der Deutschen Nationalbibliografie; detaillierte bibliografische Daten sind im Internet über <http://dnb.ddb.de> abrufbar.

ISSN 1617-3007
ISBN 3-89669-418-9

© UVK Verlagsgesellschaft mbH, Konstanz 2003

Einbandgestaltung: Tina Koch, Konstanz
Druck: Rosch-Buch Druckerei GmbH, Scheßlitz

UVK Verlagsgesellschaft mbH
Schützenstr. 24 · D-78462 Konstanz
Tel.: 07531-9053-0 · Fax: 07531-9053-98
www.uvk.de

Inhalt

Vorwort der Herausgeber..7

I. Die Wendezeit

Rüdiger Steinmetz
Kontinuitäten und Brüche vor, am und nach dem 9. November 1989................9

II. Übergänge zu neuen Strukturen

Detlef Kühn
Erinnerungen an Sachsenradio..47

Klaus Wilhelm
Gründung des ZDF-Studios Leipzig...55

Steffi Elwan-Treuger
Kanal X: Ein Leipziger Fernseh-Piratensender im gesetzfreien Raum................75

Detlef Kühn
Den Privaten eine Anstalt: Gründung und erste Jahre der SLM.........................91

Karl Friedrich Reimers
Von der DDR-Journalistik zur Kommunikations- und Medienwissenschaft...109

III. Entfaltung neuer Strukturen

Karola Wille
Vom Werden der Rundfunkordnung in den neuen Bundesländern...................133

Kurt-Ulrich Mayer
SLM: Höhen und Tiefen privater Programmentwicklung in Sachsen...............145

Christian Schurig
Medien-Wege zur Demokratie und Medienkompetenz....................................159

IV. **Programme und ihre Zuschauer**

Gerlinde Frey-Vor, Heinz Gerhard, Annette Mende und Inge Mohr
Fernsehnutzung in den alten und den neuen Bundesländern..................175

Uwe Breitenborn
Retrospektive Konzepte nonfiktionaler Unterhaltung................................201

Lew Hohmann
Die Chronik der Wende – eine Bilanz der Produktion..............................215

V. **Erinnerungen und Statements beteiligter Intendanten**
Interviews: *Werner Lange*

Udo Reiter
MDR: „Wir hatten alle Hände voll zu tun, den Sender aufzubauen"...............233

Günther von Lojewski
SFB: Auflösung des DDR-Hörfunks und Fernsehens im Fluge.......................245

Dieter Stolte
ZDF: Senden für Gesamt-Deutschland..253

Jobst Plog
NDR: In norddeutscher Verbundenheit..265

Helmut Thoma
RTL: Vom Underdog zum Marktführer..269

Hansjürgen Rosenbauer
ORB: Im Schatten der Hauptstadt Profil entwickeln mit geringen Mitteln......275

Die Autoren..283

Vorwort der Herausgeber

„Es musste alles neu gemacht werden" – das galt für den Neuaufbau des Mediensystems in Ostdeutschland nach der Wende, vor allem für die medialen Strukturen. „Neu" waren aber nicht die Menschen in Ost- und Westdeutschland, sondern sie hatten sich bis zum 9. November 1989 als Medien-Machtinhaber, Macher und als Mediennutzer in zwei getrennten politischen Blöcken gegenüber gestanden. Strukturen, Urteile, Vorurteile und Bedürfnisse waren durch meist einseitige Informationen, Erziehung, Ausbildung und langjährige Medien-Nutzungspraxis verfestigt – auf beiden Seiten. Innovative und beharrende Kräfte, flexible und verfestigte Einstellungen, alte und neue ökonomische und politische Machtverhältnisse trafen beim Aufbau eines grundlegend neuen Mediensystems in Ostdeutschland aufeinander. Dies geschah im Spannungsfeld zwischen der Notwendigkeit, „alles schnell neu zu machen" einerseits und langfristiger Prägungen durch mediale Praxen andererseits. Die Macht lag in diesem dynamischen Prozess eher auf der westdeutschen Seite, die existenzielle Unsicherheit eindeutig auf der ostdeutschen. Eine im Einigungsvertrag (§ 36) angelegte Konzentration des Reformprozesses nur auf die neuen Bundesländer verhinderte die ebenfalls diskutierte umfassende Reform der gesamten deutschen Rundfunkordnung.

Noch heute unterscheiden sich Ost- und Westdeutsche in ihrer Mediennutzung und in ihren Vorlieben für bestimmte Programme und Genres. Sie tun das, obwohl die medialen Strukturen seit 1992 in Ost- und Westdeutschland gleich sind. In wissenschaftlichen Analysen und persönlichen Erinnerungen spüren die Autorinnen und Autoren dem Prozess dieser Angleichung nach. Dabei werden die Gründe für die Unterschiede deutlich, und es wird klar, wo Chancen für Innovationen und neue Schwerpunktsetzungen in Ostdeutschland genutzt wurden und wo nicht.

Erst heute, 14 Jahre nach dem Beginn der deutschen Vereinigung, ist es möglich, durch persönliche Erinnerungen der am Aufbau des ostdeutschen Mediensystems Beteiligten Einsichten in die wilden Wendejahre und die folgende Zeit der Konsolidierung zu gewinnen. Und es ist erst heute möglich, einen distanzierten, west- und ostdeutsch „ausgewogenen" Blick auf das erste mediale Nachwende-Jahrzehnt zu werfen – *sine ira et studio*. Auffällig in den Beiträgen bleibt die emotionale Beteiligung der Akteure.

Wie gelang der Übergang von einem staatlichen und zentralen zu einem dualen und regionalen Mediensystem, zu einer neuen Medienausbildung? Wie kam es zur Gründung des MDR, des ORB, des ZDF-Studios in Leipzig? Welche Vorstellungen hatten die an der Grundlegung des Medienrechts-Systems in Sachsen Beteiligten? Welche neuen Akzente setzten und setzen die Landesmedienanstalten in Sachsen und Sachsen-Anhalt?

Dies alles wird aus Innensichten hier dargestellt.

Im wesentlichen chronologisch ist dieser Band aufgebaut: von der unmittelbaren Wendezeit 1989 in die Wendejahre 1990 und 1991, in die Zeit des Aufbaus dauerhaft neuer dualer Strukturen ab 1992 (Etablierungsphase) bis in die Zeit der Konsolidierung ab 1994/95. Hinzu kommen übergreifende Beiträge, die den gesamten Zeitraum umfassen.

Mit diesem Band legt der Studienkreis Rundfunk und Geschichte e.V., die seit 1969 existierende Vereinigung von Wissenschaftlern und Medienpraktikern, sein drittes Jahrbuch vor. Die Herausgeber danken den Autorinnen und Autoren, Werner Lange für die Interviews und Franziska Liebmann sowie Katrin Goldmann für die Einrichtung der Beiträge. Schließlich danken wir dem Mitteldeutschen Rundfunk, der Sächsischen Landesanstalt für privaten Rundfunk und Neue Medien und der Universität Leipzig für die Förderung bzw. Unterstützung der Drucklegung.

Leipzig, im Juli 2003

Dr. Gerlinde Frey-Vor　　　　　　　　　　　Prof. Dr. Rüdiger Steinmetz

I. Die Wendezeit

Rüdiger Steinmetz[1]

Kontinuitäten und Brüche im deutsch-deutschen Fernsehen vor, am und nach dem 9. November 1989

Vorbemerkungen

Der Tag, an dem die Mauer geöffnet wurde, gehört zu den historischen Daten der Deutschen; der Tag, an dem ein „Eingriff in die Physiognomie einer ganzen Epoche"[2] stattfand. Er leitete den Prozess der Vereinigung der beiden deutschen Staaten ein, deren Gründung 40 Jahre zuvor zur Teilung Deutschlands geführt hatte; einen Prozess, der nur von wenigen Menschen noch wirklich erwartet wurde; einen Prozess, der von Tag zu Tag an Eigendynamik gewann; einen Prozess, der zur formalen Vereinigung der beiden deutschen Staaten am 3. Oktober 1990 führte; und schließlich einen Prozess der geistigen und materiellen Vereinigung, der heute, im Jahr 2003, noch nicht beendet ist.

Dieser Tag leitete neben vielem anderen auch die Vereinigung der Mediensysteme ein, die sich nach 1949 sehr weit auseinander entwickelt hatten, und die innerhalb der so gegensätzlichen politischen und Gesellschaftssysteme so unterschiedliche, gegensätzliche Aufgaben hatten. Dieser Tag steht schließlich weltweit für das Ende des Kalten Krieges und damit für einen längeren und differenzierten Prozess, innerhalb dessen die bis dahin gewohnten, auch medial ge-

---

[1] Dieser Beitrag ist eine erheblich erweiterte Fassung des Vortrags, den der Verfasser am 6.12. 2002 während der Tagung der Historischen Kommission der *ARD* in Hamburg aus Anlass des 50-jährigen Jubiläums des Nachkriegs-Fernsehstarts hielt. Die Vortrags-Fassung ist abgedruckt in: epd-Medien Nr.12 v. 15.2. 2003. Mein herzlicher Dank gilt den Mitarbeitern des DRA, vor allem am Standort Potsdam, aber auch in Frankfurt/M., dem *ZDF*-Archiv, dem Historischen Archiv des *WDR* und dem Pressearchiv am Institut für Kommunikations- und Medienwissenschaft, Leipzig.
[2] Jürgen Habermas: Die nachholende Revolution. Frankfurt/M.: es 1990, S. 157.

pflegten jeweiligen Feindbilder abhanden kamen und innerhalb dessen die so bequem überschaubaren jeweiligen Ideologien – nicht nur die eine! – zusammenbrachen.

In diesem Beitrag geht es um die Rekonstruktion des Wandels der aktuellen Berichterstattung vor allem der *ARD*-Fernsehprogramme und des DDR-Fernsehens um den 9. November 1989 herum. Und es geht um den Wandel der Rolle des Fernsehens, der sich quasi im Zeitraffer vollzog. Helmut Hanke sprach in Hinblick auf das Fernsehen und andere DDR-Medien 1990 in Abwandlung eines Satzes von Karl Marx von „Totengräbern des Sozialismus" und zugleich von der „ersten Fernsehrevolution der Welt" durch aktive Beteiligung „der deutschen Medien".[3] Inwieweit das DDR-Fernsehen dem Sozialismus das Grab geschaufelt hat, wird in einem größeren Forschungsprojekt untersucht. Wie weit die aktive Rolle des Ost- und Westfernsehens ging, ob die Systeme die Menschen tatsächlich zu den Grenzübergängen und damit letztlich „zur Einheit gerufen"[4] haben, wird in diesem Beitrag zu untersuchen sein.

Zeitzeugen versus schriftliche Quellen?

Ich stütze mich vor allem auf Primärquellen, auf Akten und Programme, und gehe auf dieser Basis teilweise komparativ vor. Mehr als zehn Jahre nach den tiefgreifenden Veränderungen in Deutschland ist es an der Zeit, ost- und westdeutsche Quellen aufeinander zu beziehen. Ich gehe nicht zum 1000. Mal auf die Bilder ein, die sich uns tief eingebrannt haben, sondern ich habe nach denjenigen Fakten gesucht, die in den tieferen Etagen der Archive lagern und äußere Zusammenhänge von innen her erklären.

Hier sei eine methodische Anmerkung zur Glaubwürdigkeit von Protokollen, Schriftwechseln und Zeitzeugen gestattet. Immer wieder wird von Medien-Praktikern, aber auch von Wissenschaftlern die Verwendung von Protokollen für die Rundfunk-Geschichtsschreibung in Zweifel gezogen; für schriftliche Quellen des MfS ist das inzwischen regelrecht zur Mode geworden. Die Begründungen lauten meist, sie hätten selbst schon genügend derartige Protokolle verfasst oder autorisiert, so dass deren (geringe) Glaubwürdigkeit fest stehe.

---

[3] Helmut Hanke: Kommunikation in Aufruhr – Medien im Wandel. In: RuF 3/1990 (38), S. 319ff. Und ders.: Macht und Ohnmacht des Mediums. In: Zeitschrift für Sozialisations- und Erziehungssoziologie (ZES), 1. Beiheft 1990.
[4] Helmut Hanke: Kommunikation in Aufruhr... In: RuF 3/1990 (38), S. 322.

Schon *SDR*-Intendant Hans Bausch, offizieller Begründer der Historischen Kommission der *ARD,* äußerte diesen Vorbehalt bereits 1980[5] und schrieb dann in Personalunion als Historiker und zugleich Beteiligter, als Protokoll-Verfasser und zugleich -leser eine politische Organisationsgeschichte des Rundfunks nach 1945.

Gegenüber den Untersuchungen unseres von der DFG geförderten Forschungsprojekts zur *Programmgeschichte des DDR-Fernsehens – komparativ* wird von ehemaligen Akteuren im DDR-Fernsehen immer wieder auch Kritik an seiner Fundierung auf Protokollen und Schriftwechseln (Primärquellen) geübt. Diese Schriftstücke verzerrten „die Wahrheit", lautet die Kritik. Was bliebe zur „objektiven" Rundfunkgeschichtsschreibung, wären Erinnerungen aus Monographien und die Geschichtsschreibung auf der Basis einer Vielzahl an Zeitzeugen-Gesprächen. Winfried B. Lerg[6] und Klaus Wehmeier[7] andererseits glauben eben diesen Zeitzeugen nicht und verzichten auf sie. Diese Zeitzeugen vergäßen, verzerrten oder lügten Lergs und Wehmeiers Meinung nach. Man ist versucht, ihnen Recht zu geben, wenn man die meisten der Erinnerungen an die Zeiten im DDR-Fernsehen und in der DEFA liest, die in den letzten Jahren erschienen.

Meine Position: Es ist banal, schriftliche Quellen wegen ihrer Interessengebundenheit und ihres fragmentarischen Charakters zum Zeitpunkt ihres Entstehens in Zweifel zu ziehen. Und es ist ebenso banal, Zeitzeugen-Erinnerungen wegen ihrer Interessengebundenheit und ihres fragmentarischen Charakters zum Zeitpunkt ihres Entstehens pauschal als Lügen abzutun. Beide Quellen besitzen je eigene Qualitäten und ergänzen einander, ebenso wie schriftliche Quellen und Zeitzeugen je untereinander sich ergänzen. „Die historische Wahrheit" lässt sich ohnehin nicht mehr einholen, aber es lässt sich auf möglichst breiter Quellenbasis und weiter Bandbreite verschiedener Quellenarten eine so differenzierte wie nur irgend mögliche Re-Konstruktion der historischen Prozesse erreichen. Man kann aus forschungs-ökonomischen (und lebenspraktischen) Gründen nur nicht alles zur selben Zeit tun, und man darf sich nicht die Quellenarten aussuchen, je nach den „positiven" oder „negativen", den erwarteten Ergebnissen, die sie zu Tage fördern.

---

[5] Vgl. Hans Bausch: Rundfunkpolitik nach 1945, Bd.1. München: dtv 1980, S.7: „Da Rundfunkanstalten keine Behörden sind, in denen ‚Vorgänge' bearbeitet werden, können Darstellungen, die sich nur auf schriftliche Quellen stützen, mehr verbergen als enthüllen." Man mag Bauschs Prämisse hinsichtlich des Behörden-Charakters der *ARD* oder des *DDR-Fernsehens* akzeptieren oder bezweifeln; hinsichtlich der Tatsache, dass die Produkte dieser Anstalten, nämlich ihre ausgestrahlten Programme, als wesentliche und primäre Quellen herangezogen werden müssen, kann kein Zweifel bestehen.
[6] Winfried B. Lerg: Entstehung des Rundfunks in Deutschland. Frankfurt/M. 1965.
[7] Klaus Wehmeier: Entstehung und Entwicklung des ZDF. Mainz 1979.

So haben verschiedene Beteiligte und Zeitzeugen aufgrund des Vortrags und der Publikation in epd-medien aus ihren persönlichen Erinnerungen dem jetzt hier vorliegenden Beitrag wertvolle Ergänzungen hinzugefügt. Idealiter sollte der historische Diskurs in dieser Weise verlaufen.

Das Verhältnis zur ARD: weiter wie gewohnt – so lange wie möglich

Zwischen der *ARD* und dem *Fernsehen der DDR* hatten sich mit dem Beginn der neuen Ostpolitik der Regierung Brandt/Scheel, dem Grundlagenvertrag von 1972 und im Anschluss an die KSZE-Schlussakte von Helsinki bis zum Ende der 80er Jahre hin stetig, aber in Wellenbewegungen mit Aufschwüngen und Rückschlägen, Arbeitsbeziehungen entwickelt. 1974 entsandten *ARD* und *ZDF* ihre ersten ständigen Korrespondenten in die Hauptstadt der DDR: zuerst Hans-Jürgen Wiesner *(ZDF)* und dann Lothar Loewe *(ARD)*. Im Zusammenhang mit diesen zunächst zarten und fragilen Beziehungen blieb seit Mitte der 70er bis in die 80er Jahre hinein die Behandlung des Status West-Berlins zwischen *ARD/ZDF* und dem *DDR-Fernsehen*[8] umstritten[9] - trotz des Vierseitigen Abkommens der ehemaligen Alliierten vom 3. September 1971. In Folge der Berichterstattung über die Biermann-Ausbürgerung, die Isolierung des Dissidenten Robert Havemann und die Selbstverbrennung des Pfarrers Brüsewitz 1976 stand das *ARD*-Studio in Ost-Berlin vor der Schließung. Weihnachten 1976 wurde dann „nur" der ARD-Korrespondent Lothar Loewe ausgewiesen.[10]

Intensivierte Beziehungen zwischen den Medien-Systemen entwickelten sich als Folge der Milliarden-Kredite der BRD an die DDR von 1983 und 1984 und

---

[8] Der Begriff „DDR-Fernsehen" bezeichnet hier und im folgenden den *Deutschen Fernsehfunk* ebenso wie das *Fernsehen der DDR*; Bezeichnungen, die in der DDR zu unterschiedlichen Zeiten Geltung hatten.
[9] Positionen seit 1949: West-Berlin als „integraler Bestandteil", als Bundesland der Bundesrepublik (westliche Position) und West-Berlin als „selbständige Einheit" (östliche Position). Vgl. zum Streit der Mediensysteme hierüber: Rüdiger Steinmetz: Von der anti-imperialistischen Solidarität zu den Stärken des Sozialismus. Ein Blick zurück ins zweite Jahrzehnt des Festivals. In: Fred Gehler/ Rüdiger Steinmetz (Hrsg.): Dialog mit einem Mythos. Ästhetische und politische Entwicklungen des Leipziger Dokumentarfilm-Festivals in vier Jahrzehnten. Leipzig: Universitätsverlag 1998, S. 38 – 40.
[10] Vgl. Lothar Loewe: Erfahrungen bei der Fernseh-Berichterstattung aus der DDR. In: Karl Friedrich Reimers/Monika Lerch-Stumpf/Rüdiger Steinmetz (Hrsg.): Von der Kino-Wochenschau zum aktuellen Fernsehen. Diskussion und Materialien. München: Ölschläger 1983, S. 293 – 307 (=kommunikation audiovisuell, Bd.3).

im Zusammenhang mit dem Lutherjubiläum. Die ARD kaufte unter anderem herausragende historische Fernseh- und Dokumentarfilme wie „Die Kinder von Golzow", „Martin Luther" (1983), „Johann Sebastian Bach" und „Der Schimmelreiter" (1984), „Freischütz" (1985), „Sachsens Glanz und Preußens Gloria" (1986), „Gräfin Cosel" (1987).[11] Mit letzterem, dem zweiteiligen Fernsehfilm über die Mätresse Augusts des Starken, erlöste das *DDR-Fernsehen* bei der ARD 400.000 DM/VM.[12]

Eine erneute Intensivierung der Beziehungen, vor allem zwischen der ARD und dem *DDR-Fernsehen*, brachte der Besuch Erich Honeckers im September 1987 in der BRD mit sich, der intensiv vorbereitet wurde. Die Beziehungen zwischen ZDF und *DDR-Fernsehen* blieben dahinter weit zurück, auch was das Volumen des Programmaustauschs betraf. Zur Vorbereitung des Honecker-Besuchs trafen die Intendanten Heiz Adameck *(Fernsehen der DDR)* und Willibald Hilf (*SWF* und *ARD*-Vorsitzender) am 10.12.1986 in Berlin zu einem ersten Spitzengespräch zusammen; dann tagten Arbeitsgruppen, und am 6. Mai 1987 wurde in Frankfurt am Main die erste Vereinbarung über die Zusammenarbeit zwischen *ARD* und *Fernsehen der DDR* durch Heinz Adameck und Willibald Hilf unterzeichnet.[13] In elf Artikeln regelte dieser Vertrag Grundlagen der künftigen Zusammenarbeit. Dies betraf vor allem:
- den gegenseitigen Erwerb von Programmen aller Gattungen und unter Beachtung des Urheberrechts;
- deren auch gekürzte Ausstrahlung, „vorausgesetzt, dass dadurch Aussage und Inhalt des Werkes nicht verfälscht werden" und die Information über die Ausstrahlung;
- die Verwendung von Ausschnitten aus aktuellen und anderen Sendungen nach der „bestehenden Praxis"; das bedeutete, dass der seit Beginn des deutsch-deutschen Nachkriegsfernsehens geltende und tolerierte rechtlose Status der

---

[11] HA Internationale Verbindungen: Zum Stand der Beziehungen des Fernsehens der DDR mit der ARD, 21.11.1988. DRA o. Sign.
[12] VM = Valutamark.
[13] Vereinbarung zwischen dem Staatlichen Komitee für Fernsehen beim Ministerrat der Deutschen Demokratischen Republik und den der Arbeitsgemeinschaft der öffentlich-rechtlichen Rundfunkanstalten der Bundesrepublik Deutschland (ARD) angehörenden Landesrundfunkanstalten über die Zusammenarbeit auf dem Gebiet des Fernsehens, 6.5.1987. DRA o. Sign. Zur Delegation der ARD gehörten neben Hilf der HR-Intendant Hartwig Kelm, der ARD-Programmdirektor Dietrich Schwarzkopf und der Geschäftsführer der DEGETO, der Programmverwertungsgesellschaft der ARD, Hans Joachim Wack. Zur DDR-Delegation gehörten Hans-Joachim Seydowsky, Direktor für internationalen Programmaustausch und Klaus Ottersberg, Direktor für internationale Verbindungen. Teilnehmerangaben nach: HA Internationale Verbindungen: Zum Stand der Beziehungen des Fernsehens der DDR mit der ARD, 21.11.1988. DRA o. Sign.

Verwendung von Ausschnitten, meist zur Propaganda, aufrecht erhalten wurde – beispielsweise um Karl-Eduard von Schnitzlers „Schwarzen Kanal" nicht zu gefährden;
- regelmäßige Treffen auf höchster Ebene zum Zweck „grundsätzlicher Erörterungen";
- die zweimal jährliche Veranstaltung von Programmbesichtigungen;
- gegenseitige Unterstützung der akkreditierten Korrespondenten, Reisekorrespondenten, Reporter und Kamerateams;
- gemeinsame Produktionen;
- den Erwerb deutschsprachiger Programme aus Drittländern;
- den Austausch von Publikationen;
- gegenseitige Informationsbesuche bei Messen etc.,
- produktionstechnischen Erfahrungsaustausch;
- Teilnahme an Fernsehwettbewerben und -festivals im jeweils anderen Staat.

Dem Stil des Papiers und dem Zeitgeist entsprach die Festlegung, „entstehende Streitfragen gütlich beizulegen".

Auf der Basis dieses Vertrags entfaltete sich eine rege Programm-Kooperation und eine intensive Reisetätigkeit von ARD-Vorsitzenden, Intendanten und ihren Vertretern in die Hauptstadt der DDR: u.a. Oktober 1987 und 5. Februar 1988: Willibald Hilf *(SWF*, als ARD-Vorsitzender), 5. Februar 1988: Hans Bausch *(SDR)*, März, August 1987 und September 1988: Hartwig Kelm *(HR)*, 4. Februar 1988: Friedrich Nowottny *(WDR)*.[14] Nowottny sprach dabei unter anderem den Wunsch aus, „im Frühjahr 1988 mit seiner Familie die DDR besuchen zu dürfen."[15] Im Januar 20. Januar 1988 trafen sich Arbeitsdelegationen unter der Leitung des ARD-Programmdirektors Dietrich Schwarzkopf und von Hans-Joachim Seidowsky, Stellvertreter des Fernseh-Komitee-Vorsitzenden und Direktor für internationale Programmangelegenheiten, in Berlin. 1988 begannen dann auch die vereinbarten turnusmäßigen Programmbesichtigungen: zunächst in Leipzig und Ost-Berlin unter Beteiligung des ARD-Programmdirektors, begleitet von drei Fernsehdirektoren und fünf Fernsehspielchefs sowie weitere Sonder-Sichtungen für die ARD. Sie kauften 13 von 87 vorgeführten Sendungen. Im April 1989 traf man sich im Westen, aber ganz nah an der DDR, in Warnemünde; nach der Wende, im April 1990, in Karl-Marx-Stadt (Chemnitz). Der Vertrag vom 6. Mai 1987 blieb auch nach der Wende zunächst gültig und bildete die Grundlage der Zusammenarbeit mit dem Deutschen Fernseh-

---

[14] HA Internationale Verbindungen: Zum Stand der Beziehungen des Fernsehens der DDR mit der ARD, 21.11.1988. DRA o. Sign.
[15] Adameck an Joachim Herrmann, 5.2.1988. DRA o. Sign.

funk und der *ARD*. Die durchschnittlichen Produktionskosten des *DDR-Fernsehens* lagen Ende der 80er Jahre bei 2.033 M je Sendeminute. Intendant Adameck brüstete sich, ein sehr „produktives Fernsehkollektiv" zu leiten, weil die *ARD* 5.247 DM und die *BBC* gar 8 bis 10.000 DM je Sendeminute aufwenden müssten.[16]

Beim Honecker-Besuch in der Bundesrepublik im September 1987 unterstützte die *ARD* die Berichterstattung des *DDR-Fernsehens* durch vielfältige technische Kooperation, nämlich bei 35 von 37 Sendungen. Das *DDR-Fernsehen* dankte „für ausgezeichnete Unterstützung und großes Entgegenkommen". Rolf Schmidt-Holtz *(ARD)* und Michael Hering *(Fernsehen der DDR)*, die beiden Partner bei der Live-Schaltung am 9. September 1987, blieben über Dienstleistungen und publizistische Fragen in einem „unverbindlichen Erfahrungsaustausch".[17] Nach dieser offenbar perfekten Zusammenarbeit äußerten „leitende Vertreter der *ARD* (..) wiederholt die Hoffnung auf großzügige Unterstützung bei einem Besuch von Bundeskanzler Kohl in der DDR."[18] Dienstleistungen bei großen Übertragungen bzw. Aufzeichnungen erbrachte das *DDR-Fernsehen* 1987 sechsmal, 1988 viermal und 1989 fünfmal. Mit Valutamark in der Größenordnung zwischen 572.000 DM (1987) und 475.000 DM (1989)[19] wurden diese Hilfestellungen bezahlt. Es handelte sich beispielsweise 1988 um Übertragungen aus dem Friedrichstadtpalast für den *HR*, um Sendungen innerhalb der DDR-Kulturwoche im *SWF*, eine plattdeutsche Sendung aus Güstrow für den *NDR* und um einen Vespergottesdienst aus Zerbst für den *SFB*.

Zusätzlich zur Vergabe dieser Dienstleistungen wurde die *ARD* für das *Fernsehen der DDR* zum „bedeutendsten Käufer von DDR-Fernsehprogrammen im NSW", im nicht-sozialistischen Wirtschaftsgebiet.[20] 1987 erlöste das DDR-Fernsehen mit ca. 1,8 Mio. DM/VM die bis dahin höchste Summe aus Programmverkäufen von 41 Sendungen insgesamt, und 1988 war es ein ähnliches Valuta-Volumen für 24 dramatische Sendungen und Serienteile, darunter Claire Beroline", „Einzug ins Paradies", „Die erste Reihe", „Wir sind fünf", „Der Geisterseher" und vier Folgen „Polizeiruf 110", zusätzlich sieben dokumentari-

---

[16] Heinz Adameck: „Diskussionsbeitrag" auf der 3. Kreisdelegiertenkonferenz der SED-Kreisleitung Fernsehen am 3.12.1988, S. 35ff. SAPMO/BArch. DY 30/495.
[17] Adameck an Joachim Herrmann, 5.2.1988. DRA o. Sign.
[18] HA Internationale Verbindungen: Zum Stand der Beziehungen des Fernsehens der DDR mit ARD, 21.11.1988. DRA o. Sign.
[19] Ebda. und : Intendanz/Vereinbarungen ARD/ZDF/ORF [Anfang 1990], DRA 303/1990.
[20] HA Internationale Verbindungen: Zum Stand der Beziehungen des Fernsehens der DDR mit ARD. DRA o. Sign. NSW= „nicht-sozialistisches Wirtschaftsgebiet"

sche Sendungen und zwei Unterhaltungssendungen.[21] 1989 wurden mehr als 30 Sendungen an die *ARD* mit einem Wert wie in den beiden Vorjahren verkauft.[22] Es spielte sich die Gewohnheit ein, beim *DDR-Fernsehen* Literatur- und Gegenwartsstoffe, einzelne Folgen der Krimireihe „Polizeiruf 110" und der Reihe „Der Staatsanwalt hat das Wort" zu kaufen. Dem stand auf der anderen Seite eine weit geringere Zahl an Programm-Einkäufen des *DDR-Fernsehens* bei der *ARD* gegenüber: 1987 von der DEGETO fünf fiktionale Sendungen (1988: zehn), 15 weitere Sendungen und die Serie „Katja unterwegs in der DDR" (1987: 2. Staffel, 1988: 3. Staffel).[23] Preise konnten aus den bisher gesichteten Akten nicht entnommen werden. Erst dann kann festgestellt werden, ob die *ARD* das *DDR-Fernsehen* in gewisser Weise subventionierte.

Kontinuierlich, aber in der entgegengesetzten Richtung unausgeglichen gestaltete sich die Sport-Berichterstattung aus dem jeweils anderen Staat seit dem ARD-DDR-Fernsehen-Grundlagenvertrag vom Mai 1987: Das *DDR-Fernsehen* übernahm von der *ARD* 1987 vier sportliche Großereignisse und 13 im Jahr 1988 sowie zusätzlich Sportübertragungen aus dem Eurovisionsangebot der *ARD*. Im Gegenzug übernahm die *ARD* 1988 nur vier sportliche Großereignisse aus der DDR.[24]

Bilanz insgesamt, etwas zugespitzt: In der Bundesrepublik bekamen die Zuschauer von der DDR ein Bild der Kultur, der Kunst und ein wenig des sauberen Umgangs mit Gesetzesbrechern vermittelt.[25] In der Deutschen Demokratischen Republik bekamen die Zuschauer von der BRD vor allem ein Bild der Sportstätten vermittelt, auf denen ihr Skispringer Jens Weisflog, ihre Rennrodler und ihre Fußballer auftraten und oft genug Triumphe feierten.

Im (halb-)aktuellen Bereich sah die Bilanz folgendermaßen aus: 1987 übernahm das *DDR-Fernsehen* insgesamt 221 Sendungen mit einer Länge von fast 13.000 Minuten (= 217 Stunden) von der *ARD*. Hier spielte der Honecker-Besuch in der Bundesrepublik eine zentrale Rolle. 1988 waren es 116 Sendungen mit nur knapp 34 Stunden Länge.[26] Im Gegenzug gab das *DDR-Fernsehen* an die *ARD* 1988 insgesamt nur 11 Sendungen mit einer Länge von sieben Stunden

---

[21] HA Internationale Verbindungen: Zum Stand der Beziehungen des Fernsehens der DDR mit der ARD, 21.11.1988. DRA o. Sign.
[22] Intendanz/Vereinbarungen ARD/ZDF/ORF [Anfang 1990], DRA 303/1990.
[23] HA Internationale Verbindungen: Zum Stand der Beziehungen des Fernsehens der DDR mit der ARD, 21.11.1988. DRA o. Sign. Zahlen 1988 nur für die ersten drei Quartale.
[24] Ebda.
[25] Möglicherweise versprachen sich die ARD/DEGETO-Programmeinkäufer vom „Polizeiruf" und vom „Staatsanwalt" einen Blick in verborgene Winkel der DDR-Realität.
[26] HA Internationale Verbindungen: Zum Stand der Beziehungen des Fernsehens der DDR mit der ARD, 21.11.1988. DRA o. Sign. Zahlen 1988 nur für die ersten drei Quartale.

ab. Bei Aktuellem bediente man sich gegenseitig am jeweiligen internationalen Nachrichtenpool.

Am 17.4.1987 strahlte das *Fernsehen der DDR* erstmals eine nicht-sportliche Fernsehsendung der *ARD* vollständig aus: „Ein deutsches Schicksal: Kaplan Joseph Rossaint". Der Südwestfunk sendete vom 15. bis 22. Oktober 1988 eine „DDR-Kulturwoche im Südwestfunk" (Redaktion: Gustav Adolf Bähr und Erich Bottlinger) und wurde vom *DDR-Fernsehen* dafür gelobt, weil er „die Bürger im Südwesten viel sachlicher und differenzierter (über die DDR informiert habe) als die ARD-Korrespondenten."[27] Erich Honecker und Oskar Lafontaine vereinbarten im August 1988 eine erste Koproduktion, die im September/ Oktober 1989 ausgestrahlt werden sollte. Zwei vierköpfige Familien in Berlin und Saarbrücken sollten porträtiert werden. Im Juni 1988 wurden *ARD* und *ZDF* mit Zustimmung des *DDR-Fernsehens* als neue assoziierte Mitglieder in die OIRT aufgenommen, wofür sich *ARD*-Koordinator Richard W. Dill im September 1988 während der Sitzung des Intervisionsrates in Helsinki artig bedankte.[28]

Die *ARD*-Korrespondenten Claus Richter, Hans-Jürgen Börner und die *ARD*-Kamerateams wurden vom IPZ (=Internationale Pressezentrum) „betreut" und „unterstützt" bei ihrer Berichterstattung über die Leipziger Frühjahrs- und Herbstmessen, das Gipfeltreffen des Warschauer Vertrages im Mai und Dezember 1987, beim internationalen Berliner Treffen für kernwaffenfreie Zonen im Juni 1988 in Berlin, beim Evangelischen Kirchentag und Katholikentreffen 1987, bei der Leipziger Dokumentar- und Kurzfilmwoche und bei der vierten ökumenischen Begegnung im September/Oktober 1988 in Erfurt.[29]

Am 15. Januar 1988, erneut und intensiver ein Jahr später, lenkten die Rosa-Luxemburg-Demonstrationen die internationale Aufmerksamkeit auf die DDR, weil dort Freiheit als Freiheit der Andersdenkenden von ebendiesen Anders Denkenden eingefordert wurde. Aus Anlass der Einführung eines neuen *ARD*-Korrespondenten Anfang Februar beschwerte sich Intendant Adameck darüber in direkten Gesprächen mit Friedrich Nowottny (4.2.1988) und dem neuen *ARD*-Vorsitzenden Hans Bausch bei einem „Spitzentreffen und -Mittagessen am 5. Februar 1988 im Ostberliner Grand-Hotel."[30] Bausch hatte den *SWF*-Intendanten Willibald Hilf mitgebracht, weil dieser „seine guten Beziehungen ein wenig auf mich [Bausch] weiterleiten" sollte.[31]

---

[27] Ebda.
[28] Ebda.
[29] Ebda.
[30] Auszug aus dem Tagebuch des ARD-Vorsitzenden vom 10. Februar 1988. ARD-Programmdirektion, o. Sign.
[31] Ebda.

Adameck sagte in einer Grundsatzerklärung beim Essen „mit goldenen Löffeln, ... zwischen Aperitif und Vorspeise", es müsse künftig sichergestellt sein, „dass es einigen Hitzköpfen und ihren Hintermännern nicht erlaubt werden dürfe, das Erreichte in Frage zu stellen und ihre Berichterstattung auf antisozialistische Kräfte zu konzentrieren, die zusätzlich geheimdienstlich gesteuert sind."[32] Mit den Hitzköpfen meinte Adameck auch Claus Richter. Und er warf den Korrespondenten gegenüber den Intendanten vor, was auch das „Neue Deutschland" bereits gemeldet hatte: „Journalisten auf der Gehaltsliste der BRD-Geheimdienste."[33]

WDR-Intendant Nowottny bestritt nach Adamecks Protokoll „nicht absolut, dass es so etwas geben könne, aber für seine Journalisten wies er das zurück. Sollte es trotzdem Beweise geben, würde er sofort Konsequenzen ziehen." Auch Hans Bausch, seit Januar 1988 *ARD*-Vorsitzender, wird von Adameck dazu folgendermaßen zitiert, „dass beim geringsten Verdacht eines Verstoßes gegen die Spielregeln seine Korrespondenten nach Hause geschickt würden."[34]

Die *ARD*-Intendanten waren mit Adameck „völlig einverstanden" in der Haltung, dass es eine „stabile Entwicklung der DDR" gäbe. „Zum Schluss bestätigte Nowottny, dass er verstanden habe, dass es uns um die Fortsetzung der Friedenspolitik, der Abrüstung und um eine normale, gute Zusammenarbeit mit der BRD ginge – darin eingeschlossen die Zusammenarbeit mit den Medien."[35] Bausch ging noch einen Schritt weiter als Nowottny, der gegenüber Adameck immer noch von seiner eigenen Berichterstattung seinerzeit über den Besuch Helmut Schmidts bei Honecker in Hubertusstock schwärmte. Bausch sagte nach Adamecks Protokoll: „Die ARD-Intendanten seien sich im Klaren, dass sie in ihrer kommenden Konferenz (sic!) über eine Neubewertung des Arbeitsauftrages ihrer Korrespondenten in der DDR sprechen müssen. Bausch formulierte wörtlich: ‚Wir müssen weg von jeder Konfrontation'."[36]

Hans Bausch bestätigte dies in seinem „Tagebuch des *ARD*-Vorsitzenden": „Ich habe in aller Form versichert, dass es nicht die Absicht und Aufgabe der Korrespondenten in Ostberlin sei, aktiv in irgendein Geschehen einzugreifen oder sich mit Widerstandsgruppen zu verbünden. [Er versicherte außerdem,]

---

[32] Adameck an Joachim Herrmann, 5.2.1988. DRA o. Sign.
[33] Ebda.
[34] Ebda.
[35] Adameck an Joachim Herrmann, 5.2.1988. DRA o. Sign.
[36] Adameck an Joachim Herrmann, 5.2.1988. DRA o. Sign.

dass aktives Handeln unserer Korrespondenten in Ostberlin durch eigens für das West-Fernsehen inszenierte Vorgänge von uns nicht gebilligt wurde."[37]

Bausch sagte Adameck aber auch, dass er derartige Vorwürfe bereits kenne, und zwar vom südafrikanischen Informationsminister, der sich über die angeblich verzerrende Apartheid-Berichterstattung beschwerte. Diese Parallele habe Heinz Adameck verblüfft. Umgekehrt habe das Fernsehen der DDR in den letzten Jahren in Stuttgart „einige Veranstaltungen von wenigen hundert Leuten ... groß herausgestellt, die bei uns gar nicht auffielen."

Bausch hatte insgesamt den Eindruck: „Den Verdacht konnten wir aber sicherlich nicht entkräften, dass Widerstandsgruppen in der DDR sich notgedrungen an uns wenden und unsere Korrespondenten solche Vorgänge natürlich nicht außer Acht lassen dürften."[38] Der Intendant des *DDR-Fernsehens* ging mit dem Eindruck aus den Gesprächen: „Sie haben verstanden, dass es der DDR um normale Beziehungen, um die korrekte Einhaltung der Verträge und nicht um eine Zuspitzung geht."[39]

Bausch sagte gegenüber Adameck zudem, dass er „gewisse Hoffnungen" auf den neuen Chefredakteur von Tagesschau und Tagesthemen, Henning Röhl, setze, und dass er, Bausch, „selbst mehr Einfluß auf diese beiden Nachrichtensendungen nehmen" werde.[40] Hiervon schrieb Bausch in seinem Tagebuch nichts. Claus Richter, einem der Auslöser der Kritik Adamecks an der *ARD*-Berichterstattung, war von diesen Gesprächen auf Intendantenebene nichts bekannt.[41] Richter bestätigte aber, dass die *ARD*-Korrespondenten durchaus mit Dissidenten und Demonstranten zusammenarbeiteten, wenn es um nichtoffizielle Informationen, verdeckt gedrehte Videomaterialien und die Publikation dissidenter Ziele ging. Mit einem westlichen Geheimdienst habe er in der DDR zu keiner Zeit zusammengearbeitet, diese Behauptung sei völlig aus der Luft gegriffen.

An diesem Beispiel wird deutlich, dass in der medialen Praxis nach wie vor unterschiedliche, besser: gegensätzliche Verständnisse von den Aufgaben der Medien aufeinander trafen. Claus Richter kam vom politischen Magazin „Monitor" *(WDR)* her, das den investigativen Journalismus durchaus auch nicht immer zur Freude westdeutscher Politiker und anderer Interessenvertreter pflegte und

---

[37] Auszug aus dem Tagebuch des ARD-Vorsitzenden vom 10. Februar 1988. ARD-Programmdirektion o. Sign.
[38] Dies und vorhergehende Zitate: ebda.
[39] Ebda.
[40] Ebda.
[41] So Claus Richters Äußerungen während der Diskussion eines Teils des vorliegenden Beitrags am 6.12.2002 beim NDR in Hamburg.

noch pflegt. Diese investigative Grundhaltung legte er nicht mit dem Überschreiten der Grenze von der BRD in die DDR ab. Insofern arbeiteten Richter und andere westliche Korrespondenten in Übereinstimmung mit einem westlichen Verständnis von der Freiheit der Berichterstattung – selbst wenn dies auch im Westen durchaus Sanktionen und Zensur nach sich ziehen konnte. Im Selbstverständnis der DDR von der Rolle der Medien musste dieses journalistische Handeln als „Provokation" verstanden werden.

Auf der Ebene der Medien-Diplomatie zwischen den Intendanten und ihren Vertretern wurde dies Ende der 80er Jahre moderater behandelt, wie oben dargestellt: Heinz Adameck gab ein Warnsignal ab, aber er wirkte nicht auf die Ablösung des Korrespondenten oder gar auf seine Ausweisung aus der DDR hin. Es herrschte ein viel entspannteres Klima als Mitte der 70er Jahre, als der *ARD*-Korrespondent Lothar Loewe noch wegen seiner Berichterstattung und seiner Formulierung, in der DDR werde auf Flüchtlinge „wie auf Hasen geschossen", ausgewiesen wurde. Aus der Kombination der beiden oben zitierten Protokolle der auf beiden Seiten Beteiligten ergibt sich, abgesehen von einzelnen möglichen Überspitzungen darin, trotz des Austauschs von gegenseitiger Kritik die eindeutige Feststellung: Die *ARD* (in einigem Abstand auch das *ZDF*) und das DDR-Fernsehen waren seit dem Honecker-Besuch von medialen Gegnern auf beiden Seiten des „Eisernen Vorhangs" zu kollegialen Arbeitspartnern geworden, bei denen es um die Ausweitung der Zusammenarbeit bis hin zu Coproduktionen ging und keineswegs um Konfrontation. Diese prästabilierte Harmonie auf der offiziellen Ebene hielt zwischen den Fernsehsystemen in Ost und West an bis September 1989. Auf der Ebene der aktuellen Berichterstattung freilich verschärften sich die Gegensätze.

Das Verhältnis zum ZDF:
Dieter Stolte wollte der Erste vor der ARD sein

Auch die Geschäftsbeziehungen des *DDR-Fernsehens* zum *ZDF* hatten ein längeres Vorspiel; auch hier gab es gegenseitige Hilfe, Programmsichtungen und -ankäufe – allerdings auf einem weit niedrigeren quantitativen Niveau als mit der *ARD*. Bis 1987 geschah dies weitgehend wie bei der *ARD* auf Arbeitsebene, ab 6. Mai 1987 dann ebenfalls wie bei der *ARD* auf der Grundlage einer ersten Vereinbarung auf Intendantenebene. Zur Vorgeschichte dieses Vertrages: Im

März 1986 hatten beide Fernsehsysteme eine Vereinbarung über die kostenpflichtige Verwertung von Programmausschnitten getroffen, innerhalb derer das DDR-Fernsehen Ausschnitte aus den *ZDF*-Magazinen „Kennzeichen D", „Denkmal" und „Freizeit" verwendete.[42] Zuvor war Intendant Adameck bereits zweimal dem *ZDF*-Intendanten Stolte zusammengetroffen (20.5.1985 und 14.1.1987). Es hatte 1987 zwei Verhandlungsrunden der von Seydowski und Walter Konrad, Chef-Programmplaner des *ZDF*, in Dresden und Mainz gegeben. In der Folge des Vertrages trafen sich Delegationen der jeweiligen für die Fernsehdramatik bzw. das Fernsehspiel, für die Aktualität und für die Unterhaltung zuständigen Bereiche in Berlin (17.7.1997) und Mainz (6. – 9.4.1988).[43]

Das *DDR-Fernsehen* erwartete neben lukrativen Programmverkäufen, günstigen Einkäufen und Dienstleistungen, dass es die *ARD* und das *ZDF* gegeneinander ausspielen könnte. Auch ZDF-Intendant Dieter Stolte setzte – wie seine *ARD*-Kollegen – auf gute Zusammenarbeit mit dem DDR-Fernsehen. Anlässlich der Einführung neuer *ZDF*-Korrespondenten stellte Stolte 1985 bereits seine Haltung folgendermaßen dar: „Die personelle Besetzung (...) habe Stolte bewusst in den Dienst guter Arbeitsbeziehungen zur DDR gestellt. Mit der Aufnahme eines Konservativen (Dr. Brüssau, Mitglied der CDU) und eines ‚Linken' (Funk ist Mitglied der SPD) habe er ein ausgewogenes Team in die DDR entsandt, das nicht auf Konfrontation gehen, sondern mit Einfühlungsvermögen die DDR so widerspiegeln werde, wie sie sich ihm darstellt."[44] Die ZK-Abteilung Agitation war andererseits „der Meinung, dass es möglich ist, das starke Konkurrenzverhältnis zwischen *ZDF* und *ARD* in gewissem Sinne für uns zu nutzen."[45]

Vor diesem Hintergrund waren die weitgehend identischen Verträge mit der *ARD* bzw. dem *ZDF* vom 6. Mai 1987 von der ZK-Abteilung Propaganda in die Wege geleitet worden: Man „sollte (..) unseres Erachtens die Möglichkeiten von kommerziellen und Arbeitsbeziehungen zwischen dem *Fernsehen der DDR*

---

[42] Fernsehen der DDR/HA Internationale Verbindungen: Zum Stand der Beziehungen des Fernsehens der DDR mit dem ZDF, 21.11.1988. DRA o. Sign. Die Programm-Minute kostete nach dieser Vereinbarung 950 DM. Unterzeichnung der Vereinbarung am 6. Mai 1987 in Mainz in Anwesenheit Adamecks, des Direktors für Internationalen Programmaustausch, Hans-Joachim Seydowski, des Direktors für Internationale Verbindungen, K. Ottersberg, und auf Seiten des ZDF neben Intendant Stolte: Chefredakteur Reinhard Appel, stv. Programmdirektor Heinz Ungureit, Justitiar Ernst-Werner Fuhr, Technischer Direktor Albert Ziemer und Heinz Kimmel, Leiter der HA Internationale Angelegenheiten.
[43] Fernsehen der DDR/HA Internationale Verbindungen: Zum Stand der Beziehungen des Fernsehens der DDR mit dem ZDF, 21.11.1988. DRA o. Sign.
[44] ZK Agitation/Geggel an Herrmann, 28.5.85 Ge/He. SAPMO DY 30/vorl. SED 38896.
[45] Ebda.

und den beiden Fernsehanstalten der Bundesrepublik überprüfen und entsprechende Vorschläge unterbreiten. Wenn es dazu Einverständnis gibt, würde ich Genossen Adameck beauftragen, eine Analyse der Beziehungen DDR-Fernsehen zu ARD und ZDF mit Schlussfolgerungen zu unterbreiten."[46] Das Gespräch zwischen Stolte und Adameck im Mai 1985 legte hierfür offenbar eine solide Grundlage. Alle Einzelheiten meldete Adameck in die ZK-Abteilung Agitation und Propaganda weiter: Stolte „wolle, sobald die Bedingungen dafür gegeben sind, vor der ARD der Erste sein. Diese Absicht wird offensichtlich stark von der Konkurrenz zwischen ZDF und ARD stimuliert (...) Professor Stolte zeigte sich außerordentlich gut informiert. Er kennt die Reden des Generalsekretärs."[47] Stolte schlug vor, DDR-Fernsehprogramme über *3-Sat* auszustrahlen.

Doch dies sollte erst nach der Wende Wirklichkeit werden. Aber auch die Zusammenarbeit zwischen *DDR-Fernsehen* und *ZDF* intensivierte sich dann doch nicht so wie 1985 und 1987 geplant. Aufgrund des Honecker-Besuchs brachte 1987 dem *DDR-Fernsehen* zwar Programmverkäufe in Höhe von 586.014 DM/VM, aber 1988 halbierten sie sich dann schon wieder auf 217.000 DM/VM. Zudem sagte das *ZDF* die geplanten Programmbesichtigungen ab. 1987 hatte das *DDR-Fernsehen* zwei *ZDF*-Sendungen ausgestrahlt, 1988 dann keine mehr. Nur im Sport verliefen der Programmaustausch und die Dienstleistungen „reibungslos, unkompliziert, schnell und sachlich."[48] Insgesamt aber verlief der Programmaustausch für das *DDR-Fernsehen* „unbefriedigend".

Zoom auf September/Oktober 1989

Innerhalb des *Fernsehens der DDR,* auf der Planungs- und Programmebene, war die Macht der Gewohnheit bzw. die Gewohnheit der Macht, weiterzumachen wie bisher, sehr ausgeprägt. Dafür war auch die Tatsache verantwortlich, dass die Geschichte den 40. Jahrestag der Gründung der DDR ausgerechnet auf den 7. Oktober dieses Jahres gelegt hatte, und dass das Fernsehen diesen Tag natürlich in allen Fasern seines Programms begehen und zuvor auf ihn vorbereiten musste. Programmplanungen dieser Dimension werden überall auf der Welt nicht innerhalb von Wochen, sondern von Monaten und Jahren entwickelt. Für

---

[46] Ebda.
[47] Adameck an Geggel/ZK Agitation, 21.5.85 (wortgleich von Geggel an Herrmann) über Gespräch mit Stolte am 20.5. über „Fragen der praktischen Fernseharbeit". SAPMO DY 30/vorl. SED 38896.
[48] Fernsehen der DDR/HA Internationale Verbindungen: Zum Stand der Beziehungen des Fernsehens der DDR mit dem ZDF, 21.11.1988. DRA o. Sign.

die Trägheit, mit der im *Fernsehen der DDR* auf die Ausreisewelle und den sich zuspitzenden Protest innerhalb der Bevölkerung reagiert wurde, war zu einem gewissen Teil also auch diese Eigendynamik eines (über-)großen Apparats verantwortlich. Zu der in den Monaten Juli bis Oktober rapide weiter abnehmenden Akzeptanz der aktuellen Programme des *DDR-Fernsehens* werde ich unten Zahlen der Fernsehforschung auswerten.

Die Protokolle der Fernseh-Komiteeberatungen und der sogenannten „Montagsberatung" des Komitee-Vorsitzenden Heinz Adameck wiesen eine große Kontinuität der Planungen aus.

Im Mai, nach den letzten manipulierten (Kommunal-)Wahlen, wurden einzelne Redakteure für ihre gute Wahlberichterstattung und Karl-Eduard von Schnitzler für seine Dokumentation „Wie die DDR entstand" (23.5.) ausgezeichnet.[49] Im Juni beriet das Fernsehkomitee die Programmplanung zum 40. Jahrestag der Gründung der DDR im Komitee erstmals, und der Planungsreferent Vietze erläuterte die Planungen der Hauptabend-Sendungen für den Zeitraum von Anfang September bis Ende Oktober.[50]

Nach der blutigen Niederschlagung der Revolte auf dem Platz des Himmlischen Friedens in Peking und als der Ungarn-Urlaub für immer mehr DDR-Bürger attraktiv wurde, erkannte Intendant Heinz Adameck, dass diese Signale auch Auswirkungen auf die DDR haben könnten. Am 30. Juni 1989 hielt er vor der SED-Kreisleitung Fernsehen in Adlershof eine Rede, die zwar – wie so oft – mit der größeren Perspektive auf den nächsten Parteitag 1990 begann, sich dann aber dem Transfer der chinesischen Entwicklungen auf die Gegenwart widmete: „Heute in einem Jahr werden wir bereits den XII. Parteitag auswerten... Die bekannte, zuverlässige Stabilität und das wohlüberlegte hellwache Reagieren auf objektive Notwendigkeiten sowohl in der Innen- wie in der Außenpolitik zeichnen unsere Partei aus. (...) Wenn es um Revolution oder Konterrevolution, Tod oder Leben geht, wenn es darum geht, den blutigen Massenterror gegen unsere chinesischen Genossen und alle ihre Freunde in letzter Minute zu stoppen, dann mischen wir uns zwar nicht ein, aber wir stehen an ihrer Seite. (...) Wir halten ja in unserem kleinen Lande eine ganze Menge aus, um diese persönliche Bemerkung einzuflechten, aber was in dieser bewegten Welt eine erfolgreiche Konterrevolution in China auch für uns bedeutet hätte, darüber möchte ich hier nicht

---

[49] Protokolle der Komiteeberatungen, Mai bis September 1989, DRA o. Sign.
[50] Protokolle der Komiteeberatungen, Mai bis September 1989, DRA o. Sign.: 13.6., 27.6.89: „Genosse Vietze gab mündliche Erläuterungen zum 5. Planungsabschnitt."

spekulieren. Jedenfalls ist das konkrete internationale Kräfteverhältnis für die Weiterführung unserer (...) Gesellschaftsstrategie von erheblicher Bedeutung."[51]

Um die sozialistische „Gesellschaftsstrategie" auch im Fernsehen zu retten, wurden einzelne Programmveränderungen eingeleitet: punktuell und keineswegs auf breiter Basis. Mit dem seit Anfang des Jahres vorbereiteten neuen Jugendmagazin „elf99" (die Postleitzahl von Adlershof) sollten ab 1. September 1989 die Jugendlichen als Zielgruppe (14- bis 17-Jährige) wieder stärker am Fernsehen und damit an der DDR-Gesellschaft interessiert werden. Dazu fand eine „Bindung von politisch und journalistisch hochqualifizierten Kadern (...) an die Jugendachse" statt. Diese Kader wurden verpflichtet zum „ständigen Nachdenken über die Verwirklichung der Forderung ‚Alle Kraft dem politischen Inhalt von elf99'."[52] In einem großflächigen Medienverbund wurde „elf99" mit dem „Jugendradio DT64" und mit der FDJ-Zeitung „Junge Welt" verknüpft. Mit modernster elektronischer Produktions- und Studiotechnik und sehr jungen ModeratorInnen und Reportern sollte „elf99" ein jugendliches Image kreieren, das dem Bild eines verstaubten und verkrusteten Staatsprogramms entgegenwirkte. Zwischen Videoclips und westlicher Fernseh-Anmutung sollte Staatserhaltendes untergebracht werden.

Als Anfang September immer mehr Bürger die DDR in Richtung Ungarn und ČSSR verließen, fiel dem Komitee nichts anderes ein, als auf Bewährtes und ehemals Erfolgreiches zurückzugreifen. Die erfolgreiche Fernsehfilm-Folge „Die gläserne Fackel"[53] sollte im Oktober und November noch einmal ausgestrahlt werden,[54] und das letzte dreiteilige Werk der Dokumentaristen Heynowski&Scheumann, die 1982 zeitweise in Ungnade gefallen und aus den Hauptprogrammen verdrängt worden waren, „Die dritte Haut", wurde für Anfang Oktober kurzfristig ins Programm gehoben.[55] Es stellte die Errungenschaften des Sozialismus im Wohnungsbau den Defiziten kapitalistischer Gesellschaften positiv gegenüber. Diese kurzfristige Neuplanung war von intensiven PR-Maßnahmen begleitet: „Es sind eine umfangreiche Öffentlichkeitsarbeit (einschließlich Pressevorführung) durchzuführen und entsprechende Veränderungen des ursprünglich vorgesehenen Programms zu veranlassen."[56]

---

[51] Referat des Genossen Heinz Adameck, Mitglied des ZK, auf der 4. Tagung der Kreisleitung Fernsehen, 30.6.1989. DRA o. Sign.: Fernsehdramatik/ Vorsitzender/ Montagsberatung 1989.
[52] Protokolle der Komiteeberatungen, 16.8.1989. DRA o. Sign.
[53] Darin wird die anderthalb Jahrhunderte dauernde Erfolgsgeschichte der Zeiss-Werke in Jena als Heldenepos erzählt.
[54] Protokolle der Komiteeberatungen, 5.9.1989. DRA o. Sign. Zwischen 8.10. und 19.11.
[55] Protokolle der Komiteeberatungen, 12.9.1989. DRA o. Sign.: 3.10., 10.10. und 17.10.
[56] Protokolle Komiteeberatungen 1989, 12.9.89. DRA o. Sign.

Die Planungen für die Tage, die dann historisch werden sollten, sahen in der Planung Anfang September noch ganz gewöhnlich aus: Am Mittwoch, dem 8. November, sollten ein Fernsehfilm („Schulmeister Spitzbart") im 1. Programm und ein Hardy-Krüger-Spielfilm („Die Abseitsfalle", F/I 1963) im Hauptprogramm miteinander konkurrieren, danach Oberliga-Fußball und Geschichte der DDR (Wissenschaftler für Pädagogen). Zur Einstimmung auf die Reichs-Pogromnacht sollte dann im Ersten noch ein DEFA-Dokumentarfilm gesendet werden (Roza Berger-Fiedler: „Die Nacht, als die Synagogen brannten", 20'). Am Donnerstag, dem 9. November, sollten „Spielspaß" und „Prisma" in DDR 1 gegen einen Kriminalfilm aus Bulgarien („Inspektor ohne Waffen", 1985) in DDR 2 konkurrieren. Um 21.20 Uhr sollte im Zweiten Ullrich Kastens Filmessay mit Ausschnitten aus „bedeutenden antifaschistischen Filmen" ausgestrahlt werden („Filmmale – Mahnmale").[57]

Am 11. September 1989 gelangten Tausende DDR-Bürger über Ungarn und Österreich in die Bundesrepublik. Bis dahin waren die Protokolle der Komiteeberatungen frei jeglichen Bezugs auf den Exodus. Am 12. September – erstaunlich genug- zeugte nur die genannte Hereinnahme der H&S-Dokumentationen von einer gewissen Unruhe. Dies sollte dann jedoch die letzte „normale" Komiteeberatung werden. Erst danach finden sich in den Protokollen Ausführungen zu aktuellen Entwicklungen. Am 19. September kam es im Gremium des Komitees zu einer fast zweistündigen Aussprache, die einerseits verschämt unter dem Titel „Beratung über die Schwerpunkte für den Wirkungszuwachs des Gesamtprogramms im Jahr des XII. Parteitages" stand, also noch recht weit in die Zukunft gerichtet war, und andererseits eine Götterdämmerung der Mitglieder des Komitees darstellte. Die Mitglieder Heinz Adameck, Eberhard Fensch (ZK Agitation und Propagnda), Heinz Grote (Chefredakteur „Aktuelle Kamera" und Leiter Hauptabteilung Publizistik), Klaus Schickhelm (stv. Leiter AK), Schäfer, Raddatz, Erich Selbmann, Hannig und Horst Sauer meldeten sich zu Wort. Was sie inhaltlich zu sagen hatten, zeugte davon, dass sie ebenso paralysiert waren wie das Politbüro.

So sagte Heinz Adameck: „Bewährtes soll bewahrt werden, aber die Zielstellung darf nicht im Gewohnten beharren (sic!). Man muß schon jetzt mit besseren Programmbeiträgen anfangen, die so nah wie möglich an der Wirklichkeit sind und den Bedürfnissen der Zuschauer ein hohem Maße Rechnung tragen. Unsere Werte sind mit hoher Qualität verständlich zu machen. Der Gegner ist grundsätzlicher, aktueller und bissiger zu entlarven. Die Ziele seiner Hetz- und

---

[57] Chefredaktion Sendeplanung: Hauptsendungen im Abendprogramm. 6. Planungsabschnitt 1989 (30.10.- 14.12.1989). Komiteefassung, Stand: 4.9.1989. DRA o. Sign.

Konfrontationspolitik sind mit vielfältigen Mitteln und Methoden an den Pranger zu stellen. Der Arbeitsstil und die Präsentation der Beiträge von ‚Elf99' sollten analog auch von anderen Bereichen als Anregung aufgenommen werden. Wirkungsvolle politische Aussage, souverän und locker angeboten, und das direkte Zugehen auf den Zuschauer sind gefragt."⁵⁸ Derartige Floskeln hatte man seit 15 Jahren in den Jahresberichten hören und nachlesen können. So lange dauerte die Suche nach „Wirksamkeit" und „Erneuerung" des DDR-Fernsehens schon an.

Auch für den Genossen Fensch aus der Agitationsabteilung des ZK war „elf99" der einzige Lichtblick: „Das Fernsehen spielt überall eine bedeutende Rolle bei der Bewusstseinsbildung der Menschen, besonders aber in dieser Zeit und Klassenkampfsituation in der DDR. Deshalb gewinnen alle Fragen für das DDR-Fernsehen, die mit Wirksamkeit zu tun haben, stark an Bedeutung. Deshalb muss durch die Leiter exakt [Herv. i. O.] untersucht werden, auf allen Leitungsebenen schon die notwendigen Kampfpositionen bezogen worden sind. Wir brauchen eine politische Atmosphäre, wo über alle Sendungen des DDR-Fernsehens in der ganzen Republik so geredet wird, wie über ‚ELF99'. Das Ziel aller Sendungen muss darin bestehen, ein Maximum an Wirkungen zu erzielen. (...) Man muss aus Gewohntem ausbrechen und im Sinne unserer Leitlinie ‚Kontinuität und Erneuerung' neue Lösungen finden, aber auch gut Funktionierendes ausbauen und weiter verbessern. Das innenpolitische Leben in der DDR muss vielschichtiger und interessanter dargestellt werden; hierum muß in den Kollektiven gekämpft werden. Alle Bereiche müssen sich mit klugen Programmbeiträgen an der Auseinandersetzung mit dem Gegner beteiligen." Heinz Adameck fasste die lange Aussprache mit einem Appell an Aktualität, Professionalität und „Wirksamkeit" zusammen: „Es kommt darauf an, auf aktuelle Ereignisse schnell, mit journ. Sachkunde und zuschauerwirksamer Darstellung zu reagieren."⁵⁹

Die Protokolle der „Montagsberatungen", meist unter Leitung Adamecks, blieben noch bis zum 16. Oktober beinahe „wie immer". Zum dramatischen Kontext: Am 9. Oktober (auch Aufruf der „Leipziger sechs") hatten 70.000, am 16. Oktober schon 100.000 Leipziger demonstriert, an beiden Tagen angesichts der Gefahr einer blutigen Eskalation.⁶⁰ Am 23. Oktober demonstrierten schließlich 320.000 Menschen allein in Leipzig.

---

⁵⁸ Protokolle Komiteeberatungen 1989, 19.9.89. DRA o. Sign.
⁵⁹ Protokolle Komiteeberatungen 1989, 19.9.89. DRA o. Sign.
⁶⁰ Vgl. Ekkehard Kuhn: Der Tag der Entscheidung. Leipzig, 9. Oktober 1989. Berlin/FfM: Ullstein 1992, S. 87ff. Dietrich Staritz: Geschichte der DDR. FfM: es/NF 1996, S. 369ff.

Doch aus den Montagsberatungen des Intendanten, die regelmäßig das Programm der vergangenen Woche Revue passieren ließen und Prädikate an Programm-Macher vergaben, wurden keineswegs Montagsdemonstrationen oder auch nur Kernzellen einer neuen Zeit: Am 16. Oktober – ohne Adamecks Beteiligung – wurde die „Aktuelle Kamera" (i.f.: AK) noch für ihre „sehr gute Leistung" bei der Berichterstattung über Erich Honeckers Begegnung mit der Delegation der VR China anlässlich des 40. Jahrestages belobigt; ebenso Lutz Renner („Kanzler Kohl und seine Wunschträume"), M. Illner und Karl Eduard von Schnitzler für ihre herausragenden AK-Kommentare.[61] Allerdings wurde an diesem Tage wohlweislich schon die Sendung „40 Jahre DDR" „aus der Wertung genommen", weil sie alles andere als prädikatwürdig war in diesen Tagen. Am 23. Oktober wurde noch einmal, ein allerletztes Mal, „Der schwarze Kanal" mit „gut" bewertet, ebenso wie „Die dritte Haut", allerdings auch „Elf 99".[62] „Sehr gut" bekam die Berichterstattung der AK über die Ablösung Erich Honeckers durch Egon Krenz.

Am 6. November 1989 nahm Heinz Adameck zum letzten Mal an den Montagsberatungen teil, und es wurden als „radikale" Änderungen beschlossen, diese Bewertungen nicht mehr vorzunehmen und künftig monatlich auf der Basis der Daten der Zuschauerforschung über „Tendenzen und Schwerpunkte der Programmarbeit im Komitee" zu beraten. Dazu kam es nicht mehr; das Komitee wurde aufgelöst, und nach einer Unterbrechung von gut einem Monat wurden die Beratungen ab 12. Dezember unter dem neuen Generalintendanten Hans Bentzien als „Dienstberatungen" wieder aufgenommen. Aus den „Genossen" wurden im Protokoll von nun an „Kollegen".

Der 9. November – und die Tage danach

Am Tag der Öffnung der Mauer wurde alles anders, nur nicht der Programmablauf des deutschen Fernsehens – in Ost und West. So fielen im DDR-*Fernsehen* zwar die „Tiere vor der Kamera" und das „Sandmännchen" der zweiten Presse-

---

[61] Sekretär des Komitees (i.A. Fellhauer): Protokoll der Festlegungen des Vorsitzenden aus der Montagsberatung vom 16. Oktober 1989. DRA o. Sign. (Anwesend: Genosse Leucht, Sauer, Wärk, Möller, Wandelt, Rothe, Jeutner, Vietze, Dinger, Mannheim, Kaiser, Fellhauer, Genossin Vogel, Braumann).
[62] Sekretär des Komitees (Wandelt): Protokoll der Festlegungen des Vorsitzenden aus der Montagsberatung vom 23. Oktober 1989. DRA o. Sign. (Anwesend: Genosse Leucht, Sauer, Schäfer, Möller, Wandelt, Rothe, Jeutner, Mannheim, Dinger, Jäger, Wärk, Genossin Vogel, Braumann).

konferenz im Internationalen Pressezentrum (IPZ), auf der Günter Schabowski von der Sitzung des ZK berichtete, zum Opfer. Die Live-Übertragung der Pressekonferenz dauerte laut Sendefahrplan 67 Minuten, von 17.55 bis 19.02 Uhr. (Das Sandmännchen wurde in das zweite Programm verschoben.)

Aber: Der „Spielspaß" mit Hans-Günter Ponesky wurde dann ebenso programmgemäß ausgestrahlt wie das „Prisma"-Magazin und der französische Spielfilm „Komba – Gott der Pygmäen". Nur der Spielfilm wurde zweimal für aktuelle Meldungen der AK von jeweils zwei Minuten unterbrochen. Die eingetretenen Veränderungen waren eher an den Inhalten und dem plötzlich veränderten journalistischen Selbstverständnis der Nachrichten und des Magazins erkennbar als an ihrem Umfang.

Im zweiten Programm blieben die Veränderungen ebenfalls moderat: „Der Inspektor ohne Waffen" musste ebendiese strecken, um „Des Kaisers neuen Kleidern, eine(r) Öko-Modenschau", der ersten Folge der Reihe „Klartext", um 20 Uhr Platz zu machen; und kurz vor der „Tagesthemen"-Zeit, um 22.25 Uhr, wurde die neue „AK-Zwo" ausgestrahlt, die tags zuvor ihre Premiere gehabt hatte.[63] Nebenbei bemerkt: In einem ersten, zugleich gegenüber dem Fernsehen aber letzten autoritären und parteilich-selbstherrlichen Akt hatte Egon Krenz am 18. Oktober, dem Tag seiner Inthronisierung, die Weisung gegeben, eine Alternative zur „Aktuellen Kamera" zu entwickeln: Daraus wurde dann gut zwei Wochen später die „AK Zwo".

Ein Knüller am Ende der Pressekonferenz

Die Pressekonferenz begann ausweislich des aktualisierten Sendefahrplans des *DDR-Fernsehens* um 17.55 Uhr und endete um 19.02 Uhr. In dem hundertfach wiederholten, kurzen Ausschnitt aus dieser Pressekonferenz sehen wir immer nur Günter Schabowskis beiläufiges Erwähnen der sofort in Kraft tretenden Ausreise-Regelung und das wie zufällige Herausziehen des Zettels mit der Notiz über den Ausreise-Beschluss des Ministerrats. Schabowski hatte dies aber dra-

---

[63] Programmredaktion/Sendebüro: Sendefahrplan für Donnerstag, 9.11.1989, 7.11.89/pe., mit handschriftlichen Eintragungen der Änderungen vom 9.11.

maturgisch sehr gut vorbereitet, der Zeitpunkt war alles andere als zufällig. Dies wird deutlich, wenn man den Verlauf der gesamten Pressekonferenz analysiert.

Egon Krenz hatte Schabowski die beiden Blätter mit dem Ministerrats-Beschluß und der Pressemitteilung unmittelbar vor seiner kurzen Fahrt vom ZK ins internationale Pressezentrum zugesteckt mit der Bemerkung, das sei doch etwas für die Pressekonferenz. Krenz laut Schabowski: „Das wird ein Knüller für uns"; Krenz laut Krenz: „Das ist doch die Weltnachricht."[64] Schabowski hatte sich diese historische Weltnachricht für das Ende, als Höhepunkt seines Auftritts auf der internationalen Bühne, den er sichtlich genoss, vorbehalten. Nach knapp 58 Minuten der Live-Übertragung erteilte Schabowski nicht einem britischen Journalisten (Johnson), der eigentlich „dran" war, schon anfing zu fragen und sich beschwerte, das Wort: „nein, nicht Sie...". Sondern er gab das Wort dem Korrespondenten der italienischen Nachrichtenagentur ANSA, Ricardo Ermanni, der vorne am etwas erhöhten Tisch kauerte, hinter dem Schabowski und drei weitere Personen saßen. Der ANSA-Korrespondent stellte etwas unmotiviert – mit Schabowski für diesen Zeitpunkt offenbar abgesprochen – die allzu einfache, rhetorische Frage: „Glauben Sie nicht, dass der Reisegesetzentwurf, den Sie vor wenigen Tagen vorgestellt haben, ein großer Fehler war?" Schabowski: „Nein, das glaube ich nicht..."[65]

Schabowskis handschriftliche Notizen deuten ebenfalls auf eine derartige Dramaturgie hin: „ZEIT! [Herv. I. Orig.] Kurz vor Schluss u. Ende der Debatte Nennung MiRa [Ministerrats-] Darstellung [im Orig. unterstrichen]. kein PB- [Politbüro-]Papier. Zustimmung MiRa!!! Verlesen Text Reiseregelung."[66] Schabowski holte auf diese Frage hin mehr als zwei Minuten lang aus um zu begründen, wie und warum die DDR-Bürger aus einer „psychologischen Drucksituation" befreit werden sollten. Langeweile machte sich schon breit, als er schließlich auf den Punkt kam, der, ich unterstreiche das noch einmal aufgrund dieser Indizien, sehr wohl dramaturgisch vorbereitet war: Schabowski führte am Ende seiner Antwort auf Ermanni aus: „Das Reisegesetz ist ja noch nicht in Kraft, es ist immer noch ein Entwurf. Allerdings ist heute, so viel ich weiß [Schabowski blickte nach rechts zu dem dort sitzenden Mitglied des Politbüros], eine Entscheidung getroffen worden. Es ist eine Empfehlung des Politbüros aufgegrif-

---

[64] Günter Schabowski: Der Absturz. Berlin 1991, S. 306. Egon Krenz: Wenn Mauern fallen. Die Friedliche Revolution. Vorgeschichte, Ablauf, Auswirkungen. Wien 1990, S. 182.
[65] Eigene Transkription nach der Aufzeichnung der gesamten Pressekonferenz, Fernsehen der DDR, 9.11.1989. DRA.
[66] Eigene Transkription der Wiedergabe der handschriftlichen Notizen Schabowskis in dem Feature von Robin Lautenbach/Dagmar Mielke: Die Nacht der Nächte. Eine Chronik des 9. November 1989. Erstsendung SFB 1997, Wh.: Phoenix, 9.11.2002.

fen worden, dass man aus dem Entwurf des Reisegesetzes den Passus herausnimmt und in Kraft treten lässt, der – wie man so schön oder unschön sagt – die ‚ständige Ausreise' regelt, also das Verlassen der Republik. Weil wir es für einen unmöglichen Zustand halten, dass sich diese Bewegung vollzieht über einen befreundeten Staat, was ja auch für diesen Staat nicht ganz einfach ist. Und deshalb haben wir uns dazu entschlossen, heute eine Regelung zu treffen, die es jedem Bürger der DDR möglich macht, über Grenzübergangspunkte der DDR auszureisen."

Die Journalisten fragten nach, wann diese Regelung in Kraft trete. Schabowski: „Also Genossen, mir ist das also hier mitgeteilt worden, dass eine solche Mitteilung eigentlich heute schon verbreitet worden ist. Sie müsste eigentlich schon in Ihrem Besitz sein. Also [zitiert den offiziellen Text der Reiseregelung, und die folgende kurze Passage wurde in den Nachrichtensendungen dann immer wieder zitiert]: ‚Privatreisen nach dem Ausland können ohne Vorliegen von Voraussetzungen, Reiseanlässe und Verwandtschaftsverhältnisse beantragt werden. Die Genehmigungen werden kurzfristig erteilt. Die zuständigen Abteilungen der Volkspolizei-Kreisämter in der DDR sind angewiesen, Visa zur ständigen Ausreise unverzüglich zu erteilen, ohne dass dafür noch geltende Voraussetzungen für eine ständige Ausreise vorliegen müssen. Ständige Ausreisen können über alle Grenzübergangsstellen der DDR zur BRD bzw. zu Berlin West erfolgen.' (...) [Erneute Frage: „Wann tritt das in Kraft?"] Nach meiner Kenntnis ist das sofort, unverzüglich."[67]

Danach war die Pressekonferenz sehr schnell zu Ende; einige aktuell berichtende Journalisten verließen fluchtartig den Raum. Hätte Schabowski diese Information als Aufmacher der Pressekonferenz verwendet, wäre sie zu Ende gewesen, bevor sie richtig begonnen hatte.

Das ZDF hatte in seiner „heute"-Sendung ab 19 Uhr die Möglichkeit, die Weltnachricht als erstes Fernsehprogramm zu verbreiten. Doch der Kanzlerbesuch in Polen überschattete die noch brisantere Aktualität der Mauer-Öffnung, und es dauerte eine Viertelstunde, bis „heute" die Nachricht brachte. Volker Jelaffke als Redakteur im Studio und Otto Diepholz als CvD machten die Sendung (nach dem Überblick) mit dem Kohl-Besuch in Warschau (Gerry Nasarsky) und dem Treffen mit Lech Walesa (Bericht: Klaus Walther) auf. Erst an siebter und achter Stelle folgten eine Wortnachricht und ein Bericht von Werner Brüssau über die ZK-Sitzung und über den Besuch Ministerpräsident Johannes Raus in Ost-Berlin. Brüssau hatte die Pressekonferenz Schabowskis aber bereits

---

[67] Eigene Transkription nach der Aufzeichnung der gesamten Pressekonferenz, Fernsehen der DDR, 9.11.1989. DRA.

vor der sensationellen Nachricht verlassen und schnitt seinen Beitrag, der die Nachricht von der Entscheidung des ZK enthielt, für Dezember eine Parteikonferenz einzuberufen. Klaus Wilhelm, der als „Kennzeichen D"-Redakteur gemeinsam mit Uwe-Karsten Heye[68] in West-Berlin die Pressekonferenz im DDR-Fernsehen verfolgt und aufgezeichnet hatte, musste gleich nach Schabowskis sensationellen Mitteilungen den CvD in der Mainzer Sendezentrale mühsam davon überzeugen, diese Information noch in die Sendung aufzunehmen. In Mainz zögerte man, weil noch keine entsprechende dpa-Meldung vorlag. Die dpa-Gläubigkeit der meisten Nachrichten-Redakteure erwies sich in dieser Situation beinahe als fatal. Der ZDF-Chefredakteur und alle diejenigen, die eine schnelle Entscheidung über eine einschneidende Änderung des Ablaufs hätten herbeiführen können, weilten mit Bundeskanzler Helmut Kohl in Warschau.

So blieb es zunächst bei dem vorbereiteten Ablauf. An neunter Stelle der Sendung verlas Volker Jelaffke noch die Meldung: „15 prominente SED-Mitglieder schrieben heute in einer Erklärung, *es sei denkbar,* dass schon in absehbarer Zeit die Mauer der Vergangenheit angehöre."[69] Wenige Minuten später, nach einem Beitrag über die Rentendebatte im Bundestag, an 14. Stelle und genau um 19:14:33 Uhr, meldete Jelaffke die historische Sensation mit folgenden Worten: „Noch einmal zurück nach Ost-Berlin. SED-Politbüro-Mitglied Schabowski hat vor wenigen Minuten mitgeteilt, dass von sofort an DDR-Bürger direkt über alle Grenzübergänge zwischen der DDR und der Bundesrepublik Deutschland ausreisen dürfen. Mit dieser heutigen Entscheidung sei eine Übergangs-Regelung bis zur Verabschiedung des neuen Reisegesetzes geschaffen worden. Schabowski äußerte sich vor der internationalen Presse."[70]

Es folgte der Ausschnitt aus der Pressekonferenz, in dem Günter Schabowski die Nachricht folgendermaßen formulierte: „Weil wir es für einen unmöglichen Zustand halten, dass sich diese Bewegung vollzieht über einen befreundeten Staat, was ja auch für diesen Staat nicht ganz einfach ist. [Gemeint war Ungarn. R.St.] Und deshalb haben wir uns dazu entschlossen, heute eine Regelung zu treffen, die es jedem Bürger der DDR möglich macht, über Grenzübergangspunkte der DDR auszureisen. [mehrfache Nachfragen: Ab wann gilt das? Ab sofort?] Also Genossen, mir is det hier mitjeteilt worden, dass eine solche Mitteilung heute schon vorbereitet worden ist; sie müsste eigentlich in Ihrem Besitz sein. [Schabowski zitiert aus dem Beschluss:] ‚Privatreisen nach dem Ausland

---

[68] Heye ist heute Sprecher der Regierung Schröder/Fischer.
[69] Korrigiertes Sendeprotokoll der „heute"-Sendung Nr. 430/89 vom Donnerstag, 9.11.1989. ZDF-ABD: Historisches Archiv. Hervorh.: R.St.
[70] Ebda.

können ohne Vorliegen von Voraussetzungen, Reiseanlässen und Verwandtschaftsverhältnissen beantragt werden. Die Genehmigungen werden kurzfristig erteilt. Die zuständigen Abteilungen für Pass- und Meldewesen der VPK – Volkspolizei-Kreisämter in der DDR – sind angewiesen, Visa zur ständigen Ausreise unverzüglich zu erteilen, ohne dass dafür noch geltende Voraussetzungen für eine ständige Ausreise vorliegen müssen. Ständige Ausreisen können über alle Grenzübergangsstellen der DDR zur BRD erfolgen. Damit entfällt die vorübergehend ermöglichte Erteilung von entsprechenden Genehmigungen in Auslandsvertretungen der DDR bzw. die ständige Ausreise mit dem Personalausweis der DDR über Drittstaaten."[71]

Diese MAZ hatte sich die Mainzer Sendezentrale vom *ZDF*-Studio in West-Berlin überspielen lassen und strahlte sie ohne weitere Einordnung aus.[72] Am Ende der Sendung um 19:22 Uhr, nachdem er während der Wettervorhersage sogar noch eine Pause zum Nachdenken und für Intercom-Gespräche mit dem CvD gehabt hätte, versäumte es Redakteur Volker Jelaffke im Ausblick auf das „heute-journal" (21.45 Uhr), irgendeinen Hinweis auf die weitere Behandlung des sensationellen Themas im *ZDF* zu geben. Das *ZDF* hatte die Weltnachricht, es sendete als erstes audio-visuelles Medium einen Ausschnitt aus der Pressekonferenz, aber die Tragweite blieb den Redakteuren selbst verborgen.

Schabowskis verklausulierte, teilweise im DDR-Amtsdeutsch formulierte Ankündigung bereitete nicht nur den Vertretern der internationalen Presse und den Mainzer *ZDF*-Redakteuren Verständnisschwierigkeiten. Auch der CvD einer anderen öffentlich-rechtlichen Anstalt geriet in arge Entscheidungsnot, die Nachricht in ihrer Tragweite richtig zu bewerten. Karl-Heinz Angsten (damals *WDR*) erinnert sich an die „ziemliche Panik (..), er könnte mit der Deutung komplett daneben liegen und nachher als Depp der Nation – oder zumindest des *WDR* – dastehen."[73] Aber er traf die richtige Entscheidung: Um 19.07 Uhr brachte die „Aktuelle Stunde" des *WDR* als erste Fernseh-Nachrichtensendung die Ausreise-Meldung: Die Moderatorin Sabine Brandi, die mit Johannes Kaul im Studio war, sagte folgendes: „Das frisch gewählte Politbüro-Mitglied Schabowski hat eben verkündet, bekannt gegeben, gesagt, dass ab sofort die inner-

---

[71] Eigene Transkription des vollständigen Mitschnitts der Pressekonferenz im DRA.
[72] Laut Sendeprotokoll Einstieg mit „Weil wir es für..." und Ende mit „... über Drittstaaten." Korrigiertes Sendeprotokoll der „heute"-Sendung Nr. 430/89 vom Donnerstag, 9.11.1989. ZDF-ABD: Historisches Archiv.
[73] Karl-Heinz Angsten (Leserzuschrift zum Abdruck des Beitrags Anm. 1): „Ziemliche Panik". epd medien Nr.13 v. 19.2.2003.

deutschen Grenzen zur Ein- und Ausreise frei gegeben sind."⁷⁴ Sabine Brandi machte dabei ein Gesicht, das ausdrückte, sie glaube ihren eigenen Worten nicht.

Wenn bei öffentlich-rechtlichen Sendern so viel Mut, Souveränität und journalistische Auffassungsgabe dazu gehörte, diese Weltnachricht zu verbreiten, welch großer Entscheidungsfreude bzw. –absicherung bedurfte es erst im staatlichen, sich gerade erst ansatzweise verändernden *DDR-Fernsehen*?

Als erste Fernseh-Nachrichtensendung erkannte dann die „Berliner Abendschau" des *SFB* die sensationelle Nachricht in ihrer vollen Tragweite, verständlich und zweifelsfrei, und brachte sie um 19.23 Uhr als Aufmacher. Moderator Jochen Sprentzel befragte auch gleich den Regierenden Bürgermeister Walter Momper um 19.25 Uhr live im Studio. Momper war schon in dieser frühen Situation Realist: „Ich glaube, dass das wirklich ein Tag der Freude ist. Es macht mich froh, und es sollte uns alle sehr froh machen, auch wenn wir wissen, dass daraus viele Lasten auf uns zukommen werden."⁷⁵

Die „Aktuelle Kamera" (i.f.: „AK") des *DDR-Fernsehens* brachte um 19.30 Uhr den Nachrichten-Knüller nach Themen-Überblick (48") und der Wortmeldung (25") über den Beschluss des ZK, im Dezember eine Parteikonferenz einzuberufen, an zweiter Nachrichtenstelle. AK-Sprecherin Ellen Unterlauf nannte im Überblick über die „Nachrichten des Tages" die Maueröffnung nicht direkt. Priorität hatte – wie bis dahin immer – die Partei: „Beschluss: SED-Parteikonferenz im Dezember. Reisen: Neue Regelungen des Ministerrates. Tagung: Volkskammersitzung am Montag. Ausreisewelle: 48.000 DDR-Bürger seit dritten (sic!) November in die BRD. Bestandsaufnahme: Johannes Rau bei Egon Krenz. Rücktritt: Deng Xiaoping von Jiang Zemin abgelöst. Besuch: Helmut Kohl in Polen."⁷⁶ Noch an diesem historischen Abend wurde eher verlautbart als wirklich informiert, zumindest in der „AK". Die Münchner Fernsehkritikerin Ponkie resümierte wenige Tage später: „Amüsiert vernahm man auch die neue Wahrheitsliebe im DDR-Fernsehen – und hörte doch in den neuen Tönen die

---

⁷⁴ Printarchiv/Historisches Archiv des WDR und Sichtung des U-matic-Mitschnitts der „Aktuellen Stunde" vom 9.11.1989 im WDR-Archiv. Angsten erinnert sich an die Kommentierung: „Wenn wir das richtig verstehen, heißt das offenbar, dass damit die Mauer geöffnet wird." Karl-Heinz Angsten (Leserzuschrift zum Abdruck des Beitrags Anm. 1): „Ziemliche Panik". epd medien Nr.13 v. 19.2.2003.
⁷⁵ Eigene Transkription nach der Aufzeichnung der „Berliner Abendschau" vom 9.11.1989, SFB-Archiv.
⁷⁶ Eigene Transkription nach der Aufzeichnung der AK vom 9.11.1989 im DRA.

alte Verschlüsselungssprache von Kader-Deutsch und Partei-Chinesisch durch: Derlei sitzt tief – das wäscht sich nur sehr langsam heraus."[77]

Ab der Minute 1'13" der „AK" verlas Angelika Unterlauf den offiziellen Text der vorgezogenen Reiseregelung (44"), ohne ihn in eine verständliche und eindeutige Sprache zu übersetzen.[78] Daran schloss sich ein MAZ-Bericht von Anja Ludewig und Siegfried Melzer über die Pressekonferenz an, in der sie ausführlich über die Darlegungen Schabowskis berichteten, ohne allerdings auf die Maueröffnung einzugehen (1'45"). An 17. Stelle brachte die „AK" dann aber noch einen mit 10'15" sehr langen, weiteren Bericht[79] über die Pressekonferenz Schabowskis, in der die Informationen verdeutlicht wurden, weil die Zuschauer sie nicht verstanden hatten oder ihnen einfach nicht glauben konnten. Das machte auch der Programmbericht des *DDR-Fernsehens* zu diesem Tag deutlich: „Ca. 30 Zuschaueranrufe zur Pressekonferenz. Anfragen zur verwirrenden Meldung um die Ausreise."[80] In Kurznachrichten der „AK" wurde der Wortlaut der Regelung am Abend zwar immer wieder verbreitet, aber verständlicher wurde er dadurch nicht. Der Moderator der neuen Nachrichtensendung „AK Zwo", Lutz Herden, erinnert sich, dass damit ausgedrückt werden sollte: „Es gibt eine neue Reiseregelung. Aber das bedeutet nun nicht gleichzeitig, dass nun die Grenze offen ist."[81]

Die „Tagesschau" machte mit der Topmeldung auf, widmete sich pünktlich ab 20.15 Uhr aber den DFG-Pokalspielen in Stuttgart und Kaiserslautern. Jo Brauner las folgenden Aufmacher-Satz: „Ausreisewillige DDR-Bürger müssen nach den Worten von Politbüro-Mitglied Schabowski nicht mehr den Umweg über die Tschechoslowakei nehmen." Im Hintergrund war die Schlagzeile eingeblendet: „DDR öffnet Mauer". Ein MAZ-Bericht von einem noch ruhigen Grenzübergang schloss sich an. Robin Lautenbach sprach einen historischen Aufsager vor dem Brandenburger Tor: „Vor 28 Jahren und knapp drei Monaten wurde die Mauer erbaut. Sie wurde zum Symbol nicht nur der Teilung der Stadt und der Teilung Deutschlands, sondern sie wurde auch ein Symbol des Kalten Krieges. Spätestens seit heute Abend ist dieses Bauwerk nur noch ein Bau-

---

[77] Ponkie: Das deutsch-deutsche Volksfest live. Fernsehkritik zum Mauerbruch. AZ v. 13.11.1989.
[78] Verantwortlich an diesem Abend waren: Klaus Schickhelm als Chefredakteur, Dietze als amtierender Chefredakteur und Hilbert als Nachrichtenchef. Korrigierter Ablaufplan der AK vom 9.11.1989. DRA o. Sign.
[79] Korrigierter Ablaufplan der AK vom 9.11.1989. DRA o. Sign.
[80] Fernsehen der DDR/Programmdirektion: Bericht zum Programm des Donnerstag, 9.11.1989. Vertrauliche Dienstsache! 9.11.1989-kl. DRA.
[81] Eigenes Transkript nach: Robin Lautenbach/ Dagmar Mielke: Die Nacht der Nächte. Eine Chronik des 9. November 1989. Erstsendung SFB 1997, Wh.: Phoenix, 9.11.2002.

denkmal."[82] In der Halbzeitpause des Fußballspiels, um 21 Uhr, zeigte die *ARD* ihren siebten Sinn, indem sie den „Siebten Sinn" nicht zeigte und stattdessen für neun Minuten einen „Brennpunkt extra" vom *SFB* über die Ereignisse einschob.

Das bis 22.15 Uhr verlängerte „heute-journal" machte mit einer vom *DDR-Fernsehen* übernommenen Einstellung von der Grenze auf. Moderator Siegmund Gottlieb: „Das ist sie, die Nachricht dieses 9. November 1989 – und sie kam kurz vor 19.00 Uhr. Die DDR öffnet die Grenze zur Bundesrepublik. Was heißt das: Die Menschen in der DDR können direkt ausreisen in die Bundesrepublik. Der Umweg über die ČSSR und Ungarn entfällt. Welchen Sinn hat da noch die Mauer?"[83] Giselher Suhr fasste die Schabowski-Pressekonferenz zusammen, und Fritz Schenk, ehemals „ZDF-Magazin", kommentierte. Schenk erkannte die historische Dimension nicht, hielt sich mit Kritik an der SED und Spekulationen darüber auf, ob die Einsicht der SED „nicht schon viel zu spät kommt". Der Kommentator beschränkte die Grenzöffnung allein auf die Ausreisewilligen: „Das spektakulärste Zeichen [für die Erkenntnis der SED, dass sie „sehr schnell handeln" müsse] aber ist die sofortige Öffnung der Grenzen für alle Ausreisewilligen, die nun nicht mehr den Umweg über östliche Staaten nehmen müssen."[84] Danach verlas Nina Ruge eine Agenturmeldung: „Sowohl [Bundesinnenminister] Schäuble als auch SPD-Chef Vogel haben an die ausreisewilligen DDR-Bürger appelliert, den Schritt zur Übersiedlung sehr sorgfältig zu überlegen."[85] Am Ende der Sendung kündigte Moderator Gottlieb an, die aktuelle AK ab sofort regelmäßig gegen Mitternacht über *3-Sat* auszustrahlen, und er schloss: „Ein Tag, zwei Themen – so ist das manchmal."

In den nach-fußballerischen „Tagesthemen" (i.f.: „TT") ab 22.42 Uhr machte Hanns Joachim Friedrich mit einer Würdigung der historischen Situation auf: „Im Umgang mit Superlativen ist Vorsicht geboten. Sie nutzen sich leicht ab, aber heute Abend darf man einen riskieren: Dieser neunte November ist ein historischer Tag. Die DDR hat mitgeteilt, dass die Grenzen ab sofort für Jedermann geöffnet sind. Die Tore in der Mauer stehen weit offen. Nirgends wohnen Ost- und Westdeutsche näher beieinander als in Berlin."[86] Danach schalteten die „TT" zu Robin Lautenbach an einen Grenzübergang, an dem noch kein Durchlass eröffnet war.

---

[82] Eigenes Transkript nach: ebda.
[83] Manuskript „heute-journal" Nr. 216/89 vom 9.11.1989. ZDF-ABD: Historisches Archiv.
[84] Manuskript „heute-journal" Nr. 216/89 vom 9.11.1989. ZDF-ABD: Historisches Archiv.
[85] Ebda.
[86] Eigenes Transkript nach Robin Lautenbach/Dagmar Mielke: Die Nacht der Nächte. Eine Chronik des 9. November 1989. Erstsendung SFB 1997, Wh.: Phoenix, 9.11.2002.

Günther von Lojewski gab seinen historischen Kommentar – in einer auf 48 Minuten verlängerten, aktuellen „TT"-Ausgabe. Um 23.40 Uhr unterbrach die *ARD* die Wiederholung eines Fernsehfilms[87] für 21 Minuten, um in einer Sondersendung von der Pressekonferenz des Bundeskanzlers Helmut Kohl aus Warschau zu berichten. Nach dem zweiten Teil des Fernsehfilms berichtete die „Tagesschau" von 1.20 bis 1.59 Uhr erneut aktuell aus Berlin und brachte das erste größere Interview mit dem Regierenden Bürgermeister Walter Momper. Kuhlenkampfs „späte Einsichten" in den „Nachtgedanken" widmeten sich der historischen Situation nicht; sie kamen aus der Konserve. Und dann war – anders als heute – Sendeschluss bis zum nächsten Morgen um 9 Uhr.

Ins zweite Programm des *DDR-Fernsehens* wurde um 21.57 Uhr eine kurze Meldung der „AK" über die Maueröffnung eingeschoben. Die „AK Zwo" begann früher als die „Tagesthemen", um 22.29 Uhr. Nachrichtenchef und Moderator Lutz Herden stellte die Reiseregelung an die erste Stelle (Bericht Kneiding, 1') und führte anschließend ein Studiogespräch dazu (2'45"). Dann wandte sich auch die „AK Zwo" Anderem zu.

Im Dritten Programm des *SFB* waren die Änderungen am intensivsten. Es lief in dieser Nacht zur Hochform in der Live-Berichtserstattung auf. Der neue SFB-Programmdirektor Horst Schättle moderierte die Sondersendung und lud den Regierenden Bürgermeister Momper und den Oppositionsführer Diepgen ins Studio ein. Vom *SFB* kamen alle Beiträge und Live-Schaltungen, die in dieser Nacht in der *ARD* ausgestrahlt wurden. Der *SFB* musste in der *ARD* gar „Überzeugungsarbeit" leisten, um den Brennpunkt nach Mitternacht ins Gemeinschaftsprogramm zu bringen. Nach und nach trafen *SFB*-Reporter und –Kamerateams in der Masurenallee ein; es waren schließlich sechs Reporter und acht Teams. Ab 7 Uhr sendete der *SFB* am nächsten Morgen eine von Hans-Werner Kock moderierte Morgen-Schau.

Während bis auf den *SFB*, den *WDR* und teilweise die *ARD* das *DDR-Fernsehen* und das *ZDF* das historische Ereignis eher unverständlich vermittelten, kam für die US-Fernsehgesellschaften *ABC, CBS, NBC* und *CNN* der Zeitpunkt der Maueröffnung und der dann langsam anschwellende Menschenstrom gerade recht für die Live-Aufsager in der Prime-Time, wenn sie auch nicht gänzlich die Feinheiten verstanden hatten. So meldete sich Tom Brokaw live für *NBC* von „the Berlin Wall – and this is a historic night. The East German government has now declared that East German citizens can pass through the

---

[87] Rainer Erler: Der Attentäter zum 50. Jahrestag des Attentats auf Hitler am 8.11.1939; Wh. v. 9.11.1969). Korrigierte Programmfahne. ARD-Programmdirektion.

night, beginning tomorrow morning – no restrictions."[88] Damit stellte er die Öffnung der Mauer so dar, wie sie eigentlich geplant war.[89] Durch die Ankündigung Schabowskis war dies aber keine wirkliche Option mehr. Der BBC-Hörfunk berichtete ab Donnerstag Nacht live von der Mauer – im Gegen-satz zur Deutschen Welle. Die privat-kommerziellen Programme *RTL* und *Sat.1* reagierten gar nicht.

Einig waren sich die deutschen Fernsehsysteme in Ost und West an diesem Abend darin, den deutschen Michel nicht völlig aus seinem gewohnten Unterhaltungstrott zu werfen und ihm seinen Krimi (Chandler: „Philip Marlowe", *DDR 2*), seinen Spielspaß *(DDR 1)*, seinen Fußballspiel-Spaß *(ARD)* und seinen Glücks-Spiel-Spaß *(ZDF:* „Der Große Preis") nicht zu verderben.

Die Systeme unterschieden sich aber doch sehr in Umfang und Inhalt ihrer Programm-Reaktionen. Angesichts der völligen Überraschung durch die „Knüller"-Entscheidung des Ministerrats war das Ausmaß der aktuellen Änderungen in der ARD beachtlich: Insgesamt 123 Minuten, gut zwei Stunden, wurden allein im Ersten zusätzlich gesendet. Das ZDF blieb am unbeweglichsten. Es nutzte sein ohnehin geplantes aktuelles Programmgefäß, das „ZDF-Spezial" über den „Kanzler in Polen" (21:01 – 21:46 Uhr) für die aktuelle Berichterstattung. Und natürlich machte dann das „heute-Journal" um 21:46 Uhr ebenfalls mit dem Thema auf: mit einem Bild der AK von der Mauer. Im übrigen blieb das ZDF-Programm weitgehend unverändert und insgesamt zehn Minuten länger als geplant.

Im DDR-Fernsehen blieben die quantitativen Programmänderungen allein aus dem aktuellen historischen Anlass der Maueröffnung sehr überschaubar: je vier Minuten Nachrichten-Ausweitung in *DDR 1* und *DDR 2*. Rechnet man jedoch die am 8.11. bereits geplanten Programmänderungen hinzu (*DDR 1:* Pressekonferenz Schabowski, 67', und „Des Kaisers neue Kleider" plus „AK Zwo") dann waren es insgesamt 71 plus 67 gleich 138 Minuten, also weit mehr als zwei Stunden – bis auf die „AK" eine dem revolutionären Anlass angemessene Leistung des *DDR-Fernsehens.*

Ein Zuschauer, der sich am 9. November über die aktuellen Ereignisse informieren wollte, hatte also folgende Möglichkeiten:

DDR 1   Live-Sendung Pressekonferenz   17.55-19.02 Uhr
WDR   Aktuelle Stunde   19.07 Uhr

---

[88] Eigenes Transkript nach Robin Lautenbach/ Dagmar Mielke: Die Nacht der Nächte. Eine Chronik des 9. November 1989. Erstsendung SFB 1997, Wh.: Phoenix, 9.11.2002.
[89] Vgl. Dietrich Staritz: Geschichte der DDR. Frankfurt/M. 1996, S. 381 (erw. Neuausg.).

ZDF	heute	19.14 Uhr
SFB	Berliner Abendschau	19.23 Uhr
DDR 1	AK	19.32 Uhr
ARD	Tagesschau	20.00 Uhr
ARD	Brennpunkt aktuell	21.00 Uhr
ZDF	heute-Journal	21.45 Uhr
DDR 1	AK-Meldung	21.53 Uhr
DDR 2	AK-Meldung	21.57 Uhr
DDR 1	AK-Meldung	22.22 Uhr
DDR 2	AK-Zwo	22.29 Uhr
ARD	Tagesthemen	22.42 Uhr
DDR 1	AK	23.05 Uhr
ARD	Pressekonferenz Kohl	23.40 Uhr
DDR 1	AK-Kurznachrichten	0.14 Uhr
DDR 2	AK-Kurznachrichten	0.40 Uhr
ARD	Tagesschau mit akt. Berichterstattung aus Berlin (SFB)	01.20 Uhr
ZDF	heute-Spätnachrichten	1.22 Uhr

Inhaltliche Veränderungen im DDR-Fernsehen

Die Programmbeobachter des *DDR-Fernsehens*, die diesem selbst angehörten, fanden im Abendprogramm dieses Tages einiges Neues, das sie lebhaft begrüßten. Aber sie fanden auch, dass es gut war, „an einem solchen Tag" und an den Tagen danach noch Unterhaltung zur Ablenkung im Programm zu senden. Begrüßt wurde die Live-Berichterstattung von der Pressekonferenz, aber zugleich noch mehr Offenheit und Öffentlichkeit gefordert, nämlich auch live von ZK-Sitzungen zu berichten.[90] Und zur „AK": „Vor 4 Wochen hätte diese AK aus der Pressekonferenz und der ZK-Tagung bestanden. Heute: ... Endlich aktuell, nicht mehr reglementiert, den Tatsachen entsprechend engagiert. Die AK ist endlich aktuell und sehenswert geworden."[91] Das innenpolitische Magazin „Prisma" wurde jetzt gepriesen als „zeitgemäße Sendung mit heißen Themen aus der Sphäre der Unfähigkeit und Schlamperei der Kommunalwirtschaft; ... Analyse

---

[90] Udo Lomas/Kinderfernsehen: Programmeinschätzung am 9.1.1989, 1. Programm. DRA.
[91] Lomas ebda.

der Misswirtschaft."[92] Gefordert wurde auch die Ausstrahlung der im Archiv verschwundenen DDR- und sowjetischen Filme; dies wurde aber noch rhetorisch umschrieben mit: „Ich denke, es wäre an der Zeit, dass unser Fernsehen lange vernachlässigte und lange erwartete Spielfilme unserer Produktion und aus der sowjetischen Produktion zeigen würde."[93]

Im zweiten Programm wurde positiv bewertet, dass in der kurzfristig eingefügten Reportage „Des Kaisers neue Kleider" über die „Unzufriedenheit der Bevölkerung mit den produzierten Ladenhütern" „keine Tabus ausgelassen" wurden.[94] Auch die neue Nachrichtensendung auf *DDR 2*, die „AK-Zwo", erhielt eine gute Note.

Die westdeutschen Fernseh-KritikerInnen waren sich darin einig, dass der historische erste Tag und der Beginn des zweiten Tages bis auf den SFB vom westdeutschen Fernsehen verschlafen wurde. Vor allem das *ZDF* habe bis zum nächsten Mittag weitergemacht, als ob nichts geschehen sei. Das Resümee: „Geschichte sollte in Deutschland jedenfalls für die Öffentlich-Rechtlichen nach Möglichkeit per Ankündigung geschehen."[95] Für die ersten 20 Stunden nach Schabowskis Ankündigung ist auf der Basis meiner Recherchen eindeutig zu bestätigen, was Mathias Schreiber am 14. November 1989 in der FAZ schrieb: „Die ARD hat weitaus am schnellsten reagiert, um umfassendsten informiert. (...) Das ZDF konnte da nicht mithalten."[96]

Live-Rausch ab 10. November

Am 10. November 1989 sah das Programm des *DDR-Fernsehens* – wie auch von *ARD* und *ZDF* – schon viel aktueller aus: Ab 7.55 Uhr wurden zwar zunächst das geplante Schulfernseh-Programm und die Wiederholung des „Spielspaß" vom Vorabend gesendet. Ab 10.50 Uhr wurde das Programm aber immer wieder durch die AK unterbrochen: 10.50, 11.38, 13.05, 14.10, 15.30, 16.28, 19.30, 1.21 Uhr.

---

[92] Lomas ebda.
[93] Lomas ebda.
[94] Heike Zauder: Programmbeobachter am 9.11.1989. DRA.
[95] e.n.: ARD und ZDF: DDR-Berichterstattung. Rheinischer Merkur/Christ und Welt Nr. 46 v. 17.11.1989.
[96] Mathias Schreiber: Triumph in der ersten Reihe. Rückblick auf ein deutsches Fernseh-Wochenende (Tagebuch). FAZ Nr. 265 v. 14.11.1989.

In *DDR 2* blieb bis 18 Uhr, bis zur Sondersendung von „Elf 99" über die SED-Kundgebung im Berliner Lustgarten, alles wie geplant: überwiegend Schulfernsehen. Aktuelle Nachrichten gab es nur in der „AK Zwo" (22 – 22.24 Uhr) und zum Sendeschluss (0.39 Uhr).

Wichtiger noch als die Nachrichtensendungen waren die anderen Programmänderungen: So wurde live von der Großkundgebung im Lustgarten berichtet bzw. diese wurde übertragen (*DDR 1* 18:22 – 19:26 Uhr und *DDR 2:* „Elf 99-Spezial": 18:00 – 18:30 Uhr); der gesamte geplante Abend in *DDR 1* wurde ergänzt um die in mehrere Abschnitte aufgeteilte Sendung „Berlin heute":[97] eine Studio-Talkrunde mit Phone-In-Möglichkeit für Zuschauer (Telefonplätze im Studio), geleitet von Bernhard Büchel (plus Co-Moderator) mit Hermann Kant, einem evangelischen Pastor (Noack), Klaus Höpcke (ehemaliger Kulturminister) und einem Obersten der Volkspolizei. Immer wieder wurde aus dem Studio live an das Brandenburger Tor und an den Übergang Heinrich-Heine-Straße geschaltet. Am Brandenburger Tor saßen Westberliner auf der Mauer und blickten über Stunden gen Osten auf eine Kette der Volkspolizei herab. Diese Situation stellte letztlich immer noch eine „Provokation der westlichen Seite" dar. Aber sowohl die DDR-Grenzsoldaten als auch der Reporter Hartmut Bartz des *DDR-Fernsehens* waren völlig unsicher, wie sie damit umgehen sollten und sprachen weiter von „Sicherung". Am Grenzübergang Heinrich-Heine-Straße standen die Menschen um Stempel an, weil sie der kurzfristigen Reiseregelung wohl nicht trauten. Hermann Kant war – wie Walter Momper auf der anderen Seite – Realist. Er sagte in dieser Live-Talkrunde: „Dort lauern die nächsten Probleme auf uns (...) Wir werden noch ganz andere kriegen. Ich hoffe nur eins: dass niemand von uns vor der Fülle von Problemen Zweifel bekommt, ob es wohl richtig war." Er plädierte in einem etwas schiefen Bild dafür, sich „an der eigenen Nase aus dem Sumpf (zu) ziehen."[98]

Live und dann in Zusammenfassungen wurde außerdem von der SED-Kundgebung auf dem Alexanderplatz berichtet (s.o.), sowohl in *DDR 1* als auch in *DDR 2*. Der Tenor aller politischen Aussagen lautete: Gut, dass es diese Reiseregelung gibt („Danke, Egon Krenz!"); „das Aufräumen in der Partei muss endlich beginnen"; „die harte Zeit steht uns erst noch bevor; eine Vereinigung mit Westdeutschland steht nicht zur Diskussion". In den folgenden Tagen und Wochen wurde live aus der Volkskammer berichtet und übertragen.

---

[97] 20:01 – 20.22, 21:51 – 22.16, 22:38 – 23:06 Uhr lt. Korr. Sendfahrplan DDR 1 v. 10.11.1989. DRA.
[98] Hermann Kant in: „Berlin heute Abend", DDR 1, Livesendung. DRA.

Vom 10. November sind keine Programmbeobachtungen überliefert, aber am 11.11., Sonnabend, wieder. Der „AK" wurde als positiv bescheinigt, dass sie nicht nur aktuell berichte, sondern auch Service-Informationen (U-Bahn-Fahrpläne, Fahrpreise im Westen) vermittele; der Spätausgabe, dass sie „ein völlig neues Gesicht gegenüber der Hauptausgabe – eben ein aktuelles," habe. Im „Sandmännchen" sollten Kinder zwischen Gerechtigkeit und Ungerechtigkeit unterscheiden lernen.[99] Eine andere Beobachterin fand in der „AK" ein „klares Zeichen eines neuen Windes auch in der SED", kritisierte aber, dass die zweite Ausgabe der AK einzelne Themen des Tages nicht gebracht habe.[100]

Im zweiten Programm wurde positiv die Programmänderung gewertet, die zum ersten Mal seit zwanzig Jahren wieder eine Kabarettsendung ins *DDR-Fernsehen* gebracht habe: das Programm der Leipziger Academixer mit dem weisen, seherischen Titel: „Wir stehen uns noch bevor".[101]

ARD und *ZDF* intensivierten vom 10. November an ihren Live- und Special-Marathon. Jeder Tag brachte ein neues deutsch-deutsches Fernseh-„Wunder": den „ARD-Presseclub" am Sonntag aus Adlershof (Moderation: Gerhard Fuchs, Leitung: Fritz Pleitgen), u.a. mit dem stellvertretenden Chefredakteur der AK, Götz Förster, dem Chefredakteur der „Jungen Welt" (FDJ), Hans-Dieter Schütt, und Brigitte Zimmermann, Chefredakteurin der „Wochenpost". Das gesamte auf die Maueröffnung folgende Wochenende wurde ein einziger „Brennpunkt", moderiert von Jürgen Engert und Fritz Pleitgen, und eine Ansammlung deutsch-deutscher Fernseh-Premieren: ein DDR-Fernsehteam lieferte erstmals einen Beitrag, nämlich über die DDR-Grenztruppen, für die *ARD* („Brennpunkt" Sonntagabend); Fritz Pleitgen interviewte Günter Schabowski, das „heute-Journal" (Ruprecht Eser) kam live aus Ost-Berlin, die „Tagesthemen" (Hanns-Joachim Friedrichs) live aus Leipzig, die Appell-Runde aus Adlershof; das DDR-Feature „Ist Leipzig noch zu retten" wurde in der *ARD* ausgestrahlt – und so weiter. *ARD* und *ZDF* erreichten Traumquoten, z.B. die ARD-„Brennpunkte" am Donnerstag- und am Sonntagabend von 32 und 29 Prozent, was 11,6 bzw. 10,8 Millionen westdeutschen Zuschauern entsprach. In der gesamten Woche des Mauerfalls brachte die *ARD* zehneinhalb Stunden an Sondersendungen, das *ZDF* knapp acht Stunden.

---

[99] Bernd Dammasch/Diensthabender: Programmeinschätzung 1. Pr., 11.11.1989. DRA.
[100] Martina Hasselmann/Prisma: Programmbeobachter 11.11.1989, 1. Programm. DRA [101] P. Heinrich/Chefredaktion Musik: Programmbeobachter 11.11.1989, II. DRA.

Zusammenfassend lässt sich also sagen: Die quantitativen Programmänderungen in der aktuellen Berichterstattung waren im Programm des DDR-Fernsehens und von *ARD* und *ZDF* am 9. November noch gering. *SFB* und *ARD* machten das Fernsehen in dieser Nacht aber schon ansatzweise zu dem Live-Medium, das es in den folgenden Tagen und Wochen werden sollte. Im *DDR-Fernsehen* waren vor allem die qualitativen Änderungen – gemessen an der geringen Bewegung, die bis dahin stattgefunden hatte – doch beachtlich, und sie wurden von den Zuschauern beachtet. Vom 10. November an zeigten nicht nur Jürgen Engert, Fritz Pleitgen, Ruprecht Eser und viele andere in der *ARD* und im *ZDF*, wie aktuelle Berichterstattung aussehen kann, sondern auch das *DDR-Fernsehen*. Dort wurden offen und live Zuschauerfragen gestellt und beantwortet, berichteten Reporter von verschiedenen Brennpunkten, traten Bürgerrechtler live auf.

Das Verhalten der DDR-Zuschauer

Das Zuschauerverhalten in der DDR war in den 80er Jahren weitgehend stabil:[102] Es konzentrierte sich im wesentlichen auf Unterhaltung und bestand aus einem fernseh-typischen Unterhaltungsslalom. Wenn „publizistische", also aktuelle bis dokumentarische Sendungen, Bildungsprogramme und das „Kulturmagazin" ausgestrahlt wurden, schalteten maximal 5 Prozent ein, alles darüber wurde als Erfolg bezeichnet.[103] Bei einer durchschnittlichen Sehbeteiligung in der Hauptsendezeit von 55 bis 60 Prozent betrug der virtuelle Exodus in die Westprogramme von *ARD* und *ZDF* allabendlich 20 bis 25 Prozent – ein Drittel bis knapp die Hälfte. Zum einen erweiterten sich die DDR-Zuschauer dadurch das Unterhaltungsangebot, und zum anderen überprüften sie dadurch die Informationen der DDR-Medien[104]. 1988 sahen 21,4 % das erste DDR-Fernsehprogramm, 15,3 % das zweite; insgesamt sahen also 36,7 %[105] das *DDR-Fernsehen* zur Hauptsendezeit um 20 Uhr. Die DDR-Fernsehforschung wies al-

---

[102] Michael Meyen: Kollektive Ausreise? Zur Reichweite ost- und westdeutscher Fernsehprogramme in der DDR. Publizistik 2/2002 (47), S. 210.
[103] Michael Meyen: Kollektive Ausreise? Publizistik 2/2002 (47), S. 215.
[104] Michael Meyen: Kollektive Ausreise? Publizistik 2/2002 (47), S. 218.
[105] Michael Meyen: Kollektive Ausreise? Publizistik 2/2002 (47), S. 211.

lerdings nur 35,7 % aus.[106] 1989 fiel dieser Durchschnittswert auf 32,1 %, weniger als im Jahr 1982, bevor die Programm-Strukturreform mit ihrer Unterhaltungs-Wende griff.

Im letzten Quartal 1989 veränderten sich die Erwartungen der Zuschauer an das Fernsehen radikal – und zugleich seine Nutzung. Stand bis dahin die Unterhaltungsfunktion im Vordergrund, nahm Ende 1989 die Information den ersten Bedürfnisplatz ein. Die Veränderungen begannen aber erst am 29. Oktober, also immerhin elf Tage nach der Amtsübernahme durch Egon Krenz.

Bis dahin waren Bewertung und Akzeptanz der „Aktuellen Kamera" kontinuierlich abgesunken. Das begann am 2. Juli mit dem bis dahin absoluten Tiefpunkt von 4,0 Prozent Sehbeteiligung und einer Bewertung von 3.29 (Bewertung auf einer sechsstufigen Schulnoten-Skala). Ab 21. August bewerteten die Zuschauer die AK immer schlechter. Dieser Niedergang der Glaubwürdigkeit der „AK" erreichte am 3. Oktober mit 5.56 den absoluten Tiefpunkt.

Am 2. Oktober, kurz vor dem Staatsgründungs-Jubiläum, nahmen 2000 Menschen in Leipzig an Montagsgebet und –Demonstration teil. MfS-Chef Erich Mielke sagte am 3.10.: „Die Lage in der DDR ist explosiv; jetzt muss gehandelt werden, sonst geht der Sozialismus den Bach runter."[107]

Vom 29. Oktober 1989 an trat die „AK" also ihren Siegeszug in der Zuschauergunst an. Durch die Wende veränderten sich die Durchschnittswerte schlagartig. Zwei Monate nach dem absoluten Tiefpunkt, am 6. Dezember, erreichten Sehbeteiligung und Bewertung der „AK" die absolute Spitze: 62,6 % und 2.39. Das war so viel wie das DDR-Fernsehen im ersten Halbjahr nur mit Hilfe zweier alter Heinz-Rühmann-Filme erreicht hatte[108] In der letzten Novemberwoche wurden auch die bis dahin geheimgehaltenen Zahlen und Bewertungen der Zuschauerforschung im Fernsehen endlich öffentlich; sie wurden im Fernsehzentrum Adlershof ausgehängt.[109]

Die „AK" wurde zum Indikator der Fernseh-Wende. Das schlug sich in den Nutzerzahlen und in der Bewertung nieder. Im November befragte die Zuschauerforschung die Zuschauer, wie sie das veränderte Programm beurteilten. Dabei fanden drei Viertel (73,4 Prozent) der Zuschauer das Programm „jetzt

---

[106] Wie hat das Fernsehen der DDR den Erwartungen der Zuschauer seit der Wende entsprochen? DRA H 081-03-02.
[107] Zit. n. Ekkehard Kuhn: Der Tag der Entscheidung. Leipzig, 9. Oktober 1989. Berlin/ Frankfurt/M.: Ullstein, S. 41.
[108] Wie hat das Fernsehen der DDR den Erwartungen der Zuschauer seit der Wende entsprochen? DRA H 081-03-02, S. 1
[109] Dramatische Kunst/Crahe, Sekretär des Kollegiums: Festlegungsprotokoll der Kollegiumssitzung vom 23.11.1989. DRA.

besser als früher", wenige Wochen später waren es schon 86 Prozent. In der Presse (29,2 Prozent) und im Fernsehen (28,4 Prozent) lasen die DDR-Bürger Ende Oktober die stattfindenden Veränderungen am ehesten ab.

In der Hitliste führte die „AK" weit vor der Jugendsendung „Elf 99", dem innenpolitischen Magazin „Prisma" und der neu installierten Nachrichtensendung „AK Zwo". Eindeutig hatte die „AK" einen Vertrauensgewinn erzielt: Vier von fünf Zuschauern meinten, dass sie nun die „Vielfalt widerspiegelte". Und drei von vieren waren überzeugt, dass sie jetzt „die anstehenden Probleme .. offen und ehrlich" anspreche.[110] Die „AK" überholte kurz vor Weihnachten 1989 auch die westdeutschen Nachrichtensendungen: Etwa jeder zweite Fernsehzuschauer in der DDR sah die „AK". Dahinter sah die Hitparade folgendermaßen aus: „Tagesschau", „heute", „TT", andere Nachrichtensendungen und das „heute-Journal". Die „AK Zwo" wurde von fünf bis zehn Prozent der Zuschauer gesehen.[111]

Noch ganz am Anfang einer Veränderung, deren Dimensionen für das System insgesamt und für den Einzelnen nicht absehbar waren, fand es noch fast die Hälfte (47,3 Prozent) der Zuschauer „entschuldbar, dass es in letzter Zeit in manchen Sendungen des Fernsehens mitunter zu falschen oder nur zum Teil richtigen Darstellungen kam, was Rücksichtnahme und Entschuldigungen zur Folge hatte". 41,6 Prozent der Befragten meinten allerdings, dass so etwas „nicht vorkommen dürfte". Und einem harten Kern von 10,7 Prozent waren Veränderungen noch nicht aufgefallen.[112]

Drei Viertel der Zuschauer akzeptierten in der Wendezeit die häufigen Programmänderungen – das heißt aber zugleich, dass ein Viertel sich davon gestört fühlte. Im Hauptprogramm handelte es sich immerhin um etwa 90 Prozent teils sehr kurzfristige Programmänderungen. Unter den Veränderungen begrüßten die Zuschauer – in dieser Reihenfolge:
1. dass die „AK" anders geworden war,
2. dass der „Schwarze Kanal" eingestellt wurde,
3. dass neue Diskussionsrunden eingeführt wurden und
4. dass es im zweiten Programm jetzt die „AK Zwo" gab.[113]

Die neuen Reihen „Klartext" (ab 6.11., überwiegend Montags, 21.30 Uhr), die „Donnerstagsgespräche" (ab 19.10., 20 Uhr, zunächst ca. 20 % Zuschauer)

---

[110] Befragung in der 51. Woche: Wie hat das Fernsehen... (Anm. 106), S. 6.
[111] Ebda.
[112] Befragung in der 51. Woche: Wie hat das Fernsehen... (Anm. 106), S. 7.
[113] Befragung in der 51. Woche: Wie hat das Fernsehen... (Anm. 106), S. 1.

waren zunächst sehr erfolgreich hinsichtlich der Quote und der Bewertung, ebenso wie das renovierte Magazin „Prisma" (ebenfalls ca. 20 Prozent). Aber es stellte sich bald ein Sättigungseffekt ein, vor allem bei den langen Gesprächsrunden.[114] Typisch deutsch ist wohl, dass im größten Umbruch der deutschen Geschichte nach 1946 Tiersendungen unverändert beliebt blieben.

Die höchste Akzeptanz in den drei Wende-Monaten erzielten folgende Sendungen (Zuschauerbeteiligung/Bewertung):
1. 8.11., 19.30 Uhr: „AK" und Direktübertragung von der Kundgebung vor der ZK-Tagung (53,8 Prozent/2.63).
2. 7.11., 20 Uhr: „Warum wollt Ihr weg?" (43,3 Prozent/2.67).
3. 19.12., 20 Uhr: „Der Tag in Dresden" (Besuch Bundeskanzler Helmut Kohls: 43,2 Prozent/2.35).

Im Verhältnis zum „Musikantenstadl" am 17.12.1989 lag die Kundgebung vor dem ZK knapp über, die Sendungen mit der Frage nach den Gründen der Ausreisenden und mit dem Besuch Kohls aber doch beträchtlich unter den Werten, die die Volksmusik in diesen revolutionären Zeiten erzielte: Der „Musikantenstadl" wurde von 52,4 % der DDR-Zuschauer gesehen und mit 1.27 bewertet.[115] Nur zum Jahresende war den Zuschauern die Lust am „Prosit" (31.12.) vergangen: Die Jahresendsendung erreichte das schlechteste Ergebnis seit 1981 (32,7 Prozent/3.07; Durchschnitt 81-88: 47,1 Prozent/ 2.73).

Resümee

Freundliche und expandierende Kooperation prägte das Verhältnis zwischen *ARD* sowie *ZDF* und *DDR-Fernsehen* bis in den September 1989. Auf der Leitungsebene des DDR-Fernsehens ging es bis in den Oktober hinein weiter wie gehabt. Bei der „AK" dauerten die Veränderungen am längsten; gewisse Öffnungen begannen mit der Übernahme der Leitungsfunktionen durch Egon Krenz, doch noch am 9.11. wurde die eigentliche Top-Meldung in unverständlicher Sprache gemeldet. Zuschauerreaktionen verhinderten aber, dass es beim Herunterspielen blieb.

---

[114] Befragung in der 51. Woche: Wie hat das Fernsehen... (Anm. 106), 10ff.
[115] Befragung in der 51. Woche: Wie hat das Fernsehen... (Anm. 106), S. 24.

Wie paralysiert war das Fernsehen in Ost und West durch die unerhörte Öffnungs-Nachricht – mit Ausnahme des *SFB*, der bereits 20 Minuten später den Regierenden Bürgermeister dazu im Studio befragte. Die Schrecksekunde dauerte an: *ZDF* und die Privat-Kommerziellen schätzten die Öffnung der Grenzen am 9. November 1989 zunächst nicht richtig ein. Die *ARD* reagierte aktuell mit gewisser Flexibilität; dabei spielte der *SFB* die entscheidende Rolle.

In dieser Schrecksekunde, deren historische Dimension erst ganz allmählich erkannt wurde, klammerten sich die drei großen Systeme *ARD*, *DDR-Fernsehen* und *ZDF*, an ihre langfristigen Programmplanungen. So aktiv wie Helmut Hanke es machen wollte, war das Fernsehen also nicht. *DDR-Fernsehen*, *ARD* und *ZDF* waren sich einig darin, den deutschen Zuschauern ihren gewohnten Unterhaltungsabend voller Kriminal-, Glücks- und Fußball-Spiel nicht zu verderben.

Für eine kurze Zeit akzeptierten die meisten Zuschauer die flexiblere Programmplanung, und sie dürsteten für ein paar Wochen nach aktuellen Informationen und Diskussionsrunden im eigenen, sich wandelnden Fernsehsystem. Vom 10. November 1989 an spielte das Fernsehen in West und Ost seine besondere Fähigkeit zu Live-Haftigkeit, Aktualität und Authentizität aus. Hohe Flexibilität vereinigte sich mit Professionalität, Neugierde mit Motiviertheit. Es begann die kurze Phase der großen Freiheit – und zugleich großen Unsicherheit – der Programm-MacherInnen. Das war dann die wirkliche Fernseh-Wende in die Neunziger Jahre. Flexibilität und Motiviertheit wurden, wie wir heute wissen, aber in ihrem Schwung nur zu einseitigen Veränderungen genutzt, nicht auch zu Reformen der *ARD*. Ab Dezember 1989 begann mit Musikantenstadln und Tierfilmen aber schon wieder das alte Fernseh-Prinzip zu greifen: Abschalten beim Einschalten – durch Unterhaltung.

II. Übergänge zu neuen Strukturen

Detlef Kühn

Erinnerungen an Sachsenradio

Im September 1990 erzählte mir der damalige Programmdirektor des Deutschlandfunks, Dettmar Cramer, der Landesrundfunkdirektor von Sachsen suche dringend einen Verwaltungsfachmann, der ihm helfe, die zahlreichen Probleme beim Aufbau eines eigenständigen sächsischen Hörfunks, unabhängig vom DDR-Rundfunk in Berlin, zu lösen. Ob ich nicht jemanden kenne, der diese Aufgabe erfüllen könne? Vielleicht sei das sogar etwas für mich selbst, da doch meine Behörde, das Gesamtdeutsche Institut, nach der Wiedervereinigung entbehrlich sein werde?

Die Anfrage interessierte mich. Auch ich hatte den Eindruck, dass eine Behörde, die sich u.a. mit der Beobachtung und Analyse der Entwicklung in der DDR und deutschlandpolitischer Bildungsarbeit beschäftigte, in absehbarer Zeit aufgelöst werden könne. Mir war klar, dass die vielen und großen Probleme des Zusammenwachsens der beiden Teile Deutschlands die Kräfte einer einzelnen Bundesanstalt bei weitem übersteigen würden. Dies war nun eine Gemeinschaftsaufgabe, die praktisch von allen staatlichen Institutionen bewältigt werden musste. Im Gesamtdeutschen Institut war zwar viel Sachverstand vorhanden, der bei der Lösung der anstehenden Fragen durchaus hilfreich sein könnte. Ich sah aber mit wachsendem Ärger, dass man weder im Bundesministerium für innerdeutsche Beziehungen noch sonst irgendwo konkret darüber nachdachte, welchen Nutzen Personal und Materialien im Gesamtdeutschen Institut für die Vollendung der Einheit Deutschlands bringen könnten. Was meine Person anbelangte, so konnte die Abwicklung der seit 20 Jahren bestehenden Bundesbehörde auch von anderen vorgenommen werden. Der Vorschlag Cramers faszinierte mich also, und ich sagte ihm zu, mir die Sache zu überlegen.

Nur wenige Tage später meldete sich in meinem Bonner Büro der Landesrundfunkdirektor von Sachsen, Manfred Müller, der von seinem damaligen Chefredakteur Jürgen Vogel begleitet wurde. Die Herren erzählten mir, dass Sachsenradio seit dem 1. Juli 1990 ein 24-stündiges Hörfunkprogramm ausstrahle und dass sie die Absicht hätten, ab dem 3. Oktober noch zwei weitere Programme zu produzieren. Sie unterrichteten mich über die Rundfunklandschaft in Sachsen, über das Funkhaus in Leipzig und die Dependancen in Dresden, Chemnitz und Bautzen, von wo aus auch ein sorbisches Programm ausgestrahlt wurde. Vor allem machten sie deutlich, dass sie – „selbstverständlich" – von Verwaltung generell und vom Aufbau notwendiger neuer Strukturen nichts verstünden und dementsprechend dringend auf Hilfe angewiesen seien.

Ich sah eine Chance, schnell und unbürokratisch bei der Verwirklichung der Einheit Deutschlands, für die ich mich mein ganzes berufliches und politisches Leben lang eingesetzt hatte, mitzuwirken. Also sagte ich spontan zu, musste allerdings als Bundesbeamter die Bedingung stellen, dass mein Dienstherr zustimmte. Diese Zustimmung wurde sofort beantragt. Es sollte dann allerdings noch sechs Wochen dauern, bis das Bundesministerium des Innern, dem mein Antrag vom Bundesministerium für innerdeutsche Beziehungen zugeleitet worden war, nachdem sich auch das Bundeskanzleramt auf meine Bitte hin eingeschaltet hatte, grünes Licht für meine Abordnung gab. Ich wurde freigestellt und mein Gehalt vom Bund weiter gezahlt. Zulagen gab es nicht.

In der Zwischenzeit hatte ich schon am 3. Oktober 1990, dem Tag der deutschen Einheit, den ich in Berlin erwartet hatte, im Leipziger Hotel „Merkur" an einer großen Party von *Sachsenradio* zur Eröffnung des zweiten und des dritten Hörfunk-Programms teilgenommen. Dabei wurde ich bereits als der künftige Verwaltungsdirektor gehandelt, was mir deshalb unangenehm war, weil in Bonn ja noch kaum jemand etwas von meinen Plänen wusste. Ich sah aber viel Enthusiasmus, viel guten Willen und überall die feste Absicht und die Fähigkeit, unabhängige Programme für die Menschen in Sachsen zu gestalten. Da ich erkannte, dass das ohne ein Minimum an effektiver Verwaltung nicht zu realisieren war, verstärkte ich in Bonn meine Bemühungen um baldige Genehmigung meines Einsatzes in Leipzig.

Am 15. November war es dann endlich soweit. Ich nahm meinen Dienst im Funkhaus in der Leipziger Springerstraße auf, wo ich plötzlich verwaltungsmäßig für ein paar hundert Journalisten und Hilfskräfte in den Funkhäusern in Leipzig, Dresden, Chemnitz, Bautzen und in kleineren Studios, sowie für Immobilien und z.T. desolate Technik zuständig war. Dazu kamen fünf Klangkörper mit über 300 Musikern. Die Techniker unterstanden zu dieser Zeit noch der Deutschen Post der ehemaligen DDR. Erst Anfang 1991 wurde dieses Personal uns auch verwaltungsmäßig zugeordnet.

Sehr schnell erkannte ich, dass wir alle und ich selbst im besonderen uns beim Aufbau der sächsischen Hörfunkstrukturen auf schwankendem Boden befanden. Die Landesrundfunkdirektoren der neuen Bundesländer waren noch von dem für Hörfunk zuständigen letzten Intendanten des DDR-Rundfunks bestellt worden. Ihr Auftrag, eigene Strukturen in ihren jeweiligen Ländern aufzubauen, war relativ klar. Unklar war jedoch die Beziehung, die zwischen ihnen und der durch den Einigungsvertrag geschaffenen „Einrichtung" nach Artikel 36, wie der ehemalige DDR-Rundfunk nach dem 3. Oktober hieß, bestand. Unter Führung des Rundfunkbeauftragten Rudolf Mühlfenzl, der sich einen Stab von West-Mitarbeitern nach Berlin geholt hatte, existierte der DDR-Rundfunk praktisch weiter, und – was für mich das Wesentlichste war – er machte überhaupt keine Anstalten, Kompetenzen schrittweise in die einzelnen Bundesländer zu verlagern.

Vielmehr zog die Zentrale sogar die Zügel nochmals straff an, d.h. obwohl das Ende der „Einrichtung" für den 31. Dezember 1991 fest terminiert war, wurde die Abhängigkeit der Provinz-Funkhäuser von Berlin besonders betont und verstärkt.

Diese Abhängigkeit äußerte sich auf vielfältige Weise: Obwohl z.B. in Sachsen nicht zu viel, sondern eher zu wenig Rundfunkpersonal für unsere drei Programme vorhanden war, wurde die Personalführung von Berlin aus noch intensiviert. Anstatt uns Mittel zur eigenständigen Bewirtschaftung zur Verfügung zu stellen, hätten wir theoretisch alle Ausgaben vorher von der Zentrale absegnen lassen müssen, was natürlich praktisch ein Unding war. Ich merkte also sehr schnell, in welche schwierige Situation ich geraten war. Erhebliche und zum Teil grundsätzliche Auseinandersetzungen mit den leitenden Mitarbeitern Mühlfenzls in Berlin blieben nicht aus.

Natürlich musste die „Einrichtung" vor allem in Berlin erheblich Personal abbauen, wobei sie auch politische „Altlasten" berücksichtigen und vor allem versuchen musste, inoffizielle Mitarbeiter der Staatssicherheit aus dem Apparat zu entfernen. Im Prinzip war ich mit dieser Zielsetzung durchaus einverstanden. Ich sah nur eine Fülle praktischer Probleme, die ich auf andere Weise als die Leitung der „Einrichtung" lösen wollte. Da wir in Sachsen, im Gegensatz zu der ehemaligen Rundfunkzentrale der DDR in Berlin, im journalistischen, technischen und Verwaltungsbereich nicht zu viel, sondern eher zu wenig Mitarbeiter für unsere ambitionierten Programmpläne hatten, erschien es mir nicht sinnvoll, kurzfristig Entlassungen vorzunehmen. In der Vergangenheit „belastete" Mitarbeiter konnte man, sofern sie überhaupt noch tätig waren, ohne besonderes Aufsehen zum Jahresende 1991 beim Übergang zum *Mitteldeutschen Rundfunk* ausscheiden lassen. Im übrigen würden sich ehemalige Stasi-Mitarbeiter selbstverständlich kaum von allein zu erkennen geben. Eine umfangreiche Fragebogenaktion, die von der Zentrale in Berlin angeordnet wurde, brachte zwar erhebliche Unruhe mit sich, war aber, was die praktischen Auswirkungen anbelangt, zumindest in Sachsen ein Schlag ins Wasser. Es wurde nicht nur nach früheren verantwortlichen Tätigkeiten in der SED, sondern auch nach etwaiger Mitarbeit im Staatssicherheitsdienst gefragt, wobei angedroht wurde, dass, wer falsch antworte, mit seiner fristlosen Entlassung rechnen müsse. Auf meine Frage, was denn geschehe, wenn jemand wahrheitsgemäß, d.h. bejahend antworte, wurde mir bedeutet, dann werde er ebenfalls sofort entlassen.

Unter diesen Umständen hat es mich nicht überrascht, dass von den vielen hundert in Sachsen befragten Mitarbeitern praktisch keiner von sich aus eine offizielle oder inoffizielle Mitarbeit beim Staatssicherheitsdienst zugab. Die einzige Ausnahme war ein Pförtner, der als Absolvent der Juristischen Hochschule in Potsdam, der Kaderschmiede der Staatssicherheit, erst nach der Wende eingestellt worden war und dabei aus seiner Vergangenheit kein Hehl gemacht hatte. Er wurde dann auch prompt von der „Einrichtung" entlassen; der anschließende Arbeitsgerichtsprozess endete mit einem Vergleich.

Verunsicherung und Haushaltsprobleme

Ich hätte es jedenfalls vorgezogen, wenn, angesichts des zum Jahresende 1991 bevorstehenden Endes der „Einrichtung" und damit auch *Sachsenradios*, die Arbeitsverträge normal ausgelaufen wären und man es der Nachfolgeeinrichtung, in unserem Falle also dem *Mitteldeutschen Rundfunk*, überlassen hätte, diejenigen Mitarbeiter nicht weiter zu beschäftigen, die aus ihrer Sicht nach eingehender Überprüfung nicht geeignet erschienen wären. Praktisch kam es gegen Ende des Jahres 1991 dann auch tatsächlich so. Während meiner Tätigkeit für *Sachsenradio* bis Ende August 1991 herrschte jedoch bei vielen Mitarbeitern eine – wie ich fand: vermeidbare – Verunsicherung, und es hat mich stundenlange Gespräche mit dem Personalrat und einzelnen mehr oder weniger betroffenen Mitarbeitern gekostet, sie trotzdem so zu motivieren, dass sie bei der Stange blieben und nicht die Lust an der Arbeit verloren.

Fast noch gravierender waren die haushaltsrechtlichen Probleme, mit denen ich mich herumschlagen musste. Obwohl die „Einrichtung" zur Aufstellung eines Haushaltsplanes verpflichtet war, schaffte sie es bis zum 1. September 1991, als ich wieder nach Bonn zurückkehrte, nicht, dieser Verpflichtung gerecht zu werden. Wir wussten praktisch nicht, welche Betriebsmittel uns zur

Verfügung standen und lebten finanziell sozusagen von der Hand in den Mund – immer abhängig von Einzelüberweisungen, die uns mehr oder weniger sporadisch von Berlin aus erreichten. Unter diesen Umständen war natürlich ein geordneter Rundfunkbetrieb kaum möglich. Als dem zuständigen Verwaltungsdirektor und ab April 1991 sogar als Rundfunkdirektor wurden mir z.B. ständig Dienstreiseanträge der Mitarbeiter vorgelegt oder Produktionsaufträge für Hörspiele und ähnliche Unternehmungen unterbreitet, bei denen nicht klar war, ob letztlich Mittel zur Verfügung stehen würden. Dies belastete nicht nur mich persönlich in unerträglicher Weise, sondern führte vor allen Dingen auch dazu, dass die so dringend notwendige eigenverantwortliche Initiative der Redakteure von *Sachsenradio* gehemmt wurde. Es erschien mir von erheblicher psychologischer Bedeutung, den Mitarbeitern die Erkenntnis zu vermitteln, dass jetzt nicht mehr alle Entscheidungen „von oben" erwartet werden durften, sondern dass man im Rahmen seines Zuständigkeitsbereiches eigenverantwortlich Akzente setzen und auch über den Einsatz von Mitteln entscheiden musste. Wenn aber kein Haushalt einen Rahmen bot, war dies praktisch nicht zu erreichen.

In meiner Not verfiel ich auf den selbstverständlich höchst riskanten Ausweg, einfach so zu tun, als hätte die „Einrichtung" bereits einen für *Sachsenradio* geltenden Haushaltsplan aufgestellt. In der Hoffnung, dass mir irgendwann die nötigen Mittel zur Verfügung stehen würden, entwarf ich einen eigenen Haushaltsplan und wies vor allem den journalistischen Arbeitseinheiten Mittel zur eigenverantwortlichen Entscheidung im Rahmen dieser „Haushaltsansätze" über Produktionsaufträge, Dienstreisen und dergleichen zu. Dieser verwaltungstechnische Befreiungsschlag erreichte zwar insofern sein Ziel, als er den Redaktionen klare Vorgaben und danach Entscheidungsfreiheit brachte. Er löste aber bei meinen beamteten Besuchern aus dem Westen bedenkliche Mienen aus, die – völlig zu Recht – darauf hinwiesen, dass ich damit auch persönlich ein erhebliches Risiko einging. Ich sah aber praktisch keine andere Möglichkeit, um dem riesigen Funkhausbetrieb, der mir nun unterstellt war, zur Wirkung zu verhelfen. Die „Einrichtung" in Berlin verweigerte dagegen sogar lange Zeit dringend notwendige Investitionen, wie z.B. neue Schalträume in Leipzig und Dresden, die die dortige, völlig verrottete Technik ersetzen mussten und uns nicht rechtzeitig bewilligt wurden. Wären Werner Hinz, der ehemalige technische Direktor des Deutschlandfunks, der im Januar 1991 als Technischer Direktor zu *Sachsenradio* gestoßen war, und ich nicht auch bei diesen und anderen notwendigen Investitionen – wie etwa modernen Fernmeldezentralen – unkonventionelle Wege gegangen, wäre ein geordneter Sendebetrieb für den *MDR* ab Januar 1992 sicherlich nicht möglich gewesen.

Sachsenradio mit seinen beiden 24-stündigen Programmen und einem dritten Programm, das immerhin zehn Stunden am Tag ausgestrahlt wurde, war bei den Hörern außerordentlich erfolgreich (beim ersten Programm z.B. 46 Prozent Einschaltquote!). Dies wäre sicherlich ohne die schöpferische Energie, die Phantasie und die Hartnäckigkeit von Landesrundfunkdirektor Manfred Müller nicht möglich gewesen. Seinem unermüdlichen Engagement und seiner Bereitschaft zur Arbeit Tag und Nacht war es in erster Linie zu verdanken, dass in Sachsen Programme geschaffen wurden, die zur Wiederbelebung des in der DDR bewusst vernachlässigten sächsischen Landes- und Stammesbewusstseins beitrugen.

Manfred Müllers Stärke lag eindeutig in der Innovation, leider jedoch nicht in der Konsolidierung der von ihm geschaffenen neuen Strukturen. Moderne Führungstechniken hatte er sich in seiner früheren Tätigkeit beim *Rundfunk der DDR* kaum aneignen können. Statt dessen entwickelte er, wie andere Manager in der untergehenden DDR auch, ausgesprochen Manchester-liberale Vorstellungen von Personalführung, die gelegentlich in einen Hire-and-Fire-Aktionismus ausarteten. Obwohl ich persönlich ein gutes Verhältnis zu ihm hatte, gelang es mir nicht immer, seine spontanen Ideen rechtzeitig kritisch zu begleiten und ggf. in realisierbare Vorschläge umzuwandeln. Müllers auf die Selbständigkeit von *Sachsenradio* gerichtete Bestrebungen waren der „Einrichtung" in Berlin durchaus ein Dorn im Auge. Sein Verhältnis zu Rudolf Mühlfenzl und seinem Stab verschlechterte sich leider von Woche zu Woche. Dennoch wäre sein Sturz im April 1991 wahrscheinlich nicht so schnell und steil erfolgt, wenn er nicht selbst durch undurchdachte, spontane Personalentscheidungen die Voraussetzungen hierfür geschaffen hätte. Die Einzelheiten brauchen hier nicht ausgebreitet zu werden. Jedenfalls wurde Manfred Müller am 19. April 1991 vom Hörfunk-Intendanten Christoph Singelnstein in Berlin abgesetzt und ich noch am selben Tage kommissarisch mit der Wahrnehmung der Aufgaben des Landesrundfunkdirektors in Sachsen betraut. Ich habe diese Entwicklung damals bedauert. Die teils selbst geschaffenen, teils aber auch unvermeidlichen Probleme, die Manfred Müller hatte, ändern jedenfalls nichts daran, dass sein Beitrag zur Gestaltung der sächsischen Hörfunklandschaft in der Phase des Umbruchs 1990/91 sehr hoch eingeschätzt werden muss. Auf den von ihm geschaffenen Strukturen baut der *Mitteldeutsche Rundfunk* noch heute weiter auf.

Im Frühjahr 1991 zeichnete sich ab, dass *Sachsenradio* allenfalls als Teil des zukünftigen *Mitteldeutschen Rundfunks* überleben würde. Ich hielt dies auch für richtig, war mir doch klar, dass eine Dreiländeranstalt im Konzert der ARD eine wesentlich einflussreichere Rolle spielen könnte als kleine Anstalten in Sachsen,

Sachsen-Anhalt und Thüringen, die ohne besondere Synergieeffekte nebeneinanderher arbeiteten. Den Abschluss des *MDR*-Staatsvertrags und seine Verabschiedung durch den Sächsischen Landtag begrüßte ich daher. Auch das Anknüpfen an Namen und Traditionen des *Mitteldeutschen Rundfunks* vor 1934 und in der Zeit von 1945 bis 1952 erschien mir sinnvoll. Neben dem Management von *Sachsenradio* sah ich also im Sommer 1991 meine wichtigste Aufgabe in Leipzig darin, die Voraussetzungen für einen guten Übergang von *Sachsenradio* zum neuen *Mitteldeutschen Rundfunk* zu schaffen. *Sachsenradio* sollte programmlich, personell und technisch möglichst reibungslos am 1. Januar 1992 in den *Mitteldeutschen Rundfunk* überführt werden.

Die Arbeit im Rundfunk und vor allem in Sachsen bereitete mir trotz aller Sorgen auch viel Freude. Dazu trug nicht zuletzt das gute Verhältnis bei, das sich zwischen mir und den meisten Mitarbeitern, auch dem Personalrat, entwickelt hatte. (Eine Einschränkung muss ich allenfalls für die Orchester-Musiker machen, deren Vertreter eine mich irritierende Art hatten, den drohenden Untergang der abendländischen Kultur an die Wand zu malen, wenn man gezwungen war, an ihren Besitzständen zu knabbern.) Dabei half mir sicherlich meine gute Kenntnis der Verhältnisse in der DDR; die meisten Gegebenheiten und Zusammenhänge brauchte man mir nicht zu erklären. Ich war auch durch das, was ich sah und erlebte, kaum zu überraschen, weil mir die Entwicklung, die zur friedlichen Revolution von 1989 geführt hatte, sehr vertraut war.

Kurzum – ich hätte also meine Arbeit gern auch unter dem Dach des *MDR* fortgesetzt. Da ich kein Journalist war und auch keine journalistischen Neigungen verspürte, erschien es mir sinn- und reizvoll, auch für den *MDR* Verwaltungsstrukturen aufzubauen. Es stellte sich jedoch heraus, dass bei den Kräften, die für den Aufbau des *Mitteldeutschen Rundfunks* politisch verantwortlich waren, mehrheitlich keine Absicht bestand, mich entsprechend meinen Neigungen und Fähigkeiten einzusetzen.[1] Ende August 1991 sah ich also meine Aufgabe in Sachsen als beendet an und meldete mich bei meinem Dienstherrn in Bonn wieder zur Arbeit in der Endphase des Gesamtdeutschen Instituts zurück. Mein Medienengagement in Sachsen schien eine abgeschlossene Episode zu sein. Ich ahnte nicht, dass es nur einige Wochen später für mich unter ganz anderen Umständen zu einem neuen medienpolitischen Start als Direktor der *sächsischen Landesanstalt für privaten Rundfunk und neue Medien (SLM)* kommen würde.

---

[1] Vgl. die materialreiche Untersuchung von Andreas Rummel: Die Rolle der Parteipolitik beim Aufbau des *Mitteldeutschen Rundfunks*. Unveröff. Diplomarbeit an der Sozialwissenschaftlichen Fakultät der Ludwig-Maximilians-Universität München o.J. [1993].

Klaus Wilhelm

Gründung des ZDF-Studios Leipzig

Der Vormittag des 5. April 1990 versprach durchwachsenes Wetter. Der repräsentative Mercedes aus der Flotte des Berliner *ZDF*-Studios gerade im Osten der Stadt unterwegs, der Chef der Fahrbereitschaft deshalb untröstlich: Es galt, den Intendanten am Flughafen abzuholen, der vor einem wichtigen Termin in Ostberlin noch einen anderen hatte: mit einem der Redakteure der Sendereihe „Kennzeichen D". Den Termin in Ostberlin vermerkt das *ZDF*-Jahrbuch so:

„In Berlin-Adlershof unterzeichnen ZDF-Intendant Professor Dieter Stolte, ORF-Generalintendant Thadäus Podgorski, SRG-Generaldirektor Antonio Riva und DFF-Generalintendant Hans Bentzien den neuen erweiterten 3sat-Vertrag, durch den der DFF als gleichberechtigter Partner dem deutschsprachigen Satellitenfernsehen 3sat beitritt und sich ab sofort aktiv mit etwa fünf Prozent (später ca. 25 Prozent) an der Programmgestaltung beteiligt."[1]

Der Termin davor ist nur in den Erinnerungen der beiden Beteiligten vermerkt. Im Privatwagen des einbestellten Redakteurs wurde dieser einer eindrücklichen Intendantenbefragung unterzogen. Nach dreiviertelstündiger Fahrt Ende der Inspektion vor dem Grenzübergang Heinrich-Heine-Straße. Ein Händedruck und dann die Worte: „Also, dann machen Sie Ihre Sache gut in Leipzig" – der Intendant stieg um in den grauen Wartburg, in dem das *DFF*-Abholkommando der Intendantenspur ständig gefolgt war – und verschwand in blaugrauem Auspuffdunst gen Ostberlin.

Der zweite Eintrag im *ZDF*-Jahrbuch 1990 fiel kürzer aus. Unter dem Datum 1. Juli heißt es: „Unter der Leitung von Klaus Wilhelm wird vom ZDF in Leipzig als erster Stadt in der noch existierenden DDR eine Korrespondentenstelle eingerichtet."[2]

---

[1] ZDF (Hrsg.): ZDF-Jahrbuch 1990, S. 14.
[2] ZDF (Hrsg.): ZDF-Jahrbuch 1990, S. 21.

Endlich mal den Staatsvertrag lesen!

Klaus Wilhelm

Die Zeitspanne von knapp drei Monaten von der Bestallung des Korrespondenten bis zur Aufnahme des Studiobetriebs zeigt die Eile und Bedeutung, die das ZDF der intensiveren Berichterstattung zumaß, nach Öffnung der Grenzen zum ersten Male unbehindert und repressionsfrei, in Erfüllung der Staatsvertragsziele.[3]

Mit den von Intendant Stolte betriebenen deutsch-deutschen Kontakten, die schon in früheren Jahren zu gelegentlicher Zusammenarbeit mit dem *Fernsehen der DDR* geführt und die Möglichkeit zu Koproduktionen, gegenseitiger technischer Hilfestellung sowie beiderseitiger Nutzung von Ausschnittmaterial geregelt hatten[4], war eine gewisse Grundlage gegeben, nach dem 9. November 1989 die Berichterstattung aus der und über die DDR auf völlig neuen Wegen zu gewährleisten. *3sat* hatte erstmals am 9. November 1989 auch die Nachrichtensendung „Aktuelle Kamera" vom Abend als Dokument ausgestrahlt, im weiteren Verlauf der politischen Entwicklung auch immer wieder Dokumentationen, Berichte, Diskussionen aus dem DDR-Fernsehen.[5]

Hintergrund der Aufnahme des *DFF,* des *Deutschen Fernsehfunks,* in den bisherigen Dreierbund von *ZDF, ORF* und *SRG*[6] war die Überlegung, dass *3sat* als Satellitenprogramm des deutschen Sprachraums mit kulturellem Schwerpunkt erst dann seinen Sendeauftrag vollständig wahrnehmen könne, wenn auch das Fernsehprogramm des Gebietes, in dem rund 18 Millionen Deutsche zu Hause sind, an diesem Programm beteiligt wird – ungeachtet der politischen, wirtschaftlichen und gesellschaftlichen Entwicklung im bisher noch getrennten Deutschland. Außerdem könne diese Kooperation die Diskussion um die künftige medienpolitische Ordnung auf dem Gebiet der DDR versachlichen, weil darin Partnerschaft und nicht Okkupation zum Ausdruck komme.[7] Im übrigen werde sich das *ZDF* bewusst nicht an den öffentlichen Spekulationen über die zukünftige Neuordnung der Medienlandschaft in der DDR beteiligen, führte Stolte in seinem Papier an den Fernsehrat aus, aber man gehe im *ZDF* schon allgemein davon aus, dass „den neu zu bildenden Ländern nach dem Vorbild der Bundesrepublik künftig eine maßgebende Rolle bei der Gestaltung der Medienstruktur in der DDR zukommen wird".[8]

---

[3] ZDF (Hrsg.): Rechtsvorschriften für das ZDF. ZDF-Schriftenreihe, Heft 17.
[4] Vereinbarung vom 6.5.1987 mit dem „Staatlichen Komitee für Fernsehen beim Ministerrat der DDR" über „Zusammenarbeit auf dem Gebiet des Fernsehens". Vgl. den Beitrag von Rüdiger Steinmetz in diesem Band.
[5] Vorlage des Intendanten an den Fernsehrat vom 19.03.1990. ZDF Archiv FR 2/90.
[6] ZDF (Hrsg.): ZDF-Jahrbuch 1990. S. 14
[7] Vorlage des Intendanten an den Fernsehrat des ZDF, 19.03.1990. ZDF-Archiv FR 2/90.
[8] Vorlage an den Fernsehrat des ZDF v. 19.3.1990. ZDF-Archiv FR2/90.

Schon Anfang Februar 1990 hatte der ZDF-Intendant angesichts des unerwartet schnell voranschreitenden Prozesses der Wiedervereinigung Deutschlands – die Wirtschafts- und Währungsunion zeichnete sich bereits ab – eine Arbeitsgruppe angeregt, die sich mit der Aufgabenentwicklung des ZDF in einem geeinten Deutschland beschäftigen sollte. Es ging im wesentlichen um die Frage einer möglichen Staatsvertragsergänzung für den Beitritt weiterer Länder, um Verbesserung der Empfangsmöglichkeiten des terrestrischen ZDF-Programms in der DDR, um vorsorglichen Grundstücks- oder Gebäudeerwerb in Ostberlin und anderen Städten sowie um weitere Korrespondentenplätze über den in Leipzig vorgesehenen hinaus.

Warum Leipzig?

Dieser für Leipzig vorgesehene Korrespondentenplatz hatte natürlich seine Vorgeschichte: Auf der 15. Sitzung des ZDF-Fernsehrates am 8. Dezember 1989 in Mainz hatten die Teilnehmer angeregt, über den Haushaltsplan 1990 Finanzmittel und Planstellen bereitzustellen, um noch flächendeckender aus der DDR berichten zu können. Leipzig erschien nach Lage der Dinge dem ZDF als der vorerst günstigste Standort in der DDR. Die Messestadt galt als die „westlichste" unter ihren Großstädten, war als Messestandort über Jahre Reiseziel von ZDF-Teams, hatte vernünftige logistische Anbindungen innerhalb der DDR, und war in den Wochen der Massendemonstrationen, der „friedlichen Revolution", lange Zeit Standort der ZDF-Übertragungswagen gewesen.

Auch gab es technische und persönliche Kontakte zu Mitarbeitern des DFF; durch Stolte-Kontakte zum Generalintendanten Bentzien konnte ausgelotet werden, welche produktionstechnischen Hilfsdienste der neue Korrespondent in Anspruch nehmen könnte.[9] Vergleichsgröße war bei allen Überlegungen die kleinste Landesstudio-Einheit mit Produktionsausstattung, also das Landesstudio Saarland. Die Eckwerte waren ein Korrespondent (möglichst Abordnung aus der Zentrale oder den Studios), eine Sekretärin (möglichst „freie Ortskraft" mit Zeitvertrag, der allerdings nach dem DDR-Arbeitsgesetzbuch nur für ein halbes Jahr abgeschlossen werden konnte), ein Kamerateam (Bereitstellung durch DFF oder DEFA) und ein Cutter (entweder durch Abordnung oder über den DFF).

---

[9] Stolte-Brief an DFF-Generalintendant Hans Bentzien vom 05.04.1990 und Protokoll der Abt. Bau und Liegenschaften vom 12.4.1990. ZDF-Archiv FR2/90.

Die Fernsehtechnik sollte aus einem mobilen Schnittplatz bestehen, der neu beschafft werden müsste. Für die „Geschäftsausstattung" empfiehlt das Papier[10] Telefon, Telex, Telefax, Möblierung aus Mainz und einen Teamwagen, ebenfalls Neubeschaffung. Für den Korrespondenten/Redakteur sollte – wegen der hohen Hotelkosten – möglichst eine kleine Wohnung angemietet werden. Vermutete Kosten: insgesamt ca. 600.000,-- DM; der jährliche Aufwand wurde mit rund 300.000,-- DM prognostiziert.

Diese Korrespondentenstelle sollte organisatorisch an das Ostberliner Büro angebunden werden, als Entlastung der dort tätigen Korrespondenten. Allerdings: Nur zwei Korrespondenten (in Ostberlin stationiert) seien zu wenig. Es komme darauf an, mehr von der Lebenswirklichkeit in der gesamten DDR im ZDF-Programm wiederzugeben. Da aber im Haushaltsplan 1990 keine neuen Planstellen vorgesehen waren, musste das ZDF Prioritäten neu festsetzen. Die Folge war, dass ein weiterer Korrespondent nach Ostberlin abgeordnet wurde.

Auf dieser Sitzung des Fernsehrates, knapp einen Monat nach Öffnung der Grenzen, gab es beim Tätigkeitsbericht des Intendanten parteiübergreifend zufriedene Gesichter. Aktuelle Nachrichtensendungen des ZDF erreichten Spitzenwerte von 30 Prozent, Sondersendungen kamen auf bis zu 26 Prozent. Nach Meinung des Fernsehrates hatte sich das ZDF gerade bei der DDR-Berichterstattung einen deutlichen Vorsprung vor den privaten TV-Anbietern erarbeitet.

Inzwischen hatte die schon erwähnte Arbeitsgruppe auf der Basis der damaligen medienpolitischen Situation eine Bestandsaufnahme versucht, die zwar nach eigener Einschätzung von vielen Unwägbarkeiten geprägt war, aber dennoch wichtige Informationen für den Tätigkeitsbericht des Intendanten liefern sollte.

Für das *Fernsehen der DDR* galt seinerzeit der Beschluss der Volkskammer vom 5. Februar 1990, der Meinungs-, Informations- und Medienfreiheit garantierte.[11] Danach war das *Fernsehen der DDR* – wie *ADN* und der Hörfunk auch – eine unabhängige öffentliche Einrichtung, die nicht der Regierung unterstand. Das DDR-Fernsehen war Volkseigentum. Bis zur Umwandlung in eine öffentlich-rechtliche, staatsferne Anstalt garantierte allerdings der Staat für seine Finanzierung. Zur „Sicherung der Durchführung" des Volkskammerbeschlusses hatte die Volkskammer auf Vorschlag des Runden Tisches einen 18köpfigen Medienkontrollrat gebildet, dem Vertreter verschiedener Gruppierungen, Parteien, Kirchen und des Verbandes der Jüdischen Gemeinden in der DDR – alle-

---

[10] Protokoll der Abt. Bau und Liegenschaften vom 12.04.1990. ZDF-Archiv FR2/90.
[11] Gesetzblatt der DDR, Berlin, 12.02.1990, Ziffer 11.

samt am Runden Tisch vertreten – angehörten.[12] Diesem Medienkontrollrat war der Generalintendant des Fernsehens berichtspflichtig. Berufen wurde er zwar vom Ministerpräsidenten, jedoch musste er vom Medienkontrollrat bestätigt werden.[13]

Kosten-Kalkulationen

Das *Fernsehen der DDR* war inzwischen wieder in *Deutscher Fernsehfunk (DFF)* umbenannt, ein Name, der 1972 im Zuge der Abgrenzungspolitik aufgegeben worden war. Die Fernsehgebühr betrug monatlich acht Mark (Ost), nach ZDF-Berechnungen ergab das ein Gebührenaufkommen von ca. 600 Millionen Mark (Ost) pro Jahr.[14] Ende 1989 waren in der DDR etwa 6,2 Millionen Fernseh-Teilnehmer registriert, 1,7 Millionen aber von der Fernsehgebühr befreit.[15] Die verbleibenden 4,5 Millionen Teilnehmer würden auf der Basis des 1990 geltenden Gebührenschlüssels Mehrerträge von rund 206 Millionen Mark (West) jährlich für das ZDF bedeuten, wenn sich der DFF in das Rundfunksystem der Bundesrepublik Deutschland integriere, wenn weiterhin die gleiche Gebühr erhoben würde, gleiche Befreiungsvorschriften bestünden – und es auch bei 4,5 Millionen Fernsehgeräten bliebe. Dem stünden laufende Kosten für den Ausbau der ZDF-Präsenz in der DDR durch den Ausbau von Landesstudios gegenüber, einschließlich der direkten Aufwendungen für die Berichterstattung, zusätzliche Rechte- und Programmverteilungskosten für die Verbreitung des Hauptprogramms in Gesamtdeutschland sowie in erheblichem Umfang anteilige Gebühreneinzugskosten. Die laufenden Mehrkosten betrügen für das erste Jahr ca. 120 Millionen DM. Kalkulationen für die fünf neuen Korrespondentenplätze ergaben zu erwartende Kosten für die Berichterstattung aus der und über die DDR (für die aktuellen Sendungen „Heute" und „Heute-Journal") von ca. 3 Millionen DM. Bei einem angenommenen pauschalen Zulieferungsanteil von ca. 40 Minuten pro Woche für Sendungen wie „Heute aus den Ländern", „Tele-Illustrierte" und „Länderspiegel" kämen etwa 1,7 Millionen DM hinzu. Für das Personal

---

[12] Gesetzblatt der DDR, Berlin, 12.02.1990, Ziffer 12.
[13] Ebda.
[14] ZDF-Vorlage an den Fernsehrat vom 19.03.1990. ZDF-Archiv FR 2/90.
[15] epd Kirche und Rundfunk Nr. 19 vom 10.03.1990.

errechnete man 5,4 Millionen DM, für Sachkosten 2,2 Millionen DM – wohlgemerkt nur für das erste Jahr.[16]

Das *ZDF* musste damals wirklich rechnen. Zwar hatte für 1990 noch ein Haushaltsentwurf mit einem Überschuss von 24 Millionen DM vorgelegen, aber das Ende der fetten Jahre durch die neue Konkurrenz der Privaten[17] machte besondere Anstrengungen nötig, um die neuen Aufgaben in den sich abzeichnenden Neugründungen der Länder auf dem Gebiet der DDR wahrzunehmen. Die Einrichtung der neuen Korrespondentenplätze, hieß es hausintern, ergebe sich aus § 2 des Staatsvertrages mit der Verpflichtung einer Berichterstattung aus ganz Deutschland sowie der Vermittlung eines umfassenden Bildes der deutschen Wirklichkeit. Unter dieser Prämisse wurde das dann auch so im Fernsehrat beschlossen, mit nur einer Gegenstimme.[18]

In der Zwischenzeit hatte das *ZDF* Erfahrungen mit der neuen Korrespondentenstelle in Leipzig gemacht, die dann als Maßstab oder Grundlage für die Anforderungen an Räumlichkeiten, Personal und technische Ausstattung für die noch einzurichtenden weiteren Korrespondentenplätze dienen konnten.

Einstürzende Altbauten und Stasi-Wohnung

Als besonders problematisch erwies sich die Raumfrage. Am 10. Mai 1990 trafen sich in Leipzig Vertreter des *ZDF*-Bereichs „Bau und Liegenschaften" mit Vertretern der Stadt Leipzig, auf der Suche nach geeigneten Büroräumen. Die Reise war durch einen Brief des Intendanten vom 5. Mai 1990 an den Oberbürgermeister der Stadt vorbereitet worden. Das Anliegen des *ZDF* stieß auf Wohlwollen des zuständigen Leiters des Amtes für Wirtschaftsförderung. Aber, aber, die Schwierigkeiten: Wohn- und Gewerberaum werde nach der gegenwärtigen Rechtslage, unabhängig von der Form des Eigentums, nur über eine Zuweisung durch die jeweils zuständige „VEB Gebäudewirtschaft" vergeben. Die sei seinem Amt zwar zugeordnet, aber eingreifen könne – und wolle – er da nicht. Und dann: Mit gewerblich nutzbaren Räumen könne er zur Zeit sowieso nicht dienen. Auch die Vergabe von geeigneten Wohnräumen sei wegen der

---

[16] Laut Schreiben des Verwaltungsdirektors an den Intendanten vom 19.07.1990
[17] Vgl. Volker Lilienthal: Die Rolle des ZDF. In: Dietrich Schwarzkopf (Hrsg.): Rundfunkpolitik in Deutschland. München: dtv 1999 (Bd. 1), S. 418f.
[18] Sitzung Fernsehrat am 5.10.1990, TOP 6: Errichtung von Korrespondentenplätzen als Vorstufe zu ZDF-Studios in den Hauptstädten der Länder der DDR. ZDF-Archiv FR 11/90.

Wohnungsnot im Raum Leipzig als besonders sensibel anzusehen. Allenfalls kämen renovierungsbedürftige Wohnungen, die deswegen zu Wohnzwecken nicht genutzt werden könnten, infrage, wenn das *ZDF* die Renovierungskosten trage. Auch mache, so der Leiter, die derzeit politisch unübersichtliche Situation die Sache nicht leichter.[19]

Beim zweiten Mal auf der Suche nach geeigneten Räumen reiste auch der Korrespondent in die Messestadt. Inzwischen war der Leiter des Amtes für Wirtschaftsförderung nicht untätig gewesen. Die angebotenen Räumlichkeiten lagen zwar zentral am Ring, gehörten aber eindeutig zur Kategorie der einstürzenden Altbauten. Geschätzte Renovierungskosten: mindestens 120.000 DM.

Das war dem städtischen Gesprächspartner, der die Räume offensichtlich auch nicht kannte, immerhin so peinlich, dass noch zwei andere „Objekte" besichtigt wurden – mit gleichem Ergebnis: Wände und Decken verfallen und heruntergebrochen, in den Räumen einer Tanzschule kein Boden, Fallhöhe mindestens zehn Meter – es schien aussichtslos. Auch die private Suche – Makler gab es nicht – blieb erfolglos. Was an geeigneten Räumlichkeiten vorhanden war, hatten längst Banken und westdeutsche Firmen okkupiert. Auch der *DFF*-Sender Leipzig konnte nicht helfen.

So kam die *ZDF*-Reisegruppe auf einen privaten Tipp zurück, bei dem ihr gesteckt worden war, am Markt 10 b, in der sogenannten „Handwerkerpassage", gebe es im ersten Obergeschoss eine leerstehende Stasi-Wohnung. Das zuständige Amt hatte bisher keine Bereitschaft gezeigt, diese Wohnung anzubieten. Doch angesichts des vom Leiter des Leipziger Amtes miterlebten Wohnungsdesasters endlich eine erfreuliche Wende: Die Stasi-Wohnung war zwar nicht zu besichtigen, aber es gab einen Wohnungsplan. Der Renovierungsaufwand wurde auf 10.000 DM geschätzt und könne mit der ortsüblichen Miete verrechnet werden. Diese Räumlichkeiten, von der Größe her geeignet, wurden dem *ZDF* von der Stadt fest zugesagt. Nächste Leipzig-Reise am 6. Juni 1990, dann werde auch besichtigt werden können.

Die Ergebnisse verschiedener *ZDF*-Abteilungen und –Arbeitsgruppen, die sich mit der Ausstattung der neuen Korrespondentenplätze beschäftigten, hatten einen Bedarf festgestellt, den das Protokoll des Verwaltungsrates wie folgt beschrieb: „Der für die Unterbringung von Korrespondentenstellen in der zunächst in Betracht kommenden Form erforderliche Raumbedarf liege zwischen 80 und 100 qm. Als Personalausstattung seien ein Redakteur, eine Sekretärin, die auch verwaltungsmäßige Aufgaben erledigen könne, und produktionstechnisches Personal, möglicherweise bestehend aus einem Kameramann, einem Ka-

---

[19] Vermerk der Abteilung Bau und Liegenschaften vom 11.5.1990. ZDF-Archiv.

meraassistenten, einem Techniker und einem Cutter vorzusehen ... Von der Fernsehtechnik her müsse das Büro mit einer Aufnahmeeinheit und einem mobilen Schnittplatz mit Überspielmöglichkeit ausgestattet sein. Eine Leitungsanbindung sei nicht erforderlich".[20]

Am 6. Juni dann die dritte Reise nach Leipzig, aber bei der zugesagten Besichtigung des „Objektes Markt 10 b" stand die Gruppe, mit Genehmigung (schriftlich) und Schlüssel versehen, vergeblich vor der Tür. Ein neues Schloss war eingebaut worden, eine Hausbewohnerin erzählte von einer Zahnarztpraxis, die schon in wenigen Tagen hier eröffnet werden würde.

Der Korrespondent wusste Rat und kehrte nach kurzer Suche auf einer nahegelegenen Baustelle mit dem dort tätigen Polier zurück, bewaffnet mit einem großen Bohrer. Die „Verschlusssache" wurde geöffnet, die Gruppe trat vorsichtig ein. Sogar den Polier schockte der Anblick, den das Stasiobjekt bot: „VEB Magdeburger Armaturenwerke – Ingenieurbüro Leipzig" wies das Tarn-Firmenschild aus – offensichtlich eine konspirative Stasiwohnung, für Treffs zwischen IM und Führungsoffizier, mit Verbrauch von reichlich Alkohol: Zerschlissene Polstertüren, diverse Sofas und Sessel – und Hunderte unterschiedlicher Gläser, z.T. noch mit Inhaltsspuren der Getränke. Der Renovierungsbedarf schien doch höher zu sein als die veranschlagten 10.000 DM. Aber: das *ZDF* hatte seine Räume, vier an der Zahl, samt Flur, Klo und Platz für eine Kleinküche.

Realität stärker als die grüne Tinte des Intendanten

Neben der Raumsuche in Leipzig erwies sich eine andere Suche als sehr problematisch, die nach technischer Ausstattung und geeignetem Personal. Woher Sekretärin, Kameramann und –Assistent sowie Cutter nehmen? Wie zeitintensiv und umständlich es dabei in der Administration des Hauses zuging, das sollte der Korrespondent bis zur Arbeitsfähigkeit der Korrespondentenstelle Leipzig in den kommenden Wochen noch erfahren. Denn viele Abteilungen innerhalb des *ZDF* waren und mussten beteiligt werden, um das im Vergleich zu den Studio-Einrichtungen des *ZDF* in der Bundesrepublik Deutschland und in aller Welt kleine Leipziger Büro ins Leben zu rufen.

---

[20] Protokoll über die Sitzung des Verwaltungsrates VI/29, vom 27.06.1990. ZDF-Archiv.

Intendant, Fernseh- und Verwaltungsrat hatten dieses neue Projekt beschlossen[21] – mit grüner Tinte, wie es der Hausjargon bezeichnete, aber jetzt waren viele Abteilungen mit der praktischen Umsetzung geplagt: Chefredaktion, Haushalt, Liegenschaften, Technik, Produktion. Die Folge: Sitzungen über Sitzungen. Thema: Aufbau eines Korrespondentennetzes in der DDR – bezogen auf Leipzig: Welche bestehenden technischen Möglichkeiten des *DFF* sind zu nutzen? Ein Schreiben der ZDF-Hauptabteilung Programmplanung/ Produktionsplanung an den Intendanten beschreibt die Situation: „In Leipzig betreibt der *DFF* das „Haus der heiteren Muse" in der Nähe des Hauptbahnhofs. Bühnen- und Verwaltungskräfte werden dort beschäftigt. EB-Teams und sonstige Produktionskapazitäten werden in Leipzig vom *DFF* nicht vorgehalten".[22] Aber in Halle, 40 km entfernt von Leipzig, unterhielt der *DFF* ein Studio mit eigener Produktionstechnik, das aller Wahrscheinlichkeit nach mitgenutzt werden konnte, und auch im thüringischen Gera boten sich Möglichkeiten, ebenso im Dresdner Studiokomplex „Wilder Mann" sowie, am Rande der Innenstadt, in einem „Redaktionsbüro".[23]

In den beiden letzten Juniwochen des Jahres 1990 konnte der Korrespondent für Leipzig an diversen Sitzungen, seinen Korrespondentenplatz betreffend, teilnehmen. An die relativ einfachen redaktions- und produktionstechnischen Abläufe in der Berliner Redaktion „Kennzeichen D" gewöhnt, musste er nach dem Sitzungsmarathon in der Zentrale feststellen, dass er offensichtlich ohne jeden Mitarbeiter und ohne jedes technisches Equipment seine Tätigkeit in Leipzig aufnehmen sollte. Es gab für ihn, so das Fazit, kein Kamerateam, keinen Cutter, für die jeweiligen aktuellen Einsätze könne er sich ja um verfügbare Teams aus Berlin oder Mainz bemühen, hieß es, die durch den Fall der Mauer für das ZDF produktionstechnisch angespannte Lage lasse andere Lösungen leider nicht zu. Auch die Bemerkung gab es, die „grüne Tinte" und die Realität seien zwei Paar Schuhe.

Es half erst der dezente, aber energische Hinweis , der Korrespondent sehe sich dann leider gezwungen, einen Brief an den Intendanten zu schreiben. Darin werde er die Gründe darlegen, warum es zur Sicherstellung der Produktion der aus Leipzig und der südlichen DDR erwarteten Beiträge besser wäre, den Schreibtisch mit den Telefonmöglichkeiten weiter in Berlin statt in Leipzig zu

---

[21] Protokollauszug vom 24.04.1990 über die Sitzung des Verwaltungsrates VI/26 am 30.03.1990. ZDF-Archiv.
[22] HA Programmplanung, Schreiben an ZDF-Intendant Stolte vom 27.06.1990. ZDF-Archiv.
[23] Ebda.

stationieren. Die Kosten für Büro, Wohnung, Technik könne man damit auch einsparen.

Der Leiter der „Produktion Aktuelles", Klaus Hoffmann, ein von den Anforderungen seiner Abteilung geprägter, auf schnelle Überlegungen und sofortiges Handeln geeichter Kollege, ermöglichte unkonventionelle Lösungen: Als sich die Verhandlungen unter dem Motto „Woher nehmen und nicht stehlen?" im Kreise drehten, fädelte Klaus Hoffmann von sich aus einen pragmatischen Deal ein. Auf der Ausmusterungsliste des ZDF stand der sogenannte „kleine Rep 1a", der Reportagewagen mit der Nummer 1 – das „a" stand für „alt", diesen verkaufte das ZDF an einen privaten Fernseh-Dienstleister, das Studio Walldorf in Dreieich bei Frankfurt, und mietete das Gerät für ein Jahr wieder an. Die Firma Walldorf baute den alten Wagen zu einem modernen Übertragungswagen um, bestückt mit zwei Kameras, MAZ und EB-Schnittmöglichkeit. Das alles geschah überaus kurzfristig, der Um- und Ausbau wurde in knapp vier Wochen, gerade richtig zum ersten Arbeitstag der Korrespondentenstelle, zu Ende gebracht. Erster Einsatztag war der 1. Juli 1990, sofort am Nachmittag, als man endlich in Leipzig angekommen war.

Start mit der D-Mark

Der Korrespondent empfing die beiden ihm bisher unbekannten Kollegen vor dem Hotel „Merkur" schon mit der Drehliste in der Hand, das Kennenlernen fand bei der Arbeit statt, am Abend, in der „Heute"-Sendung um 19 Uhr, musste der erste Bericht zur Einführung der D-Mark laufen.

Auch mit einer anderen Entscheidung hatte der Produktionsleiter für die sofortige Arbeitsfähigkeit in Leipzig gesorgt: Als der Korrespondent, einen Tag vor der Abreise, dem einigermaßen fassungslosen Klaus Hoffmann berichtete, bei allen Bemühungen um die Abordnung einer Sekretärin – wenigstens für die ersten zwei bis drei Wochen – überall auf taube Ohren gestoßen zu sein, handelte Hoffmann unverzüglich. Eine mit Sekretariatsaufgaben vertraute Mitarbeiterin und ein Produktionsassistent mit Leipzig-Erfahrung wurden gefragt – beide reagierten sofort positiv und sagten für die Korrespondentenstelle zu. Den Satz „Da müssen Sie sich in Leipzig eine Ortskraft suchen" –, den hörte der Korrespondent überall, aber eben nicht im Büro des Produktionsleiters. Die Kollegin arbeitete fünf Wochen in Leipzig und wäre gern länger geblieben, hatte dann andere Verpflichtungen in Mainz, der Produktionsassistent aber blieb der Korrespondentenstelle die ersten anderthalb Jahre erhalten und trug mit seinen Kenntnissen von Leipzig, Personen und Örtlichkeiten sowie mit seiner Kompetenz im Fachlichen wesentlich zum Erfolg der Korrespondentenstelle bei.

Der 1. Juli 1990, wie gesagt Stichtag für den Arbeitsbeginn der Korrespondentenstelle Leipzig, auch Tag des Vollzugs der „Wirtschafts-, Währungs- und Sozialunion", sozusagen die Vorwegnahme der deutschen Einheit im Kleinen. Überall in Leipzig wuselten Kamerateams verschiedener TV-Anstalten herum, auch das Mainzer ZDF war mit einer Armee von Redakteuren und Kameraleuten angereist. Für die Sendezentrale in Mainz war klar gewesen, dass der neue Korrespondent allein die umfangreichen Berichtswünsche vieler Redaktionen kaum würde erfüllen können. Die D-Mark war da, und sie bestimmte für diesen und die nächsten Tage das Leben in Leipzig.

Die Räume der Korrespondentenstelle am Markt 10 b, Handwerkerpassage, außen versehen mit einem schön geprägten Metallschild, waren an jenem Tag und in den folgenden Wochen noch verschlossen. Der Korrespondent, Hotelgast und einige Zeit vor dem Stichtag angereist, schon mit einem ersten Bericht über den DSU-Parteitag in Leipzig in den „Heute"-Nachrichten vertreten[24], hatte, obwohl der Fertigstellungstermin des Büros „ganz fest" zugesichert war, bei der Besichtigung auf eine Baustelle geblickt, ohne Fußboden, sanitäre Einrichtungen – geschweige denn überhaupt eine Einrichtung.

Die war allerdings schon auf dem Weg und nicht mehr aufzuhalten. Ja, der Möbelwagen sei schon abgefahren, wurde dem Korrespondenten mitgeteilt, nachdem in seinem Hotel nach stundenlanger Wartezeit eine Telefonverbindung nach Mainz zustande gekommen war, der Wagen werde wohl morgen die Messestadt erreichen. Die Lösung: Ein neuer 50 DM-Schein wechselte den Besitzer. Gegenleistung: zwei Blechgaragen „für frühere Stasiwagen, aber die sind ja jetzt weg, ich habe auch ein Auge drauf" – so der kräftige Polier, der schon einmal geholfen hatte – und Schreibtische, Stühle, Aktenschränke sowie der kostbare Fernschreiber hatten eine vorläufige Bleibe.

Mit viel Überredungs- und Überzeugungskünsten gelang es, im von westdeutschen Banken, Konzernen und Firmen belegten ehemaligem DDR-Interhotel „Merkur" noch ein zweites Zimmer zu mieten, das übergangsweise als ZDF-Korrespondentenstelle herhalten musste. Auf der Bettkante wurden Einsätze geplant, Termine fixiert, Texte geschrieben. Der eigens für Leipzig umgebaute Reportagewagen stand am Gewandhaus, wo der *DFF* technische Einrichtungen unterhielt und wo vom nahen Universitätshochhaus eine Leitungsstrecke nach Mainz geschaltet werden konnte. Da also war der *ZDF*-Wagen ständig

---

[24] „Heute"-Bericht Klaus Wilhelm über den DSU-Parteitag in Leipzig am 29.6.1990.

angedockt – und erschien den Leipzigern wohl als Normalität, *ZDF*-Übertragungswagen hatten sie ja häufig schon gesehen in den Wochen der Massendemonstrationen auf dem Karl-Marx-Platz und dem Ring. Gut einen Monat dauerte das Büro-Exil im Hotel „Merkur", dann konnte die Korrespondentenstelle bezogen werden, man saß wieder am Schreibtisch, Normalität zog ein – und das *ZDF* hatte etwas vorzuweisen.

Biedenkopf und die Sonne öffentlicher Beobachtung

Am 20. Oktober 1990 lud der Intendant zur offiziellen Eröffnung der Korrespondentenstelle ein, aus Platzgründen nicht ins Studio, sondern in das Hotel „Merkur". Nach vielen ermutigenden Worten der angereisten *ZDF*-Hierarchie, des Leipziger Oberbürgermeisters Lehmann-Grube, des designierten Ministerpräsidenten Kurt Biedenkopf und des Korrespondenten eröffnete vor den zahlreich erschienenen Gästen „Miss Sachsen" das kalt-warme Büffet.

Der Oberbürgermeister rief Medien dazu auf, zum gegenseitigen Verständnis beizutragen. Die junge Einheit könne nur gedeihen, wenn insbesondere auch die Bürger in den alten Bundesländern begriffen, dass in den neuen Ländern eine totale Veränderung aller Lebensbezüge und Alltagsbeziehungen im Gange sei – und Ungeduld nicht angebracht! Kurt Biedenkopf hatte erklärt, die Medien müssten aktiv am zweiten Teil der friedlichen Revolution mitwirken. Neben dem bösen Erbe gebe es in den neuen Ländern Neuentwicklungen, die „der Sonne öffentlicher Beobachtung bedürfen, um wachsen zu können". Biedenkopf begrüßte den Entschluss des *ZDF*, in Leipzig eine Korrespondentenstelle zu eröffnen und bezeichnete die Ordnung der Medienlandschaft als eine der wichtigsten Aufgaben in den neuen Ländern.[25]

Drei Monate Leben und Arbeiten lagen hinter dem *ZDF*-Team, die Bilanz konnte sich sehen lassen: in 90 Filmbeiträgen mit 180 Sendeminuten war versucht worden, ein authentisches Bild von der Umbruchsituation in der DDR auf dem Weg zur staatlichen Einheit mit der Bundesrepublik zu vermitteln.[26]

Es war eine Situation der fließenden Veränderungen. Der 3. Oktober 1990 hatte formal die Einheit gebracht, die Landtagswahlen Mitte Oktober hatten die Zusammensetzung der Landtage der fünf neuen Länder für die nächsten Jahre geordnet – die bisherigen medienpolitischen Entscheidungen waren damit

---

[25] ZDF-Presse Aktuell vom 22.10.1990, S. 1.
[26] ZDF (Hrsg.): ZDF-Jahrbuch 1990, S. 30.

Makulatur. Der *DFF*, das ehemalige Staatsfernsehen der DDR, hatte zwar nach Vollzug der Währungsreform vom 1.7.1990 im Vorgriff auf die künftige Länderstruktur eigene Landessender eingerichtet (in Rostock, Halle, Dresden und Gera); die im Artikel 36 des Einigungsvertrages vereinbarten Überleitungsregelungen für den Rundfunk garantierten die Fortführung des *DFF* als staatsunabhängige, rechtsfähige Einrichtung – aber nur bis zum 31.12. 1991. Denn die Politik hatte längst anders entschieden. Die „Kompetenz für den Umbau des Fernsehens ging an die neuen Bundesländer"[27], und solange über die neuen Strukturen noch nichts beschlossen war, hatte der von den Ländern am 15. Oktober 1990 gewählte Rundfunkbeauftragte Rudolf Mühlfenzl die Aufgabe, den *DFF* endgültig abzuwickeln, dabei aber das *DFF*-Programm bis zum Jahresende 1991 zu gewährleisten.[28]

Im *ZDF* zielten alle Bemühungen darauf ab, die neuen Länder zu bewegen, dem ZDF-Staatsvertrag beizutreten. Der sei, obwohl von 1961, noch immer eine „vorbildliche rundfunkrechtliche Grundlage und bedürfte daher nur geringfügiger Änderungen", die nur den Programmauftrag, der Wiedervereinigung zu dienen, betreffen würden, schrieb Intendant Stolte.[29]

Im Vorgriff darauf hatte das *ZDF* ja schon lange begonnen, in den künftigen Hauptstädten der neuen Länder neben Leipzig weitere Korrespondentenstellen einzurichten. In Dresden, Potsdam, Erfurt, Magdeburg, Schwerin suchte das *ZDF* geeignete Räume zu mieten oder denkmalgeschützte Gebäude – gegen Renovierungszusagen – zu erwerben. Nach Abschluss eines erweiterten Staatsvertrages sollten diese zügig zu Landesstudios ausgebaut werden. In Dresden war es zuerst gelungen, ein kulturhistorisch bedeutendes barockes Bürgerhaus, das sogenannte Lippert'sche Haus zu erwerben[30], das nach seiner Rekonstruktion Sitz des neuen sächsischen Landesstudios werden sollte.

Für die Leipziger Korrespondentenstelle gab es eine Bestandsgarantie vorerst bis Ende 1991; sie sollte aus produktionstechnischen und logistischen Gründen parallel zur Dresdner Korrespondentenstelle, die für Januar 1991 geplant war, die Berichterstattung aus dem größten der neuen Bundesländer sicherstellen.[31]

Diese Garantie versuchte das *ZDF*-Team in Leipzig einzulösen. Alle hatten noch die schriftlich fixierten Bemerkungen des Intendanten vor Augen, er halte

---

[27] Knut Hickethier/Peter Hoff: Geschichte des deutschen Fernsehens, Stuttgart/Weimar: Metzler 1998, S.501.
[28] Knut Hickethier/Peter Hoff: Geschichte des deutschen Fernsehens, S. 502.
[29] O.V.: Das ZDF im geeinten Deutschland. In: ZDF Presse-Spezial, Oktober 1990, S. 3f.
[30] ZDF-Fernsehrat 14.6.91: Tätigkeitsbericht des Intendanten, S. 29. ZDF-Archiv.
[31] Vorlage an den Fernsehrat: Perspektiven und Aufgaben des ZDF 1990-1994, 5.10.1990, S. 6. ZDF–Archiv FR 14/90.

es für fatal, in Reportagen und Berichten ständig die Ausweglosigkeit für die DDR-Bürger zu dokumentieren und damit ungewollt die täglich steigende Ausreisewelle in den Westen zu verstärken. Man müsse vielmehr vermitteln, dass es sich lohne, zum Aufbau neuer gesellschaftlicher, wirtschaftlicher und sozialer Strukturen beizutragen.[32]

Erinnerungen an fahle Sonne oder Tieflandnebel

Zur Erinnerung an das Jahr 1990 sei noch einmal zitiert, was der Korrespondent in der Rückschau notiert hatte: „Aus Berlin nach Leipzig abgeordnet, lebte der Korrespondent mitten in Deutschland in einem fremden Land. Erinnerungen in Stichworten: fahle Sonne oder Tieflandnebel, vermischt mit diffusen Industriegerüchen und Ätzwirkungen in der Braunkohle- und Chemielandschaft rund um Leipzig und Bitterfeld. Grauschwarze Häuserfassaden, Altbauten mit abgestürzten oder abgestützten Balkonen, Haustüren zugemauert, Fenster verbrettert, Dampfschwaden der Heizungsrohre aus löcherigem Straßengrund. Einziger Lichtblick: das frisch gestrichene Mauerwerk um die vereinzelten Lokale und Läden herum, die alle schon Westwaren führten. Verfallene und zerfallende Industrieanlagen".[33]

Das war das Umfeld, in dem sich die Mitarbeiter der Korrespondentenstelle bewegten. Als größeres Hindernis stellten sich die mangelhaften Kommunikationsmöglichkeiten heraus. Telefonieren war fast ein Ding der Unmöglichkeit[34], besonders bei Dreharbeiten, die im ersten Halbjahr die gesamte südliche DDR umfassten, also die späteren Länder Thüringen und Sachsen-Anhalt mit einschlossen. Auch die Drehreisen selbst waren zeitweilig nicht ohne Tücken. Lange Wege über holprige Straßen ließen exaktes Timing kaum zu, der alte ZDF-Mercedes erwies sich als Schluckspecht, und die dürftig ausgestatteten Minol-Tankstellen hatten oft kein Benzin, so dass der Korrespondent gelegentlich an der „Gemisch-Säule" den Trabitreibstoff tanken musste. Erst ab November 1990 sollte sich diese Situation entspannen – durch westliche Ölkonzerne und durch einen neuen Diesel-Audi.

---

[32] Protokoll der ZDF-Direktorensitzung vom 30.01.1990, Auszug. ZDF–Archiv.
[33] Klaus Wilhelm: Normalisierung braucht Zeit . In: ZDF (Hrsg.): ZDF-Jahrbuch 1999, S. 118.
[34] Nur 5 bis 10 Prozent der Haushalte besaßen ein Telefon, laut GfK-Fernsehforschung; zitiert nach ZDF-Presse-Spezial: Das ZDF im geeinten Deutschland. Oktober 1990, S. 26.

Zu dem Zeitpunkt, als der Intendant die Korrespondentenstelle offiziell eröffnete, waren dort – neben ihrem Leiter – noch fünf Mitarbeiter und Mitarbeiterinnen tätig: Der Kameramann und Cutter Thomas Marquardt vom Studio Walldorf, der Kameraassistent Jörg Bundschuh aus Plauen, der Aufnahmeleiter Dirk Pommer aus der Produktion in Mainz, die Redakteurin Friederike Pohlmann aus Berlin (die mit dem Korrespondenten schon bei „Kennzeichen D" zusammengearbeitet hatte) und schließlich die Sekretärin Juana Perke aus Leipzig, die in Personalunion noch als Verwaltungsfachfrau und Redaktionsassistentin fungierte. Vier aus West, zwei aus Ost. Juana Perke, die ein Ökonomie-Studium in Leipzig abgeschlossen hatte und eine perfekte Büro-Organisation aufbaute, absolvierte ab Ende 1992 einen ZDF-Volontärskurs in Mainz und wurde Redakteurin/Moderatorin der Sendereihe „Blickpunkt", die – zur sonntäglichen Mittagszeit – ausschließlich Themen aus den neuen Ländern ausstrahlte.[35] Außer dem „Blickpunkt" sollten „Heute", „Heute-Journal", „Heute aus den Ländern", „Tele-Illustrierte", „Länderspiegel" und „Mittagsmagazin" die Hauptabnehmer der Leipziger Beiträge sein. Aber auch „Kennzeichen D" und die Sendung „Frontal" im *3sat*-Programm sendeten Filmberichte des Leipziger Studios, außerdem noch die neu ins Programm genommene Sendereihe „Deutschlandjournal".

Das Studio selbst entwickelte sich im Laufe der ersten Monate zu einer Begegnungsstätte zwischen Ost und West. Täglich kamen Besucher mit einer Fülle von Themenanregungen, beschwerten sich über Stasileute, deren Aufstieg in der Demokratie ungehindert weiterginge, übten Kritik an der überbordenden Bürokratie, die durch ihre Unübersichtlichkeit jede Initiative erschwere, fragten bei der obligatorischen Tasse Kaffe auch um konkreten Rat, gaben Hinweise auf Missstände – oder, seltener, auf Positives.

Auch die Medien fanden sich ein. Die aus der Bürgerbewegung stammende, später eingestellte Zeitung „Wir in Leipzig" unterzog den Korrespondenten einem strengen Interview und fragte u. a. nach Beiträgen, Themen, Entwicklungen:
WiL: "Wie sieht das konkret aus?"
Wilhelm: „Vergangene Woche lieferten wir täglich einen Vier-Minuten-Beitrag für das Mittagsmagazin. Wir berichteten über die Baumesse und die konjunkturellen Erwartungen, die Lage der Zahnärzte, beleuchteten die Zukunft der

---

[35] Aus dem Magazin „DDR vor der Wahl" im Februar 1990 wurde dann im März 1990 „DDR auf dem Weg" und nach der deutschen Einheit am 3. Oktober 1990 der „Blickpunkt". Vgl. ZDF-Presse-Spezial, Jahrespressekonferenz der Chefredaktion, Berlin, 11.4.1991, S. 22.

Buchmesse und stellten die Meißner Porzellanmanufaktur als DDR-Renommierbetrieb vor."

WiL: „Welche längerfristigen Dokumentationen stehen auf dem Programm?"

Wilhelm: „Am 27. Dezember betrachtet eine Sendung von vier Autoren die bisherigen Ergebnisse der DM-Einführung. Ich nehme mir darin Bitterfeld vor."

WiL: „Bleibt die ZDF-Korrespondentenstelle erhalten, oder steht ein Umzug nach Dresden ins Haus?"

Wilhelm: „Sachsen wird das einzige neue Bundesland sein, in dem zwei Studios gleichberechtigt arbeiten werden, in Leipzig und in Dresden. 1992 erfolgt dann der Ausbau zu Landesstudios. Was dann mit Leipzig passiert, ist ungewiß."[36]

Die zweite sächsische Korrespondentenstelle in Dresden, unter der Leitung von Friedrich Mönckmeier, sollte am 1. Januar 1991 arbeitsfähig sein. Eine sinnvolle Arbeitsteilung war verabredet; in Dresden lag die Zuständigkeit für die Regierungspolitik, in Leipzig der Schwerpunkt auf Wirtschaft und Gesellschaft.[37] Die beiden „sächsischen Korrespondenten" wurden dann in einer Live-Sendung der „Tele-Illustrierten" am 5. Dezember 1990 auf dem Weihnachtsmarkt in Görlitz der Fernsehöffentlichkeit per Interview vorgestellt.

Im „Tal der Ahnungslosen" waren die Mainzelmännchen unbekannt

Mit dem Sendetermin in Görlitz hatte es seine besondere Bewandtnis. Die Stadt an der Neißegrenze zu Polen gehörte zu dem Gebiet, das östlich von Dresden, aber auch beim *ZDF* in Mainz nur als „Tal der Ahnungslosen" bekannt war. Die besondere geografische Gebietsstruktur ließ terrestrischen TV-Empfang nur eingeschränkt zu. Zu DDR-Zeiten hatte sich in den letzten Jahren der SED-Herrschaft eine „Schüssel-Landschaft" entwickelt zum Empfang westlicher privater TV-Anbieter, mit stiller Duldung der Bezirksregierung. Rentner mit West-Reiseerlaubnis hatten illegal Einzelteile importiert, die dann zu Hause zu Empfangsanlagen zusammengesetzt wurden. Geschichten dieser schwejk'schen Art erfuhr der Korrespondent samt Team bei einer Drehreise für den „Länderspie-

---

[36] Interview Ricarda Stöckel mit Klaus Wilhelm. „Wir in Leipzig" v. 18.11.1990.
[37] Tätigkeitsbericht des Intendanten, 5. Fernsehratssitzung vom 19.04.1991. ZDF –Archiv.

gel", in dem das „Tal der Ahnungslosen" vorgestellt werden sollte.[38] Bei der Frage, ob man das im Westen bekannteste Markenzeichen des ZDF, das „Mainzelmännchen" zuordnen könne, reichten die Zufallsantworten von „Das könnte ein Bär sein..." bis zu „Vielleicht das Sandmännchen...?" Keiner der vielen Befragten wusste die richtige Antwort: Man hatte das ZDF eben nicht empfangen können in der Vergangenheit – und in der Gegenwart damals eben auch nicht.

Das sollte sich nun ab 2. Dezember 1990 ändern. Die Reportage aus dem „Tal der Ahnungslosen" gehörte zu den gezielten Vorbereitungen auf das große, vom ZDF auch so propagierte Projekt der Aufschaltung des ZDF-Hauptprogramms auf fünf neue Sender in der ehemaligen DDR, nämlich in Mecklenburg-Vorpommern, Brandenburg und Sachsen.[39] Dazu waren Presse-Hintergrundgespräche, Zeitungsanzeigen, Informations- und Werbematerial sowie der Einsatz eines Infomobils der ZDF-Hauptabteilung „Information und Presse" vorgesehen.

Über die neuen Grundnetz-Sender sollte das ZDF-Hauptprogramm vorläufig ausgestrahlt werden, um auch im „Tal der Ahnungslosen" den ZDF-Empfang zu ermöglichen und, wie der Intendant an die Länder-Ministerpräsidenten schrieb, der vielfach erhobenen Forderung nach flächendeckender Verbreitung des ZDF-Programms nachzukommen.[40] Die „Deutsche Bundespost Telekom" hatte die technische Umsetzung zugesagt – als Betriebsversuch –, die zustimmungspflichtigen Länder hatten ihre Genehmigungen erteilt. Eigentlich ging es weiter darum, auf der geplanten Ministerpräsidentenkonferenz am 20./21. Dezember 1990, die sich mit der Rundfunkordnung befassen wollte, für die Zuweisung einer eigenen Senderkette des ZDF in den neuen Ländern zu plädieren.

Am 2. Dezember wurde endlich die Versorgungslücke geschlossen, aber die Strahlungsleistungen waren noch zu schwach, so dass für 1991 die Errichtung von ca. 200 Füllsendern geplant wurde. In der Praxis zeigte sich auch, dass die technischen Eigenschaften der Empfangsantennen und der Fernsehgeräte oft unzureichend waren.[41]

Für die Leipziger Korrespondentenstelle bedeutete die, wenn auch noch unzureichende, Erschließung des „Tals der Ahnungslosen" eine wichtige Erfahrung. Viel mehr Menschen als vorher konnten jetzt verfolgen, wie ihre Anliegen, Probleme, Leistungen im ZDF wiedergegeben wurden (das „Wir konnten den

---

[38] ZDF-„Länderspiegel" vom 1.12.1990.
[39] Es handelte sich um die Sender Dresden-Wachwitz, Löbau, Leipzig, Cottbus/Calau, Helpterberg und Marlow.
[40] So im Brief vom 30.11.1990 an den Ministerpräsidenten des Landes Thüringen, Josef Duchač.
[41] Die Sendekanäle lagen im oberen UHF-Bereich, über den die gebräuchlichen DDR-Empfangsgeräte nicht verfügten.

Beitrag ja gar nicht sehen", hörten die Mitarbeiter nun seltener), und bei Ereignissen allgemeinen politischen Interesses konnten sie auch vergleichen, vor allem mit den Beiträgen privater TV-Sender, die gelegentlich schneller, aber weniger genau und gründlich informierten.

ZDF im Jahr 1991 mit 65 Mitarbeitern in Ostdeutschland

Über Mangel an Aufträgen und Arbeit konnten sich die Mitarbeiter in Leipzig nicht beklagen. Im Halbjahr 1990 waren 350 Sendeminuten und 113 Beiträge zu verzeichnen[41], das entsprach, hochgerechnet, etwa der Jahresleistung der Landesstudios in Bremen, Kiel, Mainz, Saarbrücken und Wiesbaden. Bis Jahresende 1991 hatten alle Mitarbeiter mit sehr ungünstigen Produktionsverhältnissen zu kämpfen, deren Schwierigkeitsgrad in der Zentrale Mainz oft nicht erkannt wurde. Vielfach auf Ungläubigkeit stieß zum Beispiel, dass bei Telefonaten aus der Zentrale nicht in den Schneideraum „durchgestellt" werden konnte – überall üblich, nicht so in Leipzig. Geschnitten wurde im Schnittmobil am Gewandhaus, dringende Botschaften aus Mainz konnten nur per Laufschritt (später per Studiofahrrad) dorthin übermittelt werden. Da der Kameramann Thomas Marquardt auch als Cutter arbeiten musste, war jeweils nur eine der beiden Tätigkeiten möglich. Hier sorgte Frau Perke als Koordinatorin/Disponentin für Ordnung. Bei Mehrfachbestellungen für den selben Tag wurden freie Teams angemietet, Schnitt- und Überspielmöglichkeiten beim *DFF*, bei den privaten TV-Anbietern in der Stadt (*SAT.1* und *RTL* verhielten sich sehr kollegial), in Gera, Halle oder Berlin gebucht. Mobilität war gefordert und konkurrierte mit dem natürlichen Schlafbedürfnis der Mitarbeiter, denn an die Einhaltung von tariflicher Arbeitszeit war in den Anfangsmonaten überhaupt nicht zu denken.

Anfang des Jahres 1992 sollte sich die Personalsituation in der Korrespondentenstelle spürbar entspannen. Ein zweites Kamerateam war nach Leipzig beordert worden – zur Entlastung des in der Doppelfunktion als Kameramann und Cutter tätigen Thomas Marquardt. Dieses Team setzte sich aus einem Kameramann des *DFF* (Redaktion „Elf 99") und einem Kameraassistenten mit abgeschlossener Fotografen-Lehre zusammen. Schon als sich die ersten Kontu-

---

[41] Chefredaktion, Zentrale Aufgaben, „Redaktionelle Leistungen der Inlandstudios", Zusammenfassung 1990. ZDF–Archiv.

ren neuer, aber noch nicht definierter Medienordnungen nach der Wende abzeichneten, hatte das ZDF zugesagt, Fernsehmitarbeiter und Journalisten des DFF nicht auszugrenzen. Qualifizierte Mitarbeiter sollten übernommen und durch gezielte Fortbildungsmaßnahmen in Mainz für ihre Verwendung in den neuen Ländern geschult werden.[42]

Das für Leipzig vorgesehene Team trat seinen Dienst nach der Einarbeitungszeit in der Zentrale Anfang 1992 in der Korrespondentenstelle an. In den seit Januar 1991 offiziell arbeitenden anderen Korrespondentenstellen waren die Mitarbeiter von Produktion und Technik von Anfang an fast ausschließlich frühere DFF-Angestellte.

Im April 1991 beschäftigte das ZDF insgesamt 65 Mitarbeiter aus den neuen Ländern, die Zahl würde sich in den nächsten Monaten noch erhöhen, vermerkte Intendant Stolte.[43] Für die Arbeit in Leipzig bedeutete dieser Personalzuwachs eine willkommene Entlastung. Die Arbeitseinsätze wurden planbarer, das am Gewandhaus stationierte Reportage- und Schnittmobil wurde zuerst durch ein provisorisches Schneidegerät, kurz darauf sogar durch einen richtigen Schneidetisch ersetzt – diese technische Verbesserung war auch dem Golfkrieg geschuldet, dessen Auswirkungen auf Deutschland nach mobilen Einsätzen des ehemaligen „Rep 1a" mit seiner neuen technischen Ausrüstung verlangten.

Im ZDF gab es ein neues Programmschema, dem die Sendereihe „Blickpunkt" zum Opfer fiel, für die gerade die Korrespondentenstelle Leipzig besonders viele Beiträge geliefert hatte. Der Ausfall dieser Sendereihe, die durch das frühere „Sonntagsgespräch" ersetzt wurde, forderte und förderte die Suche nach neuen Sendeplätzen für die Darstellung der politischen und sozialen Entwicklungen in den neuen Ländern. Sie wurden gefunden in Reportagen und Dokumentationen. Leipzig konnte die Zahl seiner Sendeminuten sogar noch steigern.

Im August 1991 hatten die Ministerpräsidenten der 16 Bundesländer den „Staatsvertrag über den Rundfunk im vereinten Deutschland" unterzeichnet, darunter den modifizierten ZDF-Staatsvertrag[44], die Korrespondentenstellen waren in Landesstudios umgewandelt worden, der „Blickpunkt" wieder ins Programm zurückgekehrt[45] – und die Korrespondentenstelle Leipzig eine Außenstelle des Landesstudios Sachsen in Dresden geworden. Doch Kontinuität und Handschrift der Berichterstattung blieben erhalten. Denn mit Beginn des

---

[42] Perspektiven und Aufgaben des ZDF 1990-1994, Vorlage an den Fernsehrat, 12.9.1990, S. 6. ZDF –Archiv FR 14/90.
[43] Tätigkeitsbericht des Intendanten, 5.4.1991, S. 27. ZDF-Archiv FR 5/91.
[44] ZDF (Hrsg.): ZDF-Jahrbuch 1991, S. 27; darin auch: Carl-Eugen-Eberle: Der neue ZDF-Staatsvertrag - eine Rechtsgrundlage für die Zukunft, S. 48.
[45] Ab Januar 1992.

Jahres 1993 übernahm der Leipziger Korrespondent das Landesstudio Sachsen in Dresden. In der Außenstelle Leipzig arbeitete eine neue Sekretärin, befristet für ein Jahr, und der Kameramann der ersten Stunde, Thomas Marquardt, mit seinem neuen Assistenten blieb als „Büroleiter" dort Ansprechpartner für Personen und Organisationen. Leipzig diente im Jahr 1993 weiter als viel genutzter Außenposten für diverse Produktionen, denn auch das Landesstudio Dresden residierte damals noch in einem Provisorium.

Ende 1993 dann das Ende: Möbel und Technik gingen zu einem Teil zurück nach Mainz, zum anderen nach Dresden. Das Kapitel „Korrespondentenstelle Leipzig" war abgeschlossen.

Steffi Elwan-Treuger

Kanal X: Ein Leipziger Fernseh-Piratensender im gesetzfreien Raum[1]

„Ein autonomer TV-Sender – das dringend benötigte Experimentierfeld für Künstler der DDR!"[2]

Am 17. März 1990, einen Tag vor der ersten wirklich freien Volkskammerwahl der DDR, ging der Leipziger Piratensender *Kanal X* auf Sendung. Fernsehamateure aus Ost- und Westdeutschland verwirklichten mit der Ausstrahlung von Interviews mit Oppositionsgruppen und Bürgerinitiativen der DDR ihr Verständnis von Medien- und Meinungsfreiheit.

Obwohl *Kanal X* nur wenige Male sein Programm ausstrahlte[3], verschafften allein Idee und Realisation eines lokalen, nicht genehmigten Fernsehsenders in der DDR dem Projekt medienpolitische Bedeutung. *Kanal X* war zwar nicht der einzige deutsche Piratensender zur Wendezeit[4], aber er war der einzige alternative Sender, der versuchte, Fernsehen in der DDR zu verbreiten.[5]

Medienpolitische Rahmenbedingungen, Konzeption, Finanzierung, Mitarbeiter, Technik, Organisation, Programm und Rezeption des Medienprojekts sollen im Folgenden dargestellt werden. Als Quellen dienten neben der einschlägigen

---

[1] Dieser Beitrag basiert auf der Magisterarbeit der Autorin: Kanal X – ein Leipziger Piratensender im gesetzfreien Raum (von März 1990 bis Programmende). Organisation, Programm und Rezeption. Unveröff. Magisterarbeit, Universität Leipzig 2003.
[2] „Kunst: Intern" vom März 1990.
[3] Heute existieren noch fünf Sendungen von „Kanal X".
[4] So gab es zum Beispiel den Rundfunkpiratensender „Freies Bürgerradio", das am 6. September 1990 in Ostberlin auf Sendung ging. Vgl. Werner Claus: Medien-Wende - Wende-Medien: Dokumentation des Wandels im DDR-Journalismus Oktober 1989 - Oktober 1990. Berlin: Vistas 1991, S. 109.
[5] In Osteuropa war „Kanal X" während der Wende nicht der einzige Fernsehpiratensender. Evelyn Messinger berichtete in ihrem Artikel „Pirate TV in Eastern Europe" von weiteren Sendern in Polen, Litauen, Rumänien, der ehemaligen UDSSR und Ungarn. Vgl.: Evelyn Mssinger: Pirate TV in Eastern Europe, Juli 1990.

Literatur zur Wendezeit Zeitungsartikel[6] und Fernsehberichte über *Kanal X* sowie Interviews mit beteiligten Personen[7] und Programmausschnitte.

Medienpolitische Rahmenbedingungen

„Nicht länger mit der Lüge leben!" „Freier Zugang zur Information!" „Karl Eduard - der Schwarze Skandal".[8]

Meinungs- und Pressefreiheit waren wichtige Forderungen der Demonstranten in der DDR von 1989. *Kanal X* versuchte, diese auf seine Weise zu realisieren und profitierte von gesellschaftlichen Veränderungen während der Wende: Als Erich Honecker am 18. Oktober 1989 zurücktrat, verlor mit ihm auch Joachim Hermann seinen Posten als Sekretär für Agitation. Die Agitationskommission und die Abteilung für Agitation beim ZK der SED wurden aufgelöst. Am 5. Februar 1990 trat der Medienbeschluss der Volkskammer über die Gewährleistung der Meinungs-, Informations- und Medienfreiheit in Kraft.[9]

Mit dem Medienbeschluss sollte der Einfluss des Staates und der Parteien auf die Medien unterbunden und Journalisten mehr Rechte gesichert werden. Wichtige Kernpunkte dabei waren das Recht auf freie Meinungsäußerung und die Informationsfreiheit[10], das Recht auf „wahrhaftige, vielfältige und ausgewogene Information durch die Massenmedien", das Verbot jeglicher Zensur[11] sowie das Recht auf Gegendarstellung[12]. Journalisten wurden tiefgreifende Rechte wie zum Beispiel Zugangsrechte zu Informationsquellen, das Zeugnisverweigerungsrecht und Rechte der Selbst- und Mitbestimmung[13] eingeräumt. Die Durchset-

---

[6] Es wurden 67 Zeitungsartikel (davon 40 Artikel aus dem Jahre 1990) über „Kanal X" gefunden.
[7] Die Interviews wurden von der Autorin selbst geführt und liegen im Anhang der Magisterarbeit als Interviewprotokolle vor.
[8] Werner Claus: Medienwende... (Anm. 4), S. 7.
[9] Im folgenden auch Medienbeschluss der Volkskammer oder kurz Medienbeschluss genannt. Weitere Informationen dazu bei Wolfgang Kleinwächter: Der Medienbeschluss der Volkskammer vom 5. Februar 1990. In: Kresse (1992), S. 5ff.
[10] Vgl. ebda, Ziffer 1.
[11] Vgl. ebda, Ziffer 5.
[12] Vgl. ebda, Ziffer 4.
[13] Die Selbst- und Mitbestimmungsrechte wurden den Journalisten weit über das Maß der bundesrepublikanischen Gesetzgebung hinaus zugestanden. So ist in Ziffer 7 Satz 2 Medienbeschluss verankert, dass die Mitarbeiter der Medien das Recht haben, „(...) die Ausarbeitung eines Materials zu verweigern, wenn Themenstellung und Auftrag ihren persönlichen Überzeugungen widersprechen. Sie sind nicht verpflichtet, öffentlich Ansichten zu vertreten, die ihrer persönlichen Meinung zuwiderlaufen." Beschluss der Volkskammer (1990), S. 39.

zung des Medienbeschlusses der Volkskammer sollte von dem neu geschaffenen Medienkontrollrat überwacht werden.

In Ziffer 11 des Medienbeschlusses wurde die Lizenzpflicht der Programmanbieter im Bereich von Film, Fernsehen und Rundfunk aufgehoben. Dies bedeutete de facto die Zulassung privaten Rundfunks und damit die Legitimation von *Kanal X*. Andererseits verstieß der Sender gegen die Bestimmungen der Deutschen Post, die bis zur Wiedervereinigung gültig blieben. Das Gesetz über das Post- und Fernmeldewesen der DDR vom 29. November 1985 besagte, dass das Herstellen von Funkanlagen genehmigungspflichtig und mit Auflagen verbunden sei. Außerdem war eine Funkberechtigung notwendig, um zu senden.[14]

Konzeption von Kanal X

„Die augenblickliche Lage in der DDR scheint nicht nur eine de-facto Etablierung eines unabhängigen Fernsehsenders zu ermöglichen, sondern geradezu zu erfordern. Den Oppositionsgruppen stehen keine adäquaten publizistischen Medien zur Verfügung. Papier ist rationiert und stellt nicht nur ein Ver-, sondern auch Entsorgungsproblem in der schon übermäßig umweltbelasteten DDR dar. TV hingegen ist eine ‚saubere' Lösung."[15]

Kanal X war ursprünglich ein Kunstprojekt des Düsseldorfer Videokünstlers Ingo Günther. Als nicht-kommerzieller lokaler Fernsehsender sollte *Kanal X*: „... Beispiel- und Vorbildsfunktion erhalten, sollte also in diesem Sinne künstlerisches Produkt sein, das als Spiegelbild der gesellschaftlichen Realität und dem Versuch, diese zu ändern, für den Künstler selbst Sinn hatte."[16]

Günther wollte Bürgerinitiativen und Oppositionsgruppen, die keine adäquate Darstellung in den Medien genossen, unterstützen.[17] Mit dem Sender sollte eine eigene Bildsprache entwickelt und ein Experimentierfeld für Videoproduktionen geboten werden, in dem DDR-Bürger Erfahrungen in der Produktion von Nachrichtensendungen bzw. in der „bildsprachlichen Umsetzung und Ver-

---

[14] Ebda, S. 348.
[15] „Kanal X". Ein Projekt fuer einen kostengünstigen Kleinfernsehsender in einer Stadt der Deutschen Demokratischen Republik. In: Marion Dagmar Gabriela Diwo: Gesellschaftskritische Aspekte bei Joseph Beuys, Lothar Baumgarten und Ingo Günther. Bonn 1993, S. 466.
[16] Marion D. G. Diwo: Gesellschaftskritische Aspekte..., S. 239.
[17] Marion D. G. Diwo: Gesellschaftskritische Aspekte..., S. 466.

packung aktueller Information" sammeln konnten.[18] Etwas später erweiterte sich die Aufgabe von *Kanal X* um die Ausstrahlung internationaler Nachrichten.[19] Der Künstler konstatierte die Notwendigkeit einer „nicht durch West-Perspektive gefaerbten, nicht staatlichen Informationsquelle"[20], und er fügte dem hinzu: „Es gilt nicht, den Gruppen in der DDR eine Stimme aus dem ‚Ausland' zu leihen, sondern bei der Entwicklung einer eigenen Stimme (und eigener Augen) zu unterstützen."[21]

Kanal X sollte als Alternative zum staatlichen DDR-Fernsehen und zu den westdeutschen Sendern auf lokaler Basis entstehen. Günther rechnete mit einer schnellen Legitimierung des Senders durch den Leipziger „Runden Tisch". Zur Umsetzung des Projektes wollte der Künstler Heimtechnik verwenden: „Ein jeder Videorecorder fuer's Heim, obgleich nur als Konsumgeraet konstruiert und gedacht und vermarktet, ist auch ein impliziertes Produktionsgut. Allein um das Video auf den Fernsehschirm zu bringen, ist ein Miniatursender von Noeten. Wird dieser verstaerkt und an eine umgekehrte Empfangsantenne angeschlossen, kann bereits ueber Distanzen von bis zu 20 km gesendet werden."[22] Günther errechnete einen Finanzbedarf von 1500 DM für den Verstärker und 50.000 DM für ein operationsfähiges Studio.[23]

Als mögliche Finanzquelle kämen Sponsoren, aber auch die Medien infrage. So könne *Kanal X* „exklusive Auslandsrechte des gesendeten Materials" verkaufen.[24] Verantwortung für das Projekt übernahm die Bürgerinitiative „Neues Forum", das in erster Linie durch Jörg Seyde bei *Kanal X* vertreten war.[25] Professionelle Anleitung sollte Günthers Künstlerkollege Norbert Meissner geben.

In einem Antrag für eine vorläufige Sendeerlaubnis – Untertitel: „Lokaler Fernsehsender Leipzig – International"[26] – war eine erste Programmstruktur erkennbar. Künstlerische Beiträge und Kulturberichterstattung wurden explizit als Themenschwerpunkte genannt. Außerdem sollten im Programm internationale, via Satellit empfangene Nachrichten aufbereitet, eine tägliche internationale Presseschau und lokale Berichte aus Leipzig gesendet werden. Diese ersten

---

[18] Vgl. Ingo Günther: „Kanal X". Ein Projekt fuer einen kostenguenstigen Kleinfernsehsender in einer Stadt der Deutschen Demokratischen Republik" in: Diwo (Anm. 15), S. 466.
[19] Ingo Günther: „Kanal X". An international local non commercial TV Station Leipzig. In: Diwo (Anm. 15), S. 468.
[20] Ebda.
[21] Ebda.
[22] Diwo (Anm. 15), S. 466.
[23] Diwo (Anm. 15), S. 447.
[24] Vgl. ebda, S. 447
[25] Ingo Günther: "Channel X". A Project for provisory low Cost and small TV Transmitter for an East German City. In: Diwo (Anm. 15), S. 471.
[26] Anfang April wurde der Verein unter derselben Bezeichnung gegründet.

Sendeinhalte erfuhren im Laufe der Zeit Konkretisierungen.[27] So sollte ab dem 15. April ein tägliches Programm von fünf Stunden in der Zeit von 15 bis 20 Uhr ausgestrahlt werden. Neu ins Programm sollten ökologische Themen, eine „Meckerecke" für Bürger, Sendeplätze für Selbstdarstellungen der Bürgerinitiativen und Vereine sowie ein Kinderprogramm und Sport aufgenommen werden.[28] Mit dem Rückzug Ingo Günthers aus dem Projekt verlor Kanal X zunehmend seinen künstlerischen Anspruch und wurde immer mehr als Lokalsender, nicht nur im Sinne seiner Verbreitung, sondern auch seiner Inhalte verstanden. Die Mitarbeiter wollten die temporären Veränderungen in Leipzig dokumentieren.

Die Finanzierung

„Das war immer von der Hand in den Mund. Da gab es kein Budget, sondern da wurde gesehen, dass wir die Miete bezahlen, dass wir die Technik am Laufen halten und dass wir Reisekosten zurückerstatten konnten. Geld hat nie jemand bekommen. Das Maximale waren Reisekosten und Aufwandsentschädigung."[29]

Kanal X verfügte über ein sehr geringes Eigenkapital. Glaubt man den Zeitungsausschnitten, so gelang es Günther zunächst, 10.000 DM bei Kanal X-Sympathisanten aus den USA und der Bundesrepublik zu sammeln.[30] Von diesem Geld kaufte der Künstler zunächst eine Sendeanlage und eine Satellitenschüssel. Um die finanzielle Lage des Projektes zu verbessern, wurde der Verein „Kanal X – Lokaler Fernsehsender Leipzig – International" am 12. April 1990 gegründet. Die Vereinsgründung erschloss die Möglichkeit, Gelder durch Mitgliedsbeiträge einzunehmen.[31] Außerdem erhielt der Verein Sachspenden; so stellte die „Fernsehproduktion Leipzig" einen Schnittplatz zur Verfügung.

Später versuchte der Sender, weitere Finanzierungsquellen zu erschließen, zum Beispiel durch die Produktion von Werbefilmen für ostdeutsche Unternehmen. Der Verein stellte bereits im Mai 1990 für den „VEB Elektroschaltge-

---

[27] Entwurf einer Programmstruktur in einem Fax von Ingo Günther an Norbert Meissner vom 10. 4. 1990 und „Antrag auf Registrierung des Fernsehsenders Kanal X" beim Medienkontrollrat.
[28] Antrag auf Registrierung des Fernsehsenders „Kanal X" an den Medienkontrollrat der Deutschen Demokratischen Republik. In: Diwo (Anm. 15), S. 478.
[29] Interview der Autorin mit Jörg Seyde am 27. 12. 2001 in Leipzig.
[30] Marion Diwo nennt in ihrer Dissertation ein erstes Finanzvolumen von 30.000 DM. Diwo (Anm. 15), S. 239.
[31] Statut des „Lokalen Fernsehsenders Leipzig – International e.V." vom 14. 4. 1990.

räte Grimma" ein Präsentationsvideo her. Beiträge für dritte Sender wurden seit 1991 produziert und verkauft.³²
Dem „Allgemeinen Jahresbericht 1990" zufolge nahm *Kanal X* bis zum 31. Dezember 1990 knapp 25.500 DM ein.³³ Mit dem Geld wurden neue Produktionsmittel angeschafft bzw. ausgeliehen. Außerdem mussten laufende Kosten gedeckt werden.

Die Technik

„Ein Piratensender, das ist ein technisches Sammelsurium aus geliehenen oder geschenkten Videokameras, Recordern (tragbar 3/4 Zoll, stationär VHS), Time Base Corrector und verschiedenen Bildschirmen, Monitoren und Fernsehern, ein unscheinbarer Sender, der für 7.000 Mark im Westen (als Verstärker) im Handel ist, eine Satelliten-Empfangsanlage (Schüssel) auf dem Dach, eine Menge Kabel und eine Sammlung unleserlich beschrifteter Kassetten fast sämtlicher Formate."³⁴

Die technische Ausrüstung des Senders blieb bis 1990/91 ein Provisorium aus gespendeten, geliehenen und zum Teil selbst finanzierten Geräten. Der Sender von *Kanal X* bestand aus Sendeverstärkern, die in den westlichen Bundesländern im Fachhandel legal erworben wurden. Die Bundespost verwendete solche Geräte in Regionen mit schlechtem Fernsehempfang.³⁵

Kanal X strahlte das Programm auf Kanal 35 aus, erreichte aber aufgrund seiner geringen Senderleistung von 8 Watt nur die Innenstadt von Leipzig. Haushalte, die vom „Haus der Demokratie" stadtauswärts lagen, hatten keinen Empfang, weil der Sender nur kegelförmig in eine Richtung abstrahlen konnte.

Sony stellte später einen Schnittplatz zur Verfügung, so dass seit Sommer 1990 auf dem veralteten professionellen Standard U-Matic produziert wurde. *Kanal X* profitierte von dieser Technik im doppelten Sinne, da nach der Umrüstung professioneller Produktionsstudios auf Beta SP diese den Fernsehpiraten kostenlos Bänder zur Verfügung stellten.

---

[32] Der Verein schöpfte diese Verdienstmöglichkeit 1991 zum Beispiel durch die Produktion eines Selbstporträts für den NDR und eines Beitrags zur Abschaltung des DFF aus. In der Präsentation von „City Fernsehen Leipzig" war außerdem zu lesen, dass *Kanal X* bis 1992 für den SDR, den WDR, den ORB sowie für SAT.1 Beiträge produzierte.

[33] Vgl. Allgemeiner Jahresbericht 1990, Kanal X Lokaler Fernsehsender Leipzig-International e.V.

[34] W&M, Juli/August, 1999.

[35] Die Antenne installierte Dietmar Bröker, Telekommunikationstechniker aus Ratingen, der Ingo Günther über einen Kommilitonen kennengelernt hatte und den Künstler auch schon in anderen Projekten unterstützte. Vgl. Diwo (Anm. 15), S. 485.

Der Verein

Verschiedene organisatorische Probleme machten die Gründung des Vereins „Lokaler Fernsehsender Leipzig – International" kurz nach der ersten Ausstrahlung notwendig. Einerseits fungierte der Verein als juristische Person, wenn es darum ging, Verantwortung für das illegale Ausstrahlen des Programms zu übernehmen. Andererseits erhofften sich die TV-Piraten durch die Vereinsgründung eine größere öffentliche Akzeptanz. Als Verein konnte *Kanal X* seinen Status eines nicht-kommerziellen Fernsehsenders behalten und gleichzeitig Spenden und Mitgliedsbeiträge zu seiner Finanzierung eintreiben.

Der Verein wurde am 12. April 1990 als „Lokaler Fernsehsender Leipzig – International" gegründet, der Vorstand auf einer ersten ordentlichen Sitzung am 21. 5. 1990 gewählt. Im Präsidium saßen Jörg Seyde als Vorsitzender und Anja-Christin Remmert sowie Norbert Meissner als seine Stellvertreter. Der *Kanal X*-Verein zählte bei seiner Gründung 22 Mitglieder. Im Statut wurde festgelegt, dass er gemeinnützige Zwecke verfolge. Ziele waren Aufbau und Koordination eines lokal-gemeinnützigen und demokratischen Fernsehfunks in Leipzig, die Förderung der Heimatverbundenheit der Bürger und des Umweltverständnisses, die Beeinflussung von Initiativen zur Stadtsanierung und die Aktivierung der Bevölkerung.[36] Eine Sendefrequenz sollte beantragt werden, um gleiche Zugangsmöglichkeiten zum Fernsehfunk für alle Schichten zu erreichen.

Am 26. Juli 1991 wurde der Verein umstrukturiert. Sein Name lautete von diesem Zeitpunkt an „Kanal X Förderverein Lokaler Fernsehsender Leipzig – International e.V.". Seine Ziele passten sich den politischen Bedingungen der Bundesrepublik und der Tatsache an, dass es *Kanal X* nicht gelungen war, sein Projekt bis zum Zeitpunkt zu legalisieren.[37] Ging es ursprünglich um ein künstlerisches Projekt, in dem die Unterstützung der Bürgerbewegungen und das Senden eines Fernsehprogramms eine wesentliche Rolle spielten, schien nun die Ausbildung von Fernsehamateuren zu professionellen Fernsehproduzenten immer wichtiger zu werden. 1992 fanden in diesem Rahmen Kurse zum „Medienpraktiker" statt. Diese Um-, Aus- und Weiterbildung kann als Vorläufer der „Medienakademie Mitteldeutschland" in Leipzig verstanden werden.[38] 1996 wurde dem Verein die Rechtsfähigkeit entzogen, da er weniger als drei Mitglieder hatte.

---

[36] Statut des „Lokalen Fernsehsender Leipzig – International" vom 14. 4. 1990.
[37] Mit der Wiedervereinigung und der Strafandrohung seitens der Bundespost wurde ein weiteres Ausstrahlen von Sendungen unmöglich.
[38] Die „Medienakademie Mitteldeutschland" bildet heute noch in Leipzig Mediengestalter aus.

Die Mitarbeiter

„*Das sind zwei Hände voll von Leuten gewesen, und zwar Anja-Christin Remmert, Holger Teupel, Jörg Seyde, sein Bruder; darüber hinaus noch so einige Leute, beispielsweise eine Opernsängerin, die dann nach Ulm gegangen ist später und jemand, der jetzt mittlerweile im Westen ist und Wein verkauft. Insofern war das schon ein bunt gemischtes Publikum, das sich bei Kanal X einfand.*"[39]

Kanal X entstand nicht nur für die Bürgerinitiativen, sondern auch durch sie. Jörg Seyde, Mitglied des Neuen Forums, war erster Ansprechpartner für den Künstler Günther. Die Oppositionsgruppen[40] stellten *Kanal X* ihre Räume im „Haus der Demokratie" zur Verfügung. Schon am 2. Februar 1990 entschloss sich der Sprecherrat der im „Haus der Demokratie" ansässigen Oppositionsgruppen, das Projekt durchzuführen und auch die politische und juristische Verantwortung zu übernehmen.[41] Mitte März stieß Norbert Meissner, der Ingo Günther von anderen künstlerischen Projekten her kannte, zum Projekt. Meissner brachte das technische und gestalterische Know-how in die Gruppe, die sich hauptsächlich aus jungen, unerfahrenen Videoamateuren zusammensetzte.

Die „TV-Piraten" arbeiteten in der Regel ohne Bezahlung. Viele waren bei *Kanal X*, weil sie sich ausprobieren wollten, zukünftig Chancen in diesem Berufsfeld sahen oder politische Botschaften übermitteln wollten. Einige Mitarbeiter von *Kanal X* konnten sich später tatsächlich in diesem Berufsfeld etablieren.[42]

Nicht mehr nachvollzogen werden kann, wie viele Personen insgesamt bei *Kanal X* mitarbeiteten, da die Fluktuation der *Kanal X*-Aktiven relativ hoch war. In einer nachträglich erstellten Beitragsabrechnung von Shila Reimann wurden 46 Personen[43] und zwei Unternehmen[44] als Mitglieder des Vereins von *Kanal X* gelistet. In der Realität arbeiteten allerdings viel weniger Personen aktiv mit. Norbert Meissner sprach zunächst von 20 Personen, die sich aber im Laufe des Sommers auf einen „harten Kern" von fünf bis sechs Mitarbeitern reduzierten.

---

[39] Interview mit Norbert Meissner vom 20. 12. 2001 in Leipzig
[40] Weitere Bürgergruppen, die *Kanal X* unterstützten, waren: „Demokratie Jetzt", Initiative Frieden und Menschenrechte, Grüne Partei, Fraueninitiative, Homosexuelleninitiative und der Ökolöwe.
[41] vgl. Kunst: Intern vom März 1990
[42] Mit Holger Teupel, Uwe Schossig und Ingo Löwe sind mindestens drei Mitglieder der ersten Stunde bekannt, die heute im professionellen Fernsehbereich arbeiten. Romy Arndt (Moderatorin bei „Kanal X") ist heute Nachrichtensprecherin bei Jump.
[43] Unter ihnen auch Hans-Jörg-Stiehler und Wolfgang Kleinwächter, die sich beide in dem Verein „Medienstadt Leipzig e.V." engagierten und Wolfgang Preikschat, der mehrere Zeitungsartikel zu *Kanal X* veröffentlichte.
[44] Kanal 4 und die Bayerische Vereinsbank AG.

Die Zusammensetzung von *Kanal X* veränderte sich entscheidend 1991/92 mit der Schaffung von ABM-Stellen und mit der Veranstaltung der Weiterbildungskurse.

Die redaktionelle Arbeit

„Eine Aufgabenteilung hat sich aus sich selbst heraus entwickelt. Wer sich mehr für Technik und Kamera interessierte, machte das; und wer sich mehr im redaktionellen Bereich oder im Verwaltungsbereich engagieren wollte, der hat das eben gemacht."[45]

Zu Beginn von *Kanal X* gab es nur eine sehr geringe Aufgabenteilung. Grund dafür war die dünne Personaldecke am Anfang des Projektes und die relative Unerfahrenheit der *Kanal X*-Mitarbeiter. Im Verlauf der ersten zwei Monate kristallisierten sich erste Aufgabenfelder heraus. So waren im wesentlichen drei Funktionen zu unterscheiden: die Leitung des Projektes, die Organisation und die Produktion.

Nachdem sich Ingo Günther recht frühzeitig aus dem Projekt zurückgezogen hatte, übernahmen Jörg Seyde und Norbert Meissner die Leitung von *Kanal X*. Sie kümmerten sich um die Finanzierung, vertraten den Verein politisch und beschafften die Technik. Um organisatorische Fragen kümmerten sich die sogenannten „Allrounder", die keinerlei spezielle Talente mitbrachten, sich aber beim Verein und im Projekt engagierten. Zu ihnen zählten Oliver Baader-Bederski, der lange Zeit als Kassierer im Verein tätig war, Anett Wegener als Schriftführerin und gegen Ende 1990 auch Shila Reimann, die sich um die PR von *Kanal X* kümmerte.

Kanal X-Mitglieder, die entweder bereits technische Erfahrungen oder gestalterisches Talent besaßen, engagierten sich in der Produktion. Einige kamen aus der kulturellen Szene Leipzigs, wie zum Beispiel Holger Teupel und Thomas Seyde. Teupel lernte die Kamera zu bedienen, und Seyde arbeitete als Autor und Moderator. Andere konnten auf technisches Wissen zurückgreifen. So hatte zum Beispiel Ingo Löwe Filmvorführer gelernt und bediente nun bei *Kanal X* den Schnittplatz. Es gab keine festen Arbeitszeiten oder sonstige Verpflichtungen bei *Kanal X*, was zur Folge hatte, dass die Arbeitsweise beim Sender eher chaotisch verlief.

---

[45] Interview der Autorin mit Jörg Seyde am 27. 12. 2001 in Leipzig.

Das Programm

„Drei Tage lang enterte Kanal X auf UHV 35 die Fernsehwelt. Erster Tag: Suchspiel Kanal X und Interviews mit den Kandidaten des Bündnis 90. Zweiter Tag: Videos von DDR-Künstlern. Dritter Tag: Internationale Nachrichten und Übernahme des Musikkanals MTV."[46]

Kanal X sendete knapp ein Jahr lang in sehr großen Abständen. Wie viele Sendungen tatsächlich realisiert wurden, ist nicht mehr nachvollziehbar. Im Archiv des *Kanal X*-Mitgliedes Uwe Schossig wurden fünf Sendungen[47] und unzählige Rohmaterialkassetten, also gedrehtes, ungeschnittenes Material gefunden. Insgesamt existieren heute noch 68 Beiträge.

Interessant ist, dass die gefundenen Sendungen anlässlich wichtiger politischer Ereignisse ausgestrahlt wurden. So fand die erste Sendung von *Kanal X* einen Tag vor der Volkskammerwahl (17. März 1990) statt, die zweite Ausstrahlung einen Tag vor der Kommunalwahl im Mai. Das nächste Magazin stammte vom Vorabend der Wiedervereinigung. Im Dezember war die Abschaltung des *Deutschen Fernsehfunks* Ende 1991 Thema der Sendung. Die letzte gefundene Sendung thematisierte den Golfkrieg. Außer der Sendung zum Golfkrieg, welche in Form einer Diskussionsrunde stattfand, besaßen die Ausstrahlungen Magazinform. Fast 90 Prozent der Beiträge stammten aus Eigenproduktionen der *Kanal X*-Mitarbeiter. Außerdem wurden zwei Videos von Künstlern außerhalb des Piratensenders und Raubkopien von Nachrichtensendern wie CNN und Sky News gesendet.

Die Themen von *Kanal X* entsprachen in etwa seiner Konzeption. Zwei Drittel der gesendeten Beiträge beschäftigten sich zu etwa gleichen Teilen mit Politik oder Kultur: Konzertmitschnitte, Galerieeröffnungen, Lesungen etc. Auch ökologische Beiträge und Sozialthemen fanden, wenn auch in geringem Umfang, im Programm statt.[48]

Bei den politischen Themen überwogen aktuelle Themen zur Wendezeit. Stasi (Hungerstreik in Leipzig), Wiedervereinigung (Abschied von der DDR-Mark, Müll) und Bürgerinitiativen bildeten neben der Lokalpolitik (z.B. Kommunalwahl) die Schwerpunkte. Ein weiterer Themenschwerpunkt war die Lokalpolitik, zum Beispiel die Kommunalwahl in Leipzig, Missstände in der Verwaltung oder

---

[46] Tagesspiegel vom 21.4. 1990.
[47] Norbert Meissner räumte in einem telefonischen Gespräch mit der Autorin am 3.2. 2001 ein, dass es mehrere Märzsendungen mit den in der Zeitung veröffentlichten Themen gegeben habe, diese aber von *Kanal X* nicht aufgezeichnet wurden und deshalb nicht mehr existieren.
[48] Vgl. Themenfrequenzanalyse in Steffi Treuger: Kanal X – ein Leipziger Piratensender im gesetzfreien Raum. Unveröff. Magisterarbeit, Universität Leipzig 2003.

die schlechte Finanzlage Leipzigs. Internationale politische Themen wurden in Form von Raubkopien der Nachrichtensender *CNN* und *Sky News* gesendet. Der Amateurcharakter von *Kanal X* setzte sich im Programm fort. Falsche Betonungen, Versprecher und Aussetzer charakterisierten die Moderation. Sendepannen waren an der Tagesordnung.

Die Aussagen der Beiträge von *Kanal X* waren häufig gesellschaftskritisch. Beispiele hierfür sind ein Beitrag über die Einführung der D-Mark und ein Beitrag zur Müllproblematik in der DDR. Hier wurden westliche Werbung und Ostprodukte im Wechsel kontrastierend montiert. Diese Bilder standen für die Konkurrenz zwischen ost- und westdeutschen Produkten in der DDR der Wendezeit. Die alten Werbespots und -texte sollten die Verführung zum Konsum symbolisieren.

Insgesamt überwogen Berichte im Programm, es wurden aber auch Interviews, Umfragen und Studiogespräche gesendet. Eine Besonderheit im Programm stellten Kunst- bzw. Videoclips dar. Diese Beiträge wiesen künstlerische oder alternative Ansätze in der Gestaltung auf. Es wurde besonders häufig mit Musik und Fremdmaterial gearbeitet wurden. So bestand zum Beispiel der Beitrag „Müll" aus Montagen westdeutscher Werbespots und Filmausschnitte. Es wurde mit Bildverfremdungen, z.B. schwarz-weißen Bildsequenzen, gearbeitet. Heroische Musik und ein pathetischer Originalton wurden als weitere Gestaltungsmittel eingesetzt. Norbert Meisner zeigte selbst gestaltete Videoclips, in denen er die Filme „Casablanca" und „Der dritte Mann" auf drei Minuten gekürzt hatte, indem er jede Einstellung nur eine Sekunde lang zeigte.

Die Rezeption

Kanal X strahlte sein Programm terrestrisch aus, aber die geringe Leistung des Senders und ein wiederholt verspäteter, unregelmäßiger Programmbeginn führten zu geringen Zuschauer-Reichweiten. Die Einwohner von Leipzig wurden durch Zeitungsanzeigen über den Piratensender informiert. Der Sender reichte nicht über das Stadtzentrum von Leipzig hinaus[49], und so blieben Versuche, *Kanal X* zu empfangen, außerhalb des Sendekegels erfolglos: „Als ich an jenem 5. Mai gegen 19 Uhr den Kanal 35 einstellte, rauschte und flimmerte es nur. Dabei war der Sender kaum weiter als zwei Kilometer entfernt. Ich war mit

---

[49] Vgl. „Das ganze Ding ist ein Kunstwerk. taz v. 3. 4. 1990; „Erster lokaler TV-Sender 'Kanal X' für Leipzig". Sächsisches Tageblatt v. 17. 4. 1990. Irgendwo zwischen ZDF und N3: „Der Leipziger Piratensender 'Kanal X' auf dem Marsch in die Legalität". Tagesspiegel v. 21. 4. 1990.

meiner Antenne genau im Sendeschatten."[50] Für die, die *Kanal X* nicht empfangen konnten, gab es öffentliche Vorführungen im „Haus der Demokratie".[51] Um die Reichweite von *Kanal X* zu bestimmen, wurden Messwagen durch die Stadt geschickt.[52]

Um von der Öffentlichkeit wahrgenommen zu werden, war es für die „TV-Piraten" notwendig, weitere Distributionswege zu nutzen. Die größte Breitenwirkung erzielten Berichte in professionellen Medien. Indem Zeitungen, Zeitschriften und Fernsehen über *Kanal X* berichteten, wurde der Sender bekannt. Die Medienresonanz war verhältnismäßig groß, weil das Projekt in Deutschland einzigartig war und dem Zeitgeist der Wende entsprach. Am 29. Juni 1990 strahlte „Kanal 4" Programmausschnitte von *Kanal X* über sein Lokalfenster bei *SAT.1* aus. Verschiedene Fernsehstationen, zum Beispiel das *ZDF*, der *DFF*, *N3* und *RIAS TV* berichteten über den Piratensender und zeigten Ausschnitte aus den Sendungen. 1991 gestaltete der Piratenkanal selbst Beiträge für das öffentlich-rechtliche Fernsehen. Am 12. Mai 1991 sendete die *ARD* im „Kulturreport" eine Selbstdarstellung von *Kanal X*.

Der Sender stieß auch in der Presse auf große Resonanz. Neben regionalen Zeitungen und Zeitschriften berichteten auch überregionale Blätter wie „taz", „Kunst: intern", „Neue Presse", „Der Tagesspiegel" und die „Süddeutsche Zeitung" und ausländische Zeitungen ausführlicher über das Projekt.[53] Dabei gingen die Meinungen der Journalisten über *Kanal X* auseinander. Zwar begrüßten die meisten die Idee zu *Kanal X*, zur Umsetzung gab es aber durchaus kritische Töne: „Der zweite Beitrag bezog sich auf die Wende in der Leipziger Kinolandschaft. Eine Kassiererin plaudert, das Publikum habe die Angebote des Staats-Monopol-Verleihs satt. Kommerzieller Erfolg sei nur mit ebenjenen Filmen zu haben, die auch im Westen das Profil bestimmen. Oberbürgermeister Hinrich Lehmann-Grube erläutert seine Zuversicht, die Privatwirtschaft werde die Kinos schon richten. Quod erat demonstrandum... Dem Beitrag fehlt erstaunlicherweise der Biß, der jungen Linken zuzutrauen wäre. Wo blieben die Fragen nach kommunalem Kino, nach Vielfalt durch Konkurrenz, nach „Kultur

---

[50] Harald Pfeifer: Kanal X, TV-Pirat in Leipzig. In: Medien: Nr. 42, Mai 1990.
[51] „'Kanal x' reißt die Geduld". In: Sächsisches Tageblatt v. 6.7. 1990.
[52] Interview der Autorin mit Jörg Seyde am 27. 12. 2001 in Leipzig.
[53] Um den 17. März wurden sechs Artikel (vier kurze Meldungen und ein etwas längerer Bericht und ein Interview mit Jörg Seyde in der DAZ/Die andere Zeitung veröffentlicht. Im April erschienen insgesamt neun Artikel zum Thema, wobei sich Journalisten der taz und des Sächsischen Tageblattes ins "Haus der Demokratie" begaben, um sich selbst ein Bild vom Geschehen zu machen. Zur Sendung im Mai war *RTL* bei *Kanal X* zu Besuch und im zeitlichen Umfeld der Sendung wurden vier Artikel herausgebracht, ebenso im Oktober. Man kann also festhalten, dass die Presse *Kanal X* kontinuierlich publizistisch begleitete.

für alle"? Im Sommer wäre es wohl möglich gewesen, Einfluss auf den Lauf der Dinge wenigstens zu versuchen."[54]

Auch Institutionen befassten sich mit dem Projekt: Die Deutsche Post sah ihr Monopol über die Fernmeldeanlagen verletzt und versuchte deshalb, auf juristischem Wege der Ausstrahlung der Sendungen Einhalt zu gebieten. In der Sendung von *Kanal X* sah sie einen Verstoß gegen das „Gesetz über das Post- und Fernmeldewesen" von 1985. Als *Kanal X* im Mai auf Sendung ging, kamen Postbeamte ins Studio und forderten die sofortige Einstellung der Sendung.[55] Nach langen Diskussionen sendeten die Piraten zwar weiter, aber es folgten ein Ordnungsstrafverfahren und eine Anhörung bei einem Staatsanwalt. Beide blieben letztendlich ohne Konsequenzen. Gründe dafür sind einerseits in der gesellschaftlichen Umbruchsituation zu suchen. Geltende Gesetze konnten zu diesem Zeitpunkt nur noch partiell durchgesetzt werden. Andererseits wurde *Kanal X* von einer breiten Öffentlichkeit, besonders von anderen Medien und den Oppositionsgruppen, unterstützt.

Jörg Seyde erklärte die Situation in einem Interview folgendermaßen: „Die Post hatte (...) bei der Staatsanwaltschaft Klage eingereicht. Der Staatsanwalt, bei dem ich mal vorgeladen war, war natürlich genauso verunsichert. Der wusste, dass er nicht mehr lange Staatsanwalt sein würde. Die haben nur mehr oder weniger darum gebeten, dass wir aufhören, weil sie sonst einschreiten müssten, weil sie dann Polizei und Post schicken müssten. Die kamen dann auch. Aber es gab keine Strafe."[56] Weil Piratenkanäle auch von der Bundespost verfolgt wurden, sollte die letzte Sendung am Vorabend der Wiedervereinigung ausgestrahlt werden. Doch dabei blieb es nicht. Es folgten mindesten zwei weitere Sendungen - bis auch die Bundespost den Piratenkanal aufforderte, die Sendungen einzustellen.[57]

Bereits am 21. März 1991 stellte *Kanal X* beim „Runden Tisch" Leipzig einen Antrag auf eine vorläufige Sendeerlaubnis „fuer den Zeitraum ab sofort bis zum Abschluss des Antragsverfahrens fuer eine Sendelizenz nach dem Inkrafttreten des neuen Mediengesetzes."[58] Um den Antrag zu begründen, sprach Jörg Seyde bei dem Gremium vor. Die Reaktionen waren geteilt.[59] Während die Bürgerinitiativen, die auch namentlich im Antrag genannt waren, *Kanal X* unterstützten, äußerte die CDU Bedenken. Ihr Hauptargumente waren die Kompetenzüberschreitung des Rundes Tisches und ein möglicher Vorgriff auf ein kommendes

---

[54] „Neues vom Kanal X". In: Sonntagskurier v. 3. 2.1990
[55] „Piraten träumen von neuen Gesetzen". In: "Neue Presse" v. 11. 5. 1990.
[56] Interview der Autorin mit Jörg Seyde am 27. 12. 2001 in Leipzig.
[57] Schreiben des Bundesamts für Post und Telekommunikation an Norbert Meissner und Rommy Arndt vom 12. 3. 1991.
[58] „Antrag an den Runden Tisch der Stadt Leipzig" vom 21. 3. 1990 in: Diwo (1993); S. 482.
[59] Die Sitzung wurde von einem Kölner Videoclub dokumentiert und kann deshalb verfolgt werden.

Mediengesetz. Schließlich einigte man sich auf einen Kompromiss: Zwar wurde keine Sendeerlaubnis erteilt, aber der Runde Tisch unterstützte das Vorhaben der Piraten, sich um eine Sendegenehmigung beim Medienkontrollrat zu bemühen.

Der Antrag auf Registrierung beim Medienkontrollrat verursachte Diskussionen, wurde aber letztendlich abgelehnt, obwohl eine Registrierung neuer Medien nach dem Medienbeschluss der Volkskammer vom 5. Februar 1990 theoretisch möglich war. Wolfgang Kleinwächter, Mitglied im Medienkontrollrat, erklärte dies so: „Der Medienkontrollrat bestand aus 17 oder 18 Leuten. ... Eine Reihe von Leuten haben das Projekt sehr ernst genommen. Die anderen haben gesagt: ‚Das sind Spinner.' (...) *Kanal X* kam von der praktischen Seite und wollte alternatives Fernsehen machen. Die Leute sollten etwas anderes sehen. Die Leute von *Kanal X* kappten die Leitung und nisteten sich im Haus der Demokratie ein und sendeten plötzlich. Das war an und für sich so, wie das nach Oktober 1989 überall war. Die Leute fragten nicht mehr, sondern sagten einfach: ‚Wir machen jetzt. Wer will uns das verbieten. Wir haben unsere Freiheiten errungen, und wir machen das.'"[60] Eine Legitimation von *Kanal X* wäre nach Ansicht Kleinwächters nur durch die Schaffung eines konkreten Gesetzes für privaten Rundfunk möglich gewesen.

Zusammenfassung

Kanal X war ein einzigartiger Versuch, einen lokalen Fernsehsender in Ostdeutschland zu installieren. Das Projekt fand in der Öffentlichkeit der DDR, aber auch in der BRD große Resonanz. Dass der Sender überhaupt entstehen konnte, ist durch die damalige Umbruchsituation zu erklären. Die Idee zu *Kanal X* entstand in einer Zeit, in der die politische Zukunft der DDR noch unbestimmt war und in der DDR-Bevölkerung ein großes Informationsbedürfnis bestand. Trotz der Liberalisierung der Presse und des Fernsehens verspürten viele Bürgerbewegungen eine Barriere sowohl zu westdeutschen als auch zu ostdeutschen Medien.

Der Düsseldorfer Künstler Ingo Günther wollte diesen Gruppen eine mediale Plattform bieten. Der Sender sollte ostdeutschen Videoamateuren ermöglichen, sich mit dem Medium Fernsehen vertraut zu machen und eine eigene Bildsprache zu entwickeln. Dieser radikale Neuansatz im Kleinen scheiterte. Das Projekt, das für die Bürgerinitiativen geschaffen wurde, wurde von diesen, be-

---

[60] Interview der Autorin mit Prof. Dr. Wolfgang Kleinwächter am 27. 12. 2001 in Leipzig.

sonders vom „Neuen Forum", erst ermöglicht. Die Initiativen stellten Räume zur Verfügung und übernahmen die politische Verantwortung für *Kanal X*. Um den nicht-kommerziellen Charakter zu erhalten, wurde ein gemeinnütziger Verein als Träger des Projektes gegründet. *Kanal X* finanzierte sich durch Spenden, aber auch aus Mitgliedsbeiträgen und Produktionsaufträgen für Dritte.

Für das Programm ist festzuhalten, dass sich die inhaltliche Konzeption des Medienkünstlers Günthers in der Themenauswahl niederschlug. Kulturelle und politische Themen kamen ungefähr zu gleichen Anteilen im Programm vor, wobei Kunst im engeren Sinne und Kunstvideos in der kulturellen Berichterstattung besonders stark vertreten waren. Trotzdem konnte der Sender nicht mehr als amateurhafte Fernsehproduktionen leisten. Gründe hierfür waren einerseits die technischen Voraussetzungen, anderseits die Unerfahrenheit der *Kanal X*-Mitarbeiter.

Zu den Rezipienten zählten neben den Leipziger Zuschauern und Journalisten auch Mitglieder politischer Gremien wie des „Runden Tisches" und des Medienkontrollrats, aber Zuschauer auch aus Institutionen wie der Deutschen Post, die um ihre Frequenzhoheit fürchtete.

Die Legalisierungsversuche von *Kanal X* scheiterten an einer fehlenden Gesetzgebung vor der Wiedervereinigung, die privaten Rundfunk zugelassen und die Vergabe von freien Frequenzen ermöglicht hätte. Anfang 1991 stellte „Kanal X" seine Sendungen endgültig ein. *Kanal X* konnte sein Vorhaben, mediengesetzliche Regelungen zu beeinflussen, nicht und ein alternatives Fernsehen zu installieren, nur bedingt in die Realität umsetzen.

Ein letzter Versuch wurde 1991 mit der Gründung der *Kanal X* GmbH unternommen. Doch auch dieses Unternehmen schaffte es nicht, ein eigenes Programm zu etablieren. Nachdem *RTLplus* den Vertrag mit *Kanal X* gekündigt hatte, trennten sich Jörg Seyde und Norbert Meissner. Jörg Seyde überführte einen Teil der GmbH in die „Medienakademie Leipzig", die mit *SAT.1* kooperierte.

Mit der Gründung der *Kanal X* GmbH sah sich der Verein gezwungen, seine Aufgaben neu zu definieren. Er orientierte sich in Richtung einer Ausbildung von Medienfachleuten. *Kanal X*-Mitarbeiter des ursprünglichen Teams und Teilnehmer an den Medienpraktiker-Kursen, arbeiten heute in der Medienbranche Leipzigs und Berlins. Der Verein wurde 1996 aufgelöst.

Detlef Kühn

Den Privaten eine Anstalt: Gründung und erste Jahre der SLM

Die Landesmedienanstalten als Zulassungs- und Aufsichtsbehörden für private Rundfunkveranstalter existieren in den westlichen Ländern der Bundesrepublik Deutschland seit Mitte der 80er Jahre. Als die „neuen" Bundesländer 1990 der Bundesrepublik beitraten, ergab sich die Notwendigkeit,[1] entsprechende Strukturen auch im Osten aufzubauen. Der Rundfunkreferent in der Sächsischen Staatskanzlei, Helmuth Neupert, vorher stellvertretender Geschäftsführer in der Bayrischen Landeszentrale für neue Medien (BLM), erarbeitete in der ersten Hälfte des Jahres 1991 den Entwurf eines Gesetzes über den privaten Rundfunk und neue Medien in Sachsen (Sächsisches Privatrundfunkgesetz), das am 27.6.1991 vom Landtag verabschiedet wurde. Es ist nicht verwunderlich, dass er sich dabei an den Erfahrungen und rechtlichen Grundlagen des Privatrundfunks in Bayern orientierte. Das Gesetz, das auf der Grundlage dieser Vorarbeit entstand, entsprach in hervorragender Weise den Anforderungen, die das Bundesverfassungsgericht an die Staatsferne und Pluralität der Entscheidungsträger bei der Organisation des privaten Rundfunks in einem Bundesland stellte. Darüber hinaus war es mit den drei Organen der keinem Ministerium unterstehenden rechtsfähigen *Sächsischen Landesanstalt für privaten Rundfunk und neue Medien (SLM)*, nämlich Versammlung, Verwaltungsrat und Direktor, auch in der Praxis relativ leicht zu exekutieren.

Die Finanzierung erfolgte in erster Linie wie üblich mit zwei Prozent aus dem Gebührenaufkommen des öffentlich-rechtlichen Rundfunks. Die Buchführung war nicht an kameralistische Prinzipien gebunden sondern sah zum Beispiel die Bildung von Rücklagen vor. Die als Entscheidungsträger besonders wichtige Versammlung setzte sich aus 31 Persönlichkeiten zusammen, die von den be-

---

[1] Vgl. SLM (Hrsg.): Rundfunkaufsicht zwischen Staatsfreiheit und Staatseinfluss. Berlin 1995, S.131 ff. (=Schriftenreihe der SLM, Bd. 1).

deutenden gesellschaftlich relevanten Organisationen Sachsens entsandt wurden. Die damals im Landtag vertretenen Parteien CDU, SPD, PDS, FDP und Bündnis 90/Grüne stellten insgesamt nur ein Viertel der Mitglieder der Versammlung. Für die CDU, die im Landtag die absolute Mehrheit hatte und allein die Regierung bildete, war dies ein durchaus gewöhnungsbedürftiger Zustand. Sie glaubte allerdings, die Dinge auch personalpolitisch dennoch in ihrem Sinne beeinflussen zu können.

Der alternative Hut im Ring

Zum Zeitpunkt der Verabschiedung des Sächsischen Privatrundfunkgesetzes im Sommer 1991 war ich noch in Leipzig als kommissarischer Rundfunkdirektor und Verwaltungsdirektor bei *Sachsenradio* tätig, einem Hörfunkteil des ehemaligen DDR-Rundfunks, der als Teil der „Einrichtung nach Art. 36 des Einigungsvertrages" zum Jahresende dem Übergang in eine ARD-Rundfunkanstalt der Länder Sachsen, Sachsen-Anhalt und Thüringen, den *MDR*, entgegensah.[2] Weil sich im August 1991 abzeichnete, dass sich für mich im *MDR* keine meinen Interessen und Neigungen entsprechende Betätigungsmöglichkeit ergeben würde, war ich im September nach Bonn zurückgekehrt und widmete mich der Auflösung der Bundesbehörde, die ich fast zwanzig Jahre lang geleitet hatte: des Gesamtdeutschen Instituts. Hier erreichte mich Ende September ein Anruf des mir aus meiner Leipziger Zeit bekannten Staatsministers Arnold Vaatz aus der Sächsischen Staatskanzlei in Dresden, der mir, kurz gesagt, folgendes Angebot unterbreitete: Die Landesregierung könne in die sich demnächst konstituierende Versammlung der *SLM* einen Vertreter entsenden, der natürlich keinen Weisungen unterliege. Ich sei ihm in meiner Tätigkeit in Leipzig positiv aufgefallen. Er brauche in der Versammlung einen Mann, der etwas vom Rundfunk verstünde und auf den er sich verlassen könne. Ob ich nicht Lust hätte, diese ehrenamtliche Aufgabe zu übernehmen?

Zu dieser Zeit war meine berufliche Zukunft als Bundesbeamter völlig ungeklärt. Dennoch sah ich kein Problem darin, das für mich sehr ehrenvolle Angebot anzunehmen. Sachsen war mir im zurückliegenden Jahr ans Herz gewachsen. Auch weiterhin war ich gern bereit, meinen Teil zum Zusammenwachsen Deutschlands beizutragen. Ich überlegte also nicht lange und sagte zu. Diese Zusage war der Einstieg in den aufregendsten Teil meines Berufslebens.

---

[2] Vgl. hierzu den Beitrag von Detlef Kühn in diesem Band, S. 47ff.

Die Konstituierung der *SLM*-Versammlung wurde von der Staatskanzlei für den 21. Oktober 1991 angesetzt. Der Tagesordnung der Einladung war zu entnehmen, dass nach der Begrüßung durch den Ministerpräsidenten die Wahl des Vorsitzenden der Versammlung und die Bestellung des Direktors erfolgen sollte. Ich besuchte kurz vor der Sitzung den mir flüchtig bekannten Rundfunkreferenten Neupert, der mir mitteilte, Vorsitzender werde der CDU-Landtagsabgeordnete Uwe Grüning. Er selbst werde für das Amt des Direktors kandidieren. Auf meine leisen Zweifel, ob das gut gehen werde, da sich doch die Mitglieder der Versammlung noch gar nicht kannten, antwortete er sinngemäß, das sei kein Problem. So nahm das Schicksal seinen Lauf.

Tatsächlich stellte sich schnell heraus, dass offenbar nur mit wenigen Mitgliedern der Versammlung gesprochen worden war. Die meisten fühlten sich durch die Vorgehensweise überfahren, die sie an DDR-Praktiken erinnerte, wo man auch nur die Möglichkeit gehabt habe, vorher getroffene Personalentscheidungen durch Handaufheben abzusegnen. So wurde die Sitzung unterbrochen, ein weiterer Kandidat gesucht und dann der Vertreter der Evangelischen Kirche in der Versammlung, der Superintendent aus Hoyerswerda, Friedhart Vogel, mit 15 zu 11 Stimmen zum Vorsitzenden gewählt. Die Wahl des Direktors wurde überhaupt vertagt; zahlreiche Versammlungsmitglieder wollten noch nach Alternativen suchen.[3]

Dies war allerdings leichter gesagt als getan. Die Anforderungen des Sächsischen Privatrundfunkgesetzes waren streng. Der Direktor sollte Volljurist sein, was in anderen Bundesländern nicht unbedingt erforderlich war, Rundfunkerfahrung haben und durfte natürlich auch nicht durch seine Vergangenheit in der DDR politisch belastet sein. Wer außer dem Rundfunkreferenten Neupert erfüllte sonst noch diese strengen Kriterien? Um überhaupt eine Wahlmöglichkeit zu haben, verfielen einige Mitglieder der Versammlung, die mich aus Leipzig kannten, auf die Idee, ich sollte kandidieren. Jurist sei ich ja, als Bundesbeamter wohl auch unbelastet und Rundfunkerfahrung hätte ich schließlich bei *Sachsenradio*, wenn auch nur ein knappes Jahr lang, gesammelt. Die Entscheidung fiel mir nicht leicht. Ich hatte gegen Neupert fachlich nichts einzuwenden, wenn mich auch die kaltschnäuzige Art der Vorbereitung seiner Kandidatur störte. Er hatte sich als Rundfunkreferent das Sächsische Privatrundfunkgesetz sozusagen selbst auf den Leib geschneidert. Schließlich entschloss ich mich nach Beratungen mit

---

[3] Vgl. Klaus Ott: Reich an Erfahrungen in medienpolitischen Gefilden. Süddeutsche Zeitung vom 30.10.1991; ders.: Mit dem schleppenden Geschäftsgang hat es wohl eine besondere Bewandtnis. Frankfurter Rundschau vom 4.11.1991; ders.: Unmut über die gesetzlich verankerte Doppelqualifikation des Direktors. Frankfurter Allgemeine Zeitung vom 4.11.1991.

Freunden und ermuntert durch Staatsminister Arnold Vaatz, meinen Hut in den Ring zu werfen, und bewarb mich förmlich um das Amt des Direktors.

In der nächsten Sitzung der Versammlung am 5.11.1991 brachte die Abstimmung mich in drei Wahlgängen mit jeweils 13 zu 12 Stimmen zwar knapp in Führung, die erforderliche absolute Mehrheit von 16 Stimmen verfehlten aber sowohl Neupert als auch ich.[4]

In dieser Situation sah sich Ministerpräsident Kurt Biedenkopf zum Eingreifen berechtigt – dem Grundsatz der Staatsferne der *SLM* zum Trotz. Er schrieb mir unter dem 14.11.1991 einen persönlichen Brief, in dem er schwere Vorwürfe gegen mich erhob und mich ultimativ aufforderte, meine Kandidatur zurückzuziehen, andernfalls sei meine Wahl anfechtbar. Ich müsse auch mit meiner Abberufung als Mitglied der Versammlung rechnen. Im einzelnen erhob Biedenkopf folgende Vorwürfe: Ich hätte die Staatsregierung darüber getäuscht, dass ich meinen „beruflichen und persönlichen Wirkungskreis ... wieder nach Bonn verlegt" hätte; durch meine Kandidatur und Teilnahme an den Abstimmungen hätte ich „gegen geltendes Recht" verstoßen, dabei „Sonderinteressen" verfolgt und „zugleich das Vertrauen der Staatsregierung missbraucht." Die Vorwürfe waren nicht nur ehrenrührig sondern standen auch in einem klaren Gegensatz zu den Tatsachen. Wenn ich je mit dem Gedanken gespielt hatte, meine Kandidatur zurückzuziehen, so war jetzt klar, dass die Angelegenheit durchgestanden werden musste. Ich widerlegte in einem Schreiben vom 25.11.1991 an Biedenkopf alle Anschuldigungen, stellte fest, dass ich schon im August 1991 die Staatskanzlei darüber unterrichtet hatte, dass ich nach Bonn zurückgehe, und wies nach, dass das von ihm zitierte Verwaltungsverfahrensgesetz meine Teilnahme an der Wahl nicht ausschließe. Schließlich fragte ich ihn, inwiefern aus seiner Sicht bei meiner Wahl die Interessen der Allgemeinheit verletzt würden, während dies offensichtlich bei der Wahl Neuperts nicht der Fall sein solle. Danach sandte ich sein Schreiben und meine Antwort an die Mitglieder der Versammlung. In der nächsten Sitzung am 3. Dezember 1991 wurde ich mit 17 Stimmen gewählt, obwohl ich mich nicht an der Wahl beteiligt hatte, um den (moralischen, nicht rechtlich begründeten) Vorwurf auszuräumen, ich hätte mich selbst gewählt. Auf Neupert entfielen sieben Stimmen und auf den Dresdener DSU-Politiker Jürgen Schwarz, der in letzter Minute noch seine

---

[4] N.N.: Wahl verschoben. Süddeutsche Zeitung vom 7.11.1991. Klaus Ott: Wer die Wahl hat.. Journalist 12/91, S. 52. Udo Lemke: Modernes sächsisches Märchen: staatsferne Medienanstalt. Sächsische Zeitung vom 7.11.1991.

Kandidatur eingereicht hatte, zwei Stimmen. Offenkundig hatten auch CDU-Mitglieder aus der Versammlung mir ihre Stimme gegeben.[5]

Großer Andrang um lukrative Hörfunk-Frequenzen

Danach ging der Aufbau der *SLM* trotz der Ungunst der damaligen Verhältnisse etwa im Telefonbereich oder beim Mangel an geeigneten Büroräumen zügig voran. Noch im Dezember 1991 stellte ich die ersten beiden Mitarbeiter ein; am 2. Januar 1992 nahmen wir in zwei geliehenen Räumen des *MDR*-Funkhauses Dresden provisorisch den Bürobetrieb auf. Drei Monate später wurde in Dresden das angemietete Haus Carolinenstrasse 1 bezogen. Alle Mitarbeiter kamen, mit Ausnahme der Juristen, aus der ehemaligen DDR. Ihre Zahl überschritt zu meiner Zeit nicht die 20. Besonders wichtig war mir die Zusammenarbeit auf Beraterbasis mit dem ehemaligen Technischen Direktor des *Deutschlandfunks*, Werner Hinz, den ich in Leipzig bei *Sachsenradio* kennen gelernt hatte. Hinz kannte nicht nur die Entwicklung des Rundfunkwesens in Deutschland bis in alle Details und verfügte über hervorragende Verbindungen, sondern hatte auch die nicht selbstverständliche Fähigkeit, komplizierte technische Fragen Laien so zu erläutern, dass sie die notwendigen Entscheidungen treffen konnten. Dies war für die Mitglieder der Versammlung und für mich selbst bei den anstehenden Frequenzvergaben und später bei unseren Plänen zur Digitalisierung des Rundfunks sowie bei der Förderung weiterer Innovationen von erheblicher Bedeutung.

Kaum war die *SLM* einigermaßen handlungsfähig, wurden die ersten UKW-Frequenzen öffentlich ausgeschrieben. Der Andrang war groß; denn Frequenzen waren knapp und galten als lukrativ. Jeder wollte der Erste „in der Luft" sein. Weder die Versammlung noch ich oder die Mitarbeiter hatten Erfahrung in der Vergabe von Rundfunklizenzen. Allerdings halfen meine Direktorenkollegen aus den westdeutschen Medienanstalten bereitwillig mit praktischen Hinweisen und manchem guten Rat.

Einige Bewerber glaubten, wie wir bald merkten, uns mit falschen Angaben zu einer Lizenzentscheidung zu ihren Gunsten bewegen zu können. Gemunkelt

---

[5] Klaus Ott: Der Ministerpräsident als unfreiwilliger Wahlhelfer. Süddeutsche Zeitung vom 5.12.1991; N.N.: Kurt Biedenkopfs Niederlage. Die Welt vom 5.12.1991. Jan Peter: Der Biedenkopf-Skandal. DAZ/Die Andere Zeitung vom 4.12.1991. N.N.: Zeitsignal für Biedenkopf. Leipziger Volkszeitung vom 5.12.19991. N.N.: Im dritten Anlauf dann doch schnell geeinigt. Neue Zeit vom 5.12.1991.

wurde auch von Versuchen einer unkorrekten Einflussnahme auf Mitglieder der Versammlung. Wie konnten wir uns dagegen am besten wehren? Die Versammlung und ich setzten auf größtmögliche Transparenz des Entscheidungsprozesses. Die Anhörungen, bei denen die Unterlagen der Bewerber kritisch durchgegangen wurden, fanden in aller Öffentlichkeit im großen Saal der Dresdner Dreifaltigkeitskirche, dem damaligen Sitz des Landtags, statt. Alle anderen Bewerber sowie Journalisten durften zuhören. Da diese meist besser über die wirtschaftlichen und sonstigen Verhältnisse der Konkurrenz unterrichtet waren als wir und uns ggf. hätten warnen können, wurden wir weniger belogen, als wenn wir *in camera* getagt hätten. Das half uns später auch, die offenbar unvermeidlichen Anfechtungsklagen der unterlegenen Bewerber vor dem Verwaltungsgericht zu bestehen.

In ihrer Lizenzierungspolitik wollte und musste die *SLM* der Tatsache Rechnung tragen, dass die Pressevielfalt, die unmittelbar nach der Wende von 1989 herrschte, leider nicht von Dauer war. Auch in Sachsen konnten sich ausgerechnet die ehemaligen Bezirkszeitungen der SED durchsetzen. Gestützt auf ihre technischen Möglichkeiten und ihr professionell ausgebildetes Personal, ausgestattet mit frischem Kapital westlicher Verlagshäuser und einem entsprechenden Management, bildeten sie schon 1992 praktisch ein Oligopol, das den Markt der Abonnementzeitungen entsprechend den ehemaligen Bezirksgrenzen der DDR unter sich aufgeteilt hatte. Unter diesen Umständen bemühte sich die *SLM*, wenigstens beim Aufbau von privatem Hörfunk und Fernsehen den Grundsatz der Meinungsvielfalt zu beachten. Dies ist im Großen und Ganzen gelungen. Bei den regionalen und lokalen Hörfunkketten, später auch beim sächsischen Fernsehen mit seinen Schwerpunkten in Leipzig, Dresden und Chemnitz, kamen – zum Leidwesen der Betroffenen – andere Finanzgruppen als im Zeitungsbereich zum Zuge. Die von den Verlagshäusern angerufenen Gerichte bestätigten jedoch diese Politik der *SLM*. So konnte noch im April 1992 Radio *PSR (Privater sächsischer Rundfunk)* lizenziert werden und bald darauf auf Sendung gehen. *Antenne Sachsen* mit maßgeblicher Beteiligung der Holtzbrinck-Gruppe folgte jeweils nur ein halbes Jahr später.

Fernseh-Fenster sollen Zeitungs-Monopole mildern

Auch im Fernsehbereich standen der *SLM* einige terrestrische Frequenzen, vor allem in den Ballungszentren, zur Verfügung. Sie wurden in einer Auswahlentscheidung *SAT 1*, einem der großen privaten Veranstalter aus dem Westen, zugesprochen. Allerdings wollten wir auch lokale bzw. regionale Veranstalter mit halbstündigen Fensterprogrammen zum Zuge kommen lassen, um auch insofern ein gewisses Gegengewicht zu den Monopolen der Tageszeitungen zu schaffen.

Bei den potentiellen Lieferanten der Mantelprogramme löste dies naturgemäß wenig Freude aus, weil sie gerade im Vorabendprogramm lieber selbst die damals noch kostbaren Frequenzen genutzt hätten. Im Falle *RTL* eskalierte der Streit Ende 1993 so, dass die *SLM* eine unter Auflagen erteilte Lizenz widerrufen musste, weil *RTL* die Bedingungen zugunsten der lokalen Fensterprogramme nicht akzeptieren wollte, aber dennoch versuchte, mit Hilfe der Telekom auch ohne die Genehmigung der *SLM* terrestrisch auf Sendung zu gehen. Die Auseinandersetzungen, die inzwischen wegen der weitgehenden wirtschaftlichen Entwertung der terrestrischen Fernsehfrequenzen längst Geschichte sind, erregten damals großes Aufsehen.[6]

Letztlich bestand aber die *SLM* auf ihrem medienpolitisch begründeten Kurs, und somit gab es seit 1993 in Chemnitz und später auch in Leipzig und Dresden terrestrisch ausgestrahlte lokale Fensterprogramme im Mantel von *Vox* und *Kabel 1*. Darüber hinaus produzierte die Firma *Sachsen Fernsehen GmbH* seit 1996 zwei Vollprogramme für die Ballungsräume Dresden und Leipzig. Sie tragen bis heute zur Meinungsvielfalt bei, wenn sie auch wirtschaftlich, wie ähnliche Programme in anderen Bundesländern, fragil blieben und ohne das Engagement und die Finanzkraft des Medienunternehmers Gunter Oschmann wohl kaum hätten überleben können.[7]

Zu einer von vielen Beobachtern lange Zeit unterschätzten Erfolgsstory entwickelte sich die Ausschreibung von Frequenzen für den Fernsehempfang in den sogenannten Kabelgemeinschaftsanlagen, die in der Schlussphase der DDR auf der Grundlage von Privatinitiativen entstanden waren, um einen besseren Empfang des Westfernsehens zu ermöglichen. In der Umbruchphase 1990 hatten hier technisch versierte und journalistisch ambitionierte ortsansässige Per-

---

[6] Vgl. die Sondernummer 19 des Pressespiegels der *SLM* vom November 1993 mit 34 Seiten: „Zu den Auseinandersetzungen zwischen der Sächsischen Landesmedienanstalt, Telekom und RTL".
[7] Vgl. SLM (Hrsg.): Privater Rundfunk in Sachsen. Programme und ihre Anbieter. Berlin 1998, S. 48 ff. (=Schriftenreihe der SLM, Bd.5).

sönlichkeiten begonnen, lokale Programme ganz unterschiedlicher Qualität zu produzieren und auszustrahlen. Dieser Wildwuchs musste ab 1992 in Übereinstimmung mit den gesetzlichen Vorschriften gebracht werden, was relativ schnell gelang, weil die *SLM* die ortsansässigen Unternehmer hinreichend schützen konnte. Auf diese Weise bildete sich in Sachsen mit rund hundert Lizenzinhabern bis 1998 eine mittelständische Medienstruktur in den Städten und auf dem Lande, die ihre Überlebensfähigkeit inzwischen unter Beweis stellte und Hunderte von Arbeitsplätzen schuf. Die *SLM* schrieb 1996 eine Untersuchung über Quantität und Qualität des Lokalfernsehens in Sachsen aus und finanzierte sie. Hier sei nur ein schon im Vorwort erwähntes Ergebnis der Studie zitiert: „Sachsen stellt eine bundesweite Besonderheit dar. In keinem anderen Land gibt es so viele Fernsehanbieter im lokalen Raum."[8]

DAB: Rückschlag für sächsische Vorreiterrolle

Mir war von Anfang an klar, dass die Umstände meiner Wahl das Verhältnis der *SLM* zur Staatskanzlei, die ja die Rechtsaufsicht über sie ausübte, negativ beeinflussen würde. Schließlich hatte das Eingreifen Biedenkopfs deutlich gemacht, dass er nicht gewillt war, das verfassungsrechtlich gebotene Prinzip der Staatsferne der Arbeit der *SLM* zu respektieren. Meine Wahl war in der Öffentlichkeit als eine schwere Niederlage des bis dahin in Sachsen völlig unangefochtenen Ministerpräsidenten gewertet worden.[9] So besuchte ich noch im Dezember 1991 den Staatssekretär in der Staatskanzlei Günter Meyer, der als ein besonderer Vertrauter Biedenkopfs galt. Ich bot ihm, trotz der Umstände meiner Wahl, meine loyale Zusammenarbeit im Bereich der Medienpolitik an und unterrichtete ihn auch über meine nächsten Schritte einschließlich des zwischen mir und dem Vorsitzenden der Versammlung abzuschließenden Anstellungsvertrags. Alles fand Meyers Zustimmung, und wir verabredeten regelmäßige Zusammenkünfte, um im Interesse der Sache eine gute Zusammenarbeit zu gewährleisten.

Dazu kam es zwar nur selten; immerhin ließ sich wenigstens die Kooperation mit dem Medienreferenten der Staatskanzlei, Christoph F. Meier, anfangs recht gut an. Ich informierte ihn regelmäßig über alle anstehenden Probleme.

---

[8] Michael Altrogge/Wolfgang Donsbach/Hans-Jörg Böhm/Eva Schabedoth: Lokal-TV zwischen Heimat- und Regionalfernsehen. Anbieter und Nutzer des privaten Lokalfernsehen Sachsens. Berlin 1999, S. 13 (=Schriftenreihe der SLM, Bd. 8).
[9] Vgl. die Pressenachweise in Anm. 4.

Ab 1994 stand in ganz Deutschland die Digitalisierung des Hörfunks („Digital Audio Broadcasting", DAB) ins Haus. Diese technische Innovation war damals auch in der Direktorenkonferenz der Medienanstalten nicht unumstritten. Meine beiden Kollegen in Thüringen und Sachsen-Anhalt und ich waren uns aber einig, dass DAB eine große Chance für Mitteldeutschland sein könnte. Die Haltung des *Mitteldeutschen Rundfunks* kann man als abwartend bis ablehnend bezeichnen, obwohl die *ARD* erhebliche Summen für die Neuentwicklung bereit stellte.

Christoph F. Meier und ich gehörten der Arbeitsgruppe an, die in Mitteldeutschland länderübergreifend diese als wichtig erkannte Innovation vorbereiten sollte. Die *SLM* bildete hierfür finanzielle Rücklagen, deren rechtliche Zulässigkeit nach dem Sächsischen Privatrundfunkgesetz sie geprüft und bejaht hatte. Auch aus der Staatskanzlei hörten wir dazu nichts Kritisches. Aus Mitteln der *SLM* wurden unter anderem Spezialuntersuchungen zu DAB finanziert, deren Ergebnisse wir in unserer Schriftenreihe veröffentlichten und damit der Wirtschaft zur Verfügung stellten.[10] Zugleich bereitete ich in Verhandlungen mit der Firma ANT Radeberg[11] und der Firma TechniSat Digital in Dresden[12] eine Vereinbarung vor, die bei einem Einsatz von lediglich zweimal 4,5 Mio. DM durch die *SLM* die Entwicklung und Produktion von DAB-Empfangsgeräten in Sachsen ermöglichen und konzentrieren und damit zum Beispiel im Bosch-Werk Radeberg bis zu 700 Arbeitsplätze schaffen bzw. sichern sollte. Sachsen marschierte damals an der Spitze der DAB-Entwicklung in Deutschland.

Umso mehr traf es mich wie ein Blitz aus heiterem Himmel, als die Staatskanzlei Anfang des Jahres 1995 plötzlich als Rechtsaufsicht den Abschluss der Vereinbarungen mit Bosch und dem anderen sächsischen Geräteherstellern als rechtswidrig bezeichnete und förmlich beanstandete. Wenn die *SLM* auch gegen diese Maßnahme Rechtsmittel einlegte – über die übrigens nie vom Verwaltungsgericht entschieden wurde – war doch die bis dahin aus meiner Sicht relativ gute Zusammenarbeit mit der Staatskanzlei zerstört, zumal auch dieser Streit in die Öffentlichkeit getragen wurde.[13] Die Firma Bosch zum Beispiel war durch

---

[10] Michael Strey/Hans-Jörg Nowottne/Christoph Albinus. Lokale Programmfenster in DAB-Gleichwellennetzen. Der DAB-Feldversuch Dresden. Berlin 1996 (=Schriftenreihe der SLM, Bd. 3). Oliver Michler/Michael Strey: DAB-Indoor-Versorgung im L-Band. Ausbreitungsmessungen und Untersuchungen zur Verbesserung der Indoor-Versorgung. Berlin 1998 (=Schriftenreihe der SLM, Bd. 6).
[11] Ein Tochterunternehmen der Bosch-Gruppe.
[12] Die Forschungs- und Entwicklungsabteilung der TechniSat-Gruppe, die zwei Produktionsstätten in Mitteldeutschland besaß, davon eine in Schöneck im sächsischen Vogtland.
[13] Eine gute Übersicht bietet die Zeitschrift „Infosat" Nr.86 vom Mai 1995, u.a.: Staatskanzlei gegen SLM: Atmosphärische Störungen. Unnötiger Streit in Ostdeutschland gefährdet DAB-Pilotprojekt.

die für alle Beteiligten überraschende Entwicklung völlig konsterniert, zweifelte an der Politikfähigkeit sächsischer Behörden und zog sich praktisch aus dem Freistaat zurück. Die Einzelheiten dieser für Außenstehende kaum zu durchschauenden Problematik können hier nicht dargestellt werden. Formal ging es darum, ob die *SLM* die Entwicklung der unumgänglich notwendigen neuen DAB-Empfangsgeräte finanziell fördern durfte, was bei Innovationen zulässig war; oder ob es sich, trotz der relativ geringen Beträge, um eine unzulässige reine Produktionssubvention handelte, wie die Staatskanzlei behauptete. Tatsache ist, dass die Entwicklung von DAB in Deutschland nicht zuletzt durch die Maßnahmen der Staatskanzlei einen Rückschlag erlitt, von der sich die Digitalisierung des Rundfunks bis heute nicht völlig erholte.[14] Sachsen büßte seine ursprüngliche Vorreiterrolle jedenfalls ein. Mit der rechtlich und sachlich geboten gewesenen Zurückhaltung der Staatskanzlei hätte das alles verhindert werden können.

Für mich war DAB die größte Enttäuschung während meiner Tätigkeit in Sachsen, wenn die weitere Entwicklung auch nicht beendet, sondern nur sehr stark verlangsamt wurde. Ich hatte damals den Eindruck, dass man ohne Rücksicht auf Verluste vor allem mich persönlich treffen wollte.

Große Koalition der Novellierer

Noch einmal schöpfte ich Hoffnung auf eine Verbesserung meines Verhältnisses zur Staatskanzlei, als dort 1997 der aus dem Wirtschaftsministerium stammende Staatssekretär Hans Werner Wagner auch für die Medienpolitik zuständig wurde. Wagner hatte starke Zweifel, ob es klug und sachlich geboten war, die der Rechtsaufsicht der Staatskanzlei unterliegende *SLM* wie eine feindliche Behörde zu behandeln. Meine persönliche Zusammenarbeit mit ihm war gut und eng. Leider dauerte sie nicht lange, da Wagner schon im Sommer 1998 plötzlich verstarb. Ob er die sich schon damals im Landtag abzeichnende Tendenz zur vollständigen Zerschlagung aller bisherigen Entscheidungsstrukturen in der *SLM* ernsthaft hätte behindern können, muss offen bleiben.

Bereits gegen Ende der ersten Legislaturperiode des Sächsischen Landtags legte die CDU-Fraktion am 20.4.1994 einen Gesetzentwurf vor, der einschnei-

---

[14] Vor nicht langer Zeit beklagten sich DAB-Nutzer, es gebe noch immer Probleme mit dem Antennenanschluss bei DAB-Auto-Empfängern. Vgl. „No DAB", Stereo 9/2002, S. 38f.

dende Veränderungen des Sächsischen Privatrundfunkgesetzes vorsah.[15] Neben einigen relativ belanglosen Regelungen wie der Einfügung einer Vorschrift zum Schutz der Menschenwürde und der Erteilung der Befugnis zur Abnahme eidesstattlicher Versicherungen an die *SLM* sah der Gesetzentwurf vor allem die Ersetzung der bisherigen Versammlung „auf Grund der positiven Erkenntnisse mit der Zusammensetzung des Medienrates der Landesmedienanstalt Berlin-Brandenburg ... durch ein kleineres und damit effektiveres Gremium" vor. Auf eine Begründung, inwieweit die Versammlung bisher weniger „effektiv" gearbeitet habe, verzichtete man wohlweislich. Sie war nicht zu finden.

Angesichts des Bestehens auf mehr Effektivität war allerdings erstaunlich, dass die CDU-Fraktion gleichzeitig auf die Durchführung eines Widerspruchsverfahrens nach Entscheidungen der *SLM* verzichten wollte, um den Rundfunkveranstaltern den direkten Weg zu den Verwaltungsgerichten zu eröffnen. Damit wäre für die *SLM* auch die Möglichkeit abgeschnitten worden, bei den verfahrensrechtlich zum Teil komplizierten Zulassungen etwaige Verfahrensfehler noch im Widerspruchsverfahren zu korrigieren. Wollte man dies wirklich und, wenn ja, warum? Möglicherweise wollte man der *SLM* auf Grund der oben angesprochenen Erfahrungen mit der *RTL*-Lizenz für die Zukunft die Möglichkeit abschneiden, noch im Widerspruchsverfahren auch materielle Korrekturen an Lizenzen vorzunehmen. Klug wäre dies zwar nicht gewesen, aber 1994 wurde diese Frage nicht mehr entschieden, weil sich die erste Legislaturperiode des Landtags ihrem Ende näherte und die CDU darauf verzichtete, das beabsichtigte Gesetz im beginnenden Wahlkampf noch durchzudrücken.

Nach der Wahl dauerte es aber nicht lange, bis ein Gesetzentwurf am 18.8.1995 erneut im Landtag eingebracht wurde. Er war aus der Sicht der Organe der *SLM* noch schlimmer als der erste. Der Verwaltungsrat wurde ganz abgeschafft, die Versammlung hatte nicht mehr die bisherige Entscheidungsbefugnis, sondern war im wesentlichen nur noch für die Programmkontrolle zuständig. Alles Wichtige sollte von einem neu etablierten Medienrat entschieden werden. Ein Mitglied dieses Medienrates war von der Versammlung zu wählen, die übrigen vier vom Landtag in einem komplizierten Verfahren, das letztlich der CDU den bestimmenden Einfluss sicherte. Die Befugnisse des Direktors wurden erheblich beschnitten.

Obwohl sich die Organe der *SLM* nach Kräften gegen diese Entmachtung mitten in der Entsendungsperiode wehrten und unter anderem ein entsprechen-

---

[15] Wie Anm. 1, S. 163 ff.

des Rechtsgutachten in Auftrag gaben[16], wurde die Novelle vom Landtag mit den Stimmen der CDU gegen die der SPD und PDS beschlossen und trat am 1. Februar 1996 in Kraft.[17] Unter den bisherigen drei Organen der *SLM* herrschte weitgehend Einigkeit, dass man sich dagegen vor dem Sächsischen Verfassungsgerichtshof in Leipzig wehren müsste. Das war allerdings leichter gesagt als getan. Es war unter Juristen durchaus umstritten, ob die *SLM* als staatliche Behörde zu einer Verfassungsbeschwerde aktivlegitimiert, das heißt zur Klage befugt war. Ob das Verfassungsgericht der für die *SLM* günstigen Meinung in der Rechtsliteratur folgen würde, war zweifelhaft; Rechtsprechung gab es in dieser Frage noch nicht. So hing unter Umständen alles davon ab, ob es gelang, zusätzlich eine Normenkontrollklage von Landtagsabgeordneten in Gang zu bringen.

Hierfür waren die Unterschriften von 30 Landtagsabgeordneten nötig, die weder die SPD noch die PDS allein aufbringen konnten. Ich verhandelte vor allem mit dem Vorsitzenden der SPD-Fraktion, Karl-Heinz Kunckel. Er zeigte wenig Lust zur Klage, hatte gerade mit einer anderen Verfassungsbeschwerde schlechte Erfahrungen gemacht, scheute sowohl die Kosten des Verfahrens als auch die politischen Folgen der unumgänglichen partiellen Zusammenarbeit mit der PDS. Kurz, ich musste ihn in langen Gesprächen „zum Jagen tragen", indem ich ihm – gegen eine bescheidene Beteiligung an den Kosten – den Klageentwurf unseres Prozessbevollmächtigten Rupert Stettner, Universitäts-Professor in München, zum eigenen Gebrauch zur Verfügung stellte und auch einen ambitionierten jungen Berliner Verfassungsrechtler als Rechtsvertreter vermittelte. Schließlich unterschrieb eine ausreichende Anzahl von PDS-Abgeordneten die Normenkontrollklage der SPD. An der Frage der fehlenden Aktivlegitimation der SLM konnte somit die verfassungsgerichtliche Überprüfung des neuen Mediengesetzes nicht mehr scheitern.

Inzwischen hatte der neue Medienrat seine Arbeit aufgenommen. Sein Präsident mit einer entsprechenden Machtfülle wurde der Professor an der Fachhochschule in Mittweida, Otto Altendorfer, den ich schon früher als medienpolitischen Referenten der CDU-Bundesgeschäftsstelle kennen gelernt hatte. Die anfänglich nicht schlechte Zusammenarbeit mit ihm wurde vor allem deshalb

---

[16] Wolfgang Hoffmann-Riem: Rundfunkfreiheit zwischen Staatsfreiheit und Staatseinfluss. Rechtsgutachten zu den Entwürfen der CDU-Fraktion im Sächsischen Landtag für das Zweite Gesetz zur Änderung des Gesetzes über den privaten Rundfunk und neue Medien in Sachsen vom 20. April 1994 und vom 18. August 1995, Berlin 1995, S. 19 ff. (=Schriftenreihe der SLM, Bd. 1). Vgl. auch Margarete Schuler-Harms: Staatsferne und Vielfalt des Rundfunks – Das Sächsische Privatrundfunkgesetz auf dem verfassungsrechtlichen Prüfstand. Sächsische Verwaltungsblätter, 5. Jg., Heft 1 vom 1.1.1997, S. 1ff.
[17] Wie Anm. 1, S. 183 ff.

schwierig, weil Altendorfer offenkundig unter erheblichem politischen Erwartungsdruck stand, woraus er auch kein Hehl machte. Er sollte mir vor allem in der Zusammenarbeit mit den anderen Landesmedienanstalten die Zügel anlegen, was zu grotesken Situationen führte, als wir zu zweit in der Direktorenkonferenz auftraten, obwohl nur einer dort das Stimmrecht ausüben konnte. Auch in dieser Frage kam es zu gerichtlichen Auseinandersetzungen, die erst beendet wurden, als Altendorfer durch die Entscheidung des Verfassungsgerichtshofs sein Amt wieder verlor. Rückschauend mutet es erstaunlich an, dass dennoch in dieser Zeit wenigstens die Routineaufgaben der *SLM* erledigt werden konnten.

Schließlich urteilte am 10. Juli 1997 in Leipzig das Landesverfassungsgericht.[18] Es hatte zwar schon, wie wir es befürchtet hatten, kurz vorher eine Klagebefugnis der Landesmedienanstalt abgelehnt.[19] Auf die Normenkontrollklage der 42 Abgeordneten hin erklärte es jedoch u.a. die Modalitäten des Wahlverfahrens des Medienrates für verfassungswidrig. Damit war der amtierende Medienrat von Stund´ an aufgelöst. Die alten Strukturen der *SLM* mit den ursprünglichen Kompetenzen von Versammlung, Verwaltungsrat und Direktor traten, bis zu einer erneuten Entscheidung des Gesetzgebers, wieder in Kraft. Besonders glücklich über den Richterspruch war verständlicherweise der SPD-Fraktionsvorsitzende Kunckel, der den wohl größten Erfolg seiner Oppositionspolitik errungen hatte, konnte doch, das war schon klar, ein neuer Medienrat in Gänze nicht mehr ohne die Zustimmung der SPD gebildet werden. Das ergab Spielraum auch für darüber hinausgehende Wünsche der SPD in der Medienpolitik.

Meine sechsjährige Amtsperiode lief Ende 1997 ab. Mit einer Wiederwahl durch den Medienrat hatte ich angesichts der obwaltenden Umstände nicht mehr gerechnet. Nun bot sich durch die Auflösung des Medienrates jedoch für die Versammlung überraschend die Möglichkeit und die Verpflichtung, auch den Direktor der zweiten Amtsperiode zu bestimmen. Obwohl die Stelle öffentlich ausgeschrieben wurde und verschiedene Bewerbungen vorlagen, wurde ich am 24. September 1997 wiedergewählt. Mit dem nunmehr wieder zuständigen Verwaltungsrat unter seinem Vorsitzenden Prof. Dr. Wolfgang Marcus, der auch Mitglied des aufgelösten Medienrats gewesen war, schloss ich für die nächsten sechs Jahre meinen Dienstvertrag ab.

---

[18] AfP 1998, S. 205-212.
[19] ZUM 1997, S. 753 ff. - Auf dringenden Rat von Professor Rupert Stettner reichte ich hiergegen namens der *SLM* eine weitere Verfassungsbeschwerde beim Bundesverfassungsgericht ein, damit es in dieser für die Unabhängigkeit der Landesmedienanstalten wichtigen Frage zu einer höchstgerichtlichen Entscheidung kommt. Das Bundesverfassungsgericht hat aber bis heute noch nicht entschieden.

In dieser Zeit liefen schon die Verhandlungen zwischen CDU und SPD über eine erneute Novellierung des Sächsischen Privatrundfunkgesetzes, die diesmal den Vorgaben des Verfassungsgerichts Rechnung tragen sollte. Wenn wir in der *SLM* allerdings gehofft hatten, die SPD würde ihren Einfluss geltend machen, um auch sonst möglichst viel von den pluralen Strukturen und der Staatsunabhängigkeit der Arbeit der *SLM* zu retten, so hatten wir uns getäuscht. Kunckel sah in seiner in Bezug auf den Medienrat zweifellos komfortablen Situation vor allem die Chance, wenigstens im Teilbereich Medienpolitik so etwas wie eine „große Koalition" in Sachsen zu etablieren. Grundsatzfragen der demokratischen Entwicklung interessierten ihn deutlich weniger. Entsprechend fiel das Ergebnis dieser nunmehr dritten Novelle des Sächsischen Privatrundfunkgesetzes vom 9.3.1998[20] zu Lasten der pluralistischen Strukturen der *SLM* aus. Die gesellschaftlich relevanten Organisationen in Sachsen verloren endgültig ihren bestimmenden Einfluss auf die Medienpolitik. Der parteipolitische Einfluss wurde deutlich gestärkt, da die Mitglieder des neuen Medienrats allesamt vom Landtag gewählt wurden, ebenso der Einfluss der Staatskanzlei. Allerdings konnte die CDU nicht mehr allein entscheiden, sondern musste wenigstens die SPD an den Personalentscheidungen teilhaben lassen.

Dennoch störte immer noch der Direktor, der wegen seiner langjährigen Mitgliedschaft in der FDP von manchen Politikern als eine Art „Trojanisches Pferd" der FDP betrachtet wurde, obwohl ich zu diesem Verdacht sicherlich keinen Anlass gegeben hatte. Zwar waren meine Kompetenzen schon arg beschnitten, doch entschloss man sich nur ein knappes halbes Jahr nach dem Amtsantritt des nunmehr in verfassungsgemäßer Weise gewählten Medienrats im Landtag zu einer erneuten Novellierung, die diesmal das Amt des Direktors ganz abschaffen und durch einen Geschäftsführer ersetzen sollte. Es sollte keinen hauptamtlichen Mitarbeiter mit Organqualität mehr geben.[21]

Für mich war dieser Plan, über den ich vom neuen Präsidenten des Medienrats Kurt-Ulrich Mayer informiert wurde, der letzte Anlass zu der Erkenntnis, dass mein Kampf um die Unabhängigkeit der *SLM* endgültig verloren war. Ich forderte den Medienrat auf, von seiner gesetzlichen Möglichkeit zur Abwahl des Direktors Gebrauch zu machen, und erklärte, dass ich mich dagegen nicht mehr vor Gericht wehren würde, wenn mein Abschied in einigermaßen würdiger Form stattfinden würde. Dieser Vorschlag löste große Erleichterung aus und wurde umgehend verwirklicht. Meine Verabschiedung in einer öffentlichen Ver-

---

[20] GVBl. S.106.
[21] Gesetzentwurf der CDU-Fraktion Viertes Gesetz zur Änderung des Gesetzes über den privaten Rundfunk und neue Medien in Sachsen vom 17. 2. 1999, Drucksache 2/10680.

anstaltung am 14. Januar 1999 mit vielen Beweisen der Sympathie und positiven Würdigungen meiner Arbeit in den vergangenen sieben Jahren, nicht zuletzt auch durch Arnold Vaatz MdB, hat mich sehr bewegt, wenn sich auch manch einer der Teilnehmer an der Veranstaltung gefragt haben mag, warum denn der so freundlich Gewürdigte unbedingt vorzeitig gehen müsse.

Wenn ich allerdings gehofft hatte, durch diese Lösung wenigstens die bisherige Leitungsstruktur der *SLM* für einen Nachfolger retten zu können, so hatte ich mich getäuscht. Die Novellierung erfolgte trotz meines Abgangs, und die *SLM* dürfte jetzt die einzige Behörde in Deutschland sein, an deren Spitze nur ehrenamtlich, das heißt im Nebenberuf tätige Persönlichkeiten stehen. Mögen Historiker einmal entscheiden, was diese Entwicklung für den Einfluss Sachsens in der Medienpolitik in Deutschland bedeutet.

Erfolgsgeschichte und Lehrstück über Demokratie

Die Entwicklung der *Sächsischen Landesanstalt für privaten Rundfunk und neue Medien* in den ersten Jahren ihrer Existenz ist einerseits durchaus eine Erfolgsgeschichte, andererseits aber auch ein Schulbeispiel dafür, inwieweit politische Parteien bereit sind, sich im staatlichen Bereich mit Räumen abzufinden, in denen sie keinen direkten Einfluss ausüben können. Die Medien und damit auch die Medienpolitik haben überall in der Welt immer das besondere Interesse der Politiker gefunden, die an der Macht sind oder an die Macht kommen wollen. Sachsen ist dabei keine Ausnahme.

Die Besonderheit im Rundfunk in Deutschland ist, dass dieser aus verfassungsrechtlichen Gründen „staatsfern" organisiert werden muss. Dies kollidiert unter Umständen mit den Interessen der Politiker, die in Bund und Ländern Macht ausüben und bei der Durchsetzung ihrer Politik auf eine wohlwollende Begleitung durch die Medien angewiesen sind. Die Vertreter der Medienwirtschaft sind dadurch der Versuchung ausgesetzt, ihre wirtschaftlichen Interessen auch unter Zuhilfenahme parteipolitischer Beziehungen zu fördern. Insofern war Sachsen keine Ausnahme, wo nach der Wende von 1990, wie in anderen Teilen der ehemaligen DDR, eine Art Goldgräberstimmung herrschte. Auch die Medienunternehmen versuchten, möglichst große Claims abzustecken. Manche schreckten dabei vor dem Einsatz parteipolitischer Beziehungen nicht zurück. Schon 1990 wandte sich der Geschäftsführer der damals noch zum Holtzbrinck-Konzern gehörenden Rundfunkbeteiligungsfirma AVE, Hilmar von Poser, an den sächsischen Ministerpräsidenten Biedenkopf, wies auf seine Beziehungen zur CDU hin und teilte mit, seine Firma wolle in Sachsen ein Privatradio „Antenne Sachsen" auf die Beine stellen. Der Vorsitzende der Medienkommission der CDU, der Bundestagsabgeordnete Bernd Neumann, unterstützte dies am 18.10.1990 mit dem Hinweis, es biete sich damit die Möglichkeit, einer der Union nahestehenden Gruppe die Mitgestaltung der Medienlandschaft in Sachsen zu übertragen.[22]

Auch ich erlebte am Tage vor der ersten Lizenzentscheidung der Versammlung der *SLM* den Besuch des Rechtsanwalts eines anderen großen Medienunternehmens, der mir, der ich durchaus unsicher war, wie die Auswahlentscheidung der Versammlung ausfallen würde, erklärte, seine Mandantschaft werde die begehrten Frequenzen erhalten. Der Vorsitzende der CDU-Fraktion im sächsischen Landtag, Herbert Goliasch, habe ihm dies versichert.[23] Meinen Einwand, Goliasch gehöre doch gar nicht der Versammlung an, und im übrigen hätten CDU-Mitglieder dort keine Mehrheit, abgesehen davon, dass auch sonst nach meinem Eindruck viele der parteilich gebundenen Mitglieder der Versammlung durchaus eigenständige und nicht etwa fremd bestimmte Persönlichkeiten seien, ließ er nicht gelten. Als er am nächsten Tag erfuhr, für die Bewerbung seines Mandanten sei *keine einzige* Stimme in der Versammlung abgegeben worden, brach für ihn eine Welt zusammen.

Diese Vorgänge zeigen, dass die CDU-Fraktion im Landtag und die Staatskanzlei unter Ministerpräsident Biedenkopf nicht nur mit dem FDP-Mitglied Kühn Probleme hatten, sondern mit der ganzen, von ihnen 1991 geschaffenen Konstruktion der *SLM*. Es erwies sich, dass vor allem die Mehrheit der Mitglieder der Versammlung ihre Arbeit wirklich „staatsfern" und damit auch „parteifern" erledigten. Sie waren nicht „berechenbar", was man sich vorher offenbar *so* nicht vorgestellt hatte. Dasselbe galt auch für den Verwaltungsrat, nachdem ein Mitglied desselben nach verschiedenen skandalträchtigen Vorkommnissen seiner Abwahl durch die Versammlung nur noch durch Rücktritt entgehen konnte. So glaubte man in den für die Medienpolitik verantwortlichen Kreisen in Sachsen, die ganze *SLM*-Konstruktion wieder zerschlagen zu müssen, um danach mit dem alles entscheidenden, zahlenmäßig kleinen Medienrat anstelle der pluralistischen Versammlung eine neue handlichere wieder aufzubauen. Dafür

---

[22] Vgl. Klaus Ott: Der „nahestehenden Gruppe" zur begehrten Lizenz verhelfen. Über die Versuche, den Holtzbrinck-Konzern in die landesweite Privatradioszene in Sachsen einzubringen. Süddeutsche Zeitung vom 2.3. 1992.
[23] Über die Rolle, die Goliasch damals in der sächsischen Medienpolitik spielte, vgl. Klaus Ott: Regierungsparteien haben den mitteldeutschen Äther unter Kontrolle, Süddeutsche Zeitung vom 8.11.1991.

brauchte man insgesamt vier Novellierungen des Sächsischen Privatrundfunkgesetzes. Mit mangelnder Effektivität, die der ersten Konstruktion vorgeworfen wurde, hatte das alles nichts zu tun; billiger war die neue Lösung auch nicht – im Gegenteil! Aber als Versuch, die Medienpolitik im Bereich privater Rundfunk und neue Medien (wieder) in den Griff zu bekommen, verdienen diese Vorgänge durchaus Beachtung und zwar über Sachsen hinaus. Sie können als Lehrstück dienen, wie viel Demokratie und Bürgerbeteiligung in politischen Parteien als akzeptabel gilt – oder auch nicht.

Karl Friedrich Reimers

Von der DDR-Journalistik an der KMU zur Leipziger Kommunikations- und Medienwissenschaft ab 1991

Wer sich mit dem Umbruch in Deutschland von den fortgeschrittenen 1980er bis zur Mitte der 1990er Jahre befasst, kommt an Leipzig nicht vorbei. Dies gilt ganz spezifisch auch für den Hochschulort, dessen 1409 gegründete Hohe Schule – die zweitälteste deutsche nach Heidelberg – vom Mai 1953 bis ins Wintersemester 1990/91 unter der programmatischen Benennung „Karl-Marx-Universität" (KMU) geführt wurde. Unter deren Dächern wirkte bis Ende 1990 die „Sektion Journalistik", deren besondere Verpflichtung auf den Grundkanon der Sozialistischen Einheitspartei und auf die entsprechenden Herrschaftsmechanismen der DDR-Administration über mehrere Jahrzehnte viele Folgen haben musste: Aus der Professionalisierungsgeschichte des Journalistennachwuchses im zentral konzipierten Kommunikations- und Mediensystem der DDR ist diese Einrichtung auf dem Boden der KMU Leipzig nicht wegzudenken.[1]

---

[1] Zum Einlesen in das damit Angedeutete bleiben interessant: Autorenkollektiv/Sektion Journalistik (Hrsg.): Wörterbuch der sozialistischen Journalistik. Leipzig: Karl-Marx-Universität Leipzig 1984 [Nachdruck der 2., wesentlich veränderten Aufl. v. 1981 und 2., durchgesehene Aufl. 1988]. Vgl. auch: Gunter Holzweißig: Zensur ohne Zensor. Die SED-Informationsdiktatur. Bonn 1997: Bouvier. Brigitte Klump: Das rote Kloster. Als Zögling in der Kaderschmiede des Stasi. München: F.A. Herbig 1991 (1978).

Voraussetzungen I

„Die Parteihochschule hätte als Dach für unsere DDR-Journalistik vielleicht doch besser gepasst. Dann wären wir ganz nah an der Berliner Zentrale gewesen, nicht nur vom Ort her. Daran ist im ZK und Politbüro wohl auch mehrere Male gedacht worden. Der organisatorische und finanzielle Aufwand hat die Verantwortlichen dann aber doch davor zurückschrecken lassen - zum Glück: So ist uns das anregende und immer wieder angenehme Umfeld der Universität Leipzig erhalten geblieben, das stimulierende Flair der nach wie vor offenen Messestadt mit ihren vielen internationalen Durchlässen. Hier haben wir uns schnell zu Hause gefühlt. Es war schon motivierend, nicht ganz 'unter sich' zu sein, eben: der Karl-Marx-Universität Leipzig anzugehören."[2]

Diese persönliche Ansicht hat sofort einen festen Platz in meinem Gedächtnis gefunden, als sie in der Umbruchphase 1990/91 von einem ehemaligen Hochschullehrer der KMU ins Gespräch gebracht wurde. Sie lässt menschlich einleuchtend anklingen, wie vielschichtig sich die Doppelbindung der zentralen Nachwuchseinrichtung für publizistische Kommunikations-Funktionen im SED-gesteuerten Mediensystem der DDR darstellen musste: auf der einen, alles begründenden Seite mit eindeutigem Parteiauftrag, auf der anderen mit akademisch-formaler Regelbindung an das Selbstverständnis- und Qualifizierungs-System „Sozialistische Universität".[3]

Wenn früh gefragt wurde, was bei der Rückkehr der seit Oktober 1990 wieder Sächsischen Landesuniversität Leipzig in die wissenschaftliche Gemeinschaft der Hochschulen Europas wohl von der KMU-Sektion Journalistik bleiben werde, war schnell fast unisono zu hören: so wenig wie möglich - auf jeden Fall aber „das Handwerkliche". Dies wiederum musste eigentlich gegen den universitären Ansatz sprechen, war eher ein Argument für die berufliche - vielleicht höhere - Fachschule, bestenfalls für einen Fachhochschul-Ausbildungsgang. Wohlfundierte „Selbstwert-Behutsamkeit" war also angesagt. Hier

---

[2] Sammlung K.F. Reimers: Leipzig 1990-1995. Gespräche mit Kolleginnen und Kollegen aus der KMU. Aufzeichnung 17.
[3] Wissenschaftlerinnen und Wissenschaftlern, die an alt-bundesdeutschen Hochschulen akademisch aufgewachsen und beruflich sozialisiert wurden, wird es nach wie vor schwer fallen, diese ideologische Doppelverwurzelung DDR-deutscher Hochschul-Lebensläufe angemessen zu verstehen und zu würdigen, gerade auch in deren nur allzu „deutscher Zeitdialektik". Hier wird wohl erst eine neue Forschergeneration die treffenderen Fragen stellen und die gemeinsame Erkenntnis auf die Springenden Punkte im differenzierten Kommunikationsprozess hin orientieren.

öffnet sich ein sumpfiges Begriffs-Gelände zwischen akademischen Selbsteinschätzungen und beruflichen Notwendigkeiten, der mit Recht viel und immer wieder diskutierten Praxis-Profilierung. Da ist stabiler Brückenbau mit erkenntnistheoretischen und zugleich mit pragmatischen Elementen angesagt.

Andreas Würth trifft in diesem grundlegenden Zusammenhang wichtige, aktuell gebliebene Perspektivpunkte, wenn er in seiner Ende 1992 an der Universität Zürich eingereichten Lizentiatsarbeit hervorhebt:

„1. Die Erwerbschancen des Diplomjournalisten stehen in unmittelbarer Abhängigkeit von der SED, denn der Journalist als Parteipolitiker kann nur mit dem ausschließlichen Primat der Politik, monopolisiert durch diese Partei, funktional sein.
2. Das politische System ersetzt den Arbeitsmarkt des Journalisten durch dirigistische Allokation, erreicht damit eine hohe soziale Sicherheit, verursacht aber eine tiefe Medienkomplementarität infolge mangelnder Interaktionen und schafft dadurch eine Departementalisierung in Praxis und Ausbildung.
3. Die Positionslegitimation sowohl der Subsysteme Sozialwissenschaft und Journalismus als auch des Personalsystems Journalist hängt absolut vom Primat der Politik ab, monopolisiert durch die SED. (...)
5. Das Berufskonzept des Diplomjournalisten ist durch Dienen für die Partei, Umsetzen von Parteibeschlüssen und das Verbreiten von Parteimeinungen charakterisiert und wirkt auf die universitäre Ausbildung von Diplomjournalisten zurück. (...)
7. Die Sektion verliert ihre universitäre Legitimierung durch den systembedingten Entzug der Wissenschaft. Sie ist viel eher eine Fach- oder Parteischule.
8. Das Leipziger Modell verdeutlicht, dass sich das journalistische Handwerk kaum universitär lehren lässt.[4]
9. Die Journalistenausbildung der Sektion ist auf die SED bezogen: Das erübrigt ein weitergehendes Curriculum, eine kontinuierliche Studienoptimierung, eine differenziertere Nachrichtenwertlehre als die des Klassengegensatzes oder der Utilitarität und generiert in der Methodiklehre unpraktikable Theorien. (...) 11.

---

[4] In diesem außerordentlich aktuellen Punkt geht Andreas Würth vermutlich weiter, als sein Leipziger Befundmaterial erlaubt. In der internationalen Hochschuldidaktik und Hochschulpolitik gibt es kaum noch Zweifel daran, dass bestimmte berufsvorbereitende Qualifikationselemente durchaus Heimatrecht an einer Universität haben können und auch sollten, wenn die Gesamtkonzeption eines Studiengangs entsprechend differenziert angelegt ist. Gerade aufgrund der Leipziger Erfahrungen, die in diesem Punkt ja bereits in den 1920er Jahren einsetzen und sich durch mehrere Universitätsjahrzehnte ziehen, sollte hier spezifisch weitergearbeitet werden; ohne eine kontinuierliche Berufsfeldforschung wird dies freilich nicht angemessen möglich sein.

Die Tatsache, dass sich viele DDR-Journalisten nach der Wende in den Medien behaupten konnten, ist weder der Ausbildung an der Sektion noch einer vom alten System geförderten Opportunität zuzuschreiben, sondern sie ist viel mehr Ausdruck der schlechten Identität der DDR-Bürger mit ihrem Staat im allgemeinen und der persönlichen Fähigkeiten im besonderen."[5]

Hier artikuliert sich in großem Ansatz der befreiende Abstand, mit dem ein Nachwuchswissenschaftler aus der Schweiz der Journalisten-Ausbildung an der KMU in ihrer Schlussphase und an der Reform-Universität Leipzig in deren Gründungsphase nachgehen konnte: eine systemtheoretische Übergangs-Analyse. Gesamtgesellschaftlicher Bestimmungsrahmen und Allgemeine Kommunikationsgeschichte bieten freilich darüber hinaus gehende Erkenntnisansätze. Sonst wäre die sich hier abzeichnende Situationssumme, nicht differenzierter nachreflektiert, konsequent negativ; ja: verheerend.

Umso wichtiger wird der größere Plural im Zeit-Kontext: das Denken, Argumentieren und Handeln in den lebensweltlichen Komplexitäten, die sich gegen jede allzu forsche Reduktion sperren. So werden durchaus zukunftsträchtige Ebenen betreten, wenn Andreas Würth in seiner systemtheoretischen Bestandsaufnahme zur Ausbildung von Journalisten an der Karl-Marx-Universität Leipzig „unter besonderem Einbezug der politischen Umwälzung" abschliessend unterstreicht:

„12. Die an sich dirigistische Personalpolitik erlaubte eine sehr hohe - positiv verstandene - Betreuung der Studenten und wirkte sich im praktischen Training der Methodik und der Verteidigung der Absolventen in universitärer Öffentlichkeit positionsstärkend, weil gratifizierend, auf das Personalsystem Journalist aus.

13. Das in die Praxis verlagerte Rekrutierungssystem vermag vor allem die persönliche Disposition der Volontäre zu erfassen, denn trotz der offiziellen Beurteilung der politischen Haltung zur SED erreichen die ausgebildeten Diplomjournalisten im gegensätzlich sozialmarktwirtschaftlichen System eine persönlich zumindest befriedigende Berufserfüllung, was ausgeschlossen wäre, hätte die Selektionsweise nur politische Internalisierung zu berücksichtigen vermögen".[6]

---

[5] Andreas Würth: Journalistenausbildung im Zeichen der Wende. Eine systemtheoretische Analyse der Ausbildung von Journalisten an der Karl-Marx-Universität Leipzig unter besonderem Einbezug der politischen Umwälzung. Zürich 1992 (=unveröff. Lizentiatsarbeit, Universität Zürich). S. 183 - 185
[6] Würth 1992, S. 185.

Was hier mit schweizerischem Abstand festgehalten ist, wird besonders schnell greifbar, wenn wir an die zahllosen Nach-dem-Umbruch-Karrieren von Absolventinnen und Absolventen der Leipziger Journalistik in den Massenmedien Hörfunk und Fernsehen denken. Wer hätte erwarten oder gar prognostizieren können, dass so viele Ex-Leipziger/innen in der Neu-Vereinigungs-Bundesrepublik von 1990 bemerkenswert interessante Profilaufgaben in den alten wie in den neuen Bundesländern für sich erschließen würden?[7]

Voraussetzungen II

Seit den späten 1960er Jahren entwickelte sich im Rahmen der Kooperationsprogramme zwischen der Philosophischen Fakultät der Georg-August-Universität Göttingen, vor allem dem Seminar für Mittlere und Neuere Geschichte, und dem Bereich Geschichte/Publizistik des zentralen Länder-Instituts für den Wissenschaftlichen Film (IWF) in Göttingen[8] eine Projekte-Linie, die mit schnell wachsendem Vorrang dem damals ziemlich seltenen - wenn nicht gar ‚exotischen' - Schwerpunkt „Zweimal Deutschland seit 1945 in den audiovisuellen Massenmedien" gewidmet war. Ein Universitätslehrauftrag für Zeitgeschichtliche Publizistik (mit Prüfungsermächtigung), der dem fachlich verantwortlichen Institutswissenschaftler des IWF erteilt wurde, bot den akademischen Veranstaltungsboden, dessen Tragfähigkeit sich bis 1975 in zahlreichen Seminar- und Projekt-Folgen für Studierende verschiedenster Fächerverbindungen erweisen sollte.[9] Die Göttinger Semesterangebote konnten zuneh-

---

[7] Für die Vergleichende Lebenslaufforschung unter den hauptberuflich journalistisch Tätigen im staatlich neu vereinigten Deutschland seit 1990 eröffnet sich hier ein komplexes Untersuchungsfeld, dem bisher viel zu wenig und vor allem wenig systematisch Aufmerksamkeit verschrieben wurde. Die in Leipzig bis 1990 Diplomierten und die zwischen 1990/1991 und 1993 „im Interregnum" doppelt Qualifizierten sind auffallend durch eine Mobilität „nach dem Umbruch" bemerkbar geworden, deren genauere Dokumentation und Analyse eine geborene Forschungsaufgabe für das KMW-Institut der Universität Leipzig sein dürfte.
[8] Sammlung K.F. Reimers: Zweimal Deutschland seit 1945 audiovisuell. Projekt-Seminare, Hamburg 1962/1963. Göttingen/Hagen/Hannover/Nürnberg 1964-1975.
[9] Dabei konnten in wachsender Zahl sozialwissenschaftliche Diplom-Arbeiten und Staatsexamens-Arbeiten (Höheres Lehramt) sowohl an der Georg-August-Universität als auch an der Pädagogischen Hochschule Göttingen (Grundschule, Realschule) angeregt und betreut werden, ein reicher Fundus an frühen studentischen Zweimal-Deutschland-Untersuchungen. In begrenzterer Zahl wurde dies zugleich an der Technischen Universität Hannover und an der Abteilung Hagen der seiner-

mend mit Außenseminaren und Studienwochen im DDR-gebundenen wie im westlichen Teil Berlins, in Bonn (Gesamtdeutsches Institut) und Koblenz (Bundesarchiv/Filmarchiv) verbunden werden. Die DDR-Partner im östlichen Teil Berlins wussten auf ihre Art dafür zu sorgen, dass wir in diesen Zusammenhängen erstaunlich Vieles über die Journalistik-Programme an der KMU Leipzig und die Entwicklungen an der DDR-Hochschule für Film und Fernsehen in Potsdam-Babelsberg erfahren konnten.[10]

Ab 1975/76 wurde die Göttinger „Zweimal Deutschland"-Linie vom universitären Lehrstuhl für Kommunikations- und Medienwissenschaft (KMW) an der Bayerischen Hochschule für Fernsehen und Film (HFF) in München fortgeführt, ab 1976 kontinuierlich mit dem Lehr- und Prüfungsprogramm des Instituts für Kommunikationswissenschaft (Zeitungswissenschaft) der Ludwig-Maximilians-Universität (LMU) München verbunden, ab 1977 schließlich mit zahlreichen Studienwochen in der Bayerischen Akademie für politische Bildung Tutzing.[11] Dabei sind, allen ideologischen Sperrigkeiten und manchem politi-

---

zeitigen Pädagogischen Hochschule Ruhr möglich. Parallele Projektveranstaltungen konnten mit der Technischen Universität Braunschweig und dem dortigen Internationalen Schulbuch-Institut durchgeführt werden.

[10] Ohne diese vieljährigen „Umweg-Kommunikationen" über die DDR-kompetenten Institutionen im östlichen Teil Berlins (als Hauptstadt der DDR) hätte es nicht den soliden Begegnungs- und Informationsvorlauf gegeben, der Schritt um Schritt auch aktuelles Leipzig-Wissen möglich gemacht hat. Besonderer Dank gilt in diesem Zusammenhang Archivdirektor Wolfgang Klaue, bis zur Neu-Vereinigung umsichtiger Chef des Staatlichen Filmarchivs der DDR, und Dr. Werner Sydow, Stellvertreter des Vorsitzenden des Staatlichen Komitees für Rundfunk beim Ministerrat der DDR, denen stets die neuesten KMU-Leipzig-Informationen zur Verfügung standen. Beide waren selbstverständlich entschiedene Vertreter ihres Systems, unter diesem Vorzeichen dann aber immer wieder Gesprächspartner, die das gewünschte Wissen in angemessener Kollegialität weiterzugeben verstanden.

[11] Den Zweimal-Deutschland-Vorlesungs- und Seminarzyklen wurde weder an der HFF München noch an der LMU München „reiner Beifall" gezollt: An beiden Hochschulen gab es spürbare Zurückhaltung bis Ablehnung gegenüber diesen Themen. Umso wichtiger war das große Interesse in der Stadtöffentlichkeit - „Hochschule in der Stadt" - und in einem ständig wachsenden studentischen Kern, vor allem im Institut für Kommunikationswissenschaft (Zeitungswissenschaft) der LMU. Die parallelen, kontinuierlich veranstalteten Studien- und Seminar-Wochen in der Akademie für politische Bildung Tutzing sollten schnell bundesweit und international Resonanz finden; dies wiederum wäre so nicht möglich geworden, hätte der hauptverantwortliche Ordinarius sich dabei nicht auf einen festen Kollegialkern verlassen können: Prof. Dr. Manfred Hättich, seinerzeit Direktor der Akademie und im Nebenamt Ordinarius am Geschwister-Scholl-Institut der LMU; Akademiedozent Hans Friedrich, zuständig für die Medienprogramme/Journalistenseminare, heute im Ruhestand; Dr. Rüdiger Steinmetz, seinerzeit geschäftsführender Wissenschaftlicher Assistent in der universitären Abteilung I der HFF und Universitäts-Lehrbeauftragter, seit 1992 Ordentlicher Professor für Medienwissenschaft und Medienkultur an der Universität Leipzig; nicht zuletzt Dr. Monika Lerch-Stumpf, Diplom-Soziologin, Forschungsassistentin und Lehrbeauftragte an der HFF Mün-

schen Unwillen zum Trotz, doch erstaunlich viele wissenschaftliche Verbindungen zwischen Hochschul-, Instituts- und Archivexperten aus beiden deutschen Systemen möglich geworden - nur mit der Journalistik an der KMU Leipzig sollte dies nie wirklich klappen.[12]

Übergänge 1989 bis 1991

Zwar konnten 1988, 1989, 1990 „in vorsichtiger Folge" auch Hochschullehrer und erste Studierende aus Leipzig an Semesterprogrammen und Studienwochen in München und Tutzing teilnehmen, was für DDR-Wissenschaftler, Studierende und Medienverantwortliche aus dem östlichen Teil Berlins und aus Potsdam-Babelsberg seit etlichen Jahren das Merkmal des gänzlich Außergewöhnlichen verloren hatte[13] - die Sektionsverantwortlichen im Uni-Hochhaus am seinerzeitigen Karl-Marx-Platz aber waren von Derartigem offenbar noch zu weit entfernt, als sie sich daran machten, für den 28.-30. Mai 1990 ein „Leipziger Seminar zur akademischen Journalistenausbildung" zu planen.[14]

---

chen.

[12] Was „die Leipziger" dabei versäumt hatten, sollte vor allem unter den Dächern der DDR-Hochschule für Film und Fernsehen (HFF) „Konrad Wolf" ans Licht treten, zuletzt durch die gemeinsamen Studien- und Begegnungstage in Potsdam-Babelsberg im Mai 1989. Unter Leitung des damaligen Babelsberger Hochschulrektors Prof. Dr. sc. Lothar Bisky, seit 1990 Mitglied des Landtages Brandenburg, seit 1991 Mitglied des Verwaltungsrates für den Ostdeutschen Rundfunk Brandenburg (ORB), und des Münchner HFF-Ordinarius für Kommunikations- und Medienwissenschaft konnten Studierende und Hochschulmitarbeiter aus beiden deutschen Systemen und teilnehmende Gäste aus benachbarten Ländern dabei in einer sensiblen Offenheit aufeinander zugehen, die bald klarer werden ließ, „was in den deutschen Lüften liegt".

[13] Einzelne Studierende aus Leipzig, durchaus noch fest ihrer Partei und der DDR verbunden, wussten ab 1988 in zögerlich wachsender Zahl auch den persönlichen Weg nach München zu finden; Wissenschaftler/innen wahrnehmbarer erst im fortgeschrittenen Umbruch-Jahr 1989.

[14] Hierzu sehr erhellend, auch unter der dialektischen Perspektive „Selbstbild/Fremdbild": Hans Poerschke: Nützliches Kennenlernen und hoffnungsvoller Auftakt. Erstes Leipziger Seminar zur akademischen Journalistenausbildung. In: Diskurs. Leipziger Hefte für Kommunikationsforschung und Journalistik. Leipzig 1990. H. 3, S. 173-177. Dagegen: Tobias Liebert: Tage der Sozialisation im künftigen Deutschland. Bericht vom Leipziger Seminar zur akademischen Journalistenausbildung. Entwurf, mit zahlreichen Ergänzungen, Korrekturen, Streichungen. Leipzig 1990 (unveröff.). Zudem: Karl-Marx-Universität Leipzig, Sektion Journalistik, Der Direktor (Prof. Dr. sc. Günter Raue): Programmentwürfe/Programm; KMU-interne Mitteilungen/Korrespondenzen; Einladungen/ Korrespondenzen mit Wissenschaftlern/Lehrstühlen/Instituten in den alten Bundesländern, Österreich und der Schweiz. Der Gründungsdekan hatte gleich nach seinem Amtsantritt im April 1991 Gele-

Dies mag andeuten, wie komplex die nicht nur „im System" begründeten Schwierigkeiten der KMU-Sektion Journalistik gewesen sein müssen, quellensensibel über vorgegebene Grenzen hinaus zu recherchieren und eine situationsgerechte Innen-Aussen-Kommunikation voran zu bringen. Dieser Ortsbefund korrespondiert auf merkwürdige Weise mit dem „Gatekeeper-Erlebnis", das kaum einem westlichen Wissenschaftler erspart bleiben sollte, wenn er das Hochhaus am Leipziger Karl-Marx-Platz zu betreten versuchte, um einen kollegialen Besuch in der Sektion zu machen. Ausnahmsweise gelingen konnte dies nur, wenn sozusagen eine gewisse „Partisanentaktik" mit im Spiel war – strategisch platziert und unverschämt praktiziert ...

Dem Sektionskollegium in den Monaten der DDR-Schlussphase und den damaligen Leipziger Studierenden wären - im Übrigen - sicher manche irritierenden „Wildwuchs"-Erlebnisse mit selbsternannten, häufig genug anmaßenden „Ratgebern und Wegweisern" aus der alten Bundesrepublik erspart geblieben, hätten sie sich gründlicher und professioneller und auch reaktionsschneller über den Gang der Dinge informiert. Es gehört zur Verlaufs-Dialektik im Gesamtprozess der deutschen Neu-Vereinigung, dass die vor allem seit 1976/77 solide gewachsene „München—Tutzing-Linie" als Orientierungsfaden durch alle Phasen der Entwicklung hin zur heutigen Leipziger Kommunikations- und Medienwissenschaft läuft, bei aller Vielschichtigkeit für offene Augen doch ziemlich früh identifizierbar - dass es den bis ins Wintersemester 1990/91 hinein an Ort und Stelle bis zu einem gewissen Grad noch Verantwortlichen aber einfach nicht gegeben zu sein schien, dies realistisch zu erkennen. Im Oktober 1990 wussten Leipziger Studierende, die sich mit „München" vertraut gemacht hatten (besonders mit den Kooperationsprojekten HFF/LMU/Tutzing), enttäuscht davon zu berichten, dass ihre Dozenten in der Sektion Journalistik davon „praktisch nichts wissen".[15]

Unter den Angehörigen der KMU-Sektion Journalistik sind die Veränderungen, die sich in ihrem Land DDR mit schneller werdenden Schritten vollzogen, selbstverständlich mit einer ganz besonderen Intensität und mit viel Sprachlosigkeit wahrgenommen worden. Auf schwankendem Boden wuchs die Chance

---

genheit, die Korrespondenzen einzusehen; dabei sollte schnell klar werden, mit welch unterschiedlichen Voraussetzungen und Interessen - hier ganz vorsichtig formuliert - die Vertreter/innen altbundesdeutscher Universitäts- und anderer Hochschul-Institute die Verbindung mit Leipzig für sich nützlich zu machen bestrebt waren - und wie viel Nicht-Wissen dabei sichtbar werden musste.

[15] Sammlung Reimers: Leipzig 1990-1995. Gespräche mit Studierenden der KMU/U Leipzig. Aufzeichnungen 34-39.

für eine Denk-Disziplin, die neue Erkenntnisse möglich machen sollte. „Demokratische Erneuerung" und „wissenschaftliche Profilierung" lauteten die Devisen, denen ab Oktober 1989 nachgegangen wurde, bemerkbarer und intensiver als zuvor. In der zeitgenössischen Fachpresse finden sich „34 Thesen zur demokratischen Erneuerung des DDR-Journalismus", die vom Rat der Sektion noch am 20. Oktober 1989 nach kontroversen Diskussionen verabschiedet wurden; in der Fachwelt sollten diese freilich eher auf Zurückhaltung und dezidierte Skepsis als auf die erhoffte Positivresonanz stoßen.[16]

Es ist hier nicht der Ort, an dem im Einzelnen nachgezeichnet werden kann, welchen inneren Reformanstrengungen und inter-universitären Verständigungsbemühungen Studierende und Verantwortliche der KMU-Sektion Journalistik sich besonders vom Frühjahr bis zum Ende 1990 unterzogen haben: eine bewegte und bewegende Zwischen-Geschichte.[17] Der evangelische Theologe und Publizist Dr. theol. Gottfried Müller hat als DDR-Minister für Medienpolitik im Kabinett de Maiziere[18] zwar am 11. Mai 1990 die Sektion in Leipzig besucht und dabei dazu ermuntert, Weiteres auf dem Weg der Erneuerung zu versuchen – im Grunde aber war immer klarer zu erkennen, dass die Jahrzehnte währende Fixierung auf die Einheitspartei die KMU-Journalistik nun in ein Niemandsland geführt hatte. Alles musste von Grund auf neu bedacht und begonnen werden.[19]

Mit der Wiedergründung des Freistaates Sachsen und der Landtagswahl vom 14. Oktober 1990 kehrte die Universität Leipzig in die Obhut zurück, mit der sie über Jahrhunderte gut gefahren war; aus der DDR-Hochschule Karl-Marx-Universität konnte nun wieder die Alma mater Lipsiensis werden; Prof. Dr. Hans Joachim Meyer, im Kabinett de Maizière DDR-Minister für Bildung und Wissenschaft, übernahm das Amt des Sächsischen Staatsministers für Wissenschaft und Kunst. Meyer brachte ein herausragend gründliches Wissen in punk-

---

[16] KMU-Sektion Journalistik, Leipzig 1989/1990: Interner Bericht.
[17] Hierzu bleibt als Situationsstudie unerlässlich: Susanne Stephan: Leipziger Journalistik im Wandel. München 1991 (= unveröff. Diplomarbeit Journalistik Ludwig-Maximilians-Universität/LMU München).
[18] Gottfried Müller, ab Oktober 1990 Präsident des Thüringer Landtages in Erfurt, gehörte zu den frühen Gastreferenten im Rahmen der viel besuchten Semesterprogramme „offener mittwoch" der Hochschule für Fernsehen und Film München. Bei einer solchen Gelegenheit sollte es auch zur ersten Münchner Begegnung mit dem späteren Gründungs-Intendanten des Mitteldeutschen Rundfunks kommen: dem damaligen Hörfunkdirektor des Bayerischen Rundfunks, Dr. Udo Reiter.
[19] Hierzu besonders aufschlussreich: die Interviews mit Leipziger Dozenten/Professoren im Anlagen-Band von Susanne Stephan, vgl. Anm. 17.

to DDR-Hochschulen und der DDR-Diskussion „Produktivkraft Wissenschaft" mit. Da konnten ihm alt-bundesdeutsche, zumal selbst-ernannte „Berater" wenig bieten. Zugleich war er bestens mit den wesentlichen Hochschulentwicklungen in den westlichen Ländern vertraut. Umso wertvoller war die unvoreingenommene, auf einem ganz ähnlichen Kulturverständnis beruhende Zusammenarbeit mit ihm als für Leipzig zuständigem Wissenschaftsminister. Ein deutscher Glücksfall.

Als frei gewählte Volksvertretung hatte der Sächsische Landtag nun im Sinne der Kulturhoheit der Länder alle Grundsatzentscheidungen und Haushaltsbeschlüsse zu fällen, die Wissenschaft und Kunst betrafen. Am 11. Dezember 1990 wurde im Sächsischen Kabinett beschlossen, im Interesse der grundlegenden Hochschulreform diejenigen Fachbereiche zu schließen und dann neu zu gründen, „deren Aufgabenstellung durch die grundlegenden Veränderungen in Staat und Gesellschaft einen völligen Wandel erfahren muss."[20] Dass von dieser tiefgreifenden Entscheidung auch die KMU-Sektion Journalistik betroffen sein würde, konnte am Ende zwar niemanden überraschen, unter den Studierenden und im Kollegium aber gab es zu Recht viel Enttäuschung, nicht zuletzt angesichts der Form, in der sie von diesem Beschluss erfahren mussten: „Studenten und Mitarbeiter der Sektion Journalistik der Karl-Marx-Universität Leipzig haben mit Bestürzung aus dem Radio von der Entscheidung der Landesregierung erfahren müssen, die Sektion Journalistik aufzulösen. Wir sind empört über den undemokratischen Charakter der Entscheidung, der über unsere Köpfe wie auch über die der Universitätsleitung hinweg, also unter Ausschaltung jeglicher Autonomie der Universität, erfolgte. Als eine gesellschaftswissenschaftliche Einrichtung, die eng in die Politik des alten Systems eingebunden war, sind wir uns der Notwendigkeit einer grundlegenden inhaltlichen, strukturellen und personellen Erneuerung bewusst. Darauf zielten alle Maßnahmen, die wir auf dem Boden eines demokratischen Konsenses von Wissenschaftlern und Studenten im letzten Jahr eingeleitet haben. Umso betroffener macht es uns, dass diese Entscheidung ohne den geringsten Versuch getroffen wurde, den derzeitigen Stand demokratischer Erneuerung von Lehre und Forschung zur Kenntnis zu nehmen.

---

[20] Sächs. Staatsmin. f. Wissenschaft, Dresden, 07.01.1991: Schreiben an das Rektoratskollegium der Universität Leipzig, S. 1.

Die Universitätsleitung verfügt über alle entsprechenden Unterlagen. Seit Wochen läuft ein kritischer Selbstevaluationsprozess der Hochschullehrer. Mit den Studenten wurde ein Runder Tisch vereinbart, an dem äußerst kritisch über alle Fragen der Lehre gesprochen wird. Nichts von alledem wurde zur Kenntnis genommen. Hier wird ein administratives Vorgehen praktiziert, von dem wir hofften, daß es der Vergangenheit angehört. Den Studenten bleibt nach dieser Entscheidung nichts als das vage Versprechen, anderenorts ihre Ausbildung fortzusetzen. Damit sind über 600 Studenten, die für die frühere Tätigkeit der Sektion keinerlei Verantwortung tragen und die sich äußerst aktiv in die Wende eingebracht haben, die am schwersten Betroffenen. Wie sie diese plötzliche Änderung ihrer Lebenspläne in der gegenwärtigen hochschulpolitischen Situation der Bundesrepublik bewältigen sollen, ist mehr als unklar.

Schließlich wird mit diesem Beschluss die einzige journalistische Ausbildungsstätte in Ostdeutschland geschlossen, die älteste derartige Institution auf deutschem Boden mit einem originären Ausbildungsprofil. Wir fordern die Rücknahme dieser Entscheidung und eine sachliche Diskussion über unsere weitere Zukunft. Wir erlauben uns, diesen Brief der Öffentlichkeit zugänglich zu machen."[21]

Dieser von Prof. Dr. sc. Hans Poerschke, Lehrstuhl Theoretische Grundlagen des Journalismus, als Direktor der Sektion im Namen aller Sektionsangehörigen an den Sächsischen Ministerpräsidenten Prof. Dr. Kurt Biedenkopf gerichtete Offene Brief lässt wie in einem Schlaglicht nachvollziehbar werden, welche Selbst- und welche Fremd-Bilder hier miteinander zu tun hatten. Er macht auch ohne allzu eingehende Exegese deutlich, wie wenig Brückenbau zwischen der KMU-Journalistik „im Übergang" und dem übergreifenden Vorgang der Reform „an Haupt und Gliedern" in der Universität als Ganzem bis zur Jahreswende 1990/1991 geleistet worden war. Erschwerend kam hinzu, dass es zwar etlichen Studierenden, kaum jedoch Verantwortlichen aus dem amtierenden Kollegium gelingen sollte, an alt-bundesdeutschen Hochschulen Partner zu finden, die eine Allianz der Vernunft im Kopf hatten und nicht doch am Ende auf irgendeinen persönlichen oder institutionellen Landgewinn hin spekulierten. Eine unerfreuliche Situation.[22]

---

[21] Karl-Marx-Universität, Sektion Journalistik. Der Direktor, Prof. Dr. sc. Hans Poerschke: Schreiben an die Landesregierung des Freistaates Sachsen, Herrn Ministerpräsident Prof. Dr. Biedenkopf. Leipzig, 12.12.1990, 2 S.
[22] Vgl. Anm. 14. Im größeren Kontext nach wie vor erhellend: Sabine Knott: DDR-Massenmedien im Umbruch: von der politischen Abhängigkeit in die kommerzielle? Eine Journalistenbefragung in

Übergänge 1991 - 1993

In den DDR-Ministerien für Medienpolitik sowie für Bildung und Wissenschaft hatte man sich im Lauf des Sommers 1990 einen guten Überblick über die Institutionen und Personen verschafft, deren Sachverstand und Erfahrungshorizont für Zukunftsdiskussionen in Potsdam-Babelsberg und Leipzig abgerufen werden könnten: für den weiteren Weg der DDR-Hochschule für Film und Fernsehen (HFF) „Konrad Wolf" auf der einen, der Universitätssektion Journalistik in Leipzig auf der anderen Seite. So konnte es am Ende kein Zufall sein, dass dem Ordinarius für Kommunikations- und Medienwissenschaft an der Bayerischen HFF München mit dem Jahreswechsel 1990/91 der Ruf erreichte, ab Frühjahr 1991 als Gründungsdekan für Journalistik, Kommunikationsforschung und Medienwissenschaft der Universität Leipzig in deren grundlegender Reformzeit zur Verfügung zu stehen. Eine erfreuliche Auszeichnung für die Langzeit-Programme „Zweimal Deutschland seit 1945 in den audiovisuellen Massenmedien" und für das Hochschulkonzept „Kommunikations- und Medienwissenschaft", die in München über viele Jahre Schritt um Schritt - ziemlich mühsam - durchgesetzt werden konnten.[23]

Den Reformverantwortlichen an der Universität Leipzig und dem Sächsischen Staatsminister war eindeutig willkommen, dass der Gründungsdekan, dann der Verantwortliche für den Übergangs-Fachbereich, am Ende der Gründungsdirektor des neuen Instituts mit klaren Vorstellungen aus München an die *Alma mater Lipsiensis* kam:[24]

„1. Die Universität Leipzig ist die früheste/älteste Adresse der Zeitungskunde/ Publizistikwissenschaft/ Berufsfeldforschung: Hier hat Karl Bücher 1916 das erste Universitätsinstitut gegründet. Es gibt in Deutschland keinen anderen Hochschulort, der so dazu herausfordert, die verschiedenen Entwicklungsphasen vom Ersten Weltkrieg bis zur staatlichen Neu-Vereinigung von 1990 zu erforschen und in ein gemeinsames „Zunftgedächtnis" der Zeitungs-, Publizistik-, Kommunikations- und schließlich auch Medien-Wissenschaft(en) aufzunehmen. Dabei soll der Leipziger Fachgeschichte zwischen 1916 und 1945, in der Sowje-

---

Leipzig zum Wandel der Bestimmungsfaktoren publizistischen Handelns aus der Sicht von Tageszeitungsredakteuren. München 1991 (= unveröff. Diplomarbeit Journalistik LMU München).
[23] Für eine vertiefte Darstellung dieser Zusammenhänge sind in Vorbereitung: Karl Friedrich Reimers: Turmbau zu Leipzig. I. :Bodenfunde im Zeitalphabet; II: Grundsteine für die Kommunikations- und Medienwissenschaft (voraussichtlich 2004/2005).
[24] Aus: Sammlung K. F. Reimers: Konzepte und Bauplan. Leipzig 1990-1995.

tischen Besatzungszone bis 1949 und dann unter der Verantwortung der SED in der DDR zunächst ein besonderes Gewicht zufallen.

2. Den Studierenden, die noch unter den Auswahlgesichtspunkten der SED-Nachwuchspolitik an die KMU Leipzig ‚delegiert' wurden, wird jede Chance gegeben, ihr Studium auf breiter Fachebene und in einem pluralistischen Wissenschaftsverständnis fortzusetzen. Die akademischen Abschlüsse werden den aktuellen internationalen Standards angepasst. Der wissenschaftliche Nachwuchs bekommt konsequent Gelegenheit, sich fachlich weiter zu qualifizieren und auf den Wettbewerb um Aufgaben und Dozenturen an anderen Hochschulen vorzubereiten.

3. Während nun ein Übergangs-Studienprogramm Journalistik vor allem für bisher Immatrikulierte angeboten wird, soll noch ab Frühsommer 1991 der Boden für ein weiter greifendes Fächerkonzept ‚Kommunikations- und Medienwissenschaft' (KMW) aufbereitet werden. Dieses Konzept soll der ersten Leipziger Linie folgen, die auf eine wissenschaftliche Verknüpfung mit experimenteller und beruflicher Medienpraxis setzt. Damit dies ‚akademisch Sinn macht', soll zugleich der Theorie in allen Forschungs- und Anwendungsfacetten breiter Spielraum gegeben werden. Wo die Theorie und die kontinuierliche Reflexion nicht zu Hause sind, bleibt auch die Praxis mangelhaft. Gegenüber dieser Perspektiv-Position wurde seitdem immer wieder gern und schnell der Vorwurf einer gewissen Blau-Äugigkeit erhoben. Grundlegender Fakt bleibt aber: In keiner entscheidenden Kommission, für die der Gründungsdekan die Hauptverantwortung hatte, ist mit zweierlei Maß gemessen worden, von Fall zu Fall eindeutig belegt; frühere Angehörige der KMU Leipzig sind in der sensiblen „Interregnum"-Phase fachlich wie menschlich nach exakt denselben Kriterien gewürdigt worden wie Kandidatinnen und Bewerber aus den alten Bundesländern oder aus dem Ausland. Wenn Fehlverhalten zur DDR-Zeit bestimmte Interessenten aus den neuen Bundesländern in eine schwierige Situation bringen sollte, hatte dies mit den Auswahlverfahren im Übergangs-Fachbereich als solchen überhaupt nichts zu tun. Jede/r in der DDR aufgewachsene Leipziger Wissenschaftler/in wird dies gern bestätigen. Im Übrigen sprechen - am Ende - eindeutige Tatsachen für sich: Zum 1. April 2002 wurde Dr. habil. Michael Meyen, 1967 auf der damaligen DDR-Insel Rügen geboren, noch zur DDR-Zeit an die KMU Leipzig gelangt, an der Reform-Universität Leipzig dann zügig in der Journalistik/Kommunikations- und Medienwissenschaft diplomiert, hervorragend promoviert und bald darauf habilitiert, auf eine traditionsreiche Universitätsprofessur für Kommunikationswissenschaft an die LMU München berufen.

Weiter in den Perspektiven des Gründungsdekans:
„4. Auch unter den Bedingungen der SED-Hochschul- und Wissenschaftspolitik sind viele Universitätsangehörige darum bemüht gewesen, den Studierenden eine fundierte, vielseitige, verantwortungsbewusste Lehre zu bieten. Jede/r bisherige Hochschullehrer/in hat ein Recht darauf, ohne ideologische Vorbehalte und konsequent nach akademischen Leistungsregeln gewürdigt zu werden. ‚Sippenhaft' verbietet sich von selbst. Umso schwerer mag für viele die Selbstprüfung sein. Werden neue Professuren an der Reform-Universität Leipzig für den Bereich Kommunikations- und Medienwissenschaft(en) ausgeschrieben, ist es selbstverständlich jedem bisherigen Hochschullehrer der KMU freigestellt, mit auswärtigen Bewerbern zu konkurrieren.[25]

5. Der Bauplan ‚Leipziger Kommunikations- und Medienwissenschaft' soll folgende fünf Hauptsäulen als Basis aufweisen: I. Historische und Systematische Kommunikationswissenschaft; II. Empirische Kommunikations- und Medienforschung; III. Allgemeine und Spezielle Journalistik; IV. Medienwissenschaft und Medienkultur, verbunden mit dem Profilschwerpunkt Medienpädagogik und Weiterbildung[26]; V. Öffentlichkeitsarbeit/Public Relations. Jede dieser Säulen soll sich im Fundament zunächst auf eine Lehrstuhl-Professur (C 4) stützen; parallele/ spezielle Professuren/Dozenturen sollen dem gemeinsamen Gebäude dann in möglichst schneller Folge weitere Attraktivität und Stabilität geben; viel Gewicht soll von vornherein Persönlichkeiten zufallen, die sich dafür gewinnen lassen, dieses Leipziger Zukunftsprogramm als ausserplanmässige, nebenamtliche oder Honorar-Professoren mit zu gestalten und mit zu tragen."[27]

Zum neuen Leipzig-Profil sollten auch Projekt-Professuren (C 3) gehören, die auf eine bestimmte Zeit von kooperierenden Institutionen/ Verbänden eingerichtet und wissenschaftlich besonders Qualifizierten anvertraut werden. Gelingen sollte dies beispielhaft mit dem Gemeinschaftswerk der Evangelischen

---

[25] In diesem Zusammenhang wurde 1991 mit diskutiert, neben Regel-Berufungen/Verbeamtungen auf Lebenszeit auch an Professuren zu denken, die zunächst für eine Vertragszeit von vier bis sechs Jahren ausgeschrieben werden. So hätte sich die Möglichkeit ergeben können, wenigstens einige Professuren/Dozenturen ab 1994/95 neu auszuschreiben und zu besetzen. Dies war aber politisch nicht durchzusetzen.
[26] Buchwissenschaft kam 1994 hinzu, als die Gründung des Instituts für Kommunikations- und Medienwissenschaft bereits vollzogen war.
[27] Sammlung K. F. Reimers: Leipzig 1990-1995. Konzepte und Bauplan. Mit heutigem Blick mag hinsichtlich der zentralen Planungsperspektiven von Neuem interessant sein, quasi Phasen-komparatistisch: Karl Friedrich Reimers: Medien-Aufbruch universitär: Kommunikations- und Medienwissenschaften an der Universität Leipzig. In: Baier, Hans (Hrsg.): Medienstadt Leipzig. Tradition und Perspektiven. Berlin: Vistas 1992, S. 155-162.

Publizistik (GEP), Frankfurt am Main. Dem GEP verdankt die Leipziger Kommunikations- und Medienwissenschaft die Projekt-Professur für Ethik der Medienkommunikation, deren Veranstaltungen und Pilot-Projekte in der besonders wichtigen Übergangszeit zwischen Herbst 1991 und 1994 ungewöhnlich starken Anklang gefunden haben: zum einen unter den Studierenden, zum anderen in der weiteren Universitätsöffentlichkeit.[28]

Unter dem unverwechselbaren Kennzeichen „KMW Uni Leipzig" sollten alle medientechnischen Teileinrichtungen der KMU und der bisherigen Pädagogischen Hochschule Leipzig zusammengeführt und als kooperative Zentraladresse für die gesamte Hochschule tätig werden: ein interdisziplinäres „Zentrum für Medien und Kommunikation" (ZMK). Diesem ZMK wurde zugleich die zukunftswichtige Aufgabe zugedacht, einen „Leipziger Mediensommer" zu begründen, der möglichst Jahr um Jahr internationale Sommerprogramme für die medienspezifische Weiterbildung und für den immer wichtiger werdenden Schwerpunkt „Medien in der Wissenschaft" anbieten sollte.

In der Gründungskommission hatte es Verwunderung darüber gegeben, dass dem Kollegium der Sektion Journalistik nur spärliches Wissen über die Medienausrüstungen der KMU in deren Gesamtheit – geschweige denn über die Einrichtungen an der Pädagogischen Hochschule und an anderen Hochschulquartieren der Stadt – zur Verfügung stand. Die Ortsmitglieder der Kommission zeigten sich immer wieder höchst erstaunt, wenn bei den verschiedenen Erkundungen und Nachrecherchen „an Ort und Stelle" apparative Möglichkeiten und hoch qualifizierte Medienwissenschaftler in ermunternder Zahl anzutreffen waren. Unter den Erziehungswissenschaften wiederum gab es wenig Einigkeit in der Frage, wie mit dem Schwerpunkt Medienpädagogik in Zukunft gearbeitet werden sollte. Umso schneller und entschlossener musste der Gründungsdekan handeln: So wurde fast in einem Piratenakt das interdisziplinäre Zentrum für Medien und Kommunikation (ZMK) zur Welt gebracht; schnell war auch mehrheitsfähig, dass ein solches ZMK zum Schwerpunkt „Medienwissenschaft und Medienkultur" gehören müsse - selbstverständlich offen für alle Interessierten. Die fachliche Betreuung vertraute der erste geschäftsführenden Direktor, Rüdiger Steinmetz, nach der Institutsgründung der dann mit Bernd Schorb besetzten Professur für Medienpädagogik und Weiterbildung an. Im Übrigen wurde daran gedacht, ein profiliertes Mitglied des IWF Göttingen als Honorar-

---

[28] Sammlung K. F. Reimers: Leipzig 1990-1995. Projekt-Professuren für den Bauplan KMW. Kooperation mit dem GEP, Frankfurt am Main: Ethik.

professor für „Medien in der Wissenschaft" für eine kontinuierliche Kooperation in der Lehre wie in der Forschung zu gewinnen.

In den Denk-Papieren des Gründungsdekans ist weiter verzeichnet: „1991 bietet sich als Jahr des Rückblicks auf 75 Jahre Leipziger Universitätsinstitut (Fakultät/Sektion) für Zeitungs-/Publizistik-/Journalismus-/ Kommunikations-Wissenschaft(en) an. Obwohl in der augenblicklichen Situation vieles Andere vordringlicher ist, soll dieses Denkdatum den Bezugsboden für die I. Internationalen Leipziger Hochschultage für Medien und Kommunikation bieten, gleich Anfang November: ‚Unser Jahrhundert in den Medien - 75 Jahre Universitätsinstitut in Leipzig'."[29] Die Hochschultage sollten in engster Kooperation mit den öffentlich-rechtlichen und den privat-rechtlichen Fernseh- und Hörfunkanstalten und mit den Printmedien organisiert werden und Leipzig von Neuem als den Medien- und Kommunikationsort ausweisen, der sich als internationale Metropole der Begegnung auf hohem wissenschaftlichen Orientierungsniveau versteht.

Die Begründung und bisherige Geschichte der Leipziger Hochschultage für Medien und Kommunikation: wahrlich „ein Kapitel für sich". Sie ist zugleich ein Hohes Lied auf die spontanen Formen der Zusammenarbeit zwischen „Leipzig-Menschen" verschiedenster Herkunft und Interessenlagen.[30]

Eine Modernisierung der bisherigen Dokumentationsverfahren an der Sektion Journalistik wurde ermöglicht durch die Tatsache, dass der erste Neu-Berufene, Rüdiger Steinmetz, im Oktober 1992 das 1972 begonnene Medienarchiv der ARD-Programmdirektion, ein höchst umfangreiches Ausschnittsarchiv zu allen medialen Fragen, aus München mit nach Leipzig brachte. Ein Vertrag zwischen Universität und ARD regelte diesen Übergang. Ab 1994 wurde die bisherige Dokumentationsform von Fotokopien und Micro-Fiches auf die elektronische Volltext-Erfassung umgestellt und damit den Nutzern eine ent-

---

[29] Aus: Sammlung K. F. Reimers: Konzepte und Bauplan. Leipzig 1990-1995.
[30] Vgl. Karl Friedrich Reimers (Hrsg.)/Margarete Keilacker (Red.)/Christel Ledderboge (Dok.): Unser Jahrhundert in den Medien. 75 Jahre Universitätsinstitut. I. Internationale Leipziger Hochschultage für Medien und Kommunikation 1. - 3.11.1991. Universität Leipzig: Fachbereich Kommunikations- und Medienwissenschaften i. G. 1993 (= Leipziger Universitätsbeiträge zur Kommunikations- und Medienwissenschaft, Gründungsbände: Bd. 1). Und dies.: Forschen - Lehren - Weiterbilden für Medienberufe in Europa. II. Internationale Leipziger Hochschultage für Medien und Kommunikation 30.10.- 1.11.1992. Leipzig 1993 (= Leipziger Universitätsbeiträge zur Kommunikations- und Medienwissenschaft, Gründungsbände, Bd. 2). Und: Michael Haller/Klaus Puder/Jochen Schlevoigt (Hrsg.): Presse Ost - Presse West. Journalismus im vereinten Deutschland. (III. Internationale Leipziger Hochschultage für Medien und Kommunikation 1993). Berlin 1995.

sprechende Volltext-Recherche aktueller, noch nicht in Buchform publizierter medialer Zusammenhänge ermöglicht, wie sie sonst nur in Rundfunkanstalten existierte. Dies war der Grundstein für den zentralen Dienstleistungsbereich „Archiv/Bibliothek/Dokumentation" (ABD) des neuen Instituts.

Die an der Universität Leipzig bereits vorhandenen Studioeinrichtungen für die Lehr-Praxis im Radiojournalismus gelangten zügig in die Obhut der Kommunikations- und Medienwissenschaft. Nach einer Zeit der Vorbereitung durch ein Team aus Hochschullehrern und Studenten[31] ab 1993 erhielt die Universität im November 1994 eine Lizenz zur Ausstrahlung des ersten deutschsprachigen, von einer Universität veranstalteten und seit 31. Mai 1995 auf einer terrestrischen Frequenz ausgestrahlten Radioprogramms, das die Beteiligten „mephisto 97.6 – das UniRadio" nannten und es „teuflisch gut" machen wollten. Bis heute hat das Radio eine Pilot- und Vorbildfunktion in der deutschen Hochschullandschaft und sendet zugleich ein angesehenes lokales Qualitätsprogramm.

Eine hoch motivierende Koinzidenz: Die grundlegenden Schritte hin zur neuen Kommunikations- und Medienwissenschaft an der Leipziger Universität wurden in einer Zeit möglich, in der zugleich die Drei-Länder-Anstalt „Mitteldeutscher Rundfunk" (MDR) mit Leipzig als Hauptsitz entstand. Es verstand sich von selbst, dass hier an Ort und Stelle sofort „unter Medienmenschen von beiden Seiten kommuniziert" wurde: zum Vorteil der empirischen Forschung, als Chance für viele mobile Studierende und den beruflich interessierten Institutsnachwuchs aus der KMU-Zeit, nicht zuletzt als Gewinn für die planenden Programmverantwortlichen im neuen Sender selbst. Quasi in Ruf- und Laufnähe auf eine derartige Hochschuladresse der Kreativität und Professionalität zurückgreifen zu können, müsste jeden Intendanten, Fernsehdirektor, Hörfunkchef, Kommunikationsexperten nur frohlocken lassen.

Es gehörte zum Glück des hauptverantwortlichen Gründungsdekans, dass die Universitätsgremien und der Staatsminister in Dresden sich auf eine Gründungskommission für den Übergangs-Fachbereich Kommunikations- und Medienwissenschaften einigten, die seinen Perspektiven Rechnung tragen und ein Zusammenspiel der Vernunft zwischen Leipziger Ortskompetenz und auswärtigem/altbundesdeutschem Sachverstand möglich machen konnte. Unter seinem Vorsitz haben bei höchster Situationsbelastung, mit behutsamer Sensibilität füreinander, ausgesprochen fruchtbar zusammen gearbeitet, unvoreingenommen

---

[31] Zu nennen sind vor allem Rüdiger Steinmetz, Antje Enigk, Hartmut Warkus, Bernd Schorb, Sven Jánszky, Christian Brockert, Dirk Fliesgen und andere.

und zielgerichtet: Prof. Dr. Barbara Baerns (FU Berlin); Dr. Sigrid Hoyer (Wiss. Mitarbeiterin, Leipzig); Kathrin Karsten (Studentin, Leipzig); Prof. Dr. Bernd Okun (ehem. Hochschullehrer/Wiss. Mitarbeiter, Leipzig); Dr. Gerhard Piskol (Wiss. Mitarbeiter, Leipzig); Prof. Dr. Hans Poerschke (ehem. Hochschull./Wiss. Mitarbeiter, Leipzig); Steffen Przybyl (Student, Leipzig); Prof. Dr. Günther Rager (Universität Dortmund); Andreas Rook (Student, Leipzig); Prof. Dr. Winfried Schulz (Universität Erlangen-Nürn-berg); Prof. Dr. Franz R. Stuke (Ruhr-Universität Bochum); sowie zeitweise Dr. Ursula Wächter (Wiss. Mitarbeiterin, Leipzig). Die aus der KMU kom-menden, mit Übergangs-Zeitverträgen tätigen Kommissionsmitglieder hatten eine herausfordernde Bürde auf sich genommen, auch die noch zur KMU-Zeit nach Leipzig gekommenen Studierenden. Was sie menschlich und fachlich in der Gründungskommission geleistet haben, soll noch einmal angemessen an anderer Stelle gewürdigt werden.

Ohne das herausfordernde, auch spannungsgeladene, am Ende aber immer wieder zielgerichtet-fruchtbare Zusammenarbeiten in der Gründungskommission wäre es schwerer gewesen, den vielen Anfeindungen zu trotzen, die der verhältnismäßig schnell vorankommende Bauplan KMW Uni Leipzig bald mit sich bringen sollte.

In etlichen Universitäts- und anderen Hochschul-Instituten altbundesdeutscher Länder regte sich spürbarer, häufig genug unaufrichtiger Argwohn: „Reimers' Leipzig - ein anmaßendes 'Kombinat' ...". Grosse Alt-Vertreter/innen unserer akademischen Viel-Felder-Zunft schreckten nicht davor zurück, bis hin zum Sächsischen Ministerpräsidenten und zum Bundeskanzler gegen den geschichtsbewussten KMW-Aufbau an der Alma mater Lipsiensis zu intervenieren. Kanzler und Ministerpräsident waren aber so lebens- und situationsklug, derartige Interventions-Korrespondenzen zuständigkeitshalber an den Gründungsdekan in Leipzig weiterzureichen. Mit wachsendem Zeitabstand dürfte es nun bald möglich werden und angezeigt sein, derartiges Fehlverhalten „unter Kollegen" in die geschriebene Überlieferung aufzunehmen: der Wahrheit eine Gasse!

Auch die „Grossen Zeitungen" im Westen wollten nicht davor zurückschrecken, die Leipziger Entwicklung mit schärfster Kritik, gelegentlich auch mit ganz unverstellter Häme zu „begleiten". Beeindruckender Journalismus wurde da nur selten geleistet, und die Studierenden in Leipzig konnten an Ort und Stelle kritisch überprüfen, auf welche Recherchen-Grundlage die verschiedenen Artikel zurückgingen - teilnehmende Beobachtung und quellenkritische Analyse! Von der ersten Stunde an wurden die Aktivitäten des Gründungsdekans in

Leipzig zum Gegenstand lebhafter und hoch kontroverser Berichterstattung und Kommentierung in allen Medien. Was sich dort publizistisch ereignet hat, gehört heute zum herausfordernden Quellenschatz für historisch-kritische Exegesen. Im Positiven wie im Negativen waren dabei verblüffende Überraschungen zu verzeichnen – wir haben uns seinerzeit jeder Anstrengung unterzogen, alles zu dokumentieren und für eine spätere Darstellung bereitzuhalten. Trifft der Gründungsverantwortliche der Umbruchzeit 1990 bis 1993 auf ehemalige Studierende, die dabei waren, wird sofort immer wieder diese Medienbegleitung zum gemeinsamen Erinnerungs- und Gesprächsstoff, mit einem bemerkenswerten Vorrang „im Vereinigungs-Gedächtnis".

Den Zeitungs-Vogel völlig abgeschossen hat seinerzeit vor allem Kurt Reumann mit einem vielspaltigen „Bericht", der in der F.A.Z. vom 9. Dezember 1991 erschien: „Im Roten Kloster in Leipzig glaubt man seiner eigenen Leiche zu begegnen – Sind die Journalisten in der DDR alle Engel gewesen?"[32]

Zu den Hintergrund-Quellen dieses journalistischen Versuches gehörte vor vielem Anderen die schriftstellerische Erinnerungsarbeit von Brigitte Klump.[33] Wissenschaftsminister Meyer hatte den Leipziger Gründungsdekan in einem persönlichen Schreiben vom 21.10.1991 an dessen private Adresse in München schon vorgewarnt: „Nun kommt eine weitere Schwierigkeit auf uns zu: Kurt Reumann will gegen Sie und mich in der FAZ schreiben, und zwar in dem Ihnen schon bekannten Sinn. Mit Mühe, und dann auch nur vage, konnte ich ihm die Zusage entringen, vorher mit Ihnen zu sprechen. Sie sollten versuchen, in die Offensive zu gehen." Kurt Reumann, der Autor des FAZ-Artikels, kam dann tatsächlich zur Recherche nach Leipzig, konnte sich überall ohne Voranmeldung und ohne jegliche Begleitung umschauen, jedes Blatt hin- und herwenden – um schließlich dann doch schlicht und einfach das zu schreiben, was er ohnehin geplant hatte.

In seinem Beitrag feierten noch einmal alle ideologischen Abziehbilder aus der Hoch-Zeit des Kalten Krieges und aus der „Zweimal Deutschland"- Feindbild-Produktion ihren ganz eigenen Triumph, um schließlich – sich selbst entlarvend – in einen wahrlich bescheidenen, sehr persönlichen Stand-Punkt einzumünden: „Für den Fachbereich Journalistik sind zunächst vier Stellen ausgeschrieben worden – und das sollte genügen. Selbst wenn man Reimers zutraut,

---

[32] FAZ Nr. 285 v. 9. 12. 1991, Seite 3: Politik.
[33] Brigitte Klump: Das rote Kloster. Als Zögling in der Kaderschmiede des Stasi. München: F.A. Herbig 1991 (1978).

dass er den Fachbereich saniert, und wenn man unterstellt, dass sich Menschen in der Demokratie ändern, wird man gute Gründe für mehr Bescheidenheit finden. Der ausschlaggebende ist, dass junge Menschen, die Journalisten werden wollen, keineswegs gut beraten sind, wenn sie Publizistik im Hauptfach studieren, ob sie das nun in Leipzig oder in München tun."[34]

Da hatten die in der DDR aufgewachsenen Studierenden des Übergangs-Fachbereiches und die KMU-Wissenschaftler wirklich einmal triftigen Grund, über „westdeutsches Recherchieren" zu staunen. Nach dem ersten Tagesschrecken konnten die Zunftmenschen an der Alma mater Lipsiensis und an der LMU München gemeinsam schmunzeln und sich sagen: Wo auf so dünnem Alteis gelaufen wird, bieten weitere Gesinnungs-Pirouetten keine wirkliche Gefahr (mehr) auf dem Weg von der SED-gesteuerten DDR-Journalistik hin zur Mehr-Felder-Anlage KMW Uni Leipzig. Im Gegenteil: Alle Beteiligten, Betroffenen und Verantwortlichen - nicht zuletzt unter den Tonangebenden im Sächsischen Landtag, in der Sächsischen Staatskanzlei und im Dresdner Staatsministerium für Wissenschaft und Kunst – sahen sich nach pseudo-journalistischen Fehl-Leistungen der Reumann'schen Art nur umso mehr dazu motiviert, die kommunikations- und medienwissenschaftliche Baustelle an der Reform-Universität Leipzig zu stabilisieren und Stockwerk um Stockwerk voranzubringen.[35] In jenen Leipzig-Tagen wurde gemeinsam vieles Überraschende gelernt: zweimal Deutschland – eben!

Zu den Außenpartnern, die mit Weitblick und unvoreingenommen in verschiedenen Aufbauphasen der Leipziger Medienausbildung Hilfe leisteten, materiell wie personell, gehörten vor vielen anderen die ARD-Programm-direktion Erstes Deutsches Fernsehen in München, die einzelnen ARD-Anstal-ten – allen voran der Bayerische Rundfunk – und das Zweite Deutsche Fernsehen. Die Allianz der Zeit-Vernunft ließ dabei Menschen aufeinander zugehen, die dies noch kurz zuvor wohl kaum für möglich gehalten hätten.

Hinsichtlich der ARD sollte der Aufbaumobilität in Leipzig schnell zugute kommen, dass die Hochschulprogramme des Lehrstuhls für Kommunikations-

---

[34] FAZ Nr. 285 v. 9. 12. 1991, Seite 3: Politik.
[35] Neben dem Staatsminister für Wissenschaft und Kunst und dessen engerem Stab gebührt hier den Abgeordneten im Landtagsausschuss für Wissenschaft und Hochschule, Kultur und Medien eine ganz besondere Anerkennung für die Offenheit, mit der sie „ausgerechnet" den vielen KMW-Begehren aus dem umstrittenen Journalistik-Revier Leipzig begegneten. Der Negativ-Nimbus „Rotes Kloster" hielt sie nicht davon ab, die neue Entwicklung an der alten Landesuniversität in der Messe- und Medienstadt mit Weitblick und Sinn für Prioritäten zu fördern.

und Medienwissenschaft der HFF München seit 1975 in enger Zusammenarbeit mit der ARD-Programmdirektion München vorangebracht werden konnten, beginnend mit Hans Abich[36], entschlossen fortgesetzt von Dietrich Schwarzkopf, dann von Dr. Günter Struve. Dabei sei mit besonderem Dank hervorgehoben, dass Margret Trapmann als langjährige Pressechefin der ARD-Programmdirektion sich hier herausragende Verdienste erworben hat – bis hin zu den Kooperationen bei den Internationalen Leipziger Hochschultagen für Medien und Kommunikation, sofort 1991 beginnend.

In Richtung des Bayerischen Rundfunks wurde eine förderliche Koinzidenz wirksam: Prof. Dr. h. c. Albert Scharf, langjähriger Intendant des Bayerischen Rundfunks, heute Rektor der Hochschule für Fernsehen und Film (HFF) München, im Nebenamt zugleich Vorstand der Wissenschaftlichen Hochschulabteilung I, trug die Initiativen für eine fundierte Erneuerung der Universität Leipzig im sensiblen Bereich KMW von der ersten Stunde an umsichtig und konkret mit. Dabei lag ihm der Schwerpunkt Medienrecht ganz besonders am Herzen. Dies trug vielfältige Früchte.

Im Hinblick auf das ZDF gab es folgende Vorgeschichte: Als der spätere Gründungsdekan am 18. Oktober 1990 dem über Monate gehenden Drängen der damaligen Sektion Journalistik folgte und seine erste Öffentliche Gastvorlesung an der (noch Karl-Marx-) Universität Leipzig hielt, liefen gerade weiterführende Gespräche mit dem Intendanten des ZDF im Hinblick auf den ins Haus stehenden Nachwuchs aus den jetzt neu zu bildenden östlichen Bundesländern. Prof. Dr. h. c. Dieter Stolte stellte dann sofort mit dem Beginn des Gründungsdekanats KMW entschlossen und zuverlässig die Weichen dafür, dass Leipzig-Studierende und Leipzig-Absolventen schnell Zugang zu den verschiedenen Redaktionsfeldern des ZDF fanden. Diese förderliche Form der spontanen Zusammenarbeit war keineswegs selbstverständlich.

Zum Erstaunen vieler, vor allem „im Westen", sollte es noch im Sommer 1991 gelingen, die ersten vier Planstellen für Ordentliche Professuren/Lehrstühle (C 4) durchzusetzen und dann – nach zähem Tauziehen hinter mehreren Kulissen – zügig auszuschreiben: Historische und Systematische Kommunikationswissenschaft; Empirische Kommunikations- und Medienforschung; Allgemeine und Spezielle Journalistik; Medienwissenschaft und Medienkultur. Das „und" in den verschiedenen Denominationen wurde unter den

---

[36] Hans Abich: 1918 – 2003.

Nachdenklicheren bald als Integrations- und spezielles Verknüpfungszeichen verstanden, wie aus den zahlreichen Bewerbungen beeindruckend hervorging. Nach dem alles begründenden Interregnum von 1990/91 bis zum Herbst 1993 konnte schließlich am 2.12.1993 das heutige Institut für Kommunikations- und Medienwissenschaft (IKMW) aus der Taufe gehoben werden, eingebunden in den Fächerverbund der zugleich gegründeten Fakultät für Sozialwissenschaften und Philosophie. Aus Anlass der Wiederkehr ihrer Eröffnung am 2. Dezember 1409 veranstaltete die Universität Leipzig 584 Jahre später im Gewandhaus eine Gründungsfeier für ihre neuen Institute: in dieser Fakultät neben dem KMW-Institut die Institute für Kulturwissenschaften, Logik und Wissenschaftstheorie, Philosophie, Politikwissenschaft und Soziologie. Das Interregnum unter den Gründungsdirektoren war damit erfolgreich abgeschlossen.

Nach der Institutsgründung am 2. Dezember 1993

Die weiteren Ausschreibungen konnten, gemessen an den Erfahrungen in den alten Bundesländern, ebenfalls schnell durchgesetzt werden: Öffentlichkeitsarbeit/Public Relations; Empirische Kommunikations- und Medienforschung II; Allgemeine und Spezielle Journalistik II sowie eine weitere Journalistik-Dozentur/apl. Professur; Medienpädagogik und Weiterbildung; sodann Buchwissenschaft und Buchwirtschaft. Damit war der Bauplan des Gründungsdekans, entschieden mitgetragen und mitverfochten von der Gründungskommission, seit Oktober 1992 an Ort und Stelle vor allem umgesetzt von den beiden ersten Neuberufenen, Prof. Dr. habil. Rüdiger Steinmetz, Lehrstuhl für Medienwissenschaft und Medienkultur, und der Journalistik-Ordinaria Prof. Dr. Gertraud-Linz-Abich[37] in seinen wesentlichen Elementen stabil platziert – das Gesamtprojekt KMW Uni Leipzig hatte seinen Point of no Return erreicht. Angesichts

---

[37] Professorin Dr. Gertraud Linz, geb. am 10.08.1936, ist am 21.10.1996 nach schwerer Krankheit allzu früh verstorben. Den Leipziger Neuaufbau hat sie vor allem ihrer frühen Praxis-Theorie-Lehrerfahrungen und der langjährige Verantwortliche für viele bundesweite und internationale Projektentwicklungen in der zentralen Fortbildung für Programm-Mitarbeiter (ZFP) aller ARD-Rundfunk-anstalten und des ZDF, aber auch des Österreichischen Rundfunks (ORF) sowie des Radios und Fernsehens der deutschen und rätoromanischen Schweiz (SRG/DRS), spezifisch mit begründete und hochschuldidaktisch profiliert.

der bald schwieriger werdenden Rahmenbedingungen für die Hochschulpolitik in Sachsen, vorgegeben vom Staatshaushalt, war es entscheidend, dies so zügig wie möglich zu erreichen.[38]

Wer sich unter dem Institutsdach in der Klostergasse, seit Oktober 2003 in der Burgstraße, und im Zentrum für Medien und Kommunikation (ZMK) in der Emil-Fuchs-Strasse, nicht zuletzt auch auf der Studio-Etage von „mephisto 97.6 – dem UniRadio" und von „NetTV" im zentralen Seminargebäude umschaut, wird schnell verstehen, warum die Universität Leipzig den Nachwuchs für die Medienberufe in so provozierend schnell wachsender Zahl anzog – aus aller Welt und für alle Welt.

Im Jahr 2006 wird auf neun Jahrzehnte Fachgeschichte und 15 Jahre „Reform nach der Neu-Vereinigung" zurückgeblickt werden können: Die Vorzeichen für eine ermutigende Bilanz stehen schon erfreulich stabil.

---

[38] Vgl. hierzu: Gerhard Barkleit (Hrsg.): Die Erneuerung der sächsischen Hochschulen. Eine Dokumentation. Dresden 1993: Hellerau (Sonderausgabe für die Sächsische Landeszentrale für politische Bildung).

III. Entfaltung neuer Strukturen

Karola Wille

Vom Werden der Rundfunkordnung in den neuen Bundesländern

Nur eine Episode: die Initiative Sächsisches Landesmediengesetz (ISL)

Am 9. Mai 1990 wurde die Initiative Sächsisches Landesmediengesetz (ISL) in Leipzig ins Leben gerufen.[1] Diese Initiative fasste die Aktionen des damaligen Neuen Forums und der Gruppe der sogenannten „Zwanzig" in Dresden sowie basisdemokratische Aktivitäten in Leipzig und Chemnitz zusammen. Sie verfolgte das Ziel, dem Sächsischen Landtag Entwürfe für Mediengesetze vorzulegen und den Gesetzgebungsprozess auf Länderebene mitzugestalten. In der Initiative wirkten Medienwissenschaftler, Vertreter verschiedener gesellschaftlich relevanter Gruppen sowie Macher aus der Medienbranche mit.

Die Arbeit der ISL begann mit einer Tagung im Zimmer 208 des *Bayerischen Rundfunks*. Hier trafen sich Kollegen dieser öffentlich-rechtlichen Anstalt, Medienexperten aus Landesmedienanstalten, öffentlich-rechtlichen Anstalten sowie aus Staatskanzleien und Rundfunkverbänden. Ziel des Gespräches war es, Anregungen und Ideen für die Gestaltung der Medienordnung in Sachsen zu erhalten. Dem Gespräch folgten zahlreiche weitere in verschiedenen Medieneinrichtungen und Institutionen in den alten Bundesländern – eine spannende und intensive Phase für alle Beteiligten.

Aus heutiger Sicht handelte es sich bei dieser Initiative um eine Fortsetzung der basisdemokratischen Bewegungen der Wendezeit auf Länderebene im Bereich der Medien. Was 1989 mit dem Runden Medientisch in Berlin und dem

---

[1] Hermann Kresse: Die Rundfunkordnung in den neuen Bundesländern. Stuttgart 1992, S. 51.

Medienkontrollrat begonnen hatte, fand u. a. in Gestalt dieser Initiative in einer Phase, in der klar war, dass die künftigen Rundfunkstrukturen föderal sein werden, seine Fortsetzung. Die Initiative war insofern auch Teil der Bürgerbewegungen der Wendezeit mit Aufbruchstimmung, Idealen aber auch Illusionen. Ihr Wert bestand insbesondere darin, dass sie einen gesellschaftlichen Diskussionsprozess über Auftrag, Inhalt und Strukturen von Medien befördern wollte. Dementsprechend fanden sich auch zahlreiche partizipatorische Elemente in den erarbeiteten Gesetzesentwürfen. Vorschläge für regionales, lokales Fernsehen, für Redakteursstatute oder auch für Bürgerbänke in gesellschaftlichen Kontrollgremien einer öffentlich-rechtlichen Anstalt waren symptomatisch hierfür.

Am Tag der Konstituierung des Sächsischen Landtages überreichte die ISL den Parlamentariern umfangreiche Gesetzentwürfe für ein duales Rundfunksystem in Sachsen.[2] Die Gesetze wurden jedoch nicht behandelt, die ISL erreichte ihre Ziele nicht.

Im Folgenden soll der Frage nachgegangen werden, welche Entwicklungen die neue Rundfunkordnung entscheidend prägten und aus welchen Gründen neue Ansätze auf diesem Weg verloren gingen.

Erste demokratische Ansätze – der Beschluss der Volkskammer vom 5. Februar 1990

Die Medienordnung der DDR war gekennzeichnet durch einen einparteienstaatlich beherrschten Staatsrundfunk. Der zentralistische staatlich verfasste Rundfunk diente primär der Beschränkung von Informationen auf ein mit der offiziellen Parteipolitik der SED übereinstimmendes Maß. Dementsprechend wurde der Meinungsbildungsprozess über entsprechende Strukturen und personelle Garantien beschnitten und verkürzt.[3]

Normative Regelungen im Bereich der Medien wurden von der Exekutive erlassen und garantierten staatlichen Rundfunk sowie eine vormundschaftliche Medienordnung. Beispielsweise wurde der Vorsitzende des Staatlichen Komitees für Rundfunk bzw. des Komitees für Fernsehen, die 1952 durch Erlass einer VO des Ministerpräsidenten errichtet wurden, auf Beschluss des Minister-

---

[2] Entwurf über ein „Gesetz zum Sächsischen Rundfunk" und zum „Privatrundfunk und neue Medien in Sachsen" vom 30.10.1990. In: AWK.
[3] Karola Wille: Medienrecht in der DDR – Vergangenheit und Gegenwart. ZUM 1991, S. 15 ff.

rates vom Ministerpräsidenten berufen bzw. abberufen. Sämtliche Rundfunkstudios in den 14 Bezirkshauptstädten wurden dem Komitee unterstellt. Die Kompetenzen reichten von der Programmgestaltung und Planung der einzelnen Sendungen bis hin zur Anleitung der einzelnen Rundfunkstudios in den Bezirken. Sämtliche Strukturen waren auf die Durchsetzung einer staatlichen Medienordnung ausgerichtet.[4]

Die gesellschaftlichen Veränderungen im Herbst 1989 erfassten somit folgerichtig auch und vor allem die Gestaltung der Medienordnung in der ehemaligen DDR. Am 11. November 1989 traten das Staatliche Komitee für Rundfunk und das Staatliche Komitee für Fernsehen zurück. Bereits am 5. Februar 1990 wurden von der Volkskammer Leitlinien für die Gewährleistung der Meinungs-, Informations- und Medienfreiheit verabschiedet.[5]

Dieser Volkskammerbeschluss wurde zum entscheidenden Neuansatz für eine grundlegende Veränderung der Medienordnung in den neuen Bundesländern. Er öffnete den Weg vom Staatsrundfunk zu einer an Grundrechten orientierten Rundfunkordnung. Folgerichtig stand im Mittelpunkt der Regelung das Bestreben, die Grundrechte und Freiheiten der Bürger im Medienbereich auf höchstem, an völkerrechtlichen Normen orientierten Niveau normativ zu gestalten. Die in Art. 19 Abs. 2 der UNO-Konvention über die politischen und zivilen Rechte vom 15. Dezember 1966 enthaltene Regelung wurde wortwörtlich als Punkt 1 in den Beschluss übernommen. Aus der Wahrnahme der verfassungsmäßig garantierten Rechte sollten niemandem Nachteile erwachsen dürfen. Die Zensur wurde abgeschafft, und die Bürger der DDR erhielten erstmals das Recht auf wahrheitsgemäße, vielfältige und ausgewogene Information durch die Massenmedien. Diese sollten dem Medienpluralismus ungehindert öffentlichen Ausdruck verleihen.

Mit dieser völlig neuen Auftragsbestimmung der Medien gingen grundlegende strukturelle Veränderungen im Rundfunk einher. Rundfunk und Allgemeiner Deutscher Nachrichtendienst wurden als öffentliche Einrichtungen, die nicht der Regierung unterstehen, bezeichnet. Ebenso bekamen die Journalisten entsprechende Rechte und Freiheiten. So erhielten beispielsweise die Mitarbeiter das Recht, die Ausarbeitung eines Materials zu verweigern, wenn Themenstellung und Auftrag ihren persönlichen Überzeugungen widersprachen. Sie waren nicht verpflichtet, öffentlich Ansichten zu vertreten, die ihrer persönlichen

---

[4] Hartstein/Ring/Kreile/Dörr/Stöttner: Rundfunkstaatsvertrag. 2. Auflage 1995, S. 272 f.
[5] Abgedruckt in Media-Perspektiven 1990, S. 126 f.
Beschluss der Volkskammer über die Gewährleistung der Meinungs-, Informations- und Medienfreiheit vom 5.2.1990 In: Gesetzblatt der DDR, Teil I, Nr. 7, S. 35 ff.

Meinung zuwider liefen. Alle staatlichen Organe, Betriebe und Genossenschaften sowie politischen Parteien wurden verpflichtet, den Medien sämtliche Auskünfte zu erteilen, die für die Erfüllung ihrer öffentlichen Aufgaben und eine wahrheitsgemäße Information erforderlich waren. Die Journalisten wurden verpflichtet, alle Veröffentlichungen verantwortungsbewusst auf Wahrheit, Inhalt und Herkunft zu prüfen sowie die Würde und Persönlichkeitsrechte der Bürger zu respektieren. Dies ging einher mit einem demokratischen Mitbestimmungsrecht der Journalisten. Die Medien wurden verpflichtet, sich ein Statut zu geben, das ihre Programmatik und Struktur regelt.[6]

Der Medienbeschluss der Volkskammer sah auch die Einrichtung einer Aufsichtsbehörde für die DDR-Medien vor. Ein sogenannter „Medienkontrollrat" hatte über die Einhaltung der postulierten Meinungs-, Informations- und Medienfreiheiten zu wachen. Das individuelle Recht auf freie Meinungsäußerung sollte jederzeit gewährleistet sein und nicht durch staatliche oder wirtschaftliche Medienmacht negativ beeinflusst werden. Allerdings erhielt der Medienkontrollrat keine entsprechenden Kontrollbefugnisse. Angesichts der negativen historischen Erfahrungen wurde er ausschließlich als „moralische Appellationsinstanz" ausgestaltet. Er konnte lediglich konstruktive Anstöße im Mediengesetzgebungsverfahren geben.[7]

Auch wenn es sich bei diesen Leitlinien nicht um ein vom Parlament verabschiedetes Gesetz handelte, kam diesem Volkskammerbeschluss eine ganz entscheidende historische Bedeutung zu. Mit ihm wurden erstmals in der ehemaligen DDR die Grundrechte der Meinungs-, Rundfunk- und Pressefreiheit inhaltlich gestaltet und gesichert. Er war demokratisch legitimiert, da alle relevanten politischen Gruppierungen an der Ausarbeitung beteiligt waren und stellte zugleich Weichen für die demokratische Umgestaltung der Medienordnung. Der Beschluss beinhaltete auch plebiszitäre demokratische Ansätze. Beispielsweise sollte das zu schaffende neue Mediengesetz vorab der Öffentlichkeit zur Diskussion unterbreitet und erst dann der Volkskammer zugeleitet werden. Darüber hinaus lag die besondere Bedeutung dieses Beschlusses in der Gestaltung der Medien als Kulturgut. Entgegen dem Trend der Kommerzialisierung sollte Kommunikation eben primär als Kulturgut gestaltet werden.

---

[6] Ebda.
[7] Vgl. Albrecht Hesse: Rundfunkrecht. München 1999, S. 36.

Ein nicht in Kraft getretenes Gesetz – das Rundfunküberleitungsgesetz

Nach den Wahlen am 18. März 1990 wurde die Frage der Gestaltung der Deutschen Einheit immer mehr zum politischen Thema. Auch der Medienbereich wurde unter diesem Blickwinkel zunehmend thematisiert. Dem diente beispielsweise ein neu ins Leben gerufenes Ministerium für Medienpolitik. Während der weiterbestehende Medienkontrollrat bei der Gestaltung die künftigen Rundfunklandschaft bestimmte Bestandteile der neu gewonnenen Kultur nicht völlig aufgeben wollte, stand für das Medienministerium vorwiegend die Abwicklung des DDR-Hörfunks und -Fernsehens im Vordergrund.[8] Neben dem Ministerium für Medienpolitik und dem weiter bestehenden Medienkontrollrat wurde darüber hinaus ein Volkskammerausschuss für Presse und Medien neu gebildet, der die Zuständigkeit für die Medienpolitik beanspruchte. Auf der einen Seite standen somit die bürgerorientierten Institutionen Medienkontrollrat und Mediengesetzgebungskommission, auf der anderen Seite die mehr parteidominierten Institutionen Medienministerium und Medienausschuss. Zwischen ihnen gab es ständig wachsende Differenzen.[9]

Der Schwerpunkt der Tätigkeit des Medienministeriums und der Gesetzgebungskommission bestand in der Ausarbeitung eines Rundfunkgesetzes, das den Übergang in föderale Rundfunkstrukturen gestalten sollte. Angesichts des Einigungsprozesses war klar, dass es nur ein Übergangsgesetz sein konnte. Eine zusätzlich vom Medienministerium gebildete und vorwiegend aus Experten aus den alten Bundesländern zusammengesetzte Kommission legte bereits im Juni 1990 einen ersten Entwurf für ein Rundfunküberleitungsgesetz vor. An dessen Ausarbeitung waren jedoch Medienkontrollrat und Mediengesetzgebungskommission nicht beteiligt.[10] Allerdings wurde er schnell zurückgezogen, da er den Vorwurf einer zu großen Staatsnähe erhielt und ihm eine Verletzung des Volkskammerbeschlusses vorgeworfen wurde.

Während Medienkontrollrat und Medienausschuss nach einer rechtlich und politisch für alle Seiten akzeptablen Variante eines Rundfunküberleitungsgesetzes suchten, wurde im Rahmen der Verhandlungen zum Einigungsvertrag bereits die Einfügung eines speziellen Rundfunkartikels vorbereitet. Am 31. August 1990 wurde der Einigungsvertrag unterzeichnet. Die weitere Arbeit am Rundfunküberleitungsgesetz wurde damit letztlich hinfällig. Dennoch sollte das

---

[8] Hermann Kresse (Anm. 1), Fußnote 104, S. 13 f.
[9] Ebda.
[10] Abgedruckt in epd/Kirche und Rundfunk Nr. 52 vom 4.7.1990, S. 12.

Rundfunküberleitungsgesetz noch durch das Parlament verabschiedet und als fortgeltendes Recht in die Anlage 2 des Einigungsvertrages aufgenommen werden. Am 13. September 1990 wurde über dieses Überleitungsgesetz noch abgestimmt, am 26. September 1990 erschien es im Gesetzblatt der DDR.[11] Sieben Tage später, mit Inkrafttreten des Einigungsvertrages, verlor es bereits seine Geltung. Es wurde auch nicht mehr in die Anlage 2 des Einigungsvertrages aufgenommen.

Die Weichenstellung im Einigungsvertrag

Am 3. Oktober 1990 trat mit dem Einigungsvertrag auch die für die weitere Entwicklung der Medien in der ehemaligen DDR maßgebliche Vorschrift des Artikel 36 EV in Kraft und beendete die Rundfunküberleitungsphase.[12] Diese Norm nahm die Weichenstellung für die Integration des Rundfunks in den neuen Bundesländern in die bundesdeutsche Rundfunkordnung vor. Dabei ignorierte sie leider während der Umbruchphase entwickelte Reformgedanken.

Für eine Übergangsphase wurde eine Grundversorgung gesichert. Gemäß Art. 36 Abs. 1 Einigungsvertrag wurde anstelle des *Rundfunks der DDR* und des *Deutschen Fernsehfunks* eine gemeinschaftliche, staatsunabhängige und rechtsfähige „Einrichtung" in den neuen Bundesländern errichtet, welche die Grundversorgung nach den allgemeinen Grundsätzen des öffentlich-rechtlichen Rundfunks gewährleisten sollte. Es wurde ein Rundfunkbeauftragter als Organ der „Einrichtung" gewählt sowie ein Rundfunkbeirat gebildet. Bis spätestens zum 31.12.1991 war die „Einrichtung" fortzuführen. Innerhalb dieser Zeit musste entweder durch einen gemeinsamen Staatsvertrag der neuen Länder diese Einrichtung aufgelöst oder in Anstalten des öffentlichen Rechts einzelner oder mehrerer Länder überführt werden. Sollten diese Varianten nicht eintreten, war kraft Gesetzes zum 31.12.1991 die „Einrichtung" aufgelöst. Angesichts der historischen Tragweite der Veränderungen war zweifellos dieser Zeitraum außerordentlich gering bemessen. Die zeitliche Enge ließ einen gesellschaftlichen

---

[11] Walter J. Schütz: Der (gescheiterte) Regierungsentwurf für das Rundfunküberleitungsgesetz der DDR. In: Arnulf Kutsch (Hrsg.): Rundfunk im Wandel – Beiträge zur Medienforschung, Berlin_Vistas, S. 263 ff. (=Beiträge zur Medienforschung; Festschrift für Winfried B. Lerg).
[12] Vertrag zwischen der Bundesrepublik Deutschland und der Deutschen Demokratischen Republik über die Herstellung der Einheit Deutschlands, Bulletin der Bundesregierung vom 6.9.1990, Nr. 104, S. 877. Denkschrift zu Artikel 36, Bundestags-Drucksache 11/7760, S. 355 f.

Meinungsbildungsprozess sowie eine Diskussion zu Reformen in der Medienordnung – so wie es der Volkskammerbeschluss ursprünglich vorgesehen hatte – von vornherein als wenig real erscheinen.

Für die Übergangszeit wählten die Landesbeauftragten der neuen Bundesländer den von Bundeskanzler Kohl vorgeschlagenen ehemaligen Fernseh-Chefredakteur des *Bayerischen Rundfunks* und ehemaligen Präsidenten der *Bayerischen Landeszentrale für neue Medien*, Rudolf Mühlfenzl, am 15.10.1990 zum Rundfunkbeauftragten. Mühlfenzl sah die „schnelle Entwicklung" der dualen Rundfunkstruktur, als eine seiner Hauptaufgaben.[13] In dem außerordentlich knapp bemessenen Zeitraum von nur 15 Monaten zwischen Oktober 1990 und Ende 1991 leistete die „Einrichtung" Abwicklungs- und Aufbauhilfe für die neue Medienordnung im Osten Deutschlands.

Am 31.12.1991 endete die Tätigkeit der „Einrichtung". Der konzeptionelle Ansatz des Artikel 36 Einigungsvertrag hatte jedoch weitreichende Konsequenzen. Einerseits bezog die Rundfunkbestimmung des Einigungsvertrages die Reformergebnisse der Übergangsphase nicht ein. Eine Diskontinuität in der Rundfunkentwicklung im Osten Deutschlands und ein völliger Neuaufbau waren somit vorprogrammiert. Zum anderen verhinderte Art. 36 EV durch seine ausdrückliche Konzentration auf die neuen Bundesländer eine ursprünglich auch diskutierte Reform der gesamten deutschen Rundfunkordnung. Beispielsweise erklärte noch am 27.8.1990 der ARD-Vorsitzende, HR-Intendant Hartwig Kelm, man wolle auch von den neuen Impulsen des DDR-Umbruchs lernen, da auch in den alten Ländern das eine oder andere von der Idealvorstellung abweiche und die Vereinigung die Chance biete, diese Abweichungen wenigstens teilweise zu korrigieren.[14]

Darüber hinaus wies Art. 36 EV die Kompetenz zur Neuordnung des Rundfunks im Osten Deutschlands primär den Landtagspolitikern zu. Eine Partizipation der Bürger im Osten Deutschlands durch eine gesamtgesellschaftliche Debatte war nicht vorgesehen und hätte angesichts der zeitlichen Enge realistischerweise auch nicht stattfinden können.

---

[13] Knut Hickether/Peter Hoff: Geschichte des deutschen Fernsehens, Stuttgart: Metzler 1998, S. 502f.
[14] Statement von Hartwig Kelm in: Deutsches Medienforum, S. 31.

Die neue - alte Rundfunkordnung im Osten Deutschlands

Die entscheidende Weichenstellung für die neue Rundfunkordnung wurde bereits durch das Ländereinführungsgesetz vom 22.7.1990 gegeben. Darüber hinaus gab Art. 36 EV für den Aufbau des öffentlich-rechtlichen Rundfunks in den neuen Ländern klare Impulse. Insofern beinhalteten die heftigen und langwierigen Debatten und Diskussionen primär die Fragen, welcher Art von Länderanstalt und welchem Modell der Vorzug gegeben werden sollte. Als erstes einigten sich die Länder Sachsen, Sachsen-Anhalt und Thüringen am 30. Mai 1991 in Erfurt auf die Errichtung einer Dreiländeranstalt.[15] Als zweite ostdeutsche öffentlich-rechtliche Rundfunkanstalt entstand im Ergebnis eines kontroversen Prozesses der Ostdeutsche Rundfunk Brandenburg. Die wirtschaftlich tragfähige Variante einer Dreiländeranstalt für Berlin, Brandenburg und Mecklenburg-Vorpommern wurde nach heftigen politischen Auseinandersetzungen verworfen. Der Landtag Brandenburg beschloss nach Scheitern dieser Verhandlungen am 25. September 1991 das Gesetz über den Rundfunk Brandenburg.[16] In Mecklenburg-Vorpommern wurde der Gedanke zur Gründung einer eigenen Anstalt schnell verworfen. Am 1. März 1992 trat der neue NDR-Staatsvertrag in Kraft, und Mecklenburg-Vorpommern wurde als gleichberechtigtes Mitglied in den NDR aufgenommen, der in eine Vierländeranstalt umgewandelt wurde.[17]

Von Anfang an setzte die neue Medienordnung im Osten Deutschlands auf einen dualen Ansatz. Zwar gab der Einigungsvertrag keinerlei Vorgaben für den privaten Rundfunk, gleichwohl wurde das duale System von Beginn an angestrebt. Wenngleich nicht völlig zeitgleich, so verabschiedete doch bereits am 22. Mai 1991 Sachsen-Anhalt als erstes der neuen Bundesländer ein Gesetz über den Rundfunk.[18] In kurzen Zeitabständen folgten auch in den anderen neuen Bundesländern Privatrundfunkgesetze, die die duale Ordnung im Wesentlichen so gestalteten, wie sie bereits in den alten Bundesländern existierte.

---

[15] Staatsvertrag über den MDR vom 30. Mai 1991, Sächsisches Gesetz- und Verordnungsblatt 13/91 vom 29.06.1991, S. 169 f.
[16] Gesetz über den Rundfunk in Brandenburg vom 06.11.1991, Gesetz- und Verordnungsblatt für das Land Brandenburg Nr. 35 vom 19.11.1991, S. 472 f.
[17] Staatsvertrag über den *Norddeutschen Rundfunk* vom 18.2.1992, Gesetz- und Verordnungsblatt für Mecklenburg-Vorpommern 5/1992 vom 28.02.1992, S. 78 f.
[18] Gesetz über den privaten Rundfunk in Sachsen-Anhalt vom 22. Mai 1991, Gesetz- und Verordnungsblatt für das Land Sachsen-Anhalt vom 24. Mai 1991, S. 87 f.

Ebenfalls neu gestaltet wurde am 31. August 1991 der Staatsvertrag über den Rundfunk im vereinten Deutschland, der am 1. Januar 1992 in Kraft trat.[19] Dieser neue Rundfunkstaatsvertrag bildete die Grundlage für ein einheitliches Rundfunkrecht im geeinten Deutschland. Dessen Geltungsbereich hatte sich vorher nur auf die alten Bundesländer erstreckt. Der Staatsvertrag enthielt den Rundfunkstaatsvertrag, der grundsätzliche Fragen des dualen Rundfunks regelte, den ARD-, den ZDF-Staatsvertrag sowie die Staatsverträge über die Rundfunkgebühren, die Rundfunkfinanzierung und den Bildschirmtext. Mit Inkrafttreten am 1. Januar 1992 waren die neuen Bundesländer auf diese Weise voll in den rundfunkrechtlichen Rahmen der Bundesrepublik Deutschland integriert[20].

Verpasste Chancen

Zweifellos beinhaltete die Neuordnung des Rundfunks im Osten Deutschlands eine grundlegende Reform. Sie vollzog den Übergang von einem Staatsrundfunksystem zu einem an Grundrechten ausgerichteten und Meinungsvielfalt gewährleistenden Rundfunksystem. Trotz dieser Reform im Osten Deutschlands waren die Prozesse jedoch nicht gleichbedeutend mit einer besonderen Innovation für die Rundfunkordnung in Deutschland. Im Ergebnis wurden die in den alten Bundesländern durchaus bewährten rundfunkrechtlichen Regelungen übernommen – mit allen ihren Vorzügen und Defiziten.

Beispielsweise hieß es in der Begründung zum Staatsvertrag über den MDR, dass die Neuorganisation des Rundfunks in der früheren DDR von besonderer politischer Bedeutung sei. Die Bürger hätten 40 Jahre unter einem völlig einseitigen, sich mit dem Staat identifizierenden und die Nachrichtenvielfalt verfälschenden Rundfunk gelitten. Ziel sei es deshalb, einen staatsunabhängigen, leistungsfähigen und die Interessen der Bürger respektierenden Rundfunk zu schaffen.[21] Insofern war der MDR-Staatsvertrag für die Länder Sachsen, Sachsen-Anhalt und Thüringen zweifellos ein bedeutender historischer Fortschritt.

---

[19] Vgl. Zustimmungsgesetze der einzelnen Länder: Gesetz- und Verordnungsblatt Brandenburg 42/1991, S. 580; Gesetz- und Verordnungsblatt Mecklenburg-Vorpommern 25/1991, S. 494; Sächsisches Gesetz- und Verordnungsblatt 35/1991, S. 457; Gesetz- und Verordnungsblatt Sachsen-Anhalt 41/1991, S. 478; Gesetz- und Verordnungsblatt Thüringen 29/1991, S. 635
[20] Hermann Kresse: Die Rundfunkordnung in den neuen Bundesländern (Anm. 1), S. 57 f.
[21] Begründung zum Staatsvertrag über den MDR, Drucksache 1/395 des Thüringer Landtags.

Mit dem *MDR* entstand eine leistungsfähige öffentlich-rechtliche Anstalt, die sich von Beginn an der Wiedervereinigung verpflichtet fühlte und die Grundversorgung auf solider finanzieller Basis im Staatsvertragsgebiet sicherstellte.[22]

Allerdings war auch der Medienbereich, wie andere gesellschaftliche Bereiche, ein Beispiel dafür, dass die gesellschaftlichen Umbruchsprozesse in den neuen Bundesländern nicht zum Anlass für weitere Innovationen genommen wurden. Im Wesentlichen wurde der Status quo festgeschrieben und dieser 1 : 1 übernommen. Dies ist bedauerlich, weil gesellschaftliche Umbrüche immer die besten Nährböden für Innovationen sind. Leider wurden diese Chancen zu wenig genutzt. Sicherlich ist dabei zu berücksichtigen, dass mit Innovationen der Vereinigungsprozess, der ohnehin schwierig genug war, hätte belastet werden können. Gleichsam verschüttete die Beschränkung auf den Status quo interessante Innovationsansätze.

Zwar sicherte der Status quo und die im Wesentlichen erfolgte Übernahme von rundfunkrechtlichen Regelungen aus den alten Bundesländern auch in den neuen Bundesländern die Einführung eines dem öffentlichen Auftrag verpflichteten öffentlich-rechtlichen Rundfunks, ebenso wie die Gestaltung einer dualen Rundfunkordnung, die dem publizistischen Vielfaltsgedanken verpflichtet ist. Stabilität, Berechenbarkeit und gesicherte Versorgung der Bürger mit Grundversorgungsprogrammen, waren insofern positive Ergebnisse der Gestaltung der neuen Medienordnung in den neuen Bundesländern.

Die ausschließlich politische Gestaltung der neuen Medienordnung in den neuen Bundesländern war zugleich die Achillesferse dieses Prozesses. Der Wert des öffentlich-rechtlichen Rundfunks wurde in den neuen Bundesländern zu wenig in gesellschaftlichen Diskussionen erstritten, erkannt und verinnerlicht. Beklagt wurde auch, dass die Parlamente in den drei Staatsvertragsländern vor der Unterzeichnung des *MDR*-Staatsvertrages nicht genügend einbezogen wurden. Angesichts der grundrechtsrelevanten Fragen, um die es dabei ging, und der spezifischen Grundrechtsvergangenheit der ehemaligen DDR war dies sicherlich ein Defizit in der demokratischen Gestaltung dieser Umbruchsprozesse in den neuen Bundesländern. So gab es kaum gesellschaftliche Diskussionen um den Inhalt des öffentlichen Auftrages. Auch wurde nicht hinterfragt, ob die übernommenen Strukturen der öffentlich-rechtlichen Anstalten aus den alten Bundesländern den vorhandenen gesellschaftlichen Verhältnissen in den neuen Ländern adäquat waren. So wurde wie in den alten Bundesländern auf das „Verbände-Repräsentations-Modell" gesetzt, obgleich Verbandsstrukturen in der ehe-

---

[22] Udo Reiter: Rede am 1.1.1992 im Gewandhaus zu Leipzig, S. 3.

maligen DDR zum Gründungszeitpunkt der neuen Anstalten nur gering entwickelt waren. Dies wirft Fragen nach der tatsächlichen Funktionsfähigkeit des binnenpluralistischen Modells auf.

Auch wurde die in den alten Bundesländern seit langem diskutierte Frage des Zugriffs von politischen Parteien und Regierungen auf den öffentlich-rechtlichen Rundfunk nicht zum Anlass genommen, um über neue Strukturelemente des öffentlich-rechtlichen Rundfunks nachzudenken. Die als „gravierender Strukturfehler" problematisierte Partei- und Staatsnähe wurde kaum erörtert. Von Interesse ist in diesem Zusammenhang die Entscheidung des Thüringer Verfassungsgerichts zur Verfassungskonformität des *MDR*-Staatsvertrages.[23] Mit lediglich 5 : 4 Stimmen entschieden die Verfassungsrichter, dass die Zusammensetzung des *MDR*-Rundfunkrates nicht gegen den Grundsatz der Staatsferne verstoße. Die Tatsache, dass der *MDR*-Staatsvertrag es ermögliche, dass mehr als jedes vierte Mitglied des Rundfunkrates mit Staatsvertretern besetzt werden konnte, wurde verfassungsrechtlich problematisiert. Die Mehrheit der Richter sah den Grundsatz der Staatsferne dadurch als gesichert an, dass sich insgesamt gesehen die Bestimmungen des *MDR*-Staatsvertrages neutralisierten und mediatisierten und die Möglichkeit einer Programminhalte-Manipulation seitens der Staatsvertreter allenfalls als theoretisch erscheine. Hingegen kritisierte die Minderheit der Richter, dass angesichts der hohen Staatsquote eine Verfassungswidrigkeit des *MDR*-Staatsvertrages gesehen werde.[24]

Zusammenfassend ist festzuhalten: „Auch im Osten nichts Neues". Eine ihre Leistungsfähigkeit bereits unter Beweis gestellt habende Rundfunkordnung wurde übernommen. Die Chancen für notwendige Reformen wurden leider nicht genügend genutzt.[25] So verweist Hesse u. a. darauf, dass Reformchancen nicht nur für die inhaltliche Ausgestaltung der Rundfunkordnung, sondern auch für effizientere Rundfunkstrukturen ungenutzt blieben. Ursächlich hierfür, so Hesse, dürften Befürchtungen im Westen gewesen sein, die Übernahme basisdemokratisch geprägter Reformmodelle aus den neuen Bundesländern könnten Besitzstände in den alten Bundesländern in Frage stellen.[26]

Die Gründe für Reformansätze bestehen allerdings unverändert fort. So hat z. B. die Diskussion um die Wahl eines Intendanten für das *ZDF* im Frühjahr 2002 auch die Thematik der Staatsferne der internen Aufsichtsgremien der öf-

---

[23] Thüringer Verfassungsgerichtshof, VerfGH 10/96 vom 20.3.1998.
[24] Ebda., Sondervotum zur Entscheidung des Thüringer Verfassungsgerichtshofs.
[25] Wolfgang Hoffmann-Riem: Die Entwicklung der Medien und des Medienrechts im Gebiet der ehemaligen DDR. AfP 1991, S. 472.
[26] Albrecht Hesse (Anm. 7), S. 43.

fentlich-rechtlichen Anstalten wieder neu aufleben lassen. Von Interesse sind in diesem Zusammenhang beispielsweise die Ergebnisse einer Expertendiskussion zur Frage der Reform des gesellschaftlichen Ordnungs- und Kontrollmodells des deutschen Rundfunks. Erörtert wurden solche Themen wie die Einführung eines Zwei-Bänke-Modells zur Zusammensetzung der internen Aufsichtsgremien des öffentlich-rechtlichen Rundfunks, die Stärkung der Sachkunde bei den Mitgliedern des Verwaltungsrates oder die Vergrößerung der Transparenz der Gremienarbeit. Letztlich geht es bei all diesen Fragen um die Stärkung der Legitimation des öffentlich-rechtlichen Rundfunks. Insofern ist diese Reformdiskussion auch eine Zukunftsdiskussion.[27]

---

[27] Das gesellschaftsplurale Ordnungs- und Kontrollmodell des deutschen Rundfunks – Überlegungen zu einer Reform. In: epd medien 86/2002, S. 13.

Kurt-Ulrich Mayer

Vielfalt zwischen Fantasie und Wirklichkeit: Höhen und Tiefen privater Programmentwicklung

Verschiedene Wege

Die Programmangebote der privaten Rundfunkveranstalter in Sachsen gingen in ihrer Entwicklung deutlich verschiedene Wege, deren Inhalte und Richtungen nicht nur vom Charakter des Mediums geprägt wurden, sondern vor allem durch die Umstände der Rundfunkentwicklung nach dem Fall der Diktatur in Ostdeutschland. Der Rundfunk war im kommunistischen Teil Deutschlands zum blanken ideologischen Instrument degradiert worden und hatte die Aufgabe, die Wirklichkeit den ideologischen Prämissen auf dem Feld der Propaganda anzupassen. Diese Bestimmung schloss logischerweise ein Recht auf Rundfunkfreiheit aus.

Nach dem Untergang des kommunistischen Systems auch in Ostdeutschland eröffnete sich eine für dortige Verhältnisse völlig neue Rundfunklandschaft, die große Freiräume für die künftige Entwicklung öffentlich-rechtlicher und privater Programme im Hörfunk und Fernsehen eröffnete. Beide Medienformen entwickelten sich von Beginn an in verschiedene Richtungen. Der Hörfunk im öffentlich-rechtlichen Bereich entstand vor allem aus der Hinterlassenschaft des DDR-Staatsrundfunks. Die private Strecke war jedoch auf neue, von den Staatskanzleien über die Landesmedienanstalten zu verteilende Frequenzen angewiesen. Die Bedingungen für die Vergabe von Veranstaltungslizenzen durch die *Sächsische Landesanstalt für privaten Rundfunk und neue Medien (SLM)* schlossen überzeugende Programmkonzepte und sichere finanzielle Voraussetzungen ein.

Die ersten Schritte im sächsischen privaten Hörfunk waren von Auflagen für ein gut funktionierendes Unternehmen im Medienbereich begleitet.
Das eigenständige private Fernsehen in Sachsen hatte seine Wurzeln hingegen vor allem in einer unüberschaubaren Anzahl von programmähnlichen oder bereits ausgebauten Programmangeboten in einer Vielzahl von Kabelanlagen. Diese Anlagen befanden sich oft im Besitz von Wohnungsbaugenossenschaften; auch Städte und Gemeinden waren Anlagenbesitzer. Ende der 80er Jahre entstanden auch zahlreiche private Anlagen. Natürlich verknüpfte die schrittweise verständlich gemachte Forderung nach Lizenzen auch für diese Veranstalter finanzielle Grundlagen mit programmlichen Vorstellungen. Doch aus vielerlei Gründen (z.B. Sendezeitumfang) spielten die Programmvorstellungen vorerst eine untergeordnete Rolle. Der Weg von der Klapptafel mit lebensnahen Informationen zum gestalteten Bewegtbildprogramm brauchte einfach seine Zeit, weil die finanziellen Möglichkeiten begrenzt waren und Medienkompetenz teilweise erst noch erworben werden musste.

Der Hörfunk: große Programmversprechen

Das Jahr 1992 war das Geburtsjahr des privaten Hörfunks in Sachsen. Die erste Lizenz erhielt im Frühjahr Radio PSR *(Privater sächsischer Rundfunk)*. Im November konnten sich *Antenne Sachsen* und zwei Lokalketten über den Lizenzerhalt freuen. *Radio PSR* gelang es, in der atemberaubenden Zeit von acht Wochen nach Lizenzerhalt auf Sendung zu gehen; die anderen Lizenznehmer folgten im Verlaufe des Jahres 1993.

In den Anträgen der Lizenzbewerber war bereits die prinzipielle Struktur des Formatradios zu sehen, allerdings nicht deutlich genug, um ein Vollprogramm von vornherein auszuschließen. Denn immerhin wussten die Bewerber, dass sie zumindest vorerst Vorstellungen über ein Programm zu entwickeln hatten, das dem seit 1991 gültigen Sächsischen Privatrundfunkgesetz entsprach. Dort heißt es in § 2 Absatz 2 Sätze 1 und 2 in der Fassung von 1991: „Die in Sachsen veranstalteten Programme tragen in ihrer Gesamtheit zur Unterrichtung, Bildung und Unterhaltung bei. Sie haben einen objektiven Überblick über das Geschehen in allen für Sachsen relevanten Lebensbereichen zu geben und angemessen die regionale Gliederung, die kulturelle Vielfalt und die Interessen der Bürgerinnen und Bürger in Sachsen zu berücksichtigen sowie zu einer freien individuellen und öffentlichen Meinungsbildung beizutragen."

Es liegt auf der Hand, dass diese Forderungen die Lizenzanträge beeinflussten. Meist entstand als Vorschlag eine Art formatiertes Vollprogramm, das durchaus seinen Schwerpunkt auf das Musikangebot setzte, jedoch journalistische Arbeit mit einschloss.

So sah *Radio PSR* am Morgen bereits einen fröhlichen Wecksound mit aktuellen Beiträgen, Tipps und Hörerservice vor. Der Mittag sollte von einer aktuellen Mittagsstunde mit lokalen Programmfenstern und von einem „Jugendradio aus Chemnitz" geprägt werden. Der Abend war mit einer informationsintensiven Tageszusammenfassung unter Zulieferung des damals noch existierenden *Info-Radios Berlin* angedacht. Diese Abendstruktur sah einen „Sachsen Spiegel", ein „Sachsen Forum" und die Jugendsendung „Sax FM" vor.

Antenne Sachsen wollte einen „Frühwecker mit aktuellen Kurzinformationen aus allen gesellschaftlichen Bereichen" offerieren, wie es im Antrag hieß. Dem Radiomittag war ein zweistündiges „Sachsen-Journal" vorbehalten, das als regionales Zeitfunkmagazin mit Studiogästen, Direktschaltungen und lokalen Fenstern vorgestellt wurde. In loser Reigenfolge sollten dort auch Vertreter aus Politik, Kultur und Sport zu Wort kommen und mit Höreranrufen konfrontiert werden. Der Abend hatte Platz für ein zweistündiges „Extra", eine Magazinsendung zu einem ausgesuchten aktuellen Thema, wie es im Antrag lautete. Als mögliche Themen wurden Umwelt, Gesundheit Wirtschaft, Geschichte und Verbraucher aufgeführt. Vorgesehen war auch ein tägliches(!) Sorgentelefon von 22.00 bis 24.00 Uhr, zu einer Zeit, in der Experten Ratschläge geben sollten. Andere Sendeplätze hießen „Antenne unterwegs" (mit Live-Berichten), „Freizeitjournal" oder „Radiobummel durch unser Land" (mit dem Ü-Wagen zu Volksfesten und anderen Ereignissen).

Die Lokalketten setzten sich aus unterschiedlichsten Bewerbern für verschiedene Standorte zusammen. Alle vorgeschlagenen Programme einte die Nähe zum lokalen oder regionalen Geschehen im beworbenen Lizenzgebiet. Die Vielfalt der damaligen Programmideen ist auch heute noch beeindruckend, aber nicht überraschend, gingen viele lokale Lizenzanträge doch von einem 24-Stunden-Vollprogramm aus. Die Abend- und Nachtstunden waren schon damals als große Musikflächen geplant, aber innerhalb der Zeit engster Hörerbindung zwischen 6.00 und 18.00 Uhr gab es doch Vorstellungen, die öffentlich-rechtlichem Informations- und Bildungsbewusstsein in hoher Qualität nahe standen. Das klassische Mittags- und Abendmagazin tauchte ebenso auf wie Live-Übertragungen, Rubriken wie „Stammtisch" oder „Flohmarkt", „Postplatzkarussell" oder „Schularbeiten", sogar eine „Radioakademie" und „Kofferpacken" gab es.

Warten auf Akzeptanz

Mit dem Programmangebot beim Sendestart war noch lange nicht die Frage beantwortet, ob die Vorstellungen der Programmveranstalter auch den Bedürfnissen der Radiohörer entsprachen. Diese interessante und gewiss große Nutzergruppe war einerseits vom Hörfunk in der DDR geprägt, aber ebenso von den Programmen westlicher Veranstalter beeinflusst wie beeindruckt. Der mauerfreie Luftraum machte den im Großen und Ganzen unkontrollierten Zugriff auf Sender wie *RIAS, SFB, Deutschlandfunk* und diverse *ARD*-Hörfunkangebote möglich. Und dieser Zugriff wurde über Jahrzehnte intensiv genutzt. Doch die sich seit 1985 in der BRD etablierenden privaten Radioprogramme hatten im Osten noch keinen Namen und prägten gewiss auch keine Erwartungen. Daran ändert auch die Tatsache nichts, dass *Radio Luxemburg* natürlich unter der ostdeutschen Jugend zumindest bis in die 70er Jahre hinein ein fester Begriff war. Breite Spuren an Eindrücken hinterließen auf jeden Fall die Angebote des öffentlich-rechtlichen Rundfunks mit ihren ausgeprägten Hörfunkvollprogrammen.

Schon aus Entwicklungsgründen mussten die frisch lizenzierten Veranstalter in Sachsen zuerst mit einem Musikprogramm starten, in dem schrittweise die Plätze für das Wortangebot eingerichtet wurden. Zuerst erhielten die Nachrichten mit Wetter und Verkehr ihre Plätze in der Stundenuhr. *Radio PSR* nahm bei der Gestaltung sogar unmittelbaren Bezug auf die Programmgewohnheiten des öffentlich-rechtlichen Hörfunks und setzte seine Nachrichten „Weltreport" und „Sachsenreport" gezielt fünf Minuten vor die gewohnte volle bzw. halbe Stunde. Frühzeitig kooperierte *Radio PSR* auch mit anderen Nachrichtenproduzenten wie dem *Inforadio Berlin*.

Doch wenn es eine Akzeptanz des privaten Angebotes in den frühen 90er Jahren gab, dann war es in erster Linie eine Zustimmung zur Musikauswahl. Der öffentlich-rechtliche *Mitteldeutsche Rundfunk* hatte noch vor der Lizenzierung der privaten Veranstalter mit *MDR-life* ein deutlich musikorientiertes Programm präsentiert, das allen Vorstellungen von Formatradio genügte und durchaus die Aufgabe lösen sollte, große Teile von jugendlicher Zuhörerschaft frühzeitig an die öffentlich-rechtliche Jugendschiene zu binden. Bis heute gilt bei den privaten Veranstaltern dieses *MDR*-Jugendprogramm, das nach bedenklichen Nutzereinbrüchen zum Radio *JUMP FM* erfolgreich umgekrempelt wurde, als direkter Konkurrent beim Programmangebot und als Maßstab von Reichweitenentwicklungen.

Höhen und Tiefen privater Programmentwicklung 149

Doch bereits nach drei Jahren hatte Radio PSR in der Media-Analyse von 1995 für Sachsen bei der Hörerereichweite einer durchschnittlichen Sendestunde zwischen 6.00 Uhr und 18.00 Uhr das öffentlich-rechtliche Jugendradio überrundet: Das Privatradio kam auf 210.000 Hörer; MDR life auf nur 180.000. Auch andere Privatangebote kamen auf gute Reichweiten: Antenne Sachsen hatte 80.000 Hörer, die Lokalkette SLP kam auf 50.000. Die Energy-Kette erreichte allerdings jahrelang nicht die geforderte Nennquote zur Aufnahme in die Messung. Diese Zahlen zeigen, dass sich das private Radio Mitte der 90er Jahre in Sachsen etabliert hatte.

Zwingende Entwicklungen

Eine solche Feststellung wertet natürlich nicht die Wirtschaftlichkeit der Veranstalter. Auf jeden Fall erlaubten diese Hörerzahlen keine extravaganten programmlichen Höhenflüge; sie reichten schon nicht für markante Erweiterungen im Rahmen bescheidener Vollprogrammvorstellungen. Die auf Werbeeinnahmen beruhende Wirtschaftlichkeit der privaten Veranstalter wurde zum Hauptargument bei Erläuterungen zur Programmentwicklung, und zwar verbunden mit dem berechtigten Vorwurf der Wettbewerbsverzerrung durch das Engagement des *MDR*. Laut wurde kritisiert, dass der gebührenfinanzierte *MDR* mit seinem *Life*-Programm der gesetzlich geforderten umfassenden Bildung und Information nicht entspreche und in Gewässern fischte, deren Erträge der private Bereich existenziell benötigte. Da sich der *MDR* auf keine Korrektur seiner Jugendradiopolitik einließ – und es bis heute nicht getan hat –, reagierten die privaten sächsischen Veranstalter mit einer kontinuierlichen Abschmelzung kostenintensiver und ihrer Meinung nach nicht hörerrelevanter Informationsteile, bzw. sie realisierten letztlich geplante Projekte nicht, die sie in den Lizenzanträgen durchaus als durchführbar eingeschätzt hatten. So stellte *Radio PSR* die interessante Themen-Stunde von 19.00 bis 20.00 Uhr ein; in bis zu sieben Beiträgen war dort ein aktuelles Thema hintergründig behandelt worden, eingerahmt in das aktuelle Musikformat.

Antenne Sachsen tauschte bereits 1994 den Geschäftsführer aus und beschritt danach konsequent den Weg zum Formatradio. Zuvor hatte der Sender noch mit dem Text geworben: „Der Sender für den Freistaat. Gebührenfrei. Antenne Sachsen: Nicht nur für die Ohren, sondern auch für den Kopf dazwischen." Der dann eingeleitete Sturmgang auf Programmeffizienz brachte den Veranstalter 1995 an den Rand des Lizenzentzuges. Ohne Einwilligung durch die *SLM* hatte *Antenne Sachsen* beschlossen, Teilnachrichten, Beitragsteile und das Nachtprogramm von *Radio Brocken* zu übernehmen. Mit nur knapper Mehrheit von 14 zu 12 Stimmen sprach sich die Versammlung der *SLM* damals gegen den Lizenzentzug aus. Die Media-Analyse brachte dem Veranstalter 1998 sogar den branchenüblichen Titel „Shooting Star" ein: *Antenne Sachsen* hatte in Sachsen mit 150.000 Hörern in der Durchschnittsstunde einen Reichweitenzuwachs von 50 Prozent erreicht (1997: 100.000).

Antenne Sachsen wechselte Ende 1994 von Popmusik auf ein Schlager- und Oldieprogramm und wollte damit nach eigenen Aussagen die Hörer „zwischen Mitte 30 und Anfang 50 Jahre" erreichen, wie es in einer damaligen Pressemitteilung hieß. Es sollte nicht die letzte Veränderung in der Musikausrichtung bleiben.

Die beiden sächsischen Lokalsenderketten traten entweder von Anfang an als Veranstaltergemeinschaft auf *(SLP)* oder als Einzelbewerber, die sich jedoch bald nach Lizenzerhalt von dem starken Anbieter des Mantelprogramms eingebunden sahen. Angeboten wurden die ersten Lokalfrequenzen in Dresden, Leipzig und Chemnitz, später erweitert um Zwickau *(SLP, Energy)*, Görlitz *(SLP)* und Hoyerswerda *(Energy)*. Diese Lokalveranstalter traten von Anfang an mit schmalem Budget, aber lokalem Enthusiasmus auf. Vor allem die *Energy*-Kette positionierte sich frühzeitig als eindeutig jugendorientiertes Programm, das als Zielgruppe die Altergrenze bei 20 Jahren sah. Flapsig und flott waren die Wortbeiträge; die Musik war auf dem neuesten Stand. Doch lange Zeit kam das Angebot nicht aus einem Nischendasein heraus, so dass der Veranstalter der Werbekunden wegen doch bald nach dem musikalischen Mainstream schauen musste. Dies kostete den Sender gewiss eine kleine, exklusive Hörerschar, gewann mit der weniger speziellen Musikausrichtung jedoch einen neuen Hörerkreis hinzu, der die Senderkette auf jetzt 112.000 Hörer pro Durchschnittsstunde brachte (Media-Analyse II/2003/Sachsen).

Hatten in beiden Senderketten die einzelnen lokalen Stationen anfangs noch einen großen eigenständigen Spielraum, wurden, effizienten Programmablaufs wegen, die Strukturen gestrafft und bald mit einer die Sendegebiete übergreifenden Harmonisierung der Programmstruktur begonnen. Jede lokale Station übernahm den Musikmantel und richtete sich auf die für alle verbindliche Stundenstruktur aus. Nur so war es möglich, Kräfte zu bündeln und der werbetreibenden regionalen Wirtschaft glaubhaft eine attraktive Reichweite anzubieten.

Höhen und Tiefen privater Programmentwicklung 151

Die *SLP* hat ihre lokalen Studios bis heute als Kommunikationsorte für das Sendeumfeld bewahrt; *Energy* versorgt die lokalen Orte vor allem technisch zentral aus Leipzig und lässt sich dorthin aus den Regionen zuarbeiten.

Experiment Inforadio

Die bisherige programmliche Entwicklung der Lizenznehmer vor Augen, waren sich die damaligen Entscheidungsträger in Verkennung des real Möglichen einig, dass bei neu zu vergebenden Frequenzen ein Anbieter mit Schwerpunkt Information die Lizenz erhalten müsste. So ging das erste private sächsische Informationsradio am 3. April 1995 als Nachrichten- und Informationsprogramm *RADIOROPA-INFOWELLE* auf Sendung. Es war ein programmlich landesweit angelegtes, jedoch lokal in Dresden, Leipzig und Chemnitz verbreitetes Programm – und kam vorerst aus Daun (Rheinland-Pfalz) über Satellit nach Sachsen. Ab Herbst 1996 arbeitete dann ein eigenes Studio in Leipzig. Ein umfassend sächsisch informierendes Programm konnte *RADIOROPA* zu keiner Zeit seines Bestehens bieten.

Es gab zum Angebot aus Daun intensive sächsische Zuarbeit, doch wurden bald auch finanzielle Grenzen deutlich, die eine notwendige qualitative personelle Erweiterung behinderten. Ein Inforadio steht und fällt bekanntlich mit der Exklusivität und der hohen Qualität seiner Beiträge. Dies zu erreichen bzw. zu vermitteln, war dem Veranstalter zumindest in Sachsen nicht vergönnt. Originell wie interessant für den Hörer war aber die nächtliche Ausstrahlung von europäischen deutschsprachigen Programmen. Das war ein überzeugender Radioservice für solche Hörer, die sich für originäre internationale Informationen interessierten.

Im August 1998 informierte *RADIOROPA* die Öffentlichkeit darüber, dass es sein Metropolenprogramm „zur deutlicheren Positionierung seines Musikprogramms" um die Programmkennung *oldie.fm* erweiterte, wie es in einer Pressemitteilung hieß. Die Musikpositionierung lautete nun: „Die große Zeit von Beat, Pop und Rock'n Roll". Bald jedoch gab es den Slogan „Die größten Hits der 60er und 70er", später ergänzt um die „80er", der unter den dicken Lettern von *oldie.fm* stand. *RADIOROPA* tauchte in Sachsen nicht mehr auf.

Im Februar 1999 genehmigte der Medienrat die Übernahme aller Gesellschafteranteile von *RADIOROPA Tele und Radio GmbH* durch *Radio PSR*. Damit hatte das sächsische Oldie-Radio seine ersten eigenen drei Frequenzen, nämlich in Dresden, Leipzig und Chemnitz. Die Musik trug bis April 2003 bei in Dresden, Leipzig und Chemnitz. Die Musik trug bis April 2003 bei diesem Sender die bereits im Sendernamen *oldie.fm* deutlich fokussierte Angebotsidee. Wortschwerpunkte waren die historischen Erinnerungen aus der Musikgeschichte. Das Programm hat inzwischen eine sichere große und damit auch verkaufbare Höreranzahl von 71.000 in der durchschnittlichen Radiostunden (MA II 2002). Im Mai 2003 wurde *oldie.fm* erneut umformatiert zu *Radio R.SA (=Radio Sachsen)*. Aus Gründen der Marktorientierung auf eine jüngere Zielgruppe verspricht das Programm „die größten Hits der 80er, 70er und 60er" und hat jetzt eine Reichweite von 76.000 Hörern (MA II 2003/gesamt).

Die originellen Nischen

In Sachsen gab es keine der in den alten Ländern üblichen Offenen Kanäle, von 1993 an jedoch sogenannte nichtkommerzielle Veranstalter. Eingebunden in die Lizenz der *Elbwelle Dresden* innerhalb der *Energy*-Kette tauchte im Juli 1993 *coloRadio* auf, und zwar in einem Programmfenster donnerstags von 20.00 bis 24.00 Uhr, das die alternativen Veranstalter bis heute bei *Energy* Dresden innehaben. Weitere Veranstalter dieser unkonventionellen Programme sind *Radio T* (Chemnitz) und *Radio Blau* (Leipzig), die einen wöchentlichen vierstündigen Fensterplatz mit eigener Frequenz im Zuge der Lizenzierung von *RADIOROPA* erhielten.

Ein großes, ernst zunehmendes Ausbildungsfenster wurde zusätzlich auf der Leipziger Frequenz von *RADIOROPA* eingerichtet. Werktäglich sendet dort seit 31. Mai 1995 das Universitätsradio *mephisto 97,6*. Das Bemerkenswerte an diesem Angebot ist, dass es sich nicht um ein übliches Campusradio handelt, sondern sein Verbreitungsgebiet das Areal der Stadt Leipzig ist. Man kann von einem Lokalradio in Studentenregie unter Betreuung durch die Universitäts-Professoren und -Dozenten sprechen. Die Reichweite über den Universitätszaun hinaus zwingt die Programmmacher, sich ein breites Themenfeld vor das Mikrophon zu legen, auf dem neben durchaus interessanten studentischen und Uni-Themen eben aber auch andere jugendliche Zielgruppen ansprechende lokale Schwerpunkte und Ereignisse in der Stadt zu finden sind. Die Programmthemen sind oft sehr anspruchsvoll; die Zuarbeit speist sich aus den Uni-Angeboten und der Originalität der Studenten. Viele zeitweise bei *mephisto 97,6* tätige Studenten sind heute in Studios und Redaktionen von privaten wie öffentlich-rechtlichen Rundfunkveranstaltern zu finden, was die hohe Ausbildungsqualität dieses Senders dokumentiert.

Der private-sächsische Hörfunk ist, wie geschildert, bunt und anspruchsvoll und bedient mit den nicht-kommerziellen Programmfenstern eben auch Erwartungen spezieller Interessengebiete. Gerade aus solchen Interessenbereichen kommen immer wieder Wünsche für längere akustische Aktionsräume auf den Frequenzen. Das sind vor allem Wünsche von den Radiomachern selbst, weniger aus dem kaum bekannten Hörerpotential. Doch können einerseits nicht alle Wünsche in Erfüllung gehen. Andererseits sollte Bewährtes nicht unterschätzt werden. Ein vierstündiges intensives Radiofenster, das auf gewinnbringende Verbreitung nicht Wert legen muss, kann sich gerade wegen des engen zeitlichen Rahmens besonders markant ausprägen und sich als kleines, originelles Markenzeichen eine Stimme verschaffen.

Doch Radiofenster sind nicht Förderschwerpunkte der *SLM*. Das Sächsische Privatrundfunkgesetz setzt andere Akzente bei der Partizipation der Bürger an der aktuellen Medienwelt. Für die *SLM* ist jedoch wichtig, dass möglichst vielen am Rundfunk interessierten Menschen Möglichkeiten geboten werden, sich thematisch und technisch umfassend Medienkompetenz anzueignen. Diesen Anspruch erfüllen in hervorragender Weise unsere *Sächsischen Ausbildungs- und Erprobungskanäle (SAEK)*.

Gewiss, mit den sich selbst „Freie Radios" nennenden Hörfunkinitiativen ist das sächsische Ausbildungs- und Erprobungsangebot nicht zu vergleichen. Jeder Weg ist, wie die Realität zeigt, natürlich gangbar. Ich bin aber überzeugt, dass der sächsische Weg mit seinen vielfältigen Möglichkeiten, sich in eine freie Medienwelt einzubringen, vielen Menschen Mut zum ersten Schritt und zu weiteren Schritten in die Medienbranche gemacht hat und das auch weiterhin tut.

Das Fernsehen: selbstbewusste lokale Vielfalt

Die „Großen" unter den privaten Fernsehveranstaltern waren schon auf die Einrichtungen in den alten Bundesländern „verteilt", als die *Sächsische Landesanstalt für privaten Rundfunk und neue Medien* 1991 gegründet wurde und ihre Arbeit aufnahm. Schon damals stand fest, dass die *SLM* vor allem für regionale und lokale Programme zuständig sein würde. Dabei spielen terrestrisch verbreitete Programme wenigstens von der Anzahl her eine untergeordnete Rolle. Derzeit besitzen 86 Veranstalter Lizenzen für die Veranstaltung von Fernsehprogrammen in 452 Kabelnetzen mit knapp 710.000 angeschlossenen Wohneinheiten. Dieser Angebotsmenge im Kabel stehen nur wenige eigenständige, über terrestrische Sender in die Haushalte von Dresden, Leipzig, Chemnitz, Görlitz, Plauen und Auerbach gelangende Programme gegenüber – die auch zusätzlich über Kabelkanäle verbreitet werden.

Die Vielfalt der Angebote in den lokalen Kabelanlagen ist enorm – und oft nicht miteinander vergleichbar. In der interessanten, von der *SLM* in Auftrag gegebenen Studie „Lokales Kabelfernsehen in Sachsen" von Prof. Dr. Wolfgang Donsbach und Dr. Michael Altrogge wird zum Qualitätsaspekt der Programme bemerkt, dass er bei der Beurteilung des Angebotes durch die Zuschauer oft keine Rolle spiele. Entscheidend sei die lokale Nähe der Beiträge in Wort und Bild. Diese Tatsache führt bis heute zu den enormen qualitativen Unterschieden bei diesen lokalen Fernsehprogrammen, deren Formen von der schlichten Klapptafel mit Bewertbildanteil bis zum allen professionellen Kriterien standhaltenden Magazin reicht. Meist sind dabei die Budgets zur Verwirklichung von Programmideen sehr schmal, oder die Finanzierung erfolgt aus einer Hobbyleidenschaft, der man viele finanzielle Mittel ohne Murren und Zagen opfert. Es stellte sich nach den Lizenzierungen Anfang der 90er Jahre schnell heraus, dass der lokale Werbemarkt nicht nur vom Umfang her, sondern auch thematisch begrenzt ist. Im lokalen Umfeld bedarf es keiner großen Kampagnen, um einen neuen Bäcker bekannt zu machen, der seine Kundschaft über mündlich weitergegebene Informationen schneller und verbindlicher erreicht als über ein Massenmedium. Mit der weit gehenden Selbstfinanzierung der Programmangebote üben die lokalen Fernsehveranstalter natürlich auch eine gewisse Programmhoheit aus, die persönliche thematische Vorlieben und eigene ästhetische Auffassungen umzusetzen gestattet.

Die lokalen Kabelprogramme zeichnen sich vor allem durch Authentizität und dokumentarische Wiedergabe mit reichlichem Zeitfonds aus. Die journalistische Bearbeitung mit allen möglichen spannungshebenden Raffinessen entspricht meist nicht dem Bedarf des lokalen Zuschauers, dem es vor allem doch um die nachträgliche Reflexion von Ereignissen geht, die er bereits „vor seiner Haustür" erlebte. Diese Ereignisse sollen noch einmal glücklich oder schaudernd mit dem Wunsch durchlebt werden, sich selbst auf dem Bildschirm irgendwo zu entdecken.

Eine unbestreitbar wichtige Rolle spielt das Lokalfernsehen für die lokalpolitische Information. Was in den Amtsräumen passiert, was die gewählten Gemeindevertreter diskutieren und beschließen, ist höchster Aufmerksamkeit wert.

Höhen und Tiefen privater Programmentwicklung 155

Da mancher Veranstalter die Trennung von Staat und Rundfunk nicht durchgängig verinnerlicht hat, muss die *SLM* gerade beim Lokalfernsehen immer wieder auf den Wert der Rundfunkfreiheit hinweisen und an § 2 des Sächsischen Privatrundfunkgesetzes erinnern, der die Grundsätze für die Veranstaltung von privatem Rundfunk festlegt. Im Großen und Ganzen bewahrt sich aber das Lokalfernsehen in den kleinen wie großen Gemeinden eine unabhängige Stellung, die von den Zuschauern durch hohe Einschaltquoten honoriert wird.

Lokales Fernsehen ist für die Zuschauer punktuelles Fernsehen. Es dürfte auch bei den bescheidensten Zuschauern kein Ersatz für Nachmittags- und Abendprogramme der nationalen Fernsehanbieter sein. Lokalfernsehen muss nicht schön und pompös sein, sondern lokal aktuell, wahrhaftig, sich zu lokalen Eigenheiten bekennen und, wenn möglich, ab und an den Stolz der Einheimischen auf Heimat und Leistung unterstützen. Deshalb kommt die Verbreitungsform der sogenannten Schleife diesem Zuschauerverhalten ideal entgegen: Das einmal oder zweimal wöchentlich aktualisierte Programm (Magazine, Genresendungen zwischen 30 und 60 Minuten Länge) wird über den täglichen Zeitraum von 24 Stunden immer wiederholt. Was auf den ersten Blick wie eine Notlösung aussieht, ist auf den zweiten Blick die adäquate Form für dieses spezielle Angebot und die damit verbundenen Zuschauererwartungen.

Es ist nicht übertrieben, das sächsische Lokalfernsehen als eigenständige Subkultur des Landes zu bezeichnen, deren Lebensbedingungen nicht ideal sind, die aber kräftig genug ist, manches finanzielle Unwetter zu überstehen.

Das seit 1994 verbreitete terrestrische Fernsehen konzentrierte sich von Anfang an auf die großen sächsischen Ballungsräume Dresden, Leipzig und Chemnitz. Beginnend mit halbstündigen, „Drehscheibe" genannten Informationsmagazinen, anfangs eingebettet in die Programme nationaler Veranstalter wie *Kabel 1*, *Pro Sieben* oder *VOX*, gab es mit der Lizenzierung von 24-Stunden-Programmen die Möglichkeit, das Ballungsraumfernsehen auch in Sachsen auszurufen. Unter dem Namen *Sachsen Fernsehen* entwickelte sich ein inhaltlich wie technisch anspruchsvolles regionales Angebot. Überhaupt legte dieses Fernsehen schon immer professionelle Maßstäbe bei der Erstellung der Programmbeiträge an, die sich damit sehr deutlich in Anspruch und Ausführung positiv von den lokalen Angeboten abhoben – und es auch heute noch tun.

Doch eine hohe Programmqualität verschlingt in jeder Hinsicht viel finanzielles Futter. Das betrifft gutes Personal ebenso wie hochwertige Produktions-, Bearbeitungs- und Verbreitungstechnik. Folgerichtig ist die Abhängigkeit von Werbeeinnahmen sehr groß. Schlafwandlerisch sicher muss solches Fernsehen nach Wegen intensiver Vermarktung seines Programms suchen und gerät damit zwangsläufig in gefährliche Gegenden, die den Blick auf das Typische und Eigene von Lokalfernsehen ganz verstellen oder einschränken. Die gemeinsame nationale Vermarktung der deutschen Ballungsraumsender schuf für die Teilnehmer des Verbundes Zwänge, die von der Rolle des Lokalfernsehens und damit vom dort typischen Zuschauerverhalten wegführten. Die Bestückung des regionalen Ballungsraumprogramms mit nicht lokal und regional zuzuordnenden Programmangeboten schafft wohl kompatible Werbeplätze für alle Veranstalter, erweckt jedoch beim Zuschauer den für enge Programmbindung schädlichen Eindruck, dass keine „Einheimischen" am Werk sind. Für solche nicht heimatlichen Angebote braucht der Zuschauer aber kein regionales Fernsehen sondern holt sich diese Information und Unterhaltung bei den etablierten, großen nationalen Anbietern. Die gegenwärtige Krise des Ballungsraumfernsehen hat eine ihrer wichtigsten Ursachen in einer solchen programmlichen Grenzüberschreitung. Die fatalen Folgen für den Bestand des Ballungsraumfernsehens sind bekannt. Für die Zukunft bleibt zu hoffen, dass auf dem weiteren Weg dieser wichtigen Verbreitungsform vor allem das notwendige Typische formuliert wird und in der Programmgestaltung erhalten bleibt.

Programm unter der Lupe

Die Kontrolle der *SLM* gegenüber den Programmen der Veranstalter zielt auf die Einhaltung der Lizenzauflagen und die Beachtung der Vorgaben im Sächsischen Privatrundfunkgesetz. Wesentlichen Anteil an der Bearbeitung von Beschwerden und konkreten Verstößen hat dabei auch der Ausschuss „Programm und Jugendschutz" der Versammlung der *SLM*, einem Organ, das aus Vertretern von in Sachsen gesellschaftlich relevanten Gruppen besteht. Programmbeschwerden werden entweder spontan an die *SLM* herangetragen, oder Verstöße werden über die hauseigene Programmbeobachtung entdeckt. Die bisherigen Beanstandungen gegenüber Programmen sächsischer Veranstalter betrafen deutlich den Hörfunk und dessen rund 20 Programme, die natürlich eine wesentlich größere Nutzerreichweite haben als die Fernsehprogramme.

Im Lokal- wie im Ballungsraumfernsehen gibt es die deutliche Tendenz, die Grenzen zur sogenannten Schleichwerbung großzügig zu ziehen. Das ist heute um so erstaunlicher, als die Beschränkungen der Werbezeiten im Lokalfernsehen mit einer Novellierung des Sächsischen Privatrundfunkgesetzes abgeschafft

Höhen und Tiefen privater Programmentwicklung

wurden und es keinen Anlass für versteckte Werbung mehr gibt. Abgesehen von diesem ökonomischen Aspekt spielten in kleinen Kabelanlagen Verstöße gegen Bestimmungen für die Werbung bei Wahlen eine Rolle, aber keine herausragende. Wegen sicherer Zuschauerzahlen und der Verwendung vorwiegend eigenen Themenmaterials sind jugendschutzrelevante Beschwerden eher die Seltenheit. Mit der Übernahme von Kabelanlagen durch national agierende Unternehmen und durch sie eingeleitete technische Anlagenaufrüstungen mit Verbreitungsmöglichkeiten auf digitaler Basis sind Entwicklungen im Gange, die Programmveranstalter ermutigen, jugendschutzrelevante Angebote bei Beachtung von Verschlüsselungsgrundsätzen verstärkt anzubieten. Das enge lokale oder regionale Angebot dürfte diese Entwicklung kaum tangieren.

Im Hörfunkbereich gab es in den vergangenen Jahren, etwa seit 1998, etliche Beschwerden über Programmteile, Beitragssequenzen oder gesamte Beiträge, einzelne Gewinnspiele und über sprachliche „Ausrutscher" von Moderatoren. Im nicht-kommerziellen Radiobereich spielte die Drogenproblematik eine gewisse temporäre Rolle. Ethische Fragen wurden über Beiträge in der Geschichten-Rubrik eines Morgenprogramms diskutiert. Der *SLM* ist es sehr wichtig, mit den sächsischen Rundfunkveranstaltern im offenen Gespräch über Programmfragen zu bleiben, weil dies Einsichten eher fördert als mit der medienpolizeilichen Keule zu drohen. Es soll von unserer Seite aus nicht permanent mit dem Ordnungswidrigkeitenkatalog aus dem Gesetz gewinkt werden – trotzdem bleibt für die Veranstalter die Pflicht zu wissen, dass es einen solchen Katalog gibt.

Entscheidend in diesem ganzen Beschwerdebereich ist uns das Verhalten zur Selbstverpflichtung, wie sie deutlich in einem sogenannten Positionspapier des Arbeitskreises Privater Rundfunk Sachsen (APRS) zum Ausdruck kommt. Nach konkreten Programmbeschwerden über Angebote eines Hörfunkprogramms und einer Diskussion des Ausschusses „Programm und Jugendschutz" mit Beschwerdeführern, Betroffenen und Veranstaltern entstand die Idee eines verbindlichen Verhaltenskodexes. Der Medienrat unterstützte nachdrücklich diese Idee. Dabei ging es der *SLM* um eine Art Richtschnur, an der man bei Unklarheiten das Programm anlegt und als Veranstalter selbst prüft und somit die Anzahl möglicher Beschwerden von vornherein klein hält. Entgegen dem Verhalten von manchen kommunalen Ordnungsämtern geht es der *SLM* eben nicht um die listige Verteilung von teuren „Knöllchen" sondern vor allem um die Verbesserung von Programmqualität der von ihr lizenzierten Veranstalter.

Dieser Kodex sollte eine Art Pufferzone zwischen Freiheit der Programmentwicklung und Gesetzeswirkung sein. Weniger aus inhaltlichen als aus prinzipiellen Gründen, mit Blick auf die Rundfunkfreiheit und rechtliche Erwägungen, lehnten die Hörfunkveranstalter einen solchen Verhaltenskodex ab. Sie machten jedoch einen anderen Vorschlag: die Etablierung von „Beauftragten für Programmfragen" in den Redaktionen. Diese Beauftragten sollen die Programmvorhaben kritisch begleiten und Programminhalte bereits vor der Ausstrahlung auf mögliche Unklarheiten des Inhalts bzw. der Aussage prüfen. Diese Beauftragten sind in den Redaktionen beruflich etabliert und sollen Ansprechpartner für Programmverantwortliche wie für die *SLM* sein. Es ist hier das Prinzip „Vorfeld", das im Interesse beider Seiten urbar gemacht wurde und für dessen Erhalt beide Seiten großes Interesse zeigen. Es geht dabei eigentlich um präventive Programmpflege im großen Rahmen der Rundfunkfreiheit.

Ausblick

Beim Hörfunk ist das heute stark nivellierte Musikangebot eine Chance für die künftige Unterscheidung der Veranstalter im Wortbereich. Diese Veränderungen werden natürlich von der Entwicklung der Stundenreichweiten abhängig sein.

Die Morningshows sind gegenwärtig die bestimmende Quelle für Beiträge außerhalb der Nachrichten. In diesen Programmteil investieren die Veranstalter immer noch kräftig. Sollte sich dieses Morgenangebot abgeschliffen haben, dürften Mittel frei werden, die vielleicht für eine stärkere lokale und regionale Informationsvielfalt und deren Voraussetzungen (z.B. Personal) verwendet werden.

Allerdings setzt das ein Mindestmaß an Wirtschaftlichkeit bei den Veranstaltern voraus. Sollte die wirtschaftliche Rezession weiter anhalten, der Werbemarkt weiter einbrechen, dann dürfte auch die Morningshow solcher Entwicklung zum Opfer fallen bzw. in ihrem bisherigen personellen Umfang reduziert werden. Es bleibt dann vor allem ein umfassendes Musikangebot bei starker Konkurrenz aus dem Internet.

Im Fernsehen sollte es bei der lokalen Orientierung bleiben. In der bewussten Begrenzung liegt hier wahrscheinlich der Schlüssel zu kontinuierlichem Erfolg, also zu guten Stundenreichweiten bei den Rundfunkteilnehmern und breiter öffentlicher Beachtung.

Christian Schurig

Medien-Wege zur Demokratie und Medienkompetenz

„Offene Kanäle geben Einzelpersonen sowie gesellschaftlichen Gruppen, Organisationen und Institutionen die chancengleiche Gelegenheit zur Verbreitung eigener selbstgestalteter Beiträge oder Sendungen." Diese Grundsatzbestimmung, die aus dem Mediengesetz des Landes Sachsen-Anhalt entnommen ist, stellt lapidar die Grundlage für eine außerordentlich lebendige, nichtkommerzielle Medienlandschaft dar, die mit dem Begriff Bürgermedien umschrieben wird. Die Möglichkeit, unzensiert und selbstverantwortet eigene Fernsehbeiträge zu produzieren und öffentlich zu verbreiten stellt einen Meilenstein in der Demokratisierung der Medienstrukturen in den neuen Ländern dar.

Dass hierbei Neuland beschritten wurde, zeigt folgendes Erlebnis: Um den Mitgliedern der Versammlung der Medienanstalt Sachsen-Anhalt einen praktischen Einblick in die Tätigkeit Offener Kanäle zu vermitteln, wurde ein Informationsbesuch im Offenen Kanal in Kassel im Jahr 1992 organisiert. Nicht erstaunlich war, dass die ehrenamtlich tätigen Repräsentanten gesellschaftlich relevanter Gruppen aus Sachsen-Anhalt nahezu vollständig an dieser Informationsreise teilnahmen, weil ein erhebliches Informationsinteresse in diesen Sektor ausgefüllt werden sollte. Im Offenen Kanal Kassel, der im historischen Gebäude des Hauptbahnhofes untergebracht ist, wurden die Produktionsbedingungen vorgeführt und anschließend wurde das „Sendezentrum" gezeigt. Der zuständige Produktionsleiter wies darauf hin, dass er soeben einen fertigen Beitrag eines Nutzers auf Videokassette erhalten habe und diese nunmehr in den Senderecorder einlege, um den Beitrag in das Kabelnetz in der Stadt Kassel zu verbreiten. Die Frage eines Besuchers: „Und sie haben sich diesen Beitrag vorher überhaupt nicht angeschaut?" wurde vom verantwortlichen Leiter des

Offenen Kanals mit einigem Unverständnis aufgenommen und wie folgt beantwortet: „Beiträge im Offenen Kanal unterliegen keiner Zensur und schon gar keiner Vorzensur und sind so zu verbreiten wie sie uns angeliefert werden!"

Es entspann sich daraufhin die übliche Diskussion über die Freiheit der Berichterstattung, zentrale Bedeutung von Artikel 5 des Grundgesetzes (Meinungsfreiheit) sowie das Erlernen des Umgangs mit Freiheit und Demokratie. Die Mitglieder der Medienanstalt kamen begeistert aus Kassel zurück und verständigten sich darauf, Offene Kanäle und Bürgermedien auch in Sachsen-Anhalt zu ermöglichen. Der Offene Kanal, der auf lokal-regionaler Ebene nahe beim Zuschauer angesiedelt und als eigenverantwortliches Bürgerfernsehen konzipiert ist, ermöglicht zugleich, den Bürger/Zuschauer aus der Rolle des Rezipienten in die des Kommunikatoren eigenverantwortlich hinüberwechseln zu lassen. Dabei werden auch die bisherigen Kommunikatoren aus ihrer angestammten Rolle verdrängt; sie können bestenfalls „Kommunikationshelfer" sein, indem sie technisch-inhaltliche Kompetenz nach Bedarf den Nutzern des Offenen Kanals zur Verfügung stellen. Damit haben sie auch die Chance eines Rollenwechsels, sie werden zu Zuschauern der Bürgerproduktionen.

Beide Rollenwechsel – und das ist konstitutiv für die über ihn selbst hinausreichende Bedeutung und Funktion des Offenen Kanals – sind zeitweilig, nie dauerhaft, und sie behalten insofern immer etwas den Charakter eines „Rollenspiels". Die Idee eines selbstverantworteten lokal-regionalen Bürgerfernsehens in Gestalt des Offenen Kanals ist nicht vom Himmel gefallen; sie ist eine Reaktion auf die Organisationsform des Massenmediums Fernsehen. Die öffentlich-rechtliche Organisationsform des Rundfunksystems in der Bundesrepublik Deutschland war auch unter anderem das Resultat aus der Einsicht, dass – aus technischen wie finanziellen Zwängen, aber auch aus kommunikationswissenschaftlich begründbarer Begrenzung – nicht jeder sein eigenes Programm machen kann. Statt dessen werden Kommunikatoren stellvertretend für alle – Mehrheiten und Minderheiten – tätig. Und damit das Wort des Publizisten Paul Sethe über die Presse – „Pressefreiheit ist die Freiheit von 200 reichen Leuten, ihre Meinung zu verbreiten" – sich nicht für den Rundfunk bewahrheitet, werden sie von in Gremien zusammengefassten Vertretern der gesellschaftlich-relevanten Gruppen kontrolliert. Die *direkte* Einbeziehung der Bürger/ Zuschauer in diesen stellvertretenden Produktionsprozess ist im Fernsehalltag vielfach versucht worden. Sie reicht von zweifelhaften Formen der Beteiligung als Applauspublikum über Kandidatenpublikum bis hin zu ernsthaften, die Inhalte und Form der Sendung mitbestimmenden Beteiligungsversuchen. Dennoch haben alle diese Beteiligungsversuche ein Stück Alibicharakter behalten; sie sind nie ganz frei von der professionellen Herablassung der Kommunikatoren, die nur zu oft (aber nicht immer zu Recht) glauben, stellvertretend „objektiver" über die Wirklichkeit berichten zu können als die von ihr Betroffenen selbst.

Der Offene Kanal/die Bürgermedien beheben das Defizit eines nur über Kommunikatoren vermittelten Fernsehens durch die vollständige und eigenverantwortliche Einbeziehung der Betroffenen in den Produktionsprozess. Mit dem Rollenwechsel von Rezipient zu Produzent ist für die Benutzer die Möglichkeit gegeben, ihre eigenen Probleme, Interessen, Wünsche und Meinungen zu artikulieren und audiovisuell aufbereitet darzustellen. Das Spektrum der subjektiven Selbstdarstellung ist breit. Es kann von der engagierten Botschaft eines einzelgängerischen Weltverbesserers oder dem peinlichen Selbstdarstellungsdrang eines bisher zu Recht verkannten Künstlers bis zur fundierten Information einer Bürgerinitiative, einer Jugendgruppe oder eines Alten-Clubs über ihre Ziele reichen. Oder es kann die eindringliche Schilderung eines Falls von Bürokratenwillkür und Medizinerallmacht durch den von den Folgen des Betroffenen selbst und den einseitig indoktrinatorischen Appell einer politisch extremen Gruppierung umfassen. Sicher würde es zu weit gehen, würde man diesen Vorgang als den Umschlag von Subjektivität in Objektivität beschreiben. Bürgermedien sind grundsätzlich subjektiv. Und wer will entscheiden, wer der Wahrheit am nächsten kommt, der Betroffene selbst oder dessen distanzierter, aber wohlmeinender Beobachter?

In der praktisch-organisatorischen Struktur haben sich die Bürgermedien in der Bundesrepublik Deutschland in den zurückliegenden 15 Jahren aufgrund der gemachten Erfahrungen und Evaluierungen unterschiedlich entwickelt.
Fünf Bereiche lassen sich hierbei differenzieren:
- das konkrete Angebot an Einzelne und Gruppen zur Nutzung der Meinungsäußerung- und Rundfunkfreiheit,
- die Zugangsoffenheit (mit unterschiedlichen Regeln des Zugangs), die Vermittlung von Medienkompetenz, also der Fähigkeit zu einem selbstbestimmten und reflektierten Umgang mit Medien und einer aktiven Kommunikation mit und durch Medien in Theorie und Praxis,

- Sendungen bzw. Programme „aus erster Hand", das Prinzip ausschließlich lokaler und regionaler Verbreitung,
- Der Grundsatz der Werbefreiheit von Sendungen bzw. Programmen,
- die gemeinnützige Trägerschaft des Senders durch einen Verein oder eine Landesmedienanstalt.

In den jeweiligen Ausprägungen haben die Bürgermedien folgende Spezifikationen als Auftrag akzeptiert, der im Regelfall auf landesgesetzlichen Grundlagen beruht:

Offene Kanäle

Der Bürgersender muss für einen bestimmten Anteil der Sendezeit einen diskriminierungsfreien Zugang sicherstellen. Es ist allen interessierten Bürgerinnen und Bürgern des Verbreitungsgebietes erlaubt, selbst produzierte Beiträge und Sendungen im Hörfunk und/oder Fernsehen eigenverantwortlich zu verbreiten.

Nichtkommerzieller Hörfunk (NKL)

Im Interesse lokaler publizistischer Ergänzung und programmlicher Kontinuität muss ein Bürgersender vom Träger gestaltete und verantwortete Programmleistungen erbringen dürfen, wobei der Schwerpunkt die lokale Information sein muss. Diese Beiträge sind naturgemäß im Hörfunk anders als im Fernsehen.

- *Aus- und Fortbildungselement:* Für vorberufliche und berufliche sowie schulische und freizeitbezogene Zwecke kann die Vermittlung von rundfunkorientierter Medienkompetenz im Bürgersender äußerst wirkungsvoll geschehen. Auch die Beschäftigung von Auszubildenden kann sinnvoll sein. Im Einzelfall müssen dabei auch Produktionen ohne das Ziel der Sendung möglich sein.
- *Campusprogramme:* Dort wo Fachhochschul- oder Hochschulen im Sendebetrieb liegen, können die Verbreitungsmöglichkeiten des Bürgersenders auch für die campusinterne Kommunikation und Fortbildung genutzt werden.
- *Multimedialelemente:* Die Aus- und Fortbildung für Multimedia kann – pädagogisch begleitet – im Bürgersender on- und offline eine Qualifizierung schaffen, die gleich-

zeitig der audiovisuellen Grundausbildung dient und für die Wirtschaft interessant ist. Multimedia-Infrastruktur und Curricula für die Multiplikatoren-Ausbildung sind dafür die Voraussetzungen.

● *Experimental-Element:* Als Plattform für technische und/oder gestalterische Experimente kann im Bürgersender Neues entwickelt und erprobt werden. Dies ist insbesondere in Kooperation mit Hochschulen möglich.

● *Beschäftigungselement:* Im Bürgersender können sowohl Arbeitsangebote online erkundet als auch per Videokommunikation, insbesondere Bewerbungen, trainiert werden.

In den drei mitteldeutschen Ländern haben sich unterschiedliche Schwerpunkte bei der Umsetzung der Bürgermedien-Struktur herauskristallisiert.

Sachsen

Im Freistaat Sachsen bestehen mit *coloRadio* (Dresden), *mephisto 97,6* – *das Uniradio* (Leipzig), *Radio Blau* (Leipzig) und *Radio T* (Chemnitz) vier nichtkommerzielle Hörfunksender. Daneben werden mit nicht unerheblichem finanziellem Aufwand insgesamt acht sächsische Ausbildungs- und Erprobungskanäle *(SAEK)* an den Standorten Bautzen, Chemnitz, Dresden, Görlitz, Hoyerswerda, Leipzig, Plauen und Zwickau betrieben.[1]

Die Gründung der Sächsischen Ausbildungs- und Erprobungskanäle *(SAEK)* im Hörfunk und Fernsehen beruht auf einer medienpädagogischen Initiative der *Sächsischen Landesanstalt für privaten Rundfunk und neue Medien (SLM)* aus dem Jahre 1997. Seit dem 1. März 2002 wird dieses Projekt durch die *SAEK*-Förderwerk für Rundfunk und neue Medien GmbH fortgeführt. Das Gesamtprojekt mit seinen derzeit zehn Einzelprojekten steht allen rundfunkinteressierten Bürgern offen. Die Teilnahme an den Kursen und die Nutzung der Studios ist kostenlos.

Die praktische Ausbildung im Rundfunk dient zum einen der Herausbildung von Medienkompetenz von Laien. Diese medienpädagogische Zielstellung orientiert nicht primär auf eine Bündelung von handwerklichen Fertigkeiten im Umgang mit Medien, sondern auf den Erwerb kognitiver Strukturen, die einen kompetenten,

---

[1] Stand: Januar 2003.

verantwortungsvollen und kritischen Umgang mit den Medien aller Art ermöglichen sollen. Ziel ist der Erwerb übertragbaren medienspezifischen Handlungswissens, welches Spielräume für frei gewähltes Handeln eröffnen sowie bisherige (Medien-)Erfahrungen und neue (Medien-)Wahrnehmungen strukturieren soll. Medienpädagogische Arbeit zielt so auf kommunikative und soziale Kompetenz. Zum anderen können Journalisten, „Seiteneinsteiger", zukünftige Redakteure und andere beruflich Interessierte im *SAEK* ihre journalistische Kompetenz erhöhen.

Die Förderung von journalistischen Aus- und Fortbildungsmaßnahmen für qualifizierte Medienpraktiker soll mithelfen, dass dem in Sachsen lizenzierten Rundfunk ein gut ausgebildeter Nachwuchs zur Verfügung steht. Die *SLM* sieht im Ausbildungsangebot der *SAEK* eine wichtige Grundlage für künftige Programmvielfalt und Programmqualität und will damit auf ihre Art und Weise den Medienstandort Sachsen sichern und ausbauen helfen.

Die Sendemöglichkeit für die *SAEK* stellt des Weiteren erweiterte Ansprüche an die Medienkompetenz der Nutzer. Ziel ist nicht die unkontrollierte Mitteilung jedweder Befindlichkeiten dieser Nutzer, sondern die verantwortungsbewusste Sendung von Beiträgen von Redaktionen, die der journalistischen Bildungsarbeit und medienpädagogischen Projekten entstammen. Die *SAEK*-Rundfunkprogramme sollen einen Beitrag zur verständigungsorientierten Verlebendigung der öffentlichen lokalen Kommunikation leisten.

Sachsen-Anhalt

Als eines der ersten neuen Bundesländer hat Sachsen-Anhalt den Schwerpunkt bei der Förderung von Bürgermedien auf die Errichtung von Offenen Kanälen (OK) in unabhängiger Vereinsträgerschaft gelegt. Mit acht Offenen Kanälen an den Standorten Dessau, Magdeburg, Merseburg, Wittenberg, Wernigerode, Salzwedel, Stendal und Wettin verfügt dieses mitteldeutsche Bundesland über eine ausgeprägte OK-Struktur, die sich in den zurückliegenden Jahren bewährte. Die Einbindung der Offenen Kanäle in kommunale Gegebenheiten, der überwiegende lokale Bezug der produzierten Programme stellt einen hohen Grad an Identifikation und Akzeptanz sicher. Produktionstechnisch sind die Offenen Kanäle in Sachsen-Anhalt auf dem neuesten, digitalen Standard, der einen Vergleich mit Offenen Kanälen in den alten

Medien-Wege zur Demokratie und Medienkompetenz

Bundesländern nicht scheuen muss. Des Weiteren bestehen an den Standorten Aschersleben *(Harz-Börde-Welle),* Halle *(Corax)* und Naumburg *(Radio FRN)* drei nichtkommerzielle Hörfunksender, die terrestrische Hörfunkfrequenzen nutzen können. Sie haben sich seit ihrem Bestehen mit einer echten Ergänzung privater und öffentlich-rechtlicher Hörfunkprogramme in diesem Bundesland bewährt. Die Förderung der Bürgermedien durch die *Medienanstalt Sachsen-Anhalt,* die rund 30 Prozent des verfügbaren Finanzvolumens ausmacht, stellt gleichzeitig sicher, dass an diesen Standorten Begegnungsstätten errichtet wurden, die unabhängig von Altersgrenzen und gesellschaftlichen Schichten Kristallisationspunkte im kommunalen, bürgerschaftlichen Leben darstellen, was angesichts der finanziellen Engpässe der Kommunen und deren Rückzug aus vergleichbaren Einrichtungen besonders wichtig erscheint.

Die *Medienanstalt Sachsen-Anhalt* betreibt darüber hinaus zur Aus-, Fort- und Weiterbildung für Mitarbeiter und Nutzer der Offenen Kanäle und Nichtkommerziellen Lokalradios ein Medienkompetenzzentrum, das jährlich in ca. 100 Veranstaltungen an die 1000 interessierten Laien die inhaltlichen und technischen Grundlagen der Arbeit mit elektronischen Massenmedien vermittelt. Ein Medienmobil mit Video- und Aufnahmeeinheiten sowie digitale Bild- und Tonbearbeitungssystemen fährt Schulen und Jugendeinrichtungen an und führt unter medienpädagogischer Anleitung Fernseh- und Radioprojekte mit Kinder- und Jugendgruppen durch.

Thüringen

Im Freistaat Thüringen sind mit dem Bürgerradio für Erfurt und Weimar *(Funkwerk)* und dem *Offenen Kanal Gera* zwei Bürgermedien in Trägerschaft der Landesmedienanstalt eingerichtet. Der *Offene Kanal Eichsfeld und Saalfeld* sowie die Offenen Kanäle in den Standorten Jena, Nordhausen und Eisenach sind in Vereinsträgerschaft organisiert. Hinzu kommen die nichtkommerziellen Lokalradios in Erfurt *(Radio F.R.E.I.)* und in Weimar *(Radio Lotte)* – ebenfalls in der Trägerschaft eines gemeinnützigen Vereins. Mit dem „Pixel-Fernsehen" verfügt Thüringen über einen weiteren Kinder- und Jugendkanal am Standort Gera, wo zwei Medienpädagogen in festen Redaktionsgruppen Kinder und Jugendliche bei der Erstellung von Fernsehprogrammen unterstützen, die im Offenen Kanal gesendet werden.

Ausblick

Die Bürgermedien – nicht nur in Mitteldeutschland – stehen bundesweit vor besonderen Herausforderungen und Anforderungen. Zum Einen ist die Finanzierung im Rahmen von Zuschüssen auf Grund der durch die Landesmedienanstalten zu erfüllenden, weiteren gesetzlichen Aufgaben nicht mehr zu steigern. Gleichzeitig sind Eigeneinnahmen der Bürgermedien durch Sponsoren und Mitgliedsbeiträgen der Trägervereine angesichts des zurückgehenden Kultursponsorings nur schwer zu erhöhen. Gerade in Mitteldeutschland nahmen jedoch die Bürgermedien bei gleichzeitigem Rückzug der Kommunen aus der kulturellen Förderung unverzichtbare Aufgaben im Bereich der Vermittlung von Medienkompetenz und der praktischen Gestaltung von Medienangeboten ein, die auch regelmäßig durch landespolitische Aussagen in ihrer zentralen Bedeutung, die kulturelle Vielfalt zu stärken, bestätigt werden. Versuche, aus finanziellen Erwägungen die Zahl der Bürgermedien zu reduzieren, hatten den erbitterten und konzertierten Widerstand der Trägervereine, der Bevölkerung und der politischen Institutionen im kommunalen/regionalen Umfeld zur Folge. Dies bedeutet, dass die Bürgermedien, gerade in Mitteldeutschland, sich auf kommunalen Ebenen fest etabliert und bewährt haben und gerade im Ausbildungsbereich eine nicht mehr wegzudenkende Ergänzungsfunktion wahrnehmen.

Nicht erreicht wird mit dem Bürgermedien die bei ihrem Auftreten von Medientheoretikern gewünschte „Gegenöffentlichkeit". Dahinter verbirgt sich der Wunsch oder die Absicht, neben den öffentlich-rechtlichen und privaten Rundfunkprogrammen eine sogenannte „Dritte Säule" im Rundfunksystem in der Rundfunklandschaft Deutschlands zu etablieren. Die begrenzte technische Verbreitung der Fernsehprogramme in Offenen Kanälen, die überwiegend unpolitische Themenwahl, die möglicherweise ein Ausdruck der Einstellung vor allem der jungen Generation zu politischen Fragestellungen im Alltag ist, sowie der zeitliche und personelle Aufwand für die Erstellung von Fernsehbeiträgen räumen den Bürgermedien im Fernsehbereich nicht jene Einflussstärke ein, die man messbar als „Gegenöffentlichkeit" bewerten könnte. Anders verhält es sich im nichtkommerziellen Hörfunk (NKL). Dort ist eine nichtformatierte, innovative Programmgestaltung mit zahlreichen politischen Themen anzutreffen.

Hinzu kommt ein regelmäßiger und intensiver Programmaustausch zwischen den in der Bundesrepublik Deutschland zugelassenen Hörfunksendern, der preiswert über Internet sichergestellt werden kann. Der hohe Wortanteil dieser Programme, die enge Verbindung zu politisch aktiven Institutionen, der relativ hohe Anteil von Studenten bei der Programmgestaltung und die regelmäßige terrestrische Verbreitung dieser Sendungen stellen im Konzert der gesamten Hörfunklandschaft einen wesentlichen, meinungsbildenden Bestandteil dar. Es ist nachgewiesen, dass zahlreiche Mitarbeiter nichtkommerzieller Hörfunksender von kommerziellen und öffentlich-rechtlichen Sendern abgeworben werden und dort eine erfolgreiche Arbeit abliefern. Nichtkommerzieller Hörfunk in Deutschland ist das Laboratorium für innovativen Journalismus.

In jüngster Zeit wird intensiv die Frage diskutiert, ob Bürgermedien in näherer oder fernerer Zukunft durch das Internet ersetzt werden können, Bürgermedien sind, um publizistisch wirken zu können, Fernseh- und Radiosender. Eine publizistische Ergänzung können sie aber nur sein, wenn sie für ein möglichst breites Publikum empfangbar sind, wobei auf absehbare Zeit das Fernsehen als Leitmedium seinen Stellenwert behauptet. Hinzu kommt, dass der Vorteil des Internets – weltweite Verbreitung – dem lokal/regionalen Anspruch der Bürgermedien als Verbreitungsweg diametral entgegensteht. Lokalsender müssten selbst dann noch lokal verbreitet werden, wenn schon alle überregionalen Sender ausschließlich über das Internet senden würden. Insgesamt bedeutet das, dass lokales Bürgerradio terrestrisch verbreitet werden muss, lokales Bürgerfernsehen in lokale/regionale Kabelnetze eingespeist werden muss. Diese klassischen Verbreitungswege des Rundfunks kann das Internet absehbar auch nicht ersetzen. Als globales Medium hat das Internet zwar theoretisch eine unbegrenzte technische Reichweite. Tatsächlich sind der Zugang und die Nutzung im Vergleich zum traditionellen Rundfunk noch immer – und wohl auch noch auf lange Sicht eher – begrenzt.

Die Ursachen dafür sind nur zum Teil technischer Natur. Hierzu zählen darüber hinaus auch die unterschiedlichen Nutzungsgewohnheiten, die Kostenpflichtigkeit des Internets, seine inhaltliche Unübersichtlichkeit und die oft noch fehlende mobile Empfangbarkeit. Unverzichtbar ist das Internet im Bereich der Bürgermedien als Mittel der Öffentlichkeitsarbeit, als Recherche-Medium sowie als Ort der direkten Kommunikation (Internetcafé). Darüber hinaus kann das Internet mit zunehmender Steigerung seiner Leistungsfähigkeit auch als Transportmedium interessant werden.

Die zentrale und für die Zukunft immer wichtiger werdende Aufgabe der Bürgermedien, Medienkompetenz zu vermitteln und die NutzerInnen in einen kompetenten Umgang mit den Medientechniken einzuüben, ist in einem Positionspapier (Stand: 2001) zusammenfassend dargestellt worden, das von den Beauftragten für Bürgermedien der deutschen Landesmedienanstalten erarbeitet wurde. Unter Einbeziehung einer nahezu 15jährigen Erfahrung bei mehr als 150 Bürgermedienstandorten in Deutschland kommt dieser Positionsbestimmung eine besondere Bedeutung zu. Deshalb wird dieses Positionspapier im Folgenden veröffentlicht.

Medienkompetenz und Bürgermedien
Grundsätzliche Bedingungsfelder

Mit der anhaltenden Digitalisierung der elektronischen Medien – multimediale Anwendungen, Internet usw. – wird verstärkt die Forderung nach einer systematischen Vermittlung von Medienkompetenz für alle erhoben. Mittlerweile durchdringen und beeinflussen Medien nahezu unsere gesamte Lebenswelt, im beruflichen, im familiären, im Bildungs- und Freizeitbereich. Medien sind integraler Bestandteil der Informationsgesellschaften geworden. Die Kompetenz, Medien zu durchschauen, sie für eigene Interessen zu nutzen und sie mitzugestalten, wird in Zukunft für die Einzelne und den Einzelnen wichtige Voraussetzung sein, um sich (weiterhin) aktiv am gesellschaftlichen Leben zu beteiligen. Der Vermittlung von Medienkompetenz, vor allem im Bildungs- und beruflichen Bereich, kommt daher eine entscheidende Rolle in der sich entwickelnden Informationsgesellschaft zu.

Die Erziehungswissenschaft hat den gesellschaftlichen Anforderungen Rechnung getragen und die Pädagogik um die Medienpädagogik erweitert, deren wesentliche Lernziele sich in angeleiteten Praxisprojekten vermitteln. Im übergeordneten Sinne geht es dabei immer um die Vermittlung von Medienkompetenz als Teil kommunikativer Kompetenz. Medienkompetenz muss daher mehr sein als das Bedienen eines technischen Instrumentariums zum Zwecke einer konsumorientierten Medienaneignung.

Medienpädagogik hat zum Ziel,
- Sachkompetenz (das Wissen über die Medien),
- Rezeptionskompetenz (die Fähigkeit, Medien kritisch zu nutzen) und
- Partizipationskompetenz (die Fähigkeit, Medien selbstbestimmt zu produzieren)

zu vermitteln.

In der Praxis hat sich für diese Ziele die Methode der aktiven Medienarbeit als der Weg bewährt, der mittels Projektarbeit hohe Motivation und dauerhafte Lernerfolge mit sich bringt. Alle diese durch Lernprozesse erreichbaren Ziele von Medienarbeit lassen sich dabei letztlich den einzelnen Schritten eines Medienproduktionsprozesses zuordnen. Wer sich mit der Erstellung eines Medienproduktes befasst, interessiert sich automatisch für das Medium an sich und dessen Wirkung. Hörfunk und Fernsehen sind zur Zeit, im Vergleich zum Internet, nicht nur die Medien, die mit Abstand am meisten genutzt werden, sondern beide bilden darüber hinaus auch in der Medienwelt von morgen die Grundlage für multimediale Information und Kommunikation, in der neben Text verstärkt bewegte Bilder und Ton in wechselnden Kombinationen zum Einsatz kommen.

Die Bürgermedien in Deutschland (im Hörfunk und Fernsehen Offene Kanäle, NRW Bürgerfunk, nicht kommerzielle Lokalradios, Aus- und Fortbildungskanäle, Campusfunk) vermitteln bereits seit Jahren Medienkompetenz für breite Bevölkerungsschichten. Damit machen die zugangsoffenen, regionalen, werbefreien Bürgersender in Hörfunk und Fernsehen nicht nur konkrete Angebote an Einzelne oder Gruppen zur Nutzung des Rechts auf Meinungsfreiheit, sondern leisten umfassende medienpädagogische Arbeit, die bezogen auf die elektronischen Medien alle Zielbereiche moderner Medienpädagogik berücksichtigt.

Defizite

Es gibt bei der Vermittlung von Medienkompetenz, die seit „Erfindung" der Medienpädagogik in den 60er Jahren bereits intensiv praktiziert wird, dennoch etliche Defizite, die dringend mit wissenschaftlicher Begleitung konzeptionell bearbeitet und mit neuen Konzepten in der Praxis erprobt werden müssen – gerade auch durch die neuen Anforderungen von Multimedia.

Multimedia: Durch das „Zusammenwirken verschiedener Medientypen wie Texten, Bildern, Grafiken, Ton, Animation, Videoclips", sind bei Multimedia völlig neue Möglichkeiten der Medienproduktion und -rezeption entstanden. Auf der Basis der vorhandenen Erfahrungen muss deshalb ein medienpädagogisches Konzept für Multimedia von Grund auf entwickelt werden. Dabei sollte weniger von vorhandenen technischen Möglichkeiten, sondern vielmehr von der Frage ausgegangen werden, wie eine Geschichte mit Multimedia erzählt und diese Fähigkeit vermittelt werden kann.

Audio: Die Möglichkeiten der Audioarbeit müssen für verschiedene Altersbereiche neu entdeckt werden, insbesondere dort, wo Bürgerradios existieren. Audioarbeit kann insbesondere für den ländlichen Raum, in dem kaum Kabelnetze existieren, ein wichtiger und effizienter Ansatzpunkt für die Vermittlung von Medienkompetenz sein.

Kinder und Jugendliche (bis zwölf Jahre): Pädagogische Forschung über die besonderen Anforderungen an die altersgerechte Vermittlung von Medienkompetenz junger Menschen sowie die daraus resultierende Fortbildung der Multiplikatoren müssen intensiver als bisher initiiert, finanziert und umgesetzt werden.

Schule und Bildung: Es ist ein umfassender und systematischer Aktionsplan erforderlich, der unter Einbeziehung einer Lehrplanevaluation/-revision Fortbildungsmöglichkeiten beschreibt und organisiert sowie Kooperationen für die Fortbildung und für die Praxis im Unterricht eröffnet.

Senioren: Die Zunahme des Anteils von Senioren an der Bevölkerung erfordert neben wissenschaftlicher Grundlagenarbeit in diesem Bereich die systematische Fortbildung von Multiplikatoren und Kooperationen für die praktische Umsetzung von zu entwickelnden Konzepten.

Drei Perspektiven für Bürgermedien

Die meisten Ausprägungen von Bürgermedien sind zwar auf verbandlicher Ebene vernetzt, der Austausch zwischen den einzelnen Verbänden ist aber ausbaufähig. Der AKOK (Arbeitskreis Offener Kanäle) als bundesweit tätige Einrichtung kann einerseits durch bundesweite Auswertung von Erfahrungen regionale Erkenntnisse bundesweit zugänglich machen, andererseits die Förderung der Vermittlung von Medienkompetenz vor Ort unterstützen bzw. organisieren. Auf diese Weise kann Vernetzung konkrete Arbeitserleichterungen bewirken und ist nicht nur Selbstzweck. Gleiches gilt für den Bundesverband Offener Kanäle e.V. (BOK).

Bundesweite Aktivitäten: Vernetzung

Während die Vermittlung von Medienkompetenz vor Ort meist gut funktioniert, so werden doch jeweils unterschiedlichste Ansätze neu erprobt, reflektiert, verändert und wieder erprobt. So kann man zum einen diese Vorgänge für alle transparent machen, zum anderen aber auch Innovationen initiieren und exemplarisch ermöglichen. Da wären:
  Bundesweite Vernetzung der Bürgermedien im Bereich Medienkompetenz (Info-Pool),
• Vorbereitung und Durchführung von Diskussionsforen/-kongressen (z.B. Bildungsmesse der Bürgermedien, Forum für Erfahrungsaustausch),
• Kontakt und konstruktive Teilnahme an bundesweiten themenbezogenen Kongressen und

- dauerhafte Mitarbeit in der „AG Medienkompetenz" der Landesmedienanstalten, damit die Erfahrungen der Bürgermedien, insbesondere in Bezug auf eine praxisorientierende Vermittlung von Medienkompetenz, in die gemeinsame Arbeit eingebracht werden.

Bundesweite Aktivitäten: Bürgermedien und Schule

Bürgermedienprojekte arbeiten vor Ort üblicher Weise mit schulischen Einrichtungen erfolgreich zusammen. Dennoch fehlt in der Praxis für den Schulbereich nach wie vor eine systematische curriculare Planung und Umsetzung der Vermittlung von Medienkompetenz. Eine Vernetzung kann Teile dieser Lücke zwischen funktionierender Praxis vor Ort und fehlender Systematik in der Fläche schließen und durch bundesweite Koordination diesem besonderen und wichtigen Lernfeld zu einer effektiveren Praxis verhelfen.
- Eine Kontaktstelle für die Zusammenarbeit von Schulen (Kultusministerien/ Schulverwaltung) und Bürgermedien, die u.a. Ideen für dieses Arbeitsfeld sammelt und weitergibt sowie
- eine Initiative zur Information der entsprechenden Landesinstitutionen und Ministerien über Bürgermedien, deren Kompetenzen und Möglichkeiten sind mit wenig Aufwand durchführbar.
- Sowohl die Vermittlung von Medienkompetenz als auch die dazu erforderlichen pädagogischen Fähigkeiten und Kenntnisse über die Einbeziehung von Bürgermedien im Unterricht müssen aber auch in die Lehrerausbildung einfließen. Hier sind bundesweit abgestimmte Initiativen auf Länderebene notwendig.

Bundesweite Aktivitäten: Kooperationen

Bürgermedien wirken in der Gesellschaft bereits in vielen Bereichen ausbildend:
- In der Freizeitgesellschaft (Aktivitäten: Allgemeine Seminare, training on the job),
- während der Berufsfindungsphase (Aktivitäten: Schulpraktika),
- in der vorprofessionellen Ausbildung (Aktivitäten: Fachhochschul- und Hochschulpraktika),

- bei der professionellen Ausbildung (Aktivitäten: Ausbildung Mediengestalter Bild/Ton).

Bürgermedien sind dabei auf Kooperationen mit anderen Bildungsträgern angewiesen. Erfahrungen und Ergebnisse dieser Kooperationen bedürfen einer regelmäßigen überregionalen Auswertung, die der AKOK vornehmen kann.

Aktivitäten vor Ort:
Bürgermedien als regionale Medienkompetenzzentren

Die Bürgermedien in Deutschland haben sich mittlerweile an weit über 150 Standorten zu wichtigen lokalen und regionalen Zentren zur Vermittlung von Medienkompetenz entwickelt. Je nach Organisationsform, Entwicklungsstand und Ausstattung bieten sie vor Ort, oft in Zusammenarbeit mit Einrichtungen der Schul-, Hochschul- und Erwachsenenbildung, qualifizierte, praxisorientierte Bildungsangebote für breite Bevölkerungsschichten, Multiplikatoren oder Berufseinsteiger.

Praktische Medienarbeit: Bürgermedien sind in erster Linie Sender. Ihre Programme werden öffentlich ausgestrahlt, und da sie von den Bürgerinnen selbst gemacht werden, ist die praktische Medienarbeit – unter Anleitung oder per *learning by doing* – Voraussetzung für die Existenz der Bürgersender.

Exemplarische Arbeit: In Bürgersendern kann exemplarisch gearbeitet werden. Dokumentationen der Arbeit und Handlungsvorschläge für andere können diese Erfahrungen für eine breite Anwendung nutzbar machen.

Lernen an der Praxis und an selbstbestimmten Inhalten: Bürgermedien bieten den Rahmen für erfahrungsbezogenes, produktorientiertes Lernen. Die Bürgerinnen und Bürger bestimmen ihre Themen selbst und begreifen den Lernprozess als sinnvoll. Durch die organisatorischen Strukturen und die Arbeitsweise der Bürgermedien werden soziale Verhaltensweisen gefördert. Mit eigenen Anliegen gemeinsam mit anderen an die Öffentlichkeit zu gehen, bedeutet letztendlich, demokratische Kultur zu entwickeln und zu leben.

Medienanalyse und Medienstrukturanalyse: Oft mehr als „Nebenprodukt" der praktischen Medienarbeit beschrieben, bekommt die Analyse der Funktionsweisen von Hörfunk und Fernsehen in der alltäglichen Arbeit der Bürgermedien und in der

Diskussion um deren Fortentwicklung einen immer höheren Stellenwert. Es geht heute oft nicht mehr „nur" um die Verwirklichung individueller Meinungsfreiheit, sondern um die redaktionelle Zusammenarbeit von Privatpersonen und Gruppen, die in demokratischen Prozessen Öffentlichkeit über die elektronischen Medien herstellen. Und dazu gehören die notwendigen Kenntnisse und Erkenntnisse, wie Hörfunk und Fernsehen funktioniert.

Ausbildung von Multiplikator/innen: Mitarbeiter/innen lokaler Institutionen und Gruppen haben Zugang zu den Bürgermedien. Nach einer eigenen medienbezogenen Weiterbildung stehen den Multiplikator/innen die Angebote der Bürgersender für ihre Arbeit und ihre Inhalte zur Verfügung. Die Bürgermedien erschließen sich zugleich als Sender als auch als idealer Lern- und Lehrort, an dem Medienkompetenz praktisch an selbstbestimmten Inhalten vermittelt werden kann.

Experimentierraum: Bürgermedien können vielmehr als bisher technischer und konzeptioneller Erprobungsraum sein.

Bürgermedien als Bestandteil praxisorientierter Förderung von Medienkompetenz

Die Landesmedienanstalten werden sich in Zukunft verstärkt dem Aufgabenbereich Medienpädagogik/Vermittlung von Medienkompetenz widmen. Soll diese Aufgabe auch die Förderung, Konzeption und Durchführung praxisorientierter Maßnahmen beinhalten – wie es das ALM^2-Papier aus dem März 2000 vorsieht –, muss die Arbeit der Bürgermedien, müssen die vielfältigen Erfahrungen, die dort in den letzten 15 Jahren gesammelt wurden, in die Entwicklung und Ausgestaltung dieses Aufgabenbereiches einbezogen werden. Nur durch die Zusammenarbeit aller relevanten Arbeitsbereiche der Landesmedienanstalten lassen sich aus die vorhanden Ressourcen - und dazu gehören auch die von den Landesmedienanstalten betriebenen, finanzierten oder unterstützten Bürgermedien - sinnvoll und effektiv nutzen, kombinieren und weiterentwickeln.

---

[2] Arbeitsgemeinschaft der Landesmedienanstalten.

IV. Programme und ihre Zuschauer

Gerlinde Frey-Vor, Heinz Gerhard, Annette Mende und Inge Mohr

Die Entwicklung der Fernsehnutzung in den alten und neuen Bundesländern

Der Fernseh- und Hörfunkmarkt hat sich seit 1990 in ganz Deutschland im Zuge der Etablierung des privaten Rundfunks stark verändert und ist zu einem der wettbewerbsstärksten Medienmärkte der Welt geworden. Vor diesem Hintergrund hat sich Anfang der neunziger Jahre die deutsche Wiedervereinigung vollzogen. Die generelle Ausweitung des Fernseh- und Hörfunkangebotes und die Anpassung des Mediensystems Ost an das Mediensystem West sind zwei sich überlappende Prozesse, die auf Seiten der Nutzer in den alten und in den neuen Bundesländern zum Teil zu vergleichbarem, zum Teil jedoch auch zu unterschiedlichem Verhalten geführt haben.

Nach zehn Jahren einheitlicher Rundfunkordnung[1] in Ost- und Westdeutschland haben die Medienforscher von ARD und ZDF Anfang 2002 Unterschiede und Gemeinsamkeiten in der Nutzung von Fernsehen, Radio, Zeitung und Online zwischen den alten und neuen Bundesländern genauer analysiert. Kernergebnisse dieser quantitativen und qualitativen Analyse – hauptsächlich bezogen auf die Fernsehnutzung – sollen hier zusammengefasst werden. Ein besonderer Augenmerk wird dabei auf die Informationsnutzung gerichtet. Der zugrundeliegende Analysezeitraum erstreckt sich über die zehn Jahre von Anfang 1992 bis Ende 2001.

---

[1] Vgl. Staatsvertrag über den Rundfunk im vereinten Deutschland v. 31.8.1991. In: Media Perspektiven Dokumentation IIIa/1991, S. 105-172.

Wie lange sehen Ost- und Westdeutsche fern?

In den neuen Bundesländern sehen die Zuschauer länger fern als im Westen. Bereits 1992 – im ersten Jahr der Messung der kontinuierlichen Fernsehforschung der GfK im Auftrag der Arbeitsgemeinschaft Fernsehforschung in den neuen Ländern – lag die tägliche Sehdauer in den neuen Ländern mit 185 Minuten gegenüber 151 Minuten im Westen um 34 Minuten bzw. 23 Prozent höher. Im Jahr 2001 betrug die tägliche Sehdauer im Westen nunmehr 187 Minuten und im Osten 213 Minuten.

Tabelle 1
Sehdauer in Deutschland West und Ost 1992 bis 2001
(Zuschauer ab 6 J./3 J., Mo-So, 6.00-6.00 Uhr/3.00-3.00 Uhr, in Min.)

	1992	1993	1994	1995	1996	1997	1998	1999	2000	2001
BRD West	151	158	160	170	178	178	182	179	185	187
BRD Ost	185	195	192	191	202	203	209	207	211	213
Differenz	34	37	32	21	24	25	27	28	26	26

Quelle: AGF/GfK

Über den Zehnjahreszeitraum von Anfang 1992 bis Ende 2001 gesehen, nimmt damit die durchschnittliche tägliche Sehdauer im Westen um 23 Prozent und im Osten um 14 Prozent zu. Trotz kleiner werdender Differenz seit 1995 ist kein kontinuierlicher Trend zur Angleichung erkennbar. Von allen Bundesländern hat Sachsen-Anhalt die längste durchschnittliche Fernsehnutzungsdauer mit 233 Minuten (2001). Der Abstand zu Bayern, dem Bundesland, welches 2001 mit 165 Minuten täglich die kürzeste Fernsehnutzungszeit hat, beträgt damit über eine Stunde. Obwohl einzelne ostdeutsche Bundesländer – wie Sachsen mit 202 Minuten – geringere durchschnittliche Sehdauern haben als die sehstärksten westdeutschen Bundesländer Hamburg (208 Minuten) und Bremen (211 Minuten), bleibt alles in allem auch in der Bundeslandbetrachtung das Bild einer tendenziell höheren Fernsehnutzung im Osten bestehen.

Fernsehen im Tagesablauf Ost- und Westdeutscher

Das größere Zeitbudget, das die Ostdeutschen dem Medium Fernsehen in ihrem Tagesablauf einräumen, ist auch in den Fernsehnutzungskurven erkennbar. Von Anfang an unterschieden sich zudem die zeitlichen Schwerpunkte der Fernsehnutzung in Ost- und Westdeutschland, trotz ähnlicher Grundverläufe der Fernsehnutzungskurven. In den neuen Bundesländern wird der Fernseher zeitiger am Tag eingeschaltet. Die Nutzungsspitze wird im Osten konstant etwa eine Stunde früher (zwischen 19.00 und 20.00 Uhr) erreicht als in den alten Bundesländern und liegt – trotz Anstieg im Westen – nach wie vor deutlich über dem Niveau der westdeutschen Nutzungsspitze. Eine fast komplette Annäherung hat sich in Ostdeutschland dagegen in der Ausdehnung des Fernsehabends ergeben. Abgesehen davon, haben die Ostdeutschen ihre Fernsehnutzung aber vor allem tagsüber vor 17.00 Uhr ausgeweitet.

Tagsüber fernzusehen hat jedoch auch bei westdeutschen Zuschauern deutlich zugenommen. Am Morgen vor 9.00 Uhr und am Mittag zwischen 13.00 und 14.00 Uhr nähert sich die Fernsehnutzung in West und Ost an. Am späteren Vormittag und vor allem am Nachmittag hat sich die Ost-West-Differenz jedoch noch vergrößert. Für die Ostdeutschen ist das Fernsehen offensichtlich in höherem Maße ein Tagesbegleiter als für die Westdeutschen. In den neuen Bundesländer wird auch länger Radio gehört und das Radio früher eingeschaltet als in den alten Bundesländern.

Sendermarktanteile in Ost- und Westdeutschland

Öffentlich-rechtliche Sender haben in den alten Bundesländern höhere Marktanteile als in den neuen – und umgekehrt haben die kommerziellen Sender im Osten höhere Marktanteile als im Westen. Die Führungsposition nach Marktanteilen im Westen wird seit dem Jahr 1997 bis einschließlich 2001 von der *ARD/Das Erste* beansprucht. Von 1992 bis 1994 war das *ZDF* im Westen Marktführer – 1992 gleichauf mit dem *Ersten*. Lediglich in den Jahren 1995 und 1996 war mit *RTL* ein kommerzieller Anbieter im Westen Marktführer. Ganz anders dagegen in den neuen Ländern. Hier ist *RTL* seit 1993 Marktführer und zwar in allen Jahren mit deutlichem Vorsprung vor allen anderen Wettbewerbern (vgl. Tabelle 2).

Tabelle 2
Marktanteile Fernsehsender in Westdeutschland von 1992 bis 2001
(Zuschauer ab 6 J./3 J., Mo-So, 6.00-6.00 Uhr/3.00-3.00 Uhr, in Prozent)

	92	93	94	95	96	97	98	99	00	01
ARD/Das Erste	22,7	18,1	17,5	15,7	15,9	15,8	16,4	15,1	15,2	14,6
ZDF	22,7	19,3	18,1	15,4	15,4	14,4	14,5	14,1	14,1	13,9
RTL	16,6	18,1	16,6	16,9	16,3	15,6	14,6	14,3	13,8	14,4
SAT.1	12,1	14,0	14,1	14,2	13,0	12,5	11,5	10,7	10,0	9,9
ProSieben	5,9	8,2	8,6	9,5	9,0	8,8	8,3	8,0	8,0	7,8
3sat	1,0	0,9	1,0	1,0	0,9	1,0	0,9	0,9	0,9	0,9
Arte	0,0	0,1	0,3	0,3	0,3	0,3	0,3	0,3	0,3	0,4
Kinderkanal/KiKa	-	-	-	-	-	0,7	1,0	1,3	1,2	1,2
Phoenix	-	-	-	-	-	-	-	0,3	0,4	0,5
Nord 3	1,5	1,7	2,0	2,3	2,5	2,8	2,9	2,8	2,8	2,8
WDR Fernsehen	1,9	1,6	1,8	2,0	2,0	2,6	2,7	2,9	2,8	2,9
Hessen Fernsehen	0,8	0,7	0,6	0,6	0,5	0,6	0,7	0,8	0,8	0,8
Südwest Fernsehen	1,5	1,4	1,7	1,6	1,7	1,8	1,8	1,9	1,9	2,0
BFS	2,0	2,0	2,0	1,9	2,0	2,3	2,2	2,2	2,2	2,3
B 1	0,0	0,2	0,2	0,2	0,2	0,2	0,2	0,3	0,3	0,3
MDR Fernsehen	0,1	0,1	0,4	0,6	0,8	1,0	1,2	1,1	1,1	1,1
ORB-Fernsehen	0,1	0,1	0,1	0,1	0,1	0,1	0,2	0,2	0,2	0,2
RTL II	-	1,8	3,5	4,3	4,2	3,7	3,6	3,9	4,8	3,9
Kabel 1	0,5	2,1	2,5	3,2	3,5	3,7	4,2	5,1	5,2	4,8
VOX	-	1,3	2,1	2,5	2,9	2,9	2,7	2,8	2,8	3,0
n-tv	-	0,3	0,3	0,3	0,3	0,5	0,6	0,8	0,8	0,8
DSF	-	1,4	1,3	1,4	1,2	1,2	1,2	1,4	1,2	1,0
Eurosport	0,6	0,9	1,1	1,1	1,2	1,1	1,0	1,1	0,9	0,9
Super RTL	-	-	-	-	0,7	1,8	2,1	2,8	2,7	2,8	2,7
TM 3 / Neun Live	-	-	-	-	0,1	0,3	0,6	1,0	0,9	0,5

Quelle: AGF/GfK

RTL hatte in den alten Bundesländern seit seinem Marktanteilshöchstwert von 18,1 Prozent im Jahr 1993 einen stetigen Rückgang auf nur noch 13,8 Prozent im Jahr 2000 zu verzeichnen, konnte sich im Jahr 2001 aber wieder auf 14,4 Prozent steigern. *SAT.1* konnte im Westen mit 9,9 Prozent im Jahr 2001 nach einem ebenfalls kontinuierlichen Rückgang seit dem Höchstwert im Jahr 1995 von 14,2 Prozent zum ersten Mal keinen zweistelligen Wert erzielen. *ProSieben*

Tabelle 3
Marktanteile Fernsehsender in Ostdeutschland von 1992 bis 2001
(Zuschauer ab 6 J./3 J., Mo-So, 6.00-6.00 Uhr/3.00-3.00 Uhr, in Prozent)

	92	93	94	95	96	97	98	99	00	01
ARD/Das Erste	18,6	13,8	12,5	11,0	10,9	10,9	11,9	11,1	11,4	11,3
ZDF	17,1	14,3	13,5	12,3	10,8	10,2	10,6	10,3	10,6	10,6
RTL	18,1	21,3	20,1	19,6	19,3	17,7	16,7	16,4	15,7	15,8
SAT.1	16,1	17,2	17,0	16,6	14,1	13,8	12,6	11,2	10,9	10,8
ProSieben	9,3	12,7	12,1	11,3	11,3	11,3	10,1	9,7	9,2	8,7
3sat	0,5	0,7	1,0	0,7	0,8	0,8	0,8	0,8	0,8	0,9
Arte	0,0	0,0	0,2	0,1	0,2	0,2	0,2	0,2	0,3	0,3
Kinderkanal/KiKa	-	-	-	-	-	0,5	0,7	1,1	1,1	1,1
Phoenix	-	-	-	-	-	-	-	0,3	0,4	0,4
Nord 3	2,0	1,6	1,7	1,9	2,2	2,4	2,3	2,3	2,4	2,5
WDR Fernsehen	0,1	0,3	0,6	0,7	0,8	1,0	1,1	1,1	1,2	1,2
Hessen fernsehen	0,2	0,1	0,1	0,1	0,1	0,1	0,2	0,3	0,3	0,4
Südwest Fernsehen	0,0	0,0	0,3	0,4	0,4	0,5	0,5	0,5	0,6	0,6
BFS	0,6	0,7	0,9	0,9	0,9	0,9	0,9	0,8	0,9	1,0
B 1	0,2	0,6	0,7	0,6	0,5	0,5	0,6	0,5	0,6	0,7
MDR Fernsehen	4,5	3,9	4,3	5,2	5,3	6,3	7,1	7,0	6,8	7,1
ORB-Fernsehen	1,3	1,2	1,3	1,2	1,1	1,1	1,5	1,6	1,8	2,0
RTL II		2,8	5,2	5,6	5,4	4,9	4,2	4,3	5,0	4,4
Kabel 1	0,0	0,4	0,8	2,3	3,8	4,5	5,0	6,6	6,8	5,9
VOX	-	0,7	1,9	2,7	3,5	3,6	3,1	3,1	3,0	3,3
n-tv	-	0,2	0,2	0,2	0,2	0,4	0,4	0,4	0,4	0,4
DSF	-	1,1	0,9	1,0	1,0	0,9	1,2	1,0	0,8	
Eurosport	0,4	0,9	1,2	1,2	1,2	1,2	1,2	1,3	1,1	1,0
Super RTL	-	-	-	1,1	3,1	3,0	3,5	3,3	3,0	2,8
TM 3 / Neun Live	-	-	-	-	0,1	0,5	0,7	1,0	1,0	0,5

Quelle: AGF/GfK

verlor seit seinem Marktanteilshöchstwert von 9,5 Prozent im Jahr 1995 bis auf 7,8 Prozent im Westen im Jahresschnitt 2001. Der Marktanteilsrückgang der großen Privatsender erfolgte wesentlich zugunsten von neu hinzugekommenen kleineren Privatsendern wie RTL II, Super RTL, Vox, Kabel 1 oder Spartensender wie z.B. DSF und Eurosport, N-TV und N 24.

In den neuen Ländern rutschte das *Erste* nach einjähriger Marktführerschaft im Jahr 1992 mit 18,6 Prozent auf Werte zwischen 13,8 Prozent und 10,9 Prozent in den Jahren von 1993 bis 1999 zeitweise bis auf den fünften Platz in der Rangliste. Erst in den Jahren 2000 und 2001 erreichte die *ARD* mit 11,4 Prozent bzw. 11,3 Prozent wieder den zweiten Platz. Das *ZDF* belegte von 1992 bis 1995 mit Werten zwischen 17,1 Prozent und 12,3 Prozent über vier Jahre Rang drei, fiel mit 10,8 Prozent und dem bisher niedrigsten Wert von 10,2 Prozent (1997) für zwei Jahre auf den fünften Platz zurück, konnte sich seit 1998 aber wieder auf Rang vier verbessern und kam in den Jahren 2000 und 2001 wieder auf jeweils 10,6 Prozent (vgl. Tabelle 3).

Den Fernsehmarkt in den neuen Bundesländern führt *RTL* ganz klar seit 1993 an. Allerdings ging der Marktanteil des Kölner Privatsenders seit seinem erfolgreichsten Jahr 1993 mit 21,3 Prozent auf 15,8 Prozent im Jahr 2001 zurück. Seine Konkurrenten konnte er jedoch seit 1993 in einem Abstand von jeweils ca. vier Prozentpunkten halten. *SAT.1* dagegen konnte seine hohen Werte vom Anfang der 90er Jahre mit dem Höchstwert von 17,2 Prozent im Jahr 1993 nicht stabilisieren und verzeichnete auch im Osten stetige Marktanteilsverluste. Bis zum Jahr 1999 belegte *SAT.1* dennoch den zweiten Platz, fiel 2000 und 2001 aber auf Rang drei zurück. Auch *ProSieben* hatte seine erfolgreichsten Jahre in den neuen Ländern 1993 mit 12,7 Prozent und 1994 mit 12,1 Prozent. Im Jahresschnitt 2001 betrug der Marktanteil in den neuen Ländern nur noch 8,7 Prozent (Rang fünf).

Ähnlich wie im Westen verzeichnen die größeren Privatsender auch im Osten Verluste zugunsten von kleinen bzw. sehr kleinen Privatsendern. Die Privaten insgesamt kommen in den neuen Bundesländern aber auf einen Marktanteil von knapp 60 Prozent.

Vergleichbar mit dem *Ersten* und dem *ZDF*, erreichen auch die öffentlich-rechtlichen Spartensender in den alten Bundesländern höhere Marktanteile als in den neuen. So wird zum Beispiel für den *Kinderkanal* von *ARD* und *ZDF* im Jahre 2001 bei den Kindern im Westen zwischen 3 und 13 Jahren ein Marktanteil von 17,7 Prozent während der *Kinderkanal*-Sendezeit bis 19.00 Uhr gemessen, im Osten aber nur 12,9 Prozent.

Tabelle 4
Marktanteile des *KI.KA* in Ost- und Westdeutschland in Prozent
(Zuschauer/ 3 bis 13 Jahre von 06.00 bis 19.00 Uhr)

	1997	1998	1999	2000	2001
BRD West	9,8	14,9	20,5	17,5	17,7
BRD Ost	5,2	7,8	11,3	11,1	12,9

Quelle: AGF/GfK

Der Kulturkanal *Arte* erreicht bezogen auf alle Zuschauer ab 3 Jahren während seiner Sendezeit ab 19.00 Uhr in den neuen Ländern 0,6 Prozent und in den alten Bundesländern 0,7 Prozent Marktanteil.

Als einziges öffentlich-rechtliches Angebot sind die *Dritten Programme* der *ARD* im Osten erfolgreicher als im Westen. Insgesamt war bei den *Dritten Programmen* der *ARD* in den Anfangsjahren des dualen Systems von Mitte der 80er bis Mitte der 90er Jahre eine stetige Marktanteilsabnahme festzustellen bis zu einem Tiefpunkt im Jahr 1993. Die bei den einzelnen *Dritten Programmen* unterschiedlich starke Entwicklung hin zu regionalen Vollprogrammen und die technische

Tabelle 5
Marktanteile von Arte Ost- und Westdeutschland in Prozent
(Zuschauer ab 3 Jahre von 19.00 bis 03.00 Uhr)

	1993	1994	1995	1996	1997	1998	1999	2000	2001
BRD West	0,2	0,3	0,4	0,4	0,4	0,5	0,6	0,6	0,7
BRD Ost	0,0	0,2	0,2	0,2	0,3	0,4	0,4	0,5	0,6

Quelle: AGF/GfK

Reichweitenerhöhung[2] sorgten danach dann ab 1994 für stetige Marktanteilszunahmen. Diese Zunahmen sind besonders in den neuen Bundesländern sichtbar.

Vor allem Dank der Zunahmen bei den *Dritten Programmen* erreichten die öffentlich-rechtlichen Sender zusammen im Osten wieder einen Marktanteil von 40,1 %. 1992 betrug ihr Anteil noch 45,1 %. Danach sank der Gesamtwert auf den Tiefpunkt von 34,0 Prozent im Jahre 1996, danach erfolgte aber wieder ein Anstieg.

Im Westen betrug im Jahre 1992 der Gesamtwert der öffentlich-rechtlichen Sender 54,3 %, war danach bis 1995 ebenfalls rückläufig und sank knapp unter 42 %. Mit leichten Zugewinnen blieb der Wert dann bis 2001 (42,4 %) relativ stabil.

Tabelle 6
Gesamtmarktanteile öffentlich-rechtlicher Sender in Ost- und Westdeutschland

	1992	1993	1994	1995	1996	1997	1998	1999	2000	2001
BRD West	54,3	46,2	45,7	41,7	42,3	42,8	43,9	42,5	42,6	42,4
BRD Ost	45,1	37,2	37,1	35,1	34,0	35,4	38,4	37,9	39,2	40,1

Quelle: AGF/GfK

Die *Dritten Programme der ARD* haben aufgrund ihrer regionalen Ausrichtung in ihren Sendegebieten hohe Marktanteile. Am erfolgreichsten ist das *MDR Fernsehen* in Sachsen mit 10,7 Prozent (2001). Es ist damit hinter *RTL*, dem *Ersten* der *ARD* und knapp nach dem *ZDF* Vierter. In Thüringen erreichte der *MDR* mit seinem *Dritten Programm* 9,3 Prozent (2001) und lag damit vor *ProSieben*. In Sachsen-Anhalt kam das *MDR* Fernsehen auf 8,4 Prozent und lag damit nur knapp hinter *ProSieben*. Das *Dritte Programm* des *ORB* erzielte in Brandenburg 5,9 Prozent. Erfolgreich war auch *B1* mit 6,6 Prozent in Berlin. In Berlin zeigte sich das gleiche Phänomen wie in den alten und neuen Ländern insgesamt: In den

---

[2] Die technische Reichweitenerhöhung erfolgte nach der allmählichen Aufschaltung aller Dritten Programme auf Satellit. Diese wurde besonders für die Dritten Programme in Flächenländern notwendig, um die Empfangbarkeit in ihren eigenen Sendegebieten bei immer geringer werdenden terrestrischen Empfangsmöglichkeiten abzusichern. In den neuen Bundesländern haben sich nach der Wende besonders viele Fernsehhaushalte Satellitenschüsseln angeschafft.

westlichen Stadtbezirken war *B1* akzeptanzstärker als im Osten der Hauptstadt. Die Vier-Länder-Anstalt *NDR* ist mit ihrem Dritten Programm *N3* am erfolgreichsten in Hamburg, gefolgt von Schleswig-Holstein und Niedersachsen. In Mecklenburg-Vorpommern kam *N3* im Jahresschnitt 2001 auf 6,9 Prozent und in Bremen auf 6,5 Prozent. Der *WDR* erzielte mit seinem *Dritten Programm* in Nordrhein-Westfalen 6,7 Prozent. Etwas niedriger waren die Marktanteile des *Südwest Fernsehens* und des *Hessen Fernsehens* in ihren jeweiligen Sendegebieten: 5,9 Prozent erzielte das *Dritte Programm* des *SWR* in Baden-Württemberg, 5,6 Prozent im Saarland und 5,4 Prozent in Rheinland-Pfalz. In Hessen kam das *Dritte Programm* des *HR* auf 5,0 Prozent.

Die *Dritten Programme* der *ARD* in den neuen Bundesländern (*MDR* Fernsehen, *ORB*-Fernsehen, *B1* und *N3*) haben in den letzten zehn Jahren bewusst an die Erfahrungen und Gewohnheiten der Menschen im Osten angeknüpft. Dies geschah zum Teil mit unterschiedlichen Konzepten, je nach dem, ob sich das Sendegebiet ausschließlich auf Ostdeutschland beschränkt oder übergreifend ist.

Nutzung von Programmgenres in Ost und West

Analysiert man die Nutzung der unterschiedlichen Programmgenres im Fernsehen auf Basis der GfK-Programmkodierung, so zeigen sich auf den ersten Blick nur wenige Unterschiede zwischen Ost und West (hier liegen die Daten von 2000 zugrunde). Ihre insgesamt längere Fernsehdauer verteilen die Zuschauer in den neuen Ländern in ähnlichen Proportionen wie die westdeutschen Zuschauer auf die einzelnen Genres. Allein dadurch, dass die ostdeutschen Zuschauer insgesamt pro Tag länger fernsehen, sehen sie – mit wenigen Ausnahmen – von allen Programmgenres in absoluten Minuten mehr. Ein Mehr an Fernsehnutzung und eine etwas höhere Proportion ist beim Genre Fiction sichtbar: die westdeutschen Zuschauer verbringen 39 Prozent ihrer Fernsehzeit (72 Minuten) mit Fiction, die ostdeutschen 40 Prozent (84 Minuten). Unterscheidet man nach Serie, TV-Movie/Fernsehspiel und Spielfilm, dann zeigt sich nur bei Serien bei den ostdeutschen Zuschauern ein etwas höherer Sehdaueranteil als bei den westdeutschen. Bei Spielfilmen und bei TV-Movies/Fernsehspielen gibt es zwischen ost- und westdeutschen Zuschauern keine prozentualen, sondern lediglich die erwähnten absoluten Nutzungsunterschiede.

Auf Unterhaltungssendungen entfallen bei den Zuschauern in den alten und in den neuen Ländern gleichermaßen jeweils 14 Prozent: 26 Minuten bei den Westdeutschen stehen hier 30 Minuten bei den Ostdeutschen gegenüber.

Für *Sportsendungen* aller Art gibt es bei den Westdeutschen eine größere Nachfrage: 9 Prozent ihrer Sehdauer (17 Minuten) verbringen die Westdeutschen mit Sport im Fernsehen, nur 7 Prozent die Ostdeutschen (15 Minuten). Bei der *Informationsnutzung* ergibt sich folgendes Verhältnis zwischen Ost und West: Während die Westdeutschen 29 Prozent ihrer gesamten durchschnittlichen täglichen Fernsehdauer von 185 Minuten auf Informationssendungen verwenden, sind es bei den ostdeutschen Zuschauern 28 Prozent von 211 Minuten. In absoluten Zahlen bedeutet das allerdings: 54 Minuten pro Tag sehen die Westdeutschen Informationssendungen, mit 59 Minuten nutzen dagegen die Ostdeutschen fünf Minuten mehr Informationssendungen pro Tag.

Untergliedert man jedoch den gesamten Informationsbereich in *einzelne Untergenres*, zeigt sich folgendes Bild: Für *Nachrichten* verwenden die Westdeutschen 6 Prozent ihrer Sehdauer, die Ostdeutschen 5 Prozent – absolut sind das im Osten wie im Westen jeweils elf Minuten. Für *regionale Informationssendungen* werden gleichmäßig jeweils 3 Prozent der Sehzeit verwendet, bei den Westdeutschen sind das knappe sechs Minuten, bei den Ostdeutschen etwas über sechs Minuten.

Für *Informationsmagazine* der verschiedenen Themenbereiche verwenden Ost- wie Westdeutsche gleichermaßen 17 Prozent ihrer Fernsehzeit (36 bzw. 31 Minuten). Lediglich innerhalb dieses Volumens für Informationsmagazine gibt es einige kleine Unterschiede. Während das west- wie das ostdeutsche Publikum gleichermaßen 3 Prozent seiner Fernsehdauer Magazinsendungen oder Reportagen aus dem Bereich Politik, Wirtschaft und Geschichte widmet (rund 6 Minuten), sind es bei *Kulturmagazine* in Westdeutschland 2 Prozent (4 Minuten), in Ostdeutschland 1 Prozent (2 Minuten). Dagegen beträgt der Sehanteil für *Magazine mit dem breiten Themenbereich Gesellschaft* bei den Westdeutschen 9 und bei den Ostdeutschen 10 Prozent – somit verwenden die Westdeutschen 17 Minuten und die Ostdeutschen 21 Minuten für dieses Programmgenre, zu dem auch die verschiedenen Boulevardprogramme der Sender gehören.

Deutlicher als in der Gesamtnutzung der Genres werden die Unterschiede aber, wenn man die Verteilung der Genrenutzung auf die einzelnen Sender betrachtet: Hier spiegelt sich die stärkere Präferenz der Zuschauer in den neuen Ländern für die kommerziellen Sender (vgl. Tabelle 7). So sehen die westdeutschen Zuschauer 68 Prozent ihrer gesamten Fernsehinformationen bei den öffentlich-rechtlichen Anbietern (ARD 21 %, ZDF 19 %, *ARD Dritte Programme*

Die Entwicklung der Fernsehnutzung in Ost- und Westdeutschland

26 %), 32 Prozent stammen von kommerziellen Sendern (*RTL* 11 %, *ProSieben* 7 % und *SAT.1* 6 %). In den neuen Ländern verwenden die Zuschauer 61 Prozent ihrer gesamten Informationsnutzung auf öffentlich-rechtliche Angebote. Es fällt auf, dass sich die Nutzungsanteile für Information gleichmäßig auf das Erste Programm der *ARD* mit 15 Prozent sowie auf das *ZDF* und *RTL* mit je 14 Prozent verteilen. Mit etwas Abstand, aber mit höheren Werten als im Westen, folgen *ProSieben* mit 9 und *SAT.1* mit 7 Prozent. Eine deutlich stärkere Rolle als im Westen spielen die *Dritten Programme* der *ARD* in den neuen Ländern bei der Informationsnutzung: 30 Prozent der gesamten gesehenen Informationssendungen stammen von den zusammengefassten *Dritten Programmen* der *ARD*. Das heißt: Während die Westdeutschen anteilig eindeutig mehr Information bei den öffentlich-rechtlichen Programmen sehen, liegt der Nutzungsschwerpunkt für dieses Genre bei den ostdeutschen Zuschauern etwas stärker bei den kommerziellen Anbietern. Bei den öffentlich-rechtlichen Sendern haben im Osten die *Dritten Programme* ein stärkeres Gewicht.

Tabelle 7
**Nutzung von Informationsarten
pro Sender in Ost- und Westdeutschland (%)**

Genre	ARD West	ARD Ost	ZDF West	ZDF Ost	RTL West	RTL Ost	SAT.1 West	SAT.1 Ost	Dritte West	Dritte Ost
Information Gesamt	21	15	19	14	11	14	6	7	26	30
Nachrichten	34	24	33	24	13	19	5	6	9	18
Regionale Info	0	0	6	6	6	12	5	9	83	73
Frühmagaz.	40	27	15	15	0	0	44	59	0	0
Gespräch/Interview/Talk	25	13	10	6	0	0	0	0	28	36
Information speziell	19	14	19	13	13	16	6	6	21	28
Pol.Wirt.Gsch.	25	20	24	19	13	12	0	0	22	28
Kultur	21	16	9	6	2	1	2	1	45	52
Natur/Wissenschaft	17	13	21	15	1	1	2	2	33	39
Gesellschaft	17	11	18	12	19	23	10	10	14	22
Wetter	35	23	39	24	0	0	11	11	5	33

Quelle: AGF/GfK- Sendungscodierung 2000

Betrachtet man exemplarisch die *Nachrichten*, dann liegen die unterschiedlichen Nutzungsanteile für die öffentlich-rechtlichen Sender noch um einiges höher, zeigen aber auch einen Ost-West-Unterschied. Im Westen entfallen 77 Prozent der Nachrichtennutzung auf das öffentlich-rechtliche Fernsehen, 23 Prozent auf die kommerziellen Angebote. Hierbei dominieren eindeutig die beiden öffentlich-rechtlichen Hauptprogramme mit 34 *(Das Erste)* bzw. 33 Prozent *(ZDF)* der Nutzung. Mit 9 Prozent Nutzungsanteil spielen die zusammengenommenen *Dritten Programme* der *ARD* bei den Nachrichten eine nicht so gewichtige Rolle. Bei den Privatsendern ist lediglich wiederum *RTL* mit einem Nachrichtennutzungsanteil von 13 Prozent nennenswert vertreten. Nur 6 bzw. 2 Prozent der Nachrichtennutzung entfallen auf *SAT.1* bzw. *ProSieben.*

In den neuen Ländern verschiebt sich die Nachrichtennutzung etwas zu Gunsten der kommerziellen Sender, auch wenn zwei Drittel der gesamten

Nachrichtennutzung auf die öffentlich-rechtlichen Sender entfallen. Die Nutzungsanteile für das *Erste* Programm der *ARD* und das *ZDF* liegen fast um ein Drittel niedriger als im Westen. Doppelt so hoch wie im Westen ist im Osten der Nachrichtennutzungsanteil, der auf die *Dritten Programme* der *ARD* entfällt. Markant, nämlich ein Drittel höher als im Westen, ist auch der Nachrichtennutzungsanteil, der im Osten auf *RTL* entfällt. Bei *SAT.1* und *ProSieben* gibt es keinen Ost-West-Unterschied. Einer im Osten geringeren Nachrichtennutzung der beiden öffentlich-rechtlichen Hauptprogramme steht also ein deutlich höherer Anteil der *Dritten ARD*-Programme und von *RTL* als im Westen gegenüber.

Ergebnisse qualitativer Rezipientenbefragungen

Bei Fernsehen, Hörfunk und Printmedien beschreiben die kontinuierlich erhobenen Marktdaten in Form von Reichweiten und Marktanteilen das quantitative Nutzungsverhalten. Um jedoch Aufschlüsse über die Einstellungen zu bekommen, die hinter dem Verhalten stehen, bedarf es weiterer Analysen in Form qualitativer Rezipientenbefragungen. Diese können je nach Tiefe und Schwerpunkt auf Basis von repräsentativen großen Stichproben oder auf kleinen Spezial-Samples basierend erfolgen.

Die in Ost- und Westdeutschland wahrnehmbare unterschiedliche Mediennutzung wurde von Seiten der *ARD/ZDF*-Medienkommission und der einzelnen öffentlich-rechtlichen Sender immer wieder analysiert. In einer ersten grossen Studie im Jahre 1994/95[3] wurde bereits festgestellt, dass der unterschiedlichen Mediennutzung in den neuen Ländern ein sehr differenziertes Ursachengeflecht zugrunde liegt. Ein zentrales Ergebnis war, dass die ostdeutschen Fernsehzuschauer eine deutlich größere Erwartungshaltung gegenüber den öffentlich-rechtlichen Sendern hatten als gegenüber den kommerziellen Anbietern. Deshalb war man auch mehr enttäuscht, wenn den Erwartungen nicht entsprochen wurde. Wenn man wie die privaten Sender weniger und auf weniger verfänglichen Gebieten über Ostdeutschland berichtet, kann auch weniger falsch gemacht werden.

---

[3] Vgl. Edith Spielhagen: Ergebnisse der Oststudie der ARD/ZDF-Medienkommission. In: Media Perspektiven 8/1995, S. 362-392. Dieter Stolte/Hansjürgen Rosenbauer: Die doppelte Öffentlichkeit. In: Media Perspektiven 8/1995, S. 358-361.

Kritisch wurde von den ostdeutschen Zuschauern damals vor allem die Art der Darstellung Ostdeutschlands (aus der Perspektive des Westens und als Krisengebiet) gesehen. Daneben wurden Präsentationsformen, Gestus und zum Teil der Verlautbarungsstil bei öffentlich-rechtlichen Programmen kritisiert. In Bezug auf die *Dritten Programme* deuten viele Ergebnisse der Studie sowie Nachfolgestudien darauf hin, dass bei ihnen die ostdeutsche Perspektive verbunden mit regionalen Komponenten eine besondere Rolle spielt.

Ein weiteres Ergebnis war, dass die ostdeutschen Zuschauer weniger als im Westen polarisiert sind in überwiegend öffentlich-rechtliche Zuschauer und in Zuschauer, die vornehmlich Privatsender einschalten. Deshalb ist die Bindung an die öffentlich-rechtlichen Programme nach der Wiedervereinigung auch nicht so stark. Trotz höherer Erwartungen an die öffentlich-rechtlichen Sender in bestimmten Aspekten pflegt man im Alltag einen lockeren Umgang mit den verschiedenen Sendern. Ostdeutsche Zuschauer wechseln unbekümmerter zwischen privaten und öffentlich-rechtlichen Programmen hin und her.

Entsprechend weniger differenziert sind im Allgemeinen auch ein großer Teil der Erwartungen an öffentlich-rechtliche und private Sender. Anders als die Westdeutschen erwarten die Ostdeutschen von den öffentlich-rechtlichen Sendern nicht vor allem Information und Kultur, sondern auch unterhaltende und entspannende Sendungen. Von den privaten Fernsehsendern erwarten sie im Gegenzug neben Unterhaltung und Entspannung auch Information.[4]

Weiterhin zeigte eine Nachfolgestudie von 1997 bei den ostdeutschen Befragten einen deutlich stärkeren Wunsch nach anwaltschaftlichen und zugleich investigativen Komponenten der Sender. Man wünschte sich, dass die Sender „sich mehr um die Probleme des Alltags kümmern als um die große Politik", aber „auch mal heiße Eisen anpacken" sowie „politische Missstände aufdecken".

Besonders stark ausgeprägt war der Wunsch der Ostdeutschen nach Alltagskompetenz der Sender (Probleme des Alltags) sowie nach im Alltag verwertbaren Informationen. Daneben bestand ein ebenso großes Interesse wie im Westen an tagesaktueller Information. Im Gegensatz zum Westen wird diese im Osten jedoch deutlich mehr auch von Privatsendern erwartet.

Größer ist in Ostdeutschland der Wunsch, dass „auch schwierige Themen unterhaltsam dargestellt" werden. Hier zeichnen sich Erwartungen ab, die innerhalb des klassischen Gestaltungskanons der Medien in Richtung von Infotainment-Formaten und Human-Interest-Beiträgen gehen.

---

[4] Zu diesem Ergebnis kommt im Jahre 2000 schließlich auch eine qualitative Studie der IP Deutschland. Vgl. Deutschland – Einig Fernsehland: Nutzungsmuster und Einstellungen in Ost und West. Broschüre der IP, November 2000.

Die Entwicklung der Fernsehnutzung in Ost- und Westdeutschland 189

Eine im Jahre 2000 durchgeführte Sekundäranalyse von repräsentativen Umfragedaten aus der *ARD/ZDF*-Programmtrendbefragung zu den Images von Fernsehsendern, der Wichtigkeit von Programmsparten und der Programmspartenkompetenz der Sender mittels multivariater Verfahren[5] kommt zu dem Ergebnis, dass neben den soziodemographischen Variablen wie Alter, Geschlecht und sozialer Status vor allem die unterschiedlichen materiellen Lebensbedingungen in Ost und West nach der Wende das abweichende Fernsehverhalten erklären. Andere Analysen sehen auch die unterschiedlichen soziokulturellen Prägungen von Ost- und Westdeutschen als weitere Ursache.[6]

Im *ARD/ZDF* Programmtrend des Jahres 2001 wurde ebenfalls wieder die Wichtigkeit und die Bedeutung einzelner Programmsparten bei den Fernsehzuschauern in Ost und West repräsentativ erfragt.[7]

Ergänzend zur oben beschriebenen Programmspartenmessung der GfK ermitteln diese Umfrageergebnisse die subjektive Bedeutung einzelner Programmsparten für die Zuschauer. Tabelle 8 zeigt Ergebnisse zur Wichtigkeit von Programmsparten aus der Sicht von ost- und westdeutschen Zuschauern aus dieser Repräsentativbefragung. Es sind viele Gemeinsamkeiten zu erkennen, insbesondere in der Rangfolge der Sparten. Dennoch gab es auch weiterhin Unterschiede.

---

[5] Vgl. Wolfgang Darschin/Camille Zubayr: Warum sehen die Ostdeutschen anders fern als die Westdeutschen? In: Media Perspektiven 6/2000, S. 249-257.
[6] Vgl. Gerlinde Frey-Vor: Sehen Ostdeutsche anders fern? In: Lothar Probst (Hrsg.): Differenz in der Einheit, Berlin 1999. Vgl. auch Hans-Jörg Stiehler: Mediennutzung in Ostdeutschland: Diagnosen und Vermutungen. In: Berliner Debatte INITIAL 3/1999.
[7] ARD/ZDF-Programmtrend 2001, bundesweite Repräsentativbefragung auf der Basis von 3960 Befragte ab 14 Jahren (2959 West, 1001 Ost) in der Zeit vom 22.10. - 30.11. 2001.

Tabelle 8
**Wichtigkeit von Programmsparten –
Erwachsene ab 14 Jahren in Prozent**
(Sparteninteresse sehr wichtig/wichtig)

	Rang	West	Rang	Ost
Nachrichten	1	92,9	1	91,0
Deutsche Kino- und Fernsehfilme	2	67,8	3	74,5
Natur- und Tiersendungen	3	67,6	4	73,3
Sendungen eigenes Bundesland	4	66,4	2	76,9
Krimis und Krimiserien	5	61,8	7	58,7
Quizshows, Ratesendungen	6	58,2	5	66,7
Unterhaltungsshows	7	58,2	6	62,2
Politikmagazine und –reportagen	8	56,7	8	54,8
Amerik. Kino- und Fernsehfilme	9	54,7	14	45,9
Dokumentationen	10	53,1	11	48,6
Ratgeber- / Verbrauchersendungen	11	52,5	9	53,6
Familien- und Unterhaltungsserien	12	49,9	10	50,6
Sportsendungen	13	46,9	13	47,8
Wissenschafts-/ Techniksendungen	14	44,8	12	47,9
Kultumagazine / Kulturreportagen	15	43,3	18	36,7
Wirtschaftsmagazine / -reportagen	16	42,5	17	37,1
Volksmusik- / Schlagersendungen	17	35,8	15	39,7
Comedy-Sendungen / -Shows	18	34,3	16	37,4
Talkshows am Abend	19	33,3	19	34,1
Satire- Kabarettsendungen	20	33,0	20	33,6
Boulevardmagazine	21	27,8	21	32,7
Arzt- / Krankenhausserien	22	25,2	22	32,1
Science-Fiction-Filme / -serien	23	23,3	24	24,2
Gerichtssendungen	24	20,1	23	28,0
Talkshows am Nachmittag	25	17,4	26	20,5
Zeichentrickfilme / -serien	26	16,6	25	21,1
Reality Shows	27	12,4	27	16,1

Quelle: ARD/ZDF Trendumfrage Herbst 2001

Ganz oben in der Wichtigkeitsrangliste standen bei Zuschauern in Ost und West auch im Herbst 2001 Nachrichtensendungen. Für über 90 Prozent sowohl der West- wie der Ostdeutschen sind Nachrichten im Fernsehen wichtig. Deutlich wichtiger als den westdeutschen Zuschauern sind den ostdeutschen Zuschauern jedoch Sendungen über das eigene Bundesland. Mit mehr als drei Viertel der Nennungen (76,9 Prozent) stand diese Programmsparte bei den Ostdeutschen auf Rang zwei. Im Westen, wo diese Sparte den vierten Platz belegte, war sie für zwei Drittel (66,4 Prozent) der Zuschauer wichtig. Hier spiegelt sich auch die größere Bedeutung der Dritten Programme im Osten wieder. Die *Sparte deutsche Kino- und Fernsehfilme* rangierte bei den Zuschauern der alten Bundesländer auf Platz zwei, bei den Zuschauern der neuen Bundesländern auf Platz drei. Dennoch erhielt sie bei den ostdeutschen Zuschauern einen höheren Anteil an Nennungen, sie war für sie folglich wichtiger. Deutlich weniger wichtig als den westdeutschen Zuschauern war den Zuschauern im Osten demgegenüber die Programmsparte *Amerikanische Kino- und Fernsehfilme* (im Westen mit 54,7 Prozent auf Rang neun, im Osten mit 45,9 Prozent auf Rang 14).

Die Sparte *Natur- und Tiersendungen* rangierte im Westen auf Platz drei im Osten auf Platz vier, war hier jedoch trotzdem um einiges wichtiger (Ost: 74,5 Prozent : West: 67,6 Prozent). Im Osten folgten dann auf Rang fünf *Quiz- und Ratesendungen* (66,7 Prozent) mit einem deutlichen Bedeutungsvorsprung vor dem Westen (Rang sechs mit 58,2 Prozent). *Politikmagazine und -reportagen* standen mit nur relativ wenig prozentualem Unterschied in West wie Ost auf Rang acht (West: 56,7 Prozent, Ost: 54,8 Prozent). Eine nahezu gleich hohe Wichtigkeit war auch für *Ratgeber- und Verbrauchersendungen* festzustellen, nur in der Wichtigkeitsrangfolge stand diese Programmsparte im Osten etwas höher als im Westen (West: 52,5 Prozent und Rang zehn, Ost: 53,6 Prozent und Rang neun). Der Zeitreihenvergleich zeigt, dass den Ostdeutschen diese Programmsparte 1994/95 noch deutlich wichtiger war als den Westdeutschen. Seitdem erfolgte jedoch eine Angleichung. In Ost wie West auf dem gleichen Rang (elf) standen *allgemeine Dokumentationen*. Prozentual wurden sie jedoch von einem geringeren Anteil der Ostdeutschen als der Westdeutschen als wichtiges Fernsehgenres genannt (53,1 Prozent West, 48,6 Prozent Ost). Die Informationssparte *Wissenschafts- und Techniksendungen* stand dagegen in der Rangliste der Ostdeutschen höher und erhielt auch prozentual mehr Nennungen (Osten 47,9 Prozent und Rang 12, Westen 44,8 Prozent und Rang 14). Hier zeigt der Zeitreihenvergleich, dass dies ein Trend ist, der sich seit 1994 fast durchgehend gehalten hat. Eine höhere Bedeutung im Westen als im Osten ergibt sich dagegen bei den Informationssparten *Wirtschaftsmagazine/-reportagen* sowie *Kulturmagazine/-reportagen*.

Wirtschaftssendungen kommen in der Rangfolge West auf Platz 16 (42,5 Prozent), im Osten auf Platz 17 (37,1 Prozent). Kultursendungen stehen im Westen mit 43,3 Prozent auf Rang 15 und im Osten mit 36,7 Prozent auf Rang auf 18. Bei den Kulturmagazinen lassen sich klar Parallelen zu den quantitativen Daten der GfK-Programmspartenkodierung erkennen, die auch einen geringeren Nutzungsumfang für diese Sparte ermittelt.

Die leichteren Informationssparten rangieren in Ost wie West am unteren Ende der Wichtigkeitsskala der Zuschauer. Dabei messen die ostdeutschen Zuschauer diesen „Infotainment"-Formaten aber fast durchweg eine höhere Bedeutung zu als die westdeutschen. Relativ ausgeglichen ist das Verhältnis bei Talkshows am Abend: 33,3 Prozent West, 34,1 Prozent Ost. Bereits deutlicher ist der Unterschied bei Boulevardmagazinen: 27,8 Prozent der Westdeutschen halten diese Programmsparte für wichtig, aber 32,7 Prozent der Ostdeutschen. Bei den in den letzten Jahren vermehrt gesendeten Gerichtssendungen ist der Ost-West-Unterschied deutlich größer: 20,1 Prozent der Befragten im Westen halten diese neue Programmsparte für wichtig, aber 28,0 Prozent der Ostdeutschen. Auch bei Talkshows am Nachmittag (West 17,4 Prozent, Ost 20,5 Prozent) und bei Reality Shows (West 12,4 Prozent, Ost 16,1 Prozent) bestehen Ost-West-Unterschiede, wenn diese auch nicht so groß sind wie bei den Gerichtssendungen.

Um auch den tieferliegenden Motiven vor allem der unterschiedlichen Informationsnutzung auf den Grund zu gehen, veranlasste die ARD/ZDF-Medienkommission Ende 2000 eine vertiefende qualitative Studie, in deren Rahmen die Erwartungen der Ostdeutschen an Informationen und ihre Vermittlung sowie das Informationsverhalten generell genauer untersucht werden sollte.[8] Diese qualitative Studie sollte vor dem Hintergrund der Mediensozialisation und der alltäglichen Lebensführung das Informationsverhalten der Ostdeutschen erklären helfen. Als Erhebungsmethoden wurden eine Kombination aus kreativen Tagebüchern, Inhome-Explorationen und Gruppendiskussionen eingesetzt. Als Befragungsorte wurden exemplarisch Leipzig und Umland im Süden der neuen Bundesländer sowie Rostock und Umland im Norden ausgewählt.[9]

---

[8] In dieser Studie sollte allerdings nicht allein das Informationsverhalten in Bezug auf das Fernsehen analysiert werden. Der Untersuchungsansatz wurde auch auf den Printbereich ausgedehnt. Die ARD/ZDF-Medienkommission führte diese Studie daher in Zusammenarbeit mit dem Spiegel-Verlag und dem Holtzbrinck-Verlag/Handelsblatt durch.

[9] Im Erhebungszeitraum November/Dezember 2000 wurden mittels kreativer Tagebüchern, Inhome-Explorationen und Gruppendiskussionen insgesamt 40 Befragte in Leipzig und ländlichen Umland sowie in Rostock und ländlichem Umland sehr ausführlich befragt. Ergänzend dazu wurden Gruppendiskussionen mit zwei West-Kontrollgruppen in Frankfurt am Main und ländlichem Umland durchgeführt. Die Rekrutierung der Befragten erfolgte jedes Mal aus einer für die gewählten

Auch diese Studie bestätigt noch einmal die hohe Gebrauchswertorientierung der Ostdeutschen in ihren Erwartungen an Information: Informationen sollen Alltags- und Handlungsrelevanz haben. Informationen werden uninteressant, wenn sie „abgehoben" sind.

Vielfach wurde auch ein überforderndes Überangebot an Informationen wahrgenommen. Eine Schlussfolgerung aus der Studie lautet, dass Techniken zur Selektion und zum Umgang mit der Vielfalt politischer Informationen wahrscheinlich noch nicht genügend weit verbreitet sind. In der DDR-Zeit erlernte Techniken zur Selektion von Information – zum Beispiel das Lesen der Zeitung von hinten nach vorn –, die oft dazu dienten, den „offiziellen" politischen Informationen auszuweichen, sind obsolet.

Die Studie ermittelt weiterhin Skepsis gegenüber dem Wahrheitsgehalt von Informationen und Furcht vor Beeinflussung durch Politik und Wirtschaft. Bemerkenswert ist, dass das Misstrauen der Zuschauer/Leser sich nicht primär gegen die Medien richtet, sondern gegen die dahinter vermuteten „Strippenzieher" aus Politik und Wirtschaft. In der Wahrnehmung der Befragten befinden sich die Medien in einer Art Zwickmühle: Die unterstellte Abhängigkeit von Politik bzw. der Wirtschaft „nötigt" sie zur Manipulation. Damit werden sie zu „manipulierten Manipulatoren".

Unter anderem aus Furcht vor Beeinflussung resultiert auf Seiten der Ostdeutschen häufig der Wunsch nach bloßen Fakten, Wertneutralität und Realitätsspiegelung als einzig legitime Form von Informationsvermittlung. Fakten wünscht man sich so, dass sie im Alltag überprüfbar sind. Meinungsjournalismus und öffentliche Diskurse werden dagegen eher abgelehnt.

Der Wunsch nach Faktenorientierung und Knappheit könnte - so die Schlussfolgerung der Studie - ein Versuch der Ostdeutschen sein, tiefsitzende Unsicherheiten in Bezug auf die Rolle der Medien in Politik und Gesellschaft zu überdecken. Durch Medien vermittelte öffentliche Diskussionen sind ungewohnt und man misstraut ihnen, zumal öffentliche Meinung in der DDR fast immer manipuliert war. In bestimmten Fällen könnte, so eine andere Schlussfol-

---

Orte repräsentativen großen Datenbasis nach Kriterien des Mediennutzungsverhaltens. Um die oben beschriebene qualitative Stichprobe zu rekrutieren, wurden über tausend Kontaktinterviews geführt. Ziel der Rekrutierung war es, vier Nutzertypen abzubilden und genauer zu untersuchen. Diese vier Nutzertypen waren „Nutzer, die vorrangig überregionale Qualitätsmedien nutzen", „Nutzer, die vor allem alltags- und ratgeberorientierte Medien nutzen", „Nutzer, die vorrangig regionale Medien nutzen" und „Nutzer, die primär Boulevardangebote nutzen". Die ARD/ZDF-Medienkommission beauftragte die Gesellschaft für Innovative Marktforschung (GIM) mit dieser Studie.

gerung, die Ablehnung von Meinungsjournalismus auch ein Weg sein, um sich der „westdeutschen Deutungshoheit" zu entziehen.

Auf Seiten der Ostdeutschen existiert demgegenüber die weit verbreitete Erwartung an Medien als „Sprachrohr der Bürger". Das heisst, Medien haben nicht nur die Aufgabe zu dokumentieren und aufzuklären, sondern auch auf Seiten der Bürger zu stehen und deren Interessen zu vertreten.

Die Studie ermittelt folgende Anhaltspunkte, warum informierende Fernsehformate von öffentlich-rechtlichen Sendern in Ostdeutschland weniger gesehen werden: Die Darstellung unterschiedlicher politischer Konzepte wird als wenig ergebnisorientiert wahrgenommen. Erwartet wird das konkrete Ergebnis, nicht die ausführliche Diskussion darüber. Die Ostdeutschen haben offensichtlich eine größere Distanz zum politischen „Prozessdiskurs". Die westdeutsche Mediensozialisation führt tendenziell eher dazu, politische Diskurse in ihrem Verlauf zu verfolgen, auch wenn keine eigene thematische Betroffenheit zu verspüren ist. Das ostdeutsche Publikum ist wesentlich stärker nur am Ergebnis interessiert. Wie eine politische Entscheidung zustande gekommen ist, scheint weniger wichtig. Von Bedeutung ist die Entscheidung selbst und die für einen selbst wahrgenommene Betroffenheit davon und gegebenenfalls der Nutzen daraus.

Politische Diskussionen werden häufig als Streit verstanden und daher abgelehnt. Die für die Befragten wünschenswerte Darstellungsform ist die analytische und scheinbar „objektive" Gegenüberstellung der Positionen aller relevanten Akteure.

Trotz Wunsch nach Faktenorientierung werden Gestaltung und Stil öffentlich-rechtlicher Informationssendungen von den ostdeutschen Befragten zum Teil als theoretisch und trocken empfunden. Es werden „Hintergrundinformationen" im Sinne einer „Bebilderung der Informationen" erwartet. Die vermittelten Informationen sollen nicht abstrakt bleiben. In Bezug auf ostdeutsche Besonderheiten in der Wahrnehmung journalistischer Stilformen ermittelt die Studie: Die beschriebene Erwartung der Zuschauer an die wertneutrale Vermittlung purer Fakten sowie die buchstabengetreue Lesart von Begriffen oder Ausdrücken erschweren die Wahrnehmung von Ironie oder Sarkasmus sowie Provokation und Zynismus. Techniken des investigativen Journalismus, sowohl im Fernsehen als auch im Printbereich, werden von den ostdeutschen Befragten manchmal als „Skandalorientierung" und „boulevardesker" Stil missverstanden. Weiterhin enthält die Studie – wie andere Untersuchungen auch – Hinweise darauf, dass viele Ostdeutsche sich eher als „Volk der kleinen Leute" wahrnehmen. Entsprechend distanziert ist auch ihr Verhältnis etwa zu Qualitätszeitungen und

Print-Magazinen, die sie nicht für sich, sondern für andere Bevölkerungsgruppen bestimmt sehen. Auch in Bezug auf die Berichterstattung über Ostdeutschland bringt die qualitative Studie aus dem Jahre 2000 etwas mehr Licht in die schon zitierten Ergebnisse der repräsentativen Befragungen: Die Berichterstattung über Ostdeutschland wurde von den Testpersonen vor dem Hintergrund des ‚Ostdeutsch-Seins' als gemeinsamer kultureller Herkunft interpretiert und gewertet. Ein derartiger Abgleich kommt vor allem dann zustande, wenn pauschal über Ostdeutschland oder Ost und West vergleichend berichtet wird. Wenn das Selbstbild mit dem berichteten Fremdbild nicht übereinstimmt, wird fast immer ein westdeutscher Absender erwartet. Dabei spielen auch scheinbare Nebensächlichkeiten (wie z.B. falsche Aussprache oder mangelnde geografische Kenntnisse) eine Rolle. Allerdings ermittelt die Studie hierbei starke regionale Unterschiede: Bei den Befragten aus Leipzig und Umland ist die Selbstwahrnehmung als Ostdeutsche (Ost-Identität) viel stärker ausgeprägt als bei den Befragten aus Rostock und Umland. Dort bringen die Befragten zum Ausdruck, dass sie sich eher mit Norddeutschland identifizieren und sich als Norddeutsche fühlen.

Das hat offensichtlich Auswirkungen sowohl auf die Einstellungen zu Ost-West-Themen, als auch auf die Erwartungen an deren mediale Vermittlung: In Leipzig äußern die Befragten verhältnismäßig starke Ressentiments gegenüber ‚dem Westen', und ein Gefühl der ‚Kolonialisierung' ist ein verbreitetes Einstellungsmuster. Damit einher geht der Wunsch nach exklusiven Ost-Themen in den Medien. Der Ostbezug medialer Informationsvermittlung ist für die Leipziger häufig akzeptanzentscheidend.

Von den Befragten in Rostock dagegen werden vordergründige Ost-West-Differenzierungen ausdrücklich abgelehnt. Dies bedeutet jedoch nicht, dass Unterschiede in der wirtschaftlichen oder sozialen Situation negiert werden. Nach Ansicht der befragten Rostocker Personen soll die öffentliche Diskussion darüber aber auf Landesebene stattfinden.

Fazits und Erklärungen

Das größer gewordene Angebot, vor allem an kommerziellen Hörfunk- und Fernsehprogrammen, führte sowohl in Ost- als auch in Westdeutschland in den zehn Jahren von Anfang 1992 bis Ende 2001 dazu, dass die Nutzungszeiten für Hörfunk und Fernsehen anstiegen. Dieser Zuwachs geht in den alten und neuen Bundesländern fast ausschließlich zugunsten privater Anbieter. Beim Fernsehen ist in Ost- und Westdeutschland am Ende des Analysezeitraumes ein Nutzungsüberhang zugunsten privater Sender festzustellen. Die Nutzung öffentlich-rechtlicher Fernsehangebote ist in beiden Landesteilen jedoch auf etwa gleichem Niveau stabil geblieben.

Ein weiteres gemeinsames Merkmal des Fernsehmarktes in Ost- und Westdeutschland ist die größere Segmentierung. Durch die gestiegene Anzahl an Sendern entfallen auch auf etablierte öffentlich-rechtliche und private Anbieter im Laufe der betrachteten zehn Jahre immer geringere Nutzungsanteile. Dies geht zugunsten neuer kleinerer und zielgruppengenauerer öffentlich-rechtlicher und privater Sender.

Ein besonderes Merkmal der Fernsehnutzung im Osten, das sich bis heute erhalten hat, sind die von Anfang an höheren Marktanteile für kommerzielle Fernsehsender und die geringeren Marktanteile für die beiden nationalen öffentlich-rechtlichen Fernsehprogramme *ARD/Das Erste* und *ZDF*. Der im Vergleich zum Westen geringere Nutzungsanteil für die beiden großen öffentlich-rechtlichen Anbieter im Osten wird dort durch eine stärkere Nutzung von *Dritten Programmen* ausgeglichen. Der Gesamtmarktanteil der öffentlich-rechtlichen Sender in Ostdeutschland war bis in die Mitte der neunziger Jahre stark rückläufig, stieg dann aber bis zum Ende des Analysezeitraumes wieder an, so dass eine größere Angleichung zum Gesamtmarktanteil der Öffentlich-rechtlichen im Westen stattfinden konnte.

Ein weiterer Unterschied zwischen Ost- und West, der sich seit 1992 bis zum Ende des Analysezeitraumes kaum veränderte, ist das deutlich höhere Gesamtvolumen der Fernseh- und Hörfunknutzung in den neuen Ländern. Obwohl sich in einzelnen Jahren eine Verringerung der Differenz feststellen lässt, ist kein kontinuierlicher Trend zur Angleichung erkennbar. Die Nutzungs-Prime-Time der Ostdeutschen im Tagesablauf war bis 2001 sowohl beim Fernsehen als auch beim Hörfunk immer noch früher als die der Westdeutschen. Beide Medien spielen zudem als Tagesbegleiter im Osten eine größere Rolle, diese Funktion hat allerdings über die Jahre auch im Westen zugenommen.

Betrachtet man jedoch beim Fernsehen die Nutzung einzelner Programmsparten, so ist festzustellen, dass im Osten zwar fast alle Sparten absolut gesehen etwas länger genutzt werden, relativ betrachtet entfallen aber in Ost wie West ähnliche Anteile auf die einzelnen Sparten. Dies gilt auch für die Sparte Information. Unterschiede ergeben sich jedoch daraus, dass im Westen Information hauptsächlich beim *Ersten* und beim *ZDF* gesehen wird, während die Zuschauer im Osten ihre Information in fast ebenso großem Umfang auch bei privaten Sendern nachfragen. Das öffentlich-rechtliche Gewicht auf dem Informationssektor im Osten wird noch durch eine stärkere Nutzung dieser Sparte bei den *Dritten Programmen* verstärkt.

Die repräsentativen Ergebnisse zum Programmsparteninteresse, also der subjektiven Wichtigkeit von bestimmten Programmarten für die Fernsehzuschauer in Ost und West, zeigen viele Übereinstimmungen und einige Annäherungen über die Jahre, aber auch deutliche Unterschiede. Während für Ost- wie Westdeutsche gleichermaßen in der Wichtigkeitsrangliste Nachrichten ganz oben und Politikmagazine in ähnlicher Weise im Mittelfeld des Interessensspektrum stehen, haben Wirtschafts- und Kulturmagazine dagegen einen geringeren Stellenwert bei den ostdeutschen Zuschauern.

Ostdeutschen messen aber Sendungen über das eigene Bundesland eine höhere Bedeutung zu als die Westdeutschen. Gleiches gilt für Natur- und Tiersendungen, für deutschsprachige Spielfilme (im Gegensatz zu amerikanischen), für Quiz- und Ratesendungen, für Wissenschafts- und Techniksendungen und für Infotainmentformate wie z.B. Boulevardmagazine. Bis in die Mitte der neunziger Jahre maßen die Zuschauer der neuen Bundesländer auch Ratgeber- und Verbrauchersendungen eine höhere Bedeutung zu als die Zuschauer der alten Bundesländer. Hier ließ sich im Analysezeitraum eine Angleichung feststellen.

Erklären lässt sich das unterschiedliche mediale Verhalten der Ostdeutschen bis zu einem gewissen Grade durch die – verglichen mit dem Westen – immer noch unterschiedlichen sozioökonomischen Bedingungen. In den neuen Ländern wird beispielsweise weniger verdient, und die Arbeitslosigkeit ist höher. Dies hat Auswirkungen auf das finanzielle und zeitliche Budget, welches für Medien und Freizeitgestaltung zur Verfügung steht. Das zeitliche Budget ist in manchen ostdeutschen Haushalten höher, das finanzielle jedoch in den meisten geringer. Kostspielige außerhäusliche Freizeitaktivitäten werden in Ostdeutschland weniger unternommen, wodurch eine stärker auf Haus und Garten fokussierte Lebensweise begünstigt wird.[10]

Von 1993 bis 2001 zeigte etwa die regelmäßig in der Media Analyse erhobene Freizeitfrage, dass Ostdeutsche seltener außerhäuslichen Freizeitbeschäftigungen (Theater/Konzerte, Sport treiben, Kneipe gehen) nachgehen als Westdeutsche. Neben finanziellen Gründen dürfte wahrscheinlich auch die mehr als in Westdeutschland von kleineren Orten und Städten bestimmte Siedlungsstruktur und der damit verbundene erschwerte Zugang zu derartigen Freizeitmöglichkeiten ausschlaggebend sein. Radio und Fernsehen bekommen vor diesem Hintergrund eine größere Bedeutung.

Es sind jedoch vor allem auch soziokulturelle Faktoren, die verzahnt mit sozioökonomischen Gründen das etwas andere Medienverhalten der Ostdeutschen bestimmen. Zu diesen Gründen gehört das lange weitverbreitete Selbstverständnis vieler Ostdeutscher als ‚Volk der kleinen Leute' mit möglichst einfachen und klaren Bedürfnissen, das durch die angespannte wirtschaftliche Situation mit wenig Spielraum für Extras weiter konserviert wird.

Dazu gehört vor allem aber auch die sich unterscheidende Mediensozialisation. Mediennutzung in der DDR erforderte andere Techniken der Selektion und des Umgangs mit Medien als die Mediennutzung im heutigen Mediensystem mit seiner Fülle an Informationsquellen. Da die Bürger der neuen Länder erst 1990 Teil der bundesdeutschen Gesellschaft wurden, verfolgten sie auch die Debatten über die Rolle der Medien – insbesondere der öffentlich-rechtlichen Sender – nicht so intensiv mit wie die Bürger der alten Länder.[11] Vor diesem Hintergrund ist beispielsweise ihr stärker pragmatisch und in Teilen sehr am Gebrauchswert orientierter Umgang mit öffentlich-rechtlichen und privaten Sendern zu erklären.

Die Autoren einer qualitativen Studie, die von der IP Deutschland für einige Privatsender in Auftrag gegeben wurde, schlussfolgern weiterhin, dass sich die Ostdeutschen nach der Wende beim Fernsehen ‚Genuss orientierter' verhalten als die Westdeutschen und darum das Angebot von privaten Sendern mehr schätzen. Andere Autoren verweisen dagegen eher auf Gründe, die bereits aus der Vorwendezeit resultieren, als viele DDR Fernsehzuschauer zwischen dem DDR-Fernsehen und den damaligen bundesdeutschen öffentlich-rechtlichen

---

[10] Der Trend der Ostdeutschen zur Verhäuslichung hat sich seit der Wende eher noch verstärkt. Ein großer Teil der Freizeit wird zu Hause, in der Familie oder zumindest in einem „Nahumfeld" verbracht.
[11] Vgl. Hans-Jörg Stiehler: Mediennutzung in Ostdeutschland: Diagnosen und Vermutungen. In: Berliner Debatte INITIAL 3/1999.

Fernsehsendern hin und her wechselten. Sie vermuten, dass bereits damals eine geringere Bindung an ein bestimmtes Fernsehsystem bestand.

Auch die in der qualitativen ARD/ZDF-Studie erhobenen sendungsbezogenen Aspekte wie z.B. die geringere Vertrautheit mit einigen Formen der politischen und kulturellen Berichterstattung und ihren Funktionen sowie die größere Distanz zu bestimmten journalistischen Stilmitteln und Mitteln der formalen Gestaltung in den öffentlich-rechtlichen Sendern kann zum Teil aus der besonderen Prägung der Ostdeutschen erklärt werden. Ähnliches gilt für die größere Skepsis gegenüber dem Wahrheitsgehalt von politischen und wirtschaftlichen Informationen.

Dennoch zeigen die Studien auch hohe Erwartungen an die öffentlich-rechtlichen Sender bei den Ostdeutschen, die jene aufgrund des starken nationalen Wettbewerbs manchmal nicht voll erfüllen können. Im vereinigten Deutschland stehen den Erwartungen der 1/5 ostdeutscher Fernsehzuschauer immerhin die Erwartungen von 4/5 westdeutscher Fernsehzuschauer gegenüber. Die per se eher oberflächliche Berichterstattung der privaten Sender schafft weniger Differenzierungs- und Konfliktpunkte und in bestimmten Motivationslagen mehr Sehanreiz.

Ein weiterer Faktor, der das andere mediale Verhalten der Ostdeutschen erklärt, hängt mit der Notwendigkeit der Neuorientierung nach der Wende zusammen. Medien haben in dieser Situation eine Mehrfachfunktion. Eine ihrer Funktionen ist es, ein „Fenster zur Welt" zu sein, durch das man einen Blick auf neue Werte und Lebensstile werfen kann. Eine weitere ihnen zugedachte Funktion ist es, Anregungen für die Umgestaltung des eigenen Lebens und handlungsrelevante Informationen für den Alltag zu liefern. Ostdeutsche Nutzer suchen diese Information offensichtlich stärker in einem spezifischen Mix aus öffentlich-rechtlichen und privaten Fernseh- und Hörfunkangeboten.

Beim Umgang mit den Medien spielt auch die starke regionale Verwurzelung der Ostdeutschen eine Rolle, in die geringere oder stärkere Grade eines ostdeutschen Selbstverständnisses eingehen. Letzteres kann – wie die qualitative ARD/ZDF-Studie zeigt – von Person zu Person, aber auch von Bundesland zu Bundesland variieren. Das größere Interesse der Ostdeutschen an Sendungen über das eigene Bundesland, das die repräsentativen ARD/ZDF-Programmtrendumfragen regelmäßig ermittelt haben, ist aber ein wichtiger übergreifender Indikator für das Informationsverhalten in Ostdeutschland.

Den regionalen Fernsehangeboten kommt eine wichtige Funktion sowohl hinsichtlich der Anknüpfung an vergangenes Leben als auch bei der Aneignung der neuen Gesellschaft, ihrer Strukturen und Werte zu. Dies trifft im übrigen auch auf die regionalen Radioprogramme sowie die regionalen Tageszeitungen zu. Die regional orientierten Medien sind in besonderer Weise Bindeglieder zwischen der Herkunft der Ostdeutschen und ihrer Ankunft in der neuen Gesellschaft.

Uwe Breitenborn

Cocktails aus der Rumpelkammer?
Retrospektive Konzepte
non-fiktionaler Unterhaltung

Menschen in Ostdeutschland sehen ihr vormals gemiedenes Fernsehprogramm mittlerweile ganz gern. Kein schlechter Zustand für ein scheinbar abgestorbenes und delegitimiertes Fernsehen. Bei den Sendern mit entsprechenden Zuschauergruppen *(MDR, ORB, SFB, NDR)* wird die ostdeutsche Samstagabendunterhaltung à la „Kessel Buntes" (1972-91), „Wennschon Dennschon" (1983-91) oder „Showkolade" (1987-90) in Gernsehabenden und nostalgischen Potpourris schon seit langem recycelt. Für ältere Jahrgänge kommen manchmal auch betagtere Produktionen wie „Da lacht der Bär" (1955-65), „Da liegt Musike drin" (1968-86), „Herzklopfen kostenlos" (1959-73) oder „Mit dem Herzen dabei" (1964-69) zum Vorschein. Betrachtet man die diesbezügliche Programmverwertung non-fiktionaler Unterhaltungsangebote, könnte man annehmen, DDR-Fernsehen sei erst in den siebziger Jahren entstanden. So jedenfalls schiene es, wenn vor allem die Aufnahmen des Fernsehballetts oder der Hahnemann-Müller-Lippi-Sketche in die Fernsehstuben des Ostens hineinrauschten. Bekanntermaßen begann der Sendebetrieb in Ost und West konkurrierend nahezu zeitgleich: 1952. An Archivalien dürfte also kein Mangel herrschen, und der verfügbare audiovisuelle Materialfundus geht weit über das hinaus, was die Zuschauer heute davon zu sehen bekommen. Was bot also die non-fiktionale Fernsehunterhaltung der DDR, und können diese Archivalien heute noch unterhaltsam sein?

Die Spezifik ostdeutscher Unterhaltungsangebote

Eine Besonderheit der DDR-Fernsehunterhaltung lässt sich dadurch charakterisieren, dass ein größerer Teil dieser Sendungen gewünschte kulturelle sowie politisch-ideologische Werte modellierte, also Vorstellungen vom staatssozialistischen Aufbau, von der neuen Menschengemeinschaft sowie die Abgrenzung zum Westen. Seit Beginn des Sendebetriebes existierten Unterhaltungssendungen, die ihre programmatische Intention bereits im Sendetitel trugen (z.b. „Tages Arbeit - Abends Gäste", 1955-56). Die damit verbundene Emotionalisierung von Inhalten, der sentimentale Transport gesellschaftlicher Werte war ein Wesensmerkmal dieser Unterhaltungssendungen. So fragte der ostdeutsche Medienwissenschaftler Haucke 1969 explizit nach dem „Nutzen der Sentimentalität"[1] und sah Emotionalität als den „eigentlichen Angelpunkt" einer sozialistisch geprägten "Unterhaltungskunst" an.[2] Im Fernsehen der DDR, als publizistisches Medium konzipiert, stellten die Unterhaltungssendungen einen geeigneten Transmissionsriemen für diverse DDR-spezifische Themenfelder dar. Für diese modellhafte Verknüpfung von Themensegmenten und nonfiktionalen Unterhaltungsprogrammen finden sich zahlreiche Beispiele.[3] Das Spektrum reicht von Sendungen, die das Thema Arbeitswelt („Glück auf!", 1957-68) integrierten, bis hin zu Sendungen, die sich Themenfeldern wie Sport („Das große Spiel", 1963) oder NVA („Die Augen – links!" 1967-1969) widmeten. Aus diesem Bestand ist nach wie vor nur ein geringer Teil zu sehen, obwohl im Deutschen Rundfunkarchiv Babelsberg (DRA) eine beachtliche Menge dieser Sendungen überliefert sind, die dokumentierend oder in ihrer zeitbedingten Fremdheit durchaus manche Programmgestaltung bereichern könnten. Der ORB strahlte im Vorfeld des 50-jährigen Fernsehjubiläums im Nachtprogramm längere Mitschnitte alter Sendungen aus, u.a. „Da lacht der Bär" und „Tele-BZ". Das Resultat war interessant und zwiespältig zugleich. Überaus deutlich traten die Entertainment-Aspekte einerseits und die ideologischen Prägungen andererseits zutage. Im Gegensatz zu Wunsch- und Erinnerungs-Potpourris ist der mediengeschichtliche Effekt einer solchen Programmeinbettung durchschlagend.

---

[1] Lutz Haucke: Von der Erfahrung zur Prognose. Bemerkungen zu einigen kulturtheoretischen Grundfragen einer Standortbestimmung der „Unterhaltungskunst". Informationen. Beilage zur Fachzeitschrift „Unterhaltungskunst", Heft 11/1969, S. 11.
[2] Ebda. S. 7.
[3] Vgl. Uwe Breitenborn: Wie lachte der Bär? Systematik, Funktionalität und thematische Segmentierung von unterhaltenden Programmformen im Deutschen Fernsehfunk bis 1969. Berlin: Phil. Diss. Humboldt-Universität 2002 (Publikation in Vorbereitung).

In den wenigen Untersuchungen, die es nach 1990 zu Unterhaltungssendungen des DDR-Fernsehens gab, wurde besonders deren Spezifik fokussiert.[4] Beschrieben werden die Besonderheiten des Programms, die Programmatik und deren Eingebundensein in SED-dominierte Medienstrukturen. Das ist zweifellos ein wichtiger Aspekt dieser Produktionen. Eine Sendung wie „Jetzt schlägt's Dreizehn" (19.08.1961), in der die „Maßnahmen der Grenzsicherung" prominent gefeiert wurden, lässt sich nur aus diesem Kontext heraus erklären. Die Mauerbau-Show ist nur ein Beispiel, aber auch eines dafür, wie durchlässig das Verhältnis von Abgrenzung und Grenzüberschreitung sein konnte. Während in der Volksbühne Schlager geträllert wurden, schwirrten live zugeschaltet die „schönen Gesichter des Fernsehens" (bekannte Ansagerinnen) zu den Grenzern im Berliner Stadtgebiet aus. Im Glanze populärer Kultur sollten auch andere Themen populär sein. Ob sozialistische Landwirtschaft oder NVA-Wehrdienst – alles ließ sich mit Entertainment mehr oder weniger erfolgreich verknüpfen. Die negative Projektionsfläche zu dieser Tatsache waren Abgrenzungsbemühungen nicht nur gegenüber westlicher Kultur, sondern auch Forderungskataloge an eigene Produktionen, die heute recht unwirklich anmuten.

1967 formulierte die Hauptabteilung Unterhaltung des *DFF* beispielsweise, dass ästhetisierende Formspielereien, gleichfalls aber auch inhaltliche Überforderungen zu vermeiden seien. Es verbiete sich die Verletzung der Autorität und Würde von Publikum, Partner und Interpreten in den *DFF*-Programmen. Unangetastet sollten auch die sozialpolitische Stellung sowie die geistigen Potenzen der Frauen bleiben, deren Degradierung zu bloßen Lust- und Schauobjekten ausdrücklich abgelehnt wird. In diesem ausschließenden Kanon ebenfalls zu finden: die entfremdete „moderne" Behandlung klassischer Kulturgüter, aber auch die Vernachlässigung der zeitgemäßen Pflege dieser Kulturgüter. Einer Intellektualisierung in Inhalt und Gestaltung von Sendungen sei genauso entgegenzutreten wie einer Banalisierung[5]. Alles in allem eine nahezu unlösbare Aufgabe,

---

[4] Vgl. Lutz Haucke: Die Träume sozialistischer Massenunterhaltung in der DDR. In: Günther Agde (Hrsg.): Kahlschlag. Das 11.Plenum des ZK der SED 1965. Studien und Dokumente, Berlin 1991, S.117-127. Wolfgang Haible: Schwierigkeiten mit der Massenkultur. Zur kulturtheoretischen Diskussion der massenmedialen Unterhaltung in der DDR seit den siebziger Jahren. Mainz 1993. Peter Hoff: Von „Da lacht der Bär" über „Ein Kessel Buntes" – ins „Aus". In: Riedel, Heide (Hrsg.): Mit uns zieht die neue Zeit - 40 Jahre DDR-Medien. Ausstellung des Deutschen Rundfunk-Museums 25.8.93-31.1.94. Katalog. Berlin 1993, S. 86-94. Peter Hoff: Protokoll eines Laborversuchs. Kommentar zur ersten Programmschrift des DDR-Fernsehens 1955. Leipzig: Universitätsverlag 2002 (=MAZ 1).

[5] Vgl. DRA Babelsberg FS 1967 Deutsches Rundfunkarchiv Babelsberg, Schriftgutbestand Fernsehen: Vorbereitende Planmaterialien Unterhaltung 1967. Aufgaben, Struktur und Arbeitsweise der HA Unterhaltung im DFF, S. 5f.

eine programmatische Idealvorstellung. Soviel korrekte und balancierende Funktionalisierung, Zweckgebundenheit und gleichsam Vorsicht ließ sich kaum realisieren. Schon das begrenzte künstlerische Personal schob diesem Anspruch einen Riegel vor.

Vor allem in den 50er Jahren wurde in programmatischer Hinsicht der Bildschirmunterhaltung, wie wir sie heute kennen, eher weniger Bedeutung beigemessen, in Bezug auf das Programmvolumen und in Hinsicht auf Ziele und Strategien. Die ersten Jahre des Fernsehens in der DDR waren dominiert von einem publizistischen bzw. politisch-propagandistischen Verständnis des Mediums im Sinne der Herrschaftssicherung. Peter Hoff hat in seinem Kommentar zur ersten Programmschrift des *DDR-Fernsehfunks* aus dem Jahre 1955 diesen Charakter nochmals herausgestellt. In jenem kommentierten Dokument wurde die Auffassung vom journalistisch-publizistischen Medium mit ideologischem Wirkungsauftrag unterstrichen, in dem man betonte, daß "das Fernsehen aufgrund seiner vielseitigen optischen und akustischen Möglichkeiten imstande ist, schneller, unmittelbarer und umfassender als alle anderen politischen Institutionen die gesellschaftliche, kulturelle und künstlerische Entwicklung widerzuspiegeln und auf sie aktiv einzuwirken."[6] Neben den agitatorischen, politischen und kulturellen Aufgaben sei aber stets auch das Bedürfnis der Werktätigen nach Unterhaltung und Entspannung zu befriedigen.

Schon ab 1955 kamen Spielshows und Bunte Abende ins Programm. Quiz- oder Ratesendungen gab es bereits seit 1952 („Wer rät mit - wer gewinnt"). Eine der ersten Shows mit Studiopublikum, „Sehen-Raten-Lachen" (1955-57), basierte auf dem Konzept einer öffentlichen Veranstaltung des Hörfunks (Berliner Rundfunk: „Doppelt oder Nichts"). Die erfolgreiche Unterhaltungsshow des *Berliner Rundfunks* „Da lacht der Bär" war mit kurzen Unterbrechungen von 1955 bis 1965 im Fernsehen zu sehen. Gleiches gilt für andere Veranstaltungsübernahmen wie den „Amiga-Cocktail" (1958-1964) oder „Zwischen Frühstück und Gänsebraten" (1959-1991).[7]

Zusammenfassend hieß es in jener Programmschrift: „Die Unterhaltung im Fernsehen ist ein weites Gebiet. Unter Unterhaltung nur die Gebiete der leichten Veranstaltung, des Kabaretts, des Varietés und Zirkusses, der leichten Unterhaltungsmusik u.a. zu verstehen, führt zu folgenschweren Fehlern in der Programmgestaltung. [...] Unterhaltung muß es auf allen Gebieten der Sendetätigkeit geben. Ein guter Reisebericht oder eine interessant gestaltete populär-

---

[6] Zitiert nach Hoff 2002 (Anm. 4), S. 91.
[7] Die drei zuletzt genannten Veranstaltungen wurden übrigens alle von Heinz Quermann moderiert, der als Entertainer und Redakteur diese Sendungen wesentlich bestimmte.

wissenschaftliche Sendung, eine Rätselsendung u.ä. trägt ebenso und oft besser zur Unterhaltung des Zuschauers bei [...]."[8] Unterhaltung konnte in diesem Verständnis anscheinend nur als Randprodukt gelten, dem zunächst keine größere Bedeutung beizumessen war, oder wie es Peter Hoff blumig umschrieb: Unterhaltung war die „Goldkante" des Programms.[9] De facto war es mehr, und der Anteil am Sendevolumen überstieg bei weitem den Goldkanten-Status.

Ob Zentrum oder Peripherie; Unterhaltung wurde zunehmend wichtiger, denn die Zuschauer sahen von Beginn an das Fernsehen in Ost und West auch als Unterhaltungsmedium, dessen Programme auf ihre entspannenden respektive unterhaltenden Potentiale geprüft wurden. Bei Nichtgefallen schalteten Zuschauer auf konkurrierende Programme oder Medien (bspw. Hörfunk) um, wenn sie die Möglichkeit dazu hatten. Auch in diesem Kontext kristallisierte sich Unterhaltung als ein wichtiges, anzustrebendes Wirkungspotential des Fernsehens heraus. DDR-Fernsehen in diesem Lichte ausschließlich im Fokus der Instrumentalisierungsthese bzw. unter Aspekten der Herrschaftssicherung des SED-Regimes zu betrachten greift zu kurz, da dies die grenzüberschreitenden Potentiale von Unterhaltung ausblendet. Diese sind maßgeblich für die Rezeption in anderen Kontexten, z.B. in der heutigen Fernsehkultur, aber auch für Neuinterpretationen und -bewertungen dieser Produkte in der gegenwärtigen Fernsehnutzung und Popkultur.

Eigenes und Fremdes in der Unterhaltung

Thematisierungen des „Eigenen" respektive des „Fremden" in der ostdeutschen TV-Unterhaltung betonen bisher vor allem jene Abgrenzungsdiskurse. Auf der Basis systemimmanenter Erklärungsmuster werden Diskussionen rekapituliert, die die ästhetischen Grenzüberschreitungen oftmals aus dem Auge verlieren. Für vergleichende Blickwinkel stellt die Analyse des Besonderen allerdings eine wichtige Voraussetzung dar. Letztlich war dieses oft auch ungeliebte Programm facettenreicher als viele vermuten. Es umfasste weitaus mehr als die hinlänglich bekannten „Sandmännchen", „Polizeirufe" oder „Rumpelkammern".

Richtet man das Augenmerk auf die non-fiktionalen Unterhaltungssendungen, so ist darin ein erstaunliches grenzüberschreitendes Showpotential zu entdecken. Schon Sendungen und Shows der 50er und 60er Jahre wie „A,B oder C"

---

[8] Bundesarchiv DR 8/3. Einladungen, Vorladungen und Protokolle, S. 45.
[9] Hoff 2002, S.134

(1961-63), „Von Melodie zu Melodie" (1960-64) oder „Tip-Parade" (1962-64) hoben kaum auf DDR-Identitäten ab, sondern vermerkten nur fußnotenartig die Herkunft. Hier ging es um simple Unterhaltung, die den Zuschauern gerecht werden sollte. Aus den Unterlagen der *DFF*-internen Zuschauerforschung werden die Schwierigkeiten mit diesem Bedürfnis augenfällig. Bereits anhand einer Studie zur Akzeptanz von Unterhaltungssendungen aus dem Jahre 1965[10] ließ sich klar belegen, dass die Rezipienten Fernsehkonsum in erster Linie mit Unterhaltungsbedürfnissen verbanden und Sendungen dementsprechend auf ihre unterhaltenden Potentiale abklopften. Dieses fordernde Verhältnis seitens der Zuschauer wurde auf der Produzentenseite genau registriert. In der Spannung zwischen Zuschauerbedürfnissen, thematischen Vorgaben, Gestaltungs- und Finanzspielräumen entstanden Produktionen, die Eigenes und Grenzüberschreitendes in sich vereinten.

Mit Blick auf die Programme der Bundesrepublik konstatierte man in der Hauptabteilung Unterhaltung des *DFF* 1967: „An der Nahtstelle beider Weltsysteme, unter dem ständigen Einfluß des Gegners, dessen Unterhaltung als Bestandteil einer umfassenden Ablenkungs- und Vergnügungsindustrie recht intensiv in unsere Republik hineinwirken soll [...], muß auch die Unterhaltungskunst des Deutschen Fernsehfunks operativ und offensiv gestaltet werden, um nicht nur unsere Zuschauer gegen die feindlichen Einflüsse zu immunisieren, sondern darüber hinaus [...] dazu beizutragen, dass die Anziehungskraft des Deutschen Fernsehfunks wächst und der Prozess des Umdenkens und der Herbeiführung einer demokratischen Umgestaltung Westdeutschlands beschleunigt werden."[11] Dies tue die HA Unterhaltung nicht durch die Übernahme westlicher Vergnügungsideale, -idole und -methoden, sondern vor allem durch die Umsetzung eigener Ideale. Aber systemübergreifenden Unterhaltungsmustern konnte und wollte man sich letztlich nicht verschließen. Diese Paradoxie ist bis zum Ende des *DFF* zu beobachten. Die Widersprüchlichkeit dieses Vorgehens ist auf vielen Ebenen spürbar gewesen, in den programmatischen Formulierungen gleichermaßen wie in der konkreten Umsetzung. Im Kampf um die Herzen und Halbkreise vor den Bildschirmen mussten – wenn auch nur ästhetisch – Grenzen überschritten werden.

---

[10] Stellvertreter des Intendanten für Perspektive, Prognostik, Analyse, Forschung, Leitung: „Das Unterhaltungsprogramm des Deutschen Fernsehfunks im Urteil seiner Zuschauer – Auswertung einer repräsentativen Umfrage unter 2000 Zuschauern der DDR im September 1965", herausgegeben vom Methodischen Kabinett 1965. DRA Babelsberg, Schriftgutbestand Fernsehen, FS 1965.
[11] DRA Babelsberg, FS 1967, S. 3.

Cocktails aus der Rumpelkammer

In den 70er und 80er Jahren finden sich verstärkt Bemühungen, entpolitisierte Unterhaltung zu produzieren, die mit internationalem Kolorit daherkam. Der „Kessel" wurde noch bunter, und stereotype Entertainmentmuster wurden ungeniert bedient. Vor allem diese Produktionen finden wir heute in den Programmen wieder. Hahnemann-Potpourris, „Kessel Buntes"-Verschnitte, „Da liegt Musike drin"-Wiederholungen und ein weitgefächertes Angebot recycelnder Gernsehabende – von „Herricht und Preil" bis hin zu „Frank Schöbel".

Grenzüberschreitend ist diese Art non-fiktionaler Unterhaltung aufgrund von Entertainment-Stereotypen. Dazu zählen Moderatorentypen, Quizshowmodelle, Spielabende oder der große Bunte Abend für die ganze Familie. Dies gilt für Ost und West. Dieser Punkt macht eine vergleichende Betrachtung nicht nur deutsch-deutscher Fernsehunterhaltung so spannend und ergiebig. Strukturell sind grenzüberschreitende Potentiale in zweifacher Hinsicht zu denken:

1. horizontal: Fernsehproduktionen sind international bzw. transkulturell rezipierbar (in verschiedenen Fernsehkulturen);
2. vertikal: historische Fernsehproduktionen bleiben auch unter den veränderten Bedingungen der gegenwärtigen Fernsehkultur rezipierbar, allerdings in neuen Kontexten.

Als wesentliche Voraussetzungen für diese ästhetische Kompatibilität gelten Transformation und Neuausrichtung des Wirkungspotentials solcher Sendungen. Stichwortartig seien einige Aspekte genannt: Trashcharakter, Popkultur, 70er und 80er Revival, komplette Wiederausstrahlung alter Sendungen („Beatclub", „Musikladen", „Treff mit O.F." etc.). Die gegenwärtige Programmverwertung von Archivbeständen folgt tendenziell zwei Intentionen: Ironie oder Nostalgie. Natürlich sind es vor allem ältere Menschen, die sich erinnern wollen und können. Zuschauern ihre Nostalgie vorzuwerfen, wie das in Bezug auf Wiederausstrahlungen von DDR-Produktionen gelegentlich geschieht, geht an den Rezeptionsbedürfnissen spezifischer Zuschauergruppen in Ostdeutschland vorbei. Lebensgeschichtliche Aspekte sind in der Rezeption maßgeblich, auch systemübergreifend. Zweifellos steigen mit dem wiedergesehenen Material oftmals Erinnerungen an die eigene Kindheit und Jugend empor. Eine oberflächliche Diskreditierung dieser Rezeptionsweise verbietet sich.

Markenprodukte der Trashkultur?

Längst sind die archivalienbestückten Sendungen im Programmschema nicht mehr auf „Seniorenformate" reduziert. Im Gegenteil, in den letzten Jahren ist eine Revitalisierung und Umwertung des Materials zu verzeichnen. Überraschend deutlich ist dies wohl dem boulevardesk betitelten *SAT.1*-Feature „Busen, Broiler und Bananen" gelungen, das am 6.10.2002 im Anschluss an den Kinohit „Sonnenallee" gezeigt wurde. Eine Bilderflut von Honecker bis FKK, garniert mit lockeren Statements nicht ganz so bekannter DDR-Prominenter. Handballer und MTV-Star Stefan Kretzschmar, „Rammstein"- und Ex-„Feeling B"-Mitglied Flake kommen genauso zu Wort wie „Aktuelle Kamera"-Sprecherin Angelika Unterlauf oder „Sieben Sommersprossen"-Star Kareen Schröter. Das alles geschieht in einer unaufgeregten Weise, die dabei nicht unkritisch DDR-Historie ins Visier nimmt. Katharina Thalbach kommentiert als prominente Stimme aus dem Off. Viel Biografisches, Alltägliches und Kurioses versammeln sich hier. So entsteht ein Mix, der das oftmals bekannte Material neu kontextualisiert. Hinzu kommt die latente Kommentierung durch die Bildarrangements und Musikauswahl. Aufnahmen des tanzenden Honecker sind mit dem „Canned-Heat"-Titel „On the road again" unterlegt, eine Berliner Stadtaufnahme wird mit „AC/DC"-Riffs eingeleitet. So wird plötzlich alles bunt, normal, ungefährlich, oftmals auch kurios und lächerlich. Die ironische audiovisuelle Verarbeitung der DDR erreicht derzeit eine neue Phase. Der bis dato obligatorischen Delegitimation folgt nun die ungehemmte, ahistorische und antiaufklärerische Posse. Vormals eher verschämte Verweise zum DDR-Material werden derzeit Markenprodukte der Trashkultur. Der Erfolg des Filmes „Good Bye Lenin" ist nur ein weiteres Indiz für die popkulturelle Arbeit mit den Überlieferungen des untergegangenen Staates, eine unscharfe Rehabilitation von Erinnerungen und Erfahrungen.

Im postmodernen Sampling der Kulturen wurden plötzlich Dinge interessant, die vormals abgeschrieben waren. Schon Wiederausstrahlungen von Sendungen aus den frühen 90er Jahren beschwören bereits heute eine ironische Distanz herauf. Um so fremder und bizarrer wirken Sendungen aus noch früheren Zeiträumen. Popkulturelle Versatzstücke aus alten Sendungen entfalten eine Aura, die interessante Schneisen zu gegenwärtigen Kulturphänomenen schlägt. Die medialen Ausgrabungen dieses Fundus haben wohl gerade erst begonnen. Ein interessantes Beispiel[12] sei im folgenden ausführlicher erläutert.

---

[12] Vgl. Uwe Breitenborn: Wie lachte der Bär? (Anm. 3): Kapitel 7.8.5.

Neben „Da lacht der Bär" und „A, B oder C" gehörte der „Amiga-Cocktail" (1958-1964) zu den erfolgreichsten *DFF*-Unterhaltungsshows der fünfziger und sechziger Jahre. Die Struktur der Sendung war ein additives Nummernprogramm, in dem neue und erfolgreiche Schlager aus der „Amiga"-Produktion präsentiert wurden. Alle zwölf Folgen des „Amiga-Cocktails" moderierten Heinz Quermann und Margot Ebert, die als Moderatorenduo ebenfalls durch die Weihnachtssendung „Zwischen Frühstück und Gänsebraten" populär wurden. Als „Cocktail"-Sendetermine wurden öfter die Oster- oder Pfingstfeiertage gewählt. In der Regel handelte es sich um eine Matineeveranstaltung, die zweimal im Jahr Sonntagmittag (etwa 11 Uhr) aus dem Friedrichstadtpalast Berlin live übertragen wurde. Eine Ausnahme bildete die siebente Folge (16.9.1961), die eine Intervisionssendung des Tschechischen Fernsehens aus Prag war.

Das Repräsentationspotential der Veranstaltung wurde begrenzt auch für gesellschaftlich relevante Ereignisse genutzt wie die Leipziger Messe oder die Berliner Festtage. Das Programm des „Amiga-Cocktails" hatte ein gute Publikumsresonanz und fiel mehr oder weniger jugendlich aus. In der Regel waren konventionelle Schlager zu hören und zu sehen, in den sechziger Jahren auch Twist- und Beatnummern. Diskussionen in den Programmeinschätzungen oder Leserbriefen drehten sich meistens um die Qualität der dargebotenen Schlager. Zweifelnd notierte ein *DFF*-Mitarbeiter, warum in den „Unterhaltungsbeiträgen die La-La-La, [tu-tu-tu] und a-a-a-Beiträge" so überhand nähmen und ob man nicht die „Proportionen [...] zugunsten unserer jugendlichen Seher"[13] verändern könne. Genau dies geschah dann in den 60er Jahren und führte zu einem Skandal in der letzten Folge (17.11.1964), die ausnahmsweise an einem Dienstagabend ausgestrahlt wurde.

Wie immer kam die Show live aus dem Friedrichstadtpalast. Bereits die Auftritte der Sputniks (Instrumentalstück „Sputnikteam") und Volkmar Böhms („Shake hands") im ersten Drittel der Sendung versetzten das Publikum in Ekstase und schraubten die Erwartungen hoch. Die „Sputniks" in klassischer Bandbesetzung (zwei Gitarren, Bass, Schlagzeug) wurden mit ihrem schmissigen Gitarrenbeat frenetisch und lautstark gefeiert, so dass Heinz Quermann und Margot Ebert schon zu diesem Zeitpunkt große Mühe hatten, gegen das tobende und pfeifende Saalpublikum anzumoderieren. Die Auftritte des Franke-Echo-Quintetts und des Hemmann-Quintetts übertrafen dies noch. Wie alle Solisten und Bands spielte das Franke-Echo-Quintett live, unter anderem den Klassiker „Peter Gun". Auch hier tobte das Saalpublikum, und Quermann gewährte als Zugabe „In the mood". Auch fernsehästhetisch sind diese Aufnahmen über-

---

[13] Programmeinschätzung, korrigierter Sendeplan vom 21.5.1961, DRA Babelsberg.

raschend dynamisch. Die Kamera konzentrierte sich z.b. beim „Franke-Echo-Quintett" vor allem auf den Saxophonisten. Oftmals sah man nur Gitarren bzw. die synchronen Bewegungen der Gitarristen. Die Pfiffe und der rohe Sound produzierten Rückkopplungen, die auch am Bildschirm wahrnehmbar waren. Die Ästhetik dieser Szenen erschien wie die Vorwegnahme des „Beatclub" (*ARD*, ab 1965). Das rebellische Publikum war in dieser Fernsehübertragung jedoch nicht zu sehen. Der Auftritt des Hemmann-Quintetts ließ die Sendung fast kollabieren. Das flotte „Oh Susann" bildete den Auftakt, danach folgten die Beatles-Hits „Komm gib mir deine Hand" und als Zugabe „Sie liebt dich". Auch hier folgte dasselbe Szenario: Pfiffe und Gejohle. Das Publikum ließ die Band nicht gehen. Heinz Quermanns Versuche, die nächsten Nummern anzusagen, scheiterten gnadenlos. Hilflos stand er vor dem Publikum, das nach dem Hemmann-Quintett verlangte. Schließlich musste er eine weitere Zugabe zulassen: eine deutschsprachige Version von Elvis Presleys „Bossanova Baby". Der anschließende Auftritt Perikles Fotopoulos' ging noch glimpflich über die Bühne, zumal sein zweiter Titel („Leider irgendwann fing es an") gemeinsam mit den „Sputniks" gespielt wurde und das beathungrige Publikum gut bediente. Doch der Auftritt Vanna Olivieris begann als Debakel. Unnachgiebig wurde sie ausgepfiffen. Nur mit viel Mühe und Verve gelang es der Sängerin, wieder die Oberhand und damit auch das Publikum zu gewinnen. Die Stimmung im Saal kochte und schien fast außer Kontrolle zu geraten.

Diese Szenen waren für den *DFF* äußerst ungewöhnlich und müssen für viele Zuschauer unfassbar gewesen sein. Erscheinungen, wie sie von DDR-Medien sonst nur im Westen verortet wurden, tauchten nun unvermutet und sichtbar im eigenen Land auf. Sie brachten den „Amiga-Cocktail" in Verruf. Da auch diese Folge eine Intervisionssendung war, konnte man diesem Spektakel nicht nur in der DDR, sondern auch in anderen Ländern live beiwohnen. Dies alles dürften maßgebliche Gründe für die Absetzung der populären Sendereihe gewesen sein. Der „Kahlschlag"[14] des 11. Plenums der SED (Dezember 1965) war nicht mehr fern.

Unvermutet entpuppt sich das Beispiel „Amiga-Cocktail" als eine Fundgrube popkultureller Historie, die Zeitgeist, Alltagskultur, Wertesysteme und ästhetische Präferenzen jener Jahre dokumentiert. Die rebellische Jugendlichkeit der Bands stand dem eher gediegenen Korsett des Sendekonzeptes entgegen. Augenscheinlich breitete sich im „Amiga-Cocktail" ein Panorama aus, welches das Spannungsverhältnis von der Etablierung einer eigenen populären Kultur und

---

[14] Vgl. Günther Agde (Hrsg.): Kahlschlag. Das 11. Plenum des ZK der SED 1965. Studien und Dokumente, Berlin 1994.

der Abgrenzung zu westlichen Formen und Amerikanisierungstendenzen illustriert. Eine Abschottung war schon aufgrund der medientechnischen Tatsachen ein unmögliches Unterfangen. Westwärts gerichtete Medienwanderungen wurden immer stärker. Die Attraktivität westlicher Popkultur erwies sich im Kalten Krieg als ein beständiges und subversives Faktum, auch Distanzierungen zum SED-Herrschaftssystem zu katalysieren. Es ist daher nicht verwunderlich, dass der Kampf um Emotionen und Populäres diesseits und jenseits der Mauer (auch in finanzieller Hinsicht) intensiv gefochten wurde. Der Einkauf von Weststars für DDR-Unterhaltungssendungen[15] ist dabei nur ein Aspekt und wurde nicht erst seit den siebziger Jahren forciert. Die aufgewendeten Devisen summierten sich zu Millionen.

Die Anschauung solchen Materials hat nicht nur einen medienhistorischen Wert. Sie fördert einen Fundus zutage, der sich einer Neuverwertung geradezu aufdrängt. Eine medienwissenschaftliche Archäologie, die sich diesem Thema zuwendet, entdeckt und erschließt Fragmente, ordnet Fundstücke neu, rekonstruiert Zusammenhänge, katalogisiert und restauriert erhaltene Zeugnisse. Mit dem neu sortierten Wissen wird das alte Material wieder spektakulär. Nicht weil es romantisch oder nostalgisch ist, dieses erneut zu observieren, sondern weil wir nachvollziehen können, wie vital und kulturell bedeutend diese Ereignisse waren. Die wilden Auftritte der Beatbands und das tobende Publikum im „Amiga-Cocktail" (1964) gehören ebenso dazu wie der deftig rheinische Auftritt Trude Herrs im letzten lachenden „Bären" (1965). Nicht zu vergessen: die sentimentalen Alltäglichkeiten des *DFF*-Unterhaltungsangebots, die Schlagerstudios, Operettenkabinette, Rumpelkammern und Quizshows.

Diskursive Grenzübertritte

Die Widersprüchlichkeit zwischen Programmatik und Fernsehpraxis zeigte sich in vielen Facetten. Eine Sendung wie „Herzklopfen kostenlos", die die Umsetzung des idealistischen Bitterfelder Weges als Ziel hatte, musste 1965 nicht unbedingt auf einen Chuck-Berry-Gassenhauer wie „Memphis Tennessee"[16] zu-

---

[15] Genannt seien hier nur drei prominente „Kessel Buntes"-Auftritte aus den Siebzigern: ABBA (1974), Julio Iglesias (1975), Smokie (1977).
[16] In der „Herzklopfen kostenlos"-Sendung vom 28.4.1965 aus Borstendorf treten die Komets mit diesem Titel auf. In dieser Sendung auch zu sehen: zwei Verkäuferinnen aus dem Zentrum Warenhaus Zwickau (Christel Wiesenhütter, Christel Findeisen) mit dem Countryschlager: „In Kansas wird gejodelt".

rückgreifen. Und doch ist genau dies zu verzeichnen. Es herrschte hier also ein offensichtlicher Widerspruch zwischen dem, wie das Programm aussah und dem, wie es konzipiert war. Natürlich lassen sich für solche Phänomene Legitimationen finden. Hier reagierte man offensichtlich auf Publikumsbedürfnisse, die in Ost- und Westdeutschland gleichermaßen anzutreffen waren. Man reagierte auf die Angebote der Unterhaltungsindustrie, man bediente sich wohlbekannter Entertainmentmuster, und dies hatte durchaus System. Der gebotenen Abschottung standen immer auch Grenzüberschreitungen, Toleranzen, Spielräume gegenüber.

Rosenstein, die solche Phänomene als Anpassungs- und Kompromissmodelle beschreibt, spricht in diesem Zusammenhang von der unausgesprochenen Aufgabe des Fernsehens, auch Wohlbefinden zu verbreiten[17]. Wohlbefinden, das heißt die Integration bekannter Modelle, das bedeutet auf das zurückzugreifen, was die Leute kennen, auf Elemente populärer Kultur, die immer Grenzen überschreiten. In diesem Sinne funktioniert „Memphis Tennessee" und vieles andere, was an dieser Stelle unerwähnt bleiben muss, als ein großer Brückenschlag in die reale Welt der Rezipienten. So finden wir also auch in der *DFF*-Unterhaltung keine gänzlich neue Welt vor, sondern eine sozialistisch intendierte Welt altbekannter und neuer Showmuster. Dem Attribut „sozialistisch" kam dabei die Rolle eines Richtwertes zu bei der theoretischen Erschließung und der praktischen Realisierung von Unterhaltung. Der Inhalt von Unterhaltung sollte aus einem sozialistischen Weltbild abgeleitet sein, was entsprechend zu einem Ausschluss „westlich-bürgerlicher" Unterhaltungsformen – so der Terminus – tendierte. Doch das negative Gegenbild war unausweichlich auch medial präsente Konkurrenz, zu der man sich in Beziehung setzen musste. Und Westschlager – das sollte man nicht vergessen – waren populär.

Das DDR-Fernsehen war kein Westfernsehen, das sei an dieser Stelle nochmals betont, aber es musste in dem Anspruch nach eigener Profilierung zwangsläufig auch auf tradierte Showmodelle aus der deutschen Geschichte sowie auf westliche Muster zurückgreifen. So sind die Formen ähnlich, die Inhalte jedoch divergieren. Gerade in den ersten Jahren ist der ästhetische oder formal-technische Gleichklang von Ost- und Westproduktionen augenfällig. Ebenso die inhaltlichen Unterschiede. Ein Zitat aus der FAZ vom 31. August 1965 unterstreicht diese Einschätzung in bemerkenswerter wie treffender Weise.

---

[17] Doris Rosenstein: Ein „eigenes Gesicht" der Unterhaltung. Zur Geschichte unterhaltsamer Magazine im DDR-Fernsehen. In: Helmut Heinze/Anja Kreutz (Hrsg.) Zwischen Service und Propaganda. Potsdam 1998, S. 279-330 (=BFF 50/51).

Eckart Kronenberg resümierte dort über den 5. Kanal, womit das Fernsehen in der DDR gemeint war:
"Blicken wir [...] auf den Unterhaltungsteil. Über Revue- und Schlagersendungen ist nichts mitzuteilen. Oder sollen wir sagen, dass man auch in Adlershof die berühmte Treppe fürs Ballett verwendet? Sollen wir berichten, dass man seit geraumer Zeit Musiker mit gemäßigter Beatle-Frisur auf dem Bildschirm sehen kann? Dass man vom längst ZK-fähigen Twist zum Letkiss übergegangen ist? Dass der Liverpool-Sound nicht schlecht aus Kanal fünf erschallt? Wo also liegen die Unterschiede? Darin, dass der Conférencier in Adlershof den schönen Titel Mikrofonist hat?"[18]

Die „mächtigen" Bilder des Fernsehens besitzen in manchen Fällen eine andere Semantik, einen anderen Text, der dem gesprochenen Wort, dem Begriff oder der formulierten Intention entgegensteht. „Sprache ist eine Abstraktion aus der Erfahrung, während Bilder konkrete Darstellungen von Erfahrung sind. [...] Wörter und Bilder gehören unterschiedlichen Diskurssphären an, denn ein Wort ist stets und vor allem eine Idee, sozusagen ein Produkt der Vorstellungskraft. [...] anders als der gesprochene oder geschriebene Satz ist das Bild unwiderlegbar."[19] Dieser Grundsatz ist auch für Forschungsfragen respektive den hier vorgelegten Exkurs von entscheidender Bedeutung. Es ist die Frage nach Quellenbewertungen und -hierarchien, nach dem Blickwinkel auf das Material.

Dieser Balanceakt – nämlich zwischen schriftzentriertem und audiovisuellem Diskurs – bleibt eine Kernfrage der medienhistorischen Auseinandersetzung mit ostdeutscher Fernsehgeschichte. Die Frage lautet nicht vordergründig, was die richtige Quelle oder der richtige Diskurs sei, sondern wie sich beide Ebenen der Betrachtung zueinander verhalten. Das verfügbare Schriftgut vermittelt uns Auskunft über Programmatik, Intentionen und Planungen der Produzenten. Das audiovisuelle Gedächtnis – z. B. im Deutschen Rundfunkarchiv – vermittelt uns die Bilder, die bewegten und hörbaren Zeugnisse, die oftmals auch eine andere oder abweichende Sprache sprechen. Ralf Schnell plädierte in seiner kürzlich vorgelegten Medienästhetik ausdrücklich für eine Schule des Sehens, besser wäre wohl die Formulierung „des zu Sehenden".[20]

Das, was im *DFF* zu sehen war, kann kein Einzel- oder Sonderfall europäischer Fernsehkultur sein. Trotz Grenzen, die sich in verschiedener Weise definieren, wurden diese überschritten: technisch, ästhetisch, (pop-)kulturell. Ana-

---

[18] Eckart Kronenberg: Blick auf Kanal 5. Über das Deutsche Fernsehen, Ost. FAZ v. 31.08.1965.
[19] Neil Postman: Das Verschwinden der Kindheit. Frankfurt am Main 1983, S. 86.
[20] Ralf Schnell: Medienästhetik. Zu Geschichte und Theorie audiovisueller Wahrnehmungsformen. Stuttgart/Weimar 2000.

lyse, Interpretation und Bewertung der Programmgeschichte nicht nur des DDR-Fernsehens gingen bisher vor allem vom Programmauftrag aus, basierten also auf der Analyse des intentionalen Charakters. In der einschlägigen Literatur widmeten sich die Analysen vor allem dem politischen, kulturellen Auftrag und der Institutionengeschichte des Fernsehens. Fernsehen wurde demzufolge in erster Linie als Instrument der Herrschaftssicherung gesehen, was es zweifellos auch war. Dieser schlichten wie durchschlagenden Feststellung ordneten sich alle folgenden Bewertungskriterien zu: staatliche Reglementierung, ideologische Instrumentalisierung, Vertrauensverlust, Abwertung. Nichts von dem ist falsch, und doch erzeugt diese Perspektive ein unvollständiges Bild, denn sie erklärt nicht, warum in „Herzklopfen kostenlos" die Komets „Memphis Tennessee" singen und warum die Zuschauer dies mögen.

In diesem Fokus wird das historische Material, das zu einer Zeit entstand, die sich vor allem durch Abgrenzungen definierte, zum grenzgängerischen Material. Unter dieser Oberfläche sind schon damals Strukturen zu finden, die das vorwegnehmen, was wir heute in der globalen Dynamik populärer Kultur sehen können. So ist der hier vorgestellte Exkurs, der sich den grenzüberschreitenden Potentialen in der Fernsehunterhaltung widmete, auch ein Plädoyer für die Erweiterung des diskursiven Rahmens. Augenmerk sollte den vielfältigen Formen populärer Kultur beigemessen werden, da sie ein interkulturelles, transnationales Potential thematisieren. Fernsehgeschichte ist nicht nur Institutionengeschichte sondern – dem Medium entsprechend – ein flüchtiges, bewegliches und zumeist populäres Material.

Lew Hohmann

Die Chronik der Wende –
eine Bilanz der Produktion

Eingangs muss gesagt werden, dass sich der Autor an den Begriff „Bilanz" in der Überschrift hält. Bilanz, das sind in erster Linie Fakten, Zahlen, Informationen. Hinzu kommen einige wenige Hintergründe und Betrachtungen. Es liegt auf der Hand, dass das Medienereignis „Chronik der Wende" komplexere Untersuchungen verdient, die hier nicht angestellt werden können. Vielleicht kann dieser Überblick dazu anregen. Ein erster verdienstvoller Versuch, der sich der Rezeption der Dokumentation widmet, ist die Magisterarbeit von Astrid Hübers am Institut KMW der Uni Leipzig, auf deren Untersuchung ich gelegentlich zurückgreife, und der ich an dieser Stelle für die Überlassung ihrer Arbeit danken möchte. Ebenfalls danken möchte ich für die offenen Gespräche, die ich mit Christoph Links, Jens Stubenrauch *(ORB)* und Johannes Unger *(ORB)*, der mir auch statistisches Material zur Verfügung stellte, führen konnte. Ein weiteres lohnendes Thema, das ich in diesem Aufsatz nur streifen kann, wäre die qualitative und quantitative Untersuchung des Content-Transfers vom Printmedium zum AV-Medium und schließlich zum Online-Medium.

Die Vorgeschichte der Geschichte

1990 erscheint beim Aufbauverlag in Kooperation mit dem Peter Hammer Verlag in Wuppertal eine Dokumentation „Wir sind das Volk". Die Wende-Chronik, verfasst von den ostdeutschen Autoren Hannes Bahrmann und Christoph Links, verkauft sich gut. Etwa 3000 Rest-Exemplare der Auflage von

20.000 werden nach Ablauf der üblichen Fristen makuliert. Christoph Links, inzwischen selbst Verleger, holt sich die Rechte zurück. Die beiden Autoren schenken während der Internationalen Funkausstellung (IFA) 1993 das Buch Hans-Jürgen Rosenbauer, der seit dem 1.1.1992 Intendant des Ostdeutschen Rundfunks Brandenburg ist.

Die Idee eines Intendanten (West) und eines Verlegers (Ost)

„Es war eine dieser Ideen, die in den ersten Jahren nach Wende und Einheit spontan entstehen konnte. Eine Idee in einer Situation des Aufbruchs, der Neuerungen und des Wandels. Christoph Links und Hannes Bahrmann hatten mir ihr gerade veröffentlichtes Buch ‚Wir sind das Volk!' in die Hand gedrückt, das nüchtern, präzise und spannend zugleich die dramatischen Ereignisse im Herbst '89 dokumentierte. Es wurde meine Urlaubslektüre in den ersten freien Tagen als Intendant des gerade erst auf Sendung gegangenen Ostdeutschen Rundfunks Brandenburg. Nur wenig später saßen wir zusammen in einer grauen Fertigbaubaracke auf dem Babelsberger DEFA-Gelände. Warum keine ‚Chronik der Wende' für das Fernsehen, eine umfassende Dokumentation über jene Wochen, in der die Ostdeutschen die Diktatur überwanden und ein Staat fast über Nacht in sich zusammenfiel?"[1]

Aus einer ersten Dokumentation zu den Ereignissen um die Wende soll eine Tag-für-Tag-Chronik entstehen, ein TV-Format für die ARD, taggenau gesendet fünf Jahre nach den Ereignissen von 1989.[2] Das ist das Konzept. Eine Recherche nach einem ausführlicheren Papier ist erfolglos. Das konkrete Konzept entsteht in processu. Die eigentliche Arbeit beginnt im Mai 1994. Am 7. Oktober soll die erste Folge laufen, von da an täglich bis zum 18. Dezember 1994. Fünf Monate für 73 Teile à 15 Minuten. Das sind, rechnet man die Sendezeit, während der noch produziert werden kann, dazu, weniger als drei Tage pro Folge. Für Autorenteam, Redaktion und vor allem für die Projektregie unter

---

[1] Hans-Jürgen Rosenbauer in: Bahrmann/Links: Chronik der Wende. Berlin 1999, S.8. Reproduktion des Bucheinbandes am Ende dieses Beitrags.
[2] Finanziert werden kann das aufwändige Projekt aus der Programmreserve des Intendanten, aufgefüllt durch den Länderfinanzausgleich der ARD (bis Ende 1994, ab 1.1.1995 nahm der ORB den Länderfinanzausgleich nicht mehr in Anspruch).

Wolfgang Drescher, als Regisseur von „Kennzeichen D" geholt, eine enorme Herausforderung.
Zuvor war ein anderes Team beurlaubt worden. Das zunächst gewählte Konzept des persönlich gefärbten Autorenfilms war nicht aufgegangen. Vordringliche Aufgabe ist nun, verbindliche Standards zu schaffen. Nur so kann die Reihe ein einheitliches Gesicht erhalten, nur so ist in der verbleibenden Zeit die Logistik der parallelen Produktion in Manufakturarbeit zu realisieren. Voraussetzung dafür ist ein strenges Regime und eine Negativ-Liste. Der Begriff „Liste" ist nicht ganz zutreffend, denn das simple, funktionelle und äußerst erfolgreiche Konzept ist nirgendwo schriftlich festgehalten.

Inhaltliche Standards

Auf der Liste steht ganz oben:
- keine persönliche Handschrift, kein individueller Autorenstandpunkt. Die Umsetzung dieses Dogmas geht so weit, dass im Abspann der ersten Staffel keine Autoren auftauchen. Das führt dazu, dass der Zuschauer den Eindruck gewinnen muss, dass die Buchautoren der Publikation „Chronik der Wende", die auf der nachgeschalteten Tafel empfohlen wird, auch die Autoren der Filme sind. Der Lapsus wird bei der zweiten Staffel korrigiert. Nun werden die konkreten Autoren der jeweiligen Folge im Abspann benannt.
- In der TV-Chronik kommen nur jene Ereignisse vor, von denen Bildmaterial (Film, Video, Foto) existiert. Dies mag zunächst banal klingen, führt aber in der Konsequenz dazu, dass die TV-Chronik konsequenterweise „Chronik der Bilder der Wende" heißen müsste, bedenkt man, dass die DDR-Medien, sieht man von Polizeivideos ab, relevante Ereignisse nicht festgehalten haben; bedenkt man, dass viele Aktivitäten der Opposition zwangsläufig stattfanden, ohne in Bildern dokumentiert zu werden, und dass die West-Medien nach wie vor massiv behindert wurden. Mit dieser Einschränkung muss sich das Team, aber auch der Zuschauer abfinden.

Auf der Negativliste steht auch:
- Keine Rekonstruktion von Ereignissen, keine Lokaltermine, die Ereignisse ohne Bilder assoziativ nachvollziehbar machen könnten, keine Verbalisierung von Ereignissen ohne Bilder.
- Keine neugedrehten Motive, mit wenigen Ausnahmen, wo Standardschauplätzen ins Bild gesetzt werden.

- Neu gedreht werden nur Zeitzeugen, einer bis maximal drei pro Folge. Auswahlkriterien sind: keine Politpromis der Führungsetagen (mit Ausnahmen), sondern jene, die die friedliche Revolution gemacht haben. Bedingung: Der Zeitzeuge darf kein Zeitzeuge vom Hörensagen sein, sondern muss am geschilderten Geschehen unmittelbar beteiligt gewesen sein.

Visuelle Standards

Das Fenster wird die visuelle Metapher der Reihe. Der Tag beginnt, ein Rollo geht hoch und gibt den Blick auf ein Fenster frei. Assoziationen zum während der Wende oft gebrauchten Wortbild „Ein Fenster wurde aufgestoßen..." sollen erzeugt werden. Auf dem Fenster erscheint das Datum. Später wird es in den Presseinfos heißen: „73 Kalenderblätter über den Umbruch in der DDR."[3] Das Fenster liefert auch den Hintergrund für alle Interviews. Zwar sitzen die Protagonisten vor unterschiedlichen Fenstern, aber die für alle Interviewten identische Situation prägt sich als visueller Standard ein. Auf weitere Bildmetaphorik oder visuelle emotionalisierende Assoziationen wird ebenso verzichtet wie auf Trick-Elemente wie Rahmen, Blenden etc. Zeitzeugen werden durch ein Schwarz-Weiß-Foto vorgestellt, Folie für eine knappe Information zur Person. Der minimalistischen Gestaltungsweise folgend, wird das Rollo am Schluss der Folge mit dem charakteristischen Geräusch wieder heruntergelassen. Der Tag ist zuende, ein neuer Tag wird folgen.

Auditive Standards
Auditiv-nonverbale Standards

Auch hier herrscht Minimalismus. Ein überschaubarer Baukasten mit wenigen Klangteppichen unterschiedlichen Charakters, der kompatibel eingesetzt werden kann. Keine gestaltenden, stilisierenden Geräusche, es sei denn, sie sind Bestandteil des zitierten Archivmaterials. Nur wenige akustische Akzente. Das Ticken eines Metronoms, wenn die Zeitzeugen auf schwarz-weiß Fotos vorgestellt werden, das Geräusch des sich öffnenden und schließenden Rollos und ein gongähnlicher Akzent, der Schauplatz- oder Ereigniswechsel markiert. Diese Ebene wird in der zweiten Staffel etwas „üppiger", wo die Autoren zwischen

---

[3] ORB, Presse-Spezial, Potsdam 1994, S. 1.

Die Chronik der Wende 219

mehreren Varianten des Gongs wählen können. Alles andere liefern die authentischen Geräusche und Atmosphären des Archivmaterials.

Auditiv-verbale Standards

Hier wird funktionell begründet mit mehreren Varianten gearbeitet:
- gefundenes Bildmaterial wird neu kommentiert;
- gefundenes Bildmaterial wird komplett mit Originalton und -kommentar und unter Angabe der Quelle zitiert;
- O-Töne aus dem Archivmaterial werden übernommen;
- alle 73 Teile werden von dem gleichen Sprecher gesprochen. Zitate werden nicht durch Sprecherwechsel hervorgehoben.
- Die neugedrehten Interviews der Zeitzeugen werden so verwendet, dass sie ohne Fragen der Interviewer zu verstehen sind. Interviewfragen, sind weder im On noch im Off zugelassen; also auch hier die Zurücknahme des Autors.

Bausteine der Reihe

- Archivmaterial kompiliert, neu kommentiert oder mit Quellenangabe und Originalkommentar zitiert.
- Neu gedrehte Zeitzeugen in der Standardsituation vor dem Fenster.
- Sparsam neugedrehte Flachware (Fotos, Dokumente, etc.), wenige Schauplätze.
- Sparsame auditive Akzente und visuelle Standards, die die Corporate Identity der Reihe prägen (Fenstermotiv, Rollo, Gong).

Dramaturgische Standards

Nachdem die Zutaten feststehen, geht es nun um die Rezeptur, die Struktur des Inhalts. Pro Folge wird nur berichtet, was an diesem Tag geschehen ist, kein Vorher, kein Nachher. Letzteres mit Ausnahmen, z.B. dann, wenn das „spätere" Wissen z.B. über Herrn Schnur es verlangt, dessen zunächst progressiv scheinenden Aktivitäten zu relativieren.

Neben der Reihenchronologie gilt auch die Folgenchronologie. Der Tag beginnt mit den Ereignissen des Morgens und endet mit denen des Abends oder der Nacht; auch hier keine Rück- oder Vorgriffe, keine Rückblenden. Die visuelle Entsprechung – das schon mehrfach erwähnte Rollo. Hin und wieder werden Ereignisse parallel dokumentiert. Sie müssen dabei in keinem logischen Kontext stehen, der synchrone Zusammenhang genügt. Schauplatz- und Zeitsprünge signalisiert der schon erwähnte Gong.

Angestrebt wird, die Zeitzeugen aus dem im Archivmaterial geschilderten Geschehen zu „gewinnen". Diese Brücke verstärkt das Interesse am Protagonisten, er gewinnt dadurch Profil und verknüpft O-Ton und Aktion. Der Zeitzeuge äußert sich zu den vom Autoren ausgewählten „zentralen" Ereignissen des Tages, die nicht zwingend mit den realen „zentralen" Ereignissen identisch sein müssen, es aber oft sind. Die O-Töne werden in geschlossenen Blocks zwischen 30 und 60 Sekunden ohne Frage-Antwort-Elemente verwendet. Die Zeitzeugen tauchen in der Folge unterschiedlich oft auf. Der Kommentar ist gehalten, nüchtern und sachlich zu informieren. Das wird bis auf wenige Ausnahmen durchgehalten. Emotionen, Pathos oder Polemik werden vermieden. Auch das Beziehen von Positionen tritt in den Hintergrund; der Kommentar orientiert sich am Informationsjournalismus, nicht am Meinungsjournalismus. Wenn es für den Gang der Ereignisse relevant ist, werden Reflexionen der Medien auf diese Ereignisse mit Quellengabe zitiert. Dieses Mittel wird vor allem dann benutzt, wenn es um divergierende Aspekte der Berichterstattung in Ost- und West geht oder die Propaganda offenkundige Verfälschungen, Verschleierungen oder auch Pannen (9.11.) produziert.

Realisierung

Unter der Projektregie von Wolfgang Drescher, der nach wie vor „Kennzeichen D" in Mainz produziert, beginnt ein paritätisch besetztes Autorenteam – mit der Einschränkung, dass zwei der Autoren aus den alten Bundesländern ehemalige DDR-Bürger sind – mit der Arbeit: Michael Herholz, Titus Richter, Jens Stubenrauch (Deutschland Ost) und Holger Kulick, Ulrich Neumann, Torsten Preuß (Deutschland West). Die textuelle Chronik der Ereignisse liegt vor. Das Buch von Hannes Bahrmann und Christoph Links, die auch als Fachberater fungieren, ist eine Orientierung. Hauptarbeit der Autoren ist die Material- und Zeitzeugenrecherche. Als Fundgrube erweist sich das Archiv des *ARD*-Hauptstadtstudios, in dem noch die kompletten Kamerakassetten jener Tage zugänglich sind, aber auch alle anderen Archive, einschließlich der privaten (z.B. Spiegel-TV), werden durchforstet.

Als schwierig erweist sich hin und wieder die zeitliche Zuordnung des Materials, was ja nicht immer tagesaktuell gesendet wurde, besonders dann, wenn es sich um Magazinsendungen handelte. Tücken des Konzepts tun sich auf. Es gibt ereignisreiche, aber auch ausgesprochen ereignisarme Tage, besonders die Wochenenden erweisen sich oft als Ereignisflauten. Nicht weniger schwierig ist es, für jeden Tag zu relevanten Ereignissen Zeitzeugen zu finden, aber auch bereits anvisierte Zeitzeugen aufzutreiben. Fünf Jahre nach der Wende hat es manchen ins Nirgendwo versprengt. Nur mühselige akribische Recherche führt zum Erfolg. Oft findet man vor Ort neue Informationen, die netzwerkartig zu weiteren Entdeckungen von Personen und Ereignissen leiten. Die Kommunikation im Autorenteam führt zu Synergieeffekten. Das Rezept kann durchgehalten und realisiert werden.

Pro Woche finden zwei Abnahmen statt. Das Projekt wird unter der leitenden Redaktion von Gerit Nasarski konkret von dem jungen Redakteur Johannes Unger, der heute Chefredakteur des *ORB* ist, betreut. Viel Arbeit wird in die genaue Formulierung des Kommentars investiert, da kann eine Abnahme einige Stunden dauern. Als die Reihe beginnt, liegt ein kleiner Vorrat fertiger Beiträge vor, viele Folgen sind noch in Arbeit. Manchmal ist der Beitrag erst eine Viertelstunde vor der Überspielung fertig. Aber die Reihe läuft ohne Pannen und wird mit großer Aufmerksamkeit bedacht.

Chronik der Wende – ein TV-Ereignis

Die bisher längste Produktion des *ORB* mit einer Gesamtlänge von 1095 Sendeminuten, das sind über 18 Stunden, ist kein Primetime-Format. Man verständigt sich darauf, die Chronik in der *ARD* im Anschluss an die Tagesthemen zu senden. Es hagelt Proteste, angestammte begehrte Sendeplätze müssten verschoben werden. Schließlich einigt man sich auf einen Platz vor der letzten Ausgabe der Tagesschau. Hans Jürgen Rosenbauer: „Natürlich hätte ich mir einen besseren Sendeplatz gewünscht. Auf der anderen Seite bin ich froh, dass wir überhaupt in der ARD mit der ‚Chronik' sind."[4] Das bedeutet Sendezeiten zwischen 0.10 Uhr und 2.00 Uhr. So läuft die erste Folge in der *ARD* am 7.10.1994 früh 0.10 Uhr (Programmtag 6.10.). Im *ORB* wird die gleiche Folge

---

[4] rtv-Magazin 39/94, S.4.

neun Stunden später, 9.15 Uhr, ausgestrahlt. Die Wiederholung im *ORB* erfolgt dann abends 21.45 Uhr, am Wochenende nach der Spätausgabe von „Brandenburg aktuell". Parallel dazu senden der *WDR* 15.45 Uhr, an Wochenenden 14.15 Uhr, der *NDR* täglich 8.45 Uhr, und der *HR* täglich zum Sendeschluss. Auch *Deutsche Welle TV* zeigt alle 73 Teile, *3sat* und *ARTE* schließen sich 1995 mit der Sendung der Highlights (12x15 Minuten) an. Die omnipräsente Reihe bringt es damit 1994/95 auf 7525 Sendeminuten im deutschsprachigen Raum, das sind über 125 Stunden.

Die kleine Anstalt *ORB*, gerade mal drei Jahre alt, kann nach diesem Projekt wenn auch keinen Quotengewinn, so doch einen *enormen* Prestigegewinn verzeichnen. Ein voller Erfolg im Marketing eines Regionalsenders. Ob es sich auch um einen Zuschauererfolg handelt, wird sich zeigen.

Resonanz 1994/1995

Natürlich ist die Mammut-Dokumentation ein Kandidat für den wichtigsten Fernsehpreis der Republik. „Chronik der Wende" erhält 1995 den Grimme-Preis in Gold. In der Begründung heißt es: „'Chronik der Wende' ist der ebenso notwendige wie perfekt gelungene Rückblick nach fünf Jahren. Die 73 Viertelstunden-Folgen über das Ende der DDR sind ein journalistisches Meisterwerk. Angelehnt an das gleichnamige Buch von Hans Bahrmann und Christoph Links entstanden jene ‚Kalenderblätter', die die Ereignisse von Oktober bis Dezember 1989 so eindringlich nachzeichnen. ‚Chronik der Wende' ist ein gelungener deutsch-deutscher Versuch, der Legendenbildung entgegen zu wirken. Die pointierte Bildauswahl verbindet Alltagsbeobachtungen mit den politischen Ereignissen jener Tage. Die ORB-‚Kalenderblätter' sollten jedes Jahr ausgestrahlt werden."[5]

Wie aber reagieren die Zuschauer, die, konfrontiert mit der gießkannenartig strukturierten Sendeplanung, so viele Gelegenheiten haben, die Chronik zu sehen? Wie so häufig klaffen Resonanz der Medien, zumal der Medien-Medien und der graue Alltag der Zuschauerresonanz auseinander. Die *ARD* erreicht 1994/1995 einen durchschnittlichen Marktanteil von 12,3%, das ist ein guter Wert, bedeutet aber angesichts der nächtlichen Sendezeit lediglich eine Zuschauerzahl um die 410.000 Zuschauern. Der durchschnittliche Marktanteilauf dem Sendeplatz liegt sonst bei 16%. Dennoch: bezogen auf das Genre ein

---

[5] Pressematerial des Grimme-Instituts Marl 1995, S.29.

akzeptables Ergebnis. Die Marktanteile der Sparten- und Regionalsender bewegen sich zwischen 0,1 und 1,4 MA im bundesweiten Durchschnitt.

Abb. 1
Zuschauermarktanteile „Chronik der Wende", geordnet nach Sendern 1994 – 2000 [6]

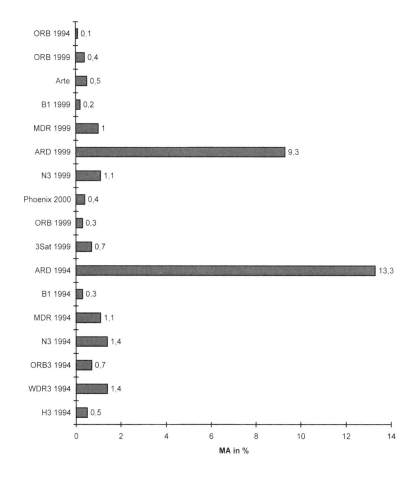

---

[6] Astrid Hübers: Die Rezeption der Fernseh-Geschichtsdokumentation „Chronik der Wende" in Ost und West. Leipzig: Universität Leipzig, Institut für Kommunikations- und Medienwissenschaft (KMW) 2001, S.95 (unveröff. Magisterarbeit).

Interessant ist es auch, die regionalen Marktanteile der *ARD*-Ausstrahlung zu untersuchen. Hier ergibt sich 1994 für Berlin der höchste Anteil von 17,8 %, gefolgt von Baden-Württemberg, Hessen und Nordrhein-Westfalen mit um die 14%. Im Ausstrahlungsgebiet des „Erfinders" der Chronik, in Brandenburg, erreicht die Reihe gerade mal etwas über 10% Marktanteil, noch übertroffen von den anderen Sendern in den neuen Bundesländern, Mecklenburg-Vorpommern um die 12%, Sachsen-Anhalt und Sachsen um die 11%. Das Schlusslicht macht Thüringen mit 8,7 %. Auf den Vergleich zwischen Ausstrahlungszeiträumen 1994 und 1999/2000 wird im Folgenden noch einzugehen sein.

Fünf Jahre danach

„Schon damals hatten wir das Gefühl: Mit der ersten Staffel, die das Geschehen vom 7.Oktober '89, dem 40.Jahrestag der DDR, bis zum 18.Dezember '89, dem Tag der letzten Montagsdemonstration des Wendejahres, beschreibt, ist die Geschichte nicht zu Ende erzählt. Die Veränderungen und Umwälzungen waren weitergegangen, und bis zum 18.März 1990, dem Tag der ersten freien Volkskammerwahlen, hatte sich noch nicht endgültig entschieden, ob das Neue über das Alte würde siegen können. So entschlossen wir uns, die „Chronik der Wende" fortzusetzen."[7] Dies schreibt Intendant Rosenbauer fünf Jahre nach der Publikation der ersten Staffel.

Für die Fortsetzung des Projekts kann man sich diesmal mehr Zeit nehmen. Unter der Redaktion von Johannes Unger und der Regie von Wolfgang Drescher nimmt das gleiche Team wie 1994 (allerdings ohne Holger Kulick) die Arbeit auf. Konzept und Arsenal der Mittel sind gleichgeblieben. Bereits 1998 sind insgesamt 163 Folgen (73 alte und 90 neue) fertiggestellt. Im Pressetext heißt es: „Dazu wurden mehr als 250 Zeitzeugen befragt und unzähligen Kassetten Archivmaterial gesichtet (über 2000 Stunden, der Verf.). Wie die ersten 73 Kalenderblätter bieten auch die zeitlich anschließenden Folgen eine Mischung aus historischem Filmmaterial und Erinnerung von Zeitzeugen. Mit der ‚Chronik der Wende' erfüllt der *ORB* in bester Weise die Chronistenpflicht des öffentlich-rechtlichen Fernsehens. Beide Reihen umfassen zusammen rund 2.500 Sendeminuten oder knapp 42 Stunden Programm. Damit zählt die Chronik zu den größten Dokumentationsvorhaben der Fernsehgeschichte."[8]

---

[7] Bahrmann/Links: Chronik der Wende. Berlin 1999, S.9.
[8] Presse-Information ORB vom 12.7.99.

Die Chronik der Wende

Resonanz 1999/2000

Die ARD-Ausstrahlung, nachts zwischen 0:45 und 2:00 Uhr erzielt über die ganze Reihe von 173 Teilen einen durchschnittlichen Marktanteil von 9,1%, dass sind durchschnittlich 380.000 Zuschauer pro Folge. Die tiefsten Werte liegen bei 70.000, die höchsten bei 750.000 Zuschauern. Auffällig ist diesmal, zehn Jahre danach, ein deutlich höheres Interesse der Zuschauer in den alten Bundesländern, durchschnittlich 9,5%, gegenüber den Zuschauern aus den Neuen Bundesländern mit einem durchschnittlichen Marktanteil von 7,2%, was einer Zuschauerzahl von 60.000 entspricht.

Ähnlich bescheiden sind die Zahlen beim *ORB*, der die Reihe 21.44 Uhr ausstrahlt und bei der BRD-MA weit unter 1%, aber auch beim MA im Sendegebiet lediglich um die 5% liegt, was einer Zuschauerzahl von etwa 40.000 pro Folge entspricht. Noch ernüchternder sind die Zahlen für *3sat, N3, B1, Phönix. B1* (Berlin) erreicht nicht selten einen MA von 0,0% und kommt im Durchschnitt auf etwas über 1%. Ähnlich liegen die Zahlen bei den übrigen Sendern: *3sat* und *N3* liegen um 1,5%, *Phönix* um 0,5%, was einer Zuschauerzahl von etwa 30.000 entspricht. [9]

Addiert und pauschalisiert man die Zuschauerzahlen aller Ausstrahlungen, kommt man auf etwa 500.000 Zuschauer pro Folge. Ein bescheidenes Ergebnis, vergleicht man damit die oft euphorische Resonanz der Medien auf das gigantische und zweifellos verdienstvolle Projekt. Den Grimme-Preis im Gepäck, geht es diesmal „nur" zum Inputfestival nach Halifax. Für den „MiniInput" in San Francisco als eine von acht Produktionen aus dem Gesamtprogramm ausgewählt, erregt die Dokumentation ebenfalls beträchtliche Aufmerksamkeit.

Aber noch anderes gehört ebenfalls zur Erfolgsbilanz des Projekts. Das Prestige der drittkleinsten Länderanstalt, noch keine 10 Jahre alt, hat erneut gewonnen. Der *ORB* hat mit dem Mammutprojekt Leistungsfähigkeit, Mut und Profil bewiesen.

---

[9] Diese Zahlen, wie auch die anderen Zuschauerzahlen und Quoten wurden von der Zuschauerforschung des ORB bzw. von der Chefredaktion des ORB zur Verfügung gestellt.

Die Chronik der Wende – ein Mega-Event

Fünf Jahre nach der Erstausstrahlung der Reihe hat sich die Medienlandschaft verändert. Das Internet ist nicht nur Begleitmedium oder TV-Service, es hat längst ein eigenes mediales Profil entwickelt und kann mit den klassischen Medien nicht nur konkurrieren, sondern auch, was Quantität und Interaktivität anbetrifft, diese klar übertreffen. So toppt der *ORB* den Medienereignis von 1995 mit einem trimedialen Projekt 1999. Ein Online-Team unter der Projektleitung von Pia Stein wird gebildet. Werner Voigt (Contentmanagement), Sabine Wahrmann und Lutz-Schramm (Redaktion) und die Haupt-Autoren Lew Hohmann und Jens Stubenrauch, der auch schon Autor bei Chronik der Wende war, und viele andere Mitarbeiter entwickeln ein Web-Angebot, das es so im öffentlich-rechtlichen medialen Raum noch nicht gab.

Die Kalenderblattstruktur wird aus den Fernsehreihen übernommen und bildet in Text und Bild die jeweilige Folge ab. Ergänzt wird die Chronik durch Hörstücke, Toncollagen von etwa zwei Minuten, die die spannendsten Texte der jeweiligen TV-Folge montieren. Diese Radiochronik ist nicht nur über die Web-Seite abrufbar, sondern sie wird auch täglich über *Antenne Brandenburg* und *Radio Eins* gesendet. Das Ganze wird trimedial ergänzt durch regelmäßige Chats im Web mit Zeitzeugen aus den TV-Chroniken oder anderen Experten, die sich zu den Ereignissen äußern. Die Webseite www.chronik-der-wende.de verfügt über ein reiches Angebot von über 2000 Seiten, das weit über die Inhalte, die TV-Chronik und Begleitbuch bieten, hinausgeht. Es enthält nicht nur ergänzende Bild-, Ton-, Textdokumente, sondern auch einen großen lexikalischen Teil mit Biografien, Glossar-Stichworten und thematischen Abhandlungen. Mehrere Hundert Biografien sind neu recherchiert und aktualisiert, im Glossar finden sich Erklärungen zu über 100 Begriffen, die alles erläutern, was in der DDR und in der Wendezeit von Bedeutung war.

Ich kann nur jedem Interessenten empfehlen, die Webseite einmal anzuklicken und sich die einzelnen Angebote anzusehen. Der redaktionelle, interaktive Teil ist inzwischen geschlossen, aber sämtlicher Inhalt ist nach wie vor zugänglich. So auch die Texte im Board, in dem sich zur „aktiven" Zeit des Angebots oft heftige Diskurse abspielten, was sich auch in den Chat-Protokollen widerspiegelt. Als Beispiele für das Web-Angebot publiziere ich im Anhang an diesen Beitrag einige Seiten, aus denen wichtige Daten zur Lage der Nation hervorgingen: das deutsch-deutsche Fernsehprogramm am Samstag, dem 7. Oktober 1989, die Pop-Charts, die Buch-Bestseller, die Kino-Hitliste, die Fußball-

Bundes- bzw. Oberliga-Tabellen in diesem Umbruchs-Oktober und das gemeinsame Wetter über Deutschland.

Die Resonanz ist für so eine Political-Site ungewöhnlich hoch. 2000 Hits (Nutzungen) pro Tag sind keine Seltenheit; Spitzenwerte werden, anders als bei den TV-Quoten, an herausragenden Terminen wie dem 7.Oktober, am 3. oder am 11. November gemessen. Hoch ist auch die Anzahl der Hits im Angebot, die nicht selten um 20 liegen. Ähnliches trifft für die durchschnittliche Verweildauer von über zehn Minuten zu. Leider sind die Logfiles nicht mehr zugänglich, so dass ich diese Zahlen nur näherungsweise aus dem Gedächtnis rekapitulieren kann. Wie aus den Einträgen im Board und im Forum hervorgeht, sind es viele jugendliche User, die die Webseite besuchen. Interessant ist auch das Ranking in der ja eher „hippigen" Online-Welt. Beim Voting der Millenium-Website landet „Chronik-der-Wende.de", von der es inzwischen auch eine abgespeckte englische Version gibt, immerhin auf einem stolzen dritten Platz hinter einer Phallus-Seite und einem Politik-Portal.

Eine Nominierung für den Prix Italia 2000 ist ein weiteres Indiz für die Qualität der Online-Komponente in der trimedialen Präsentation der „Chronik der Wende" des Jahres 1999. Zehn Jahre danach ist die Wende, digital aufbereitet, ein spannendes Thema.

Die Vermarktung

Beeindruckend ist das weltweite Interesse an der Dokumentation. Der südkoreanische *Educational Channel* zeigt alle 163 Teile komplett. Das mexikanische *(Canal 22)*, bulgarische und portugiesische *(RTP)* Fernsehen sendet die Highlihts (12x15min) ebenso wie Rumänien, Polen und Frankreich. Diese Best-of-Version wird 1996 auch von *BBC Worldwide* und 1999 von *mdc* (Pay-TV Frankreich, Italien, Polen) und *RAI Bozen* übernommen. Die erzielten Erlöse sind zwar bescheiden, werden aber durch weiteren Prestigegewinn kompensiert. Englischsprachige Homevideo-Editionen kommen unter dem Titel „The Fall of the Wall" auf den amerikanischen und kanadischen Markt.

Auf dem deutschsprachigen Video-Markt werden zwischen 1994 und 1999 rund 22.600 Kassetten (unterschiedliche Editionen) verkauft. Während der Kassettenverkauf um die 190.000 DM erlöst, bringt der Verkauf der Senderechte zwischen 1994 und 1999 etwa 125.000 DM in die Kassen des *ORB*. Das ist angesichts der vom *ORB* genannten Produktionskosten für die gesamte Dokumentation von etwa 4 Millionen DM immerhin eine moralische Anerkennung eines verdienstvollen Projekts.

Wirklich Plus macht einer der Initiatoren des Projekts, der Christoph Links Verlag. Rund 1500 mal erscheint die Werbetafel für sein Begleitbuch im Deutschen Fernsehen, nicht gerechnet die zahlreichen Erwähnungen in den Medien. Christoph Links, der sich, wie eingangs erwähnt, mit gutem Gespür die Rechte vom Aufbau-Verlag zurückgeholt hatte, verkauft von den verschiedenen Editionen der „Chronik der Wende" etwa 75.000 Exemplare, davon die ersten 50.000 bereits nach der ersten Staffel. Mit der Zeit der Wende könnten sich die Leute eher identifizieren als mit der Zeit des Endes der DDR, vermutet er als Erklärung für den flauen Absatzes der erweiterten Fassung des Begleitbuches. Der Verkaufserfolg, aber auch der Marketingeffekt, ist ein wichtiger Baustein für die Etablierung und Platzierung des engagierten Unternehmens auf dem Buchmarkt. Die „Chronik der Wende" wird zu einer Art Markenzeichen für den jungen Ostberliner Verlag.

Vereinigung der Erinnerungen

Wolfgang Thierse, 1989 Mitbegründer der SPD in der DDR, forderte zehn Jahre später auf einem Historikerkongress in Berlin eine „Erinnerungswiedervereinigung". „Ein Volk wird auch dadurch zusammengehalten, woran es sich gemeinsam erinnert!"[10] Und Johannes Unger ergänzte: „Ganz allgemein ist zu vermuten, dass der gesellschaftliche Wandel, der sich in atemberaubendem Tempo zu vollziehen scheint, bei vielen Zuschauern eine Sehnsucht nach Orientierung und Identität erzeugt. Vereinfacht gesagt: Die Welt wird unübersichtlicher und komplizierter, Geschichte soll da ein wenig Halt und Zuordnung geben."[11] Genau das hat, denke ich, die „Chronik der Wende" geleistet.

„Wirklichkeit, die Ort und Namen hat – eine deutsche Revolution, weder im Wortsalat der Medien noch in akademischer Kunstsprache, sondern im vielerlei der Dialekte zwischen Mecklenburger Platt und Südthüringischem Fränkisch. Ihr wird mit dieser Reihe ein Denkmal gesetzt"[12], schreibt ein Fernseh-Kritiker nach der ersten Ausstrahlung.

---

[10] Johannes Unger, in: ARD-Jahrbuch 1999, S. 71.
[11] Ebda, S.69
[12] Christian Deutschmann, in: Tagesspiegel Berlin, 17.12.1994.

Die Chronik der Wende 229

Abb. 2
Ur-Publikation im Christoph Links Verlag und
Begleitpublikation zur „Chronik der Wende"

Abb. 3
Aus der Homepage „Chronik der Wende"

Dokumente des Tages   Fernsehen / Popcharts / Filmstarts / Buchtipps / Fussball / Wetter

Presse des Tages

Soziometer

Kulturspiegel

Wendepunkte

Dokumente

Lexikon

Das Projekt

Forum

 FERNSEHEN

ARD
20.15 Verstehen Sie Spaß ?
22.00 Gorbatschow in der DDR
22.25 Miami Vice
23.10 Psycho, US-Film
00.55 Tatort

ZDF
20.15 Das Krokodil und sein Nilpferd
21.55 Das aktuelle Sport-Studio
23.15 P.I.T. - Pop aus Moskau

1. DDR-Programm
20.00 Hinein ins Vergnügen, Gala aus dem Friedrichstadtpalast
22.15 Der Fluch des rosaroten Panthers, GB 1983

1. DDR-Programm
19.00 Reise nach Indien
22.00 Es führt kein Weg zurück

 *POPCHARTS*

Charts Bundesrepublik vom 01.10.1989
1. "Lambada" - Kaoma
2. "Swing" The Mood" - Jive Bunny & The Mastermixers
3. "French Kiss" - Lil Louis
4. "The Best" - Tina Turner
5. "Personal Jesus" - Depeche Mode

Charts DDR "DT64-Metronom" vom 01.10.1989
1. "Twisted Life" - Lotos
2. "Tut mir leid" - Gütt
3. "Regenbogen" - IC
4. "König der Welt" - Rockteam
5. "He, little Girl" - Lucie

 FILMSTARTS

Kino-Hits BRD, vom 05.10.1989
1. Blauäugig
2. Ein fast anonymes Verhältnis
3. India
4. Jackknife
5. Old Gringo

Filmtipps DDR vom 05.10.1989
1. Pelle der Eroberer
2. Die letzte Kaiserin
3. Reise nach Norden
4. Die Familie
5. Die lila Kugel

 **BUCHHITS**

Bestseller West
vom 02.10.1989
1. Benoite Groult: Salz auf unserer Haut
2. John Le Carré: Das Rußland-Haus
3. Frederick Forsyth: Der Unterhändler
4. A. Wimschneider: Herbstmilch
5. Vargas Llosa: Lob der Stiefmutter

Buchtipps Ost
vom 02.10.1989
1. Benoite Groult: Salz auf unserer Haut
2. John Le Carré: Das Rußland-Haus
3. Frederick Forsyth: Der Unterhändler
4. A. Wimschneider: Herbstmilch
5. Vargas Llosa: Lob der Stiefmutter

 FUSSBALL

Bundesliga,
vom 07.10.1989
1. 1.FC Köln
2. Bayern München(M)
3. Bayer Leverkusen
4. VfB Stuttgart
5. 1.FC Nürnberg
6. Eintracht Frankfurt
7. Borussia Dortmund
8. Waldhof Mannheim
9. Mönchengladbach
10. Hamburger SV
11. Bayer Uerdingen
12. Werder Bremen
13. FC Homburg (N)
14. 1.FC Kaiserslautern
15. Fortuna Düsseldorf (N)
16. FC St.Pauli
17. VfL Bochum
18. Karlsruher SC

Oberliga DDR
vom 07.10.1989
1. 1. FC Magdeburg
2. Dynamo Dresden
3. BFC Dynamo
4. 1. FC Lok Leipzig
5. Energie Cottbus
6. Hansa Rostock
7. Stahl Eisenhüttenstadt
8. 1.FC Karl-Marx-Stadt
9. Stahl Brandenburg
10. Carl Zeiss Jena
11. HFC Chemie
12. RW Erfurt
13. Wismut Aue
14. Bischofswerda

gemeinsames Wetter
9-14°C; stark bewölkt, Regen

V. Erinnerungen und Statements von Intendanten
Interviews: *Werner Lange*[1]

Udo Reiter

„Wir hatten alle Hände voll zu tun, den Sender aufzubauen"

Die ersten Jahre des Mitteldeutschen Rundfunks

L: Herr Professor Reiter, als Intendant einer öffentlich-rechtlichen Rundfunkanstalt steht man nicht nur wegen seiner Qualitäten als Manager im Blickpunkt, sondern auch wegen seiner medienpolitischen Handlungen. Sie waren lange Jahre beim Bayerischen Rundfunk, auch als die Mauer fiel. Erinnern Sie sich noch an den Tag, als Ihnen zum ersten Mal in den Sinn kam, Intendant einer Anstalt zu werden, die es damals noch gar nicht gab?

R: Daran erinnere ich mich sehr gut. Und zwar deswegen, weil es nicht mir in den Sinn kam, sondern weil ich ganz überraschend gefragt wurde. Die Frage war noch verbunden mit der netten Pointe, dass man mir 15 Minuten Zeit zum Überlegen gab. Das war damals im Dresdner Landtag, da bestand politisch ein gewisser Druck, in der Rundfunkfrage voran zu kommen, und der zuständige Mann hatte sich, ich weiß nicht aufgrund welcher Informationen, mich ausgedacht und mir dann diese Frage gestellt; wie gesagt: völlig überraschend.

L: Können Sie sagen, wer der Herr war?

R: Ich war damals in München Hörfunkdirektor, und wir hatten gewisse Kontakte, aber rein freundschaftlich, nachbarschaftlich mit *Sachsenradio*. Gelegentlich pflegten wir einen Journalistenaustausch, stellten Beiträge zur Verfügung. Daher kannte man offenbar meinen Namen hier in Sachsen. Der Mann, der das damals medienpolitisch managte, war der Fraktionsvorsitzende der CDU, Herbert Goliasch.

L: Die drei Unions-Ministerpräsidenten von Sachsen, Sachsen-Anhalt und Thüringen beschlossen damals, statt dass jedes Land einen Sender aufbaut, sich zusammen zu tun und eine Dreiländeranstalt zu schaffen mit Sitz in Leipzig und starken Landesfunkhäusern in den

---

[1] **Werner Lange**, SWOK-Medienbüro, Leipzig.

Hauptstädten. *Als Sie damals erstmals mit der Politik verhandelten: Wie wichtig war es da, dass es drei Unions-Ministerpräsidenten waren?*

R: Das war nicht von großem Belang. Damals spielten parteipolitische Fragen eine weit geringere Rolle als im „Normalgeschäft" im Westen und als auch heute wieder, weil wir hier ja jetzt auch das „normale Geschäft" haben. Man konnte im Rundfunkrat oder vorher im Rundfunkbeirat über alle Parteigrenzen hinweg vernünftige Vorschläge mit breiter Zustimmung durchbringen. Unter diesem Blickwinkel war das eine sehr angenehme Epoche. Die Idee einer Dreiländeranstalt kam von Kurt Biedenkopf. Sie hat die beiden anderen Länder überzeugt.

L: Anfangs gab es auch die Idee, den öffentlich-rechtlichen Rundfunk in Thüringen mit dem HR zusammenzulegen. Welche Argumente zählten in dieser Zeit?

R: Auf mich lief es erst zu, als diese Entscheidung schon gefallen war. Das Argument, dass man einen starken Ostsender haben wollte, hat offenbar eine Rolle gespielt. Das war vernünftig, weil sonst immer die Gefahr bestanden hätte, dass das Ostland gegenüber dem etablierten Westland in die Rückhand gekommen wäre.

Programmstart nur sieben Monate nach der Wahl

L: Die Schwierigkeiten, denen Sie anfangs gegenüber standen, waren zum Beispiel: Sie hatten kein Personal, es gab wenige für einen voll funktionierenden Sender geeignete Räume und Gebäude, Telefone waren auch Mangelware. Wie verliefen die Tage, als es darum ging, Strukturen durch Improvisation aufzubauen? Klar, es gab Strukturen in einzelnen Städten, aber die waren nicht kompatibel mit der Denk- und Handlungsweise, wie im Westen Rundfunk gemacht wurde.

R: In der DDR war alles auf Berlin konzentriert, und es gab nur kleine Ableger in den Regionen. Die technischen und personalpolitischen Voraussetzungen für eine Länderanstalt waren schlicht nicht da. Wir mussten tatsächlich in einer Weise improvisieren, wie man es heute fast schon nicht mehr glaubt. Die Ausgangslage war so: Ich wurde im Juli 1991 gewählt und war damals der einzige *MDR*-Mitarbeiter. Die Auflage war, im Januar darauf, also nach sechs Monaten, mit sieben Hörfunkprogrammen, einem Fernsehprogramm und zehn Prozent *ARD*-Anteil auf Sendung zu gehen. Sie können sich vorstellen, dass das arbeitsintensive Tage waren. Als Erstes versuchte ich, ein paar Mitarbeiter anzustellen, die wollten dann Gehalt, aber wir hatten kein Geld. Rudolf Mühlfenzl,

Die ersten Jahre des Mitteldeutschen Rundfunks

der Chef der „Einrichtung" in Berlin, sagte mir damals, ich solle ein Konto bei der Commerzbank aufmachen, er würde mir dann eine Million überweisen. Per Zuruf funktionierte das dann. Es war natürlich mehrfach krisenhaft in diesen Monaten, und im Vorfeld des Sendebeginns dachten wir sogar, wir schaffen es nicht. Wir hatten schwere Zusammenbrüche: Die Regie in Dresden wurde nicht fertig, die Mitarbeiter, die wir mühsam angeworben hatten, gingen wieder zurück in den Westen, weil ihnen das Chaos hier zu groß war. Das grenzte schon fast an ein Wunder, dass am 1. Januar die Sendungen liefen.

L: Welche Schwierigkeiten waren es hauptsächlich mit der Technik?

R: Es gab keine technische Infrastruktur. Wir hatten damals 48 verschiedene Standorte, weil wir uns überall, wo ein Kabel aus der Wand kam, niederlassen mußten. Dann konnte man bis 5 Uhr nachmittags in der Tat nicht telefonieren. Es gab ja die Mobiltelefone noch nicht, und das Festnetz war hoffnungslos überlastet. In einer so beratungsintensiven Phase wie dem Aufbau einer solchen Anstalt mit 48 Standorten war das ohne Telefon sehr schwer zu managen. Gleichzeitig mussten wir das Personal rekrutieren: Ich konnte mich vor allem auf die jungen Journalisten verlassen, die hier im Osten schon angefangen hatten, *Sachsenradio, Radio Thüringen, Radio Sachsen-Anhalt* aufzubauen und auf die Techniker, die vom *DFF* kamen. Ohne diese beiden Säulen wäre das Ganze unmöglich gewesen. Aber gerade die Führungsmannschaft, ich kannte ja hier die Leute nicht, habe ich dann doch versucht, aus dem Westen zu bringen: Leute, die die *ARD* kannten, die wussten, wie ein föderales Rundfunksystem arbeitet. Das hat dann wieder Probleme gebracht, was den Ost-West-Konflikt angeht. Es war eine sehr problem- und konfliktgeladene Zeit, aber summa summarum die schönste in meinem Arbeitsleben.

L: Der öffentlich-rechtliche Rundfunk hat der Integration der Menschen in die Gesellschaft zu dienen, so steht es im Gesetz. Sie griffen von Anfang an auf Personal zurück, das eine DDR-Vergangenheit hatte. Es waren ja nicht nur die jungen Studenten oder Absolventen der Journalistik aus Leipzig. Von Anfang an war aber auch klar, dass der Umstand, dass Sie auf Leute mit DDR-Vergangenheit zurückgriffen, zu Problemen führen könnte mit der Stasi-Vergangenheit. Haben Sie das damals schon gesehen, welche Dimensionen das später bekommen könnte?

R: Die Dimension habe ich nicht gesehen; das hat mich überrascht. Ich kannte das Problem mehr von Erzählungen als aus der Praxis. Nur: Sie hätten damals machen können, was Sie wollten, es war immer falsch. Wenn Sie Westjournalisten mitgebracht haben, dann war es der „Besatzungsrundfunk". Wenn Sie Ostjournalisten genommen haben, bestand die Gefahr einer gewissen Nähe zum früheren System. Dazwischen versuchten wir, uns zu bewegen. Wir haben uns zum einen auf die Überprüfungen gestützt, die der Rundfunkbeauftragte Rudolf Mühlfenzl vorgenommen hatte und machten diese Überprüfung in der Art, wie es die meisten anderen Firmen hier auch handhabten: durchaus umfassend, aber nicht mit der letzten Gründlichkeit, die vielleicht notwendig gewesen wäre. Darauf hin kam nach einiger Zeit, Ende der 90er Jahre, diese zweite Welle, und da hat mich die Intensität der Diskussion schon sehr überrascht. Das hätte ich nicht mehr für möglich gehalten.

L: *War es die Anzahl, oder war es die Komplexität der Geschichten, die mit einem Mal auf Sie zukamen?*

R: Beides. Ich war bei einigen Leuten sehr überrascht, dass da etwas hochkam. Es spielte sich ja vor allem im Bereich der freien Mitarbeiter ab; die hatten wir nicht überprüft, sondern nur unsere fest Angestellten. Dass die Diskussion sieben Jahre nach der Wiedervereinigung noch einmal eine solche Intensität erhalten würde, überraschte mich auch.

L: *Wenn Sie jetzt daran denken: Hat das dem Sender etwas gebracht oder geschadet?*

R: Weder noch. Es war eine Diskussion, die vor allem in bestimmten Zirkeln geführt wurde, zum einen in der journalistischen Zunft: Da wurden viele Rechnungen beglichen, die mit der Frage „Stasi" gar nichts zu tun hatten. Und zum anderen bei den Bürgerrechtlern, für die das immer ein wichtiges Thema war. Aber bei der Breite unseres Publikums hat das wohl keinen Schaden angerichtet.

Der Vorwurf des „Schwarzfunks"

L: *In der Presse galt der* MDR *Anfangs schnell als der „Schwarzfunk". Für Sie als Intendant ging es aber sicher nicht nur um Begehrlichkeiten von Seiten der Politiker, es ging auch um Programmkonzepte, die in den Schubladen lagen von Leuten aus dem Westen, und es gab Programmideen von Leuten, die aus dem Osten kamen. Was war Ihr Part? Mehr der des Vermittlers oder mehr des Gestalters der Programme?*

R: Der Vorwurf „Schwarzfunk" ärgerte mich zeitweise sehr, weil er einfach nicht stimmte. Wir wurden parteipolitisch ganz wenig bedrängt, wir hatten große Freiheiten auch in der Personalpolitik. Kurt Biedenkopf hat immer erklärt, dass er sich in solche Fragen nicht einmische, und die beiden anderen Ministerpräsidenten haben das genauso gehalten. Von daher hatte ich eine ganz ungewöhnliche Freiheit beim Aufbau des Senders. Die Grundsatzdiskussion war, inwieweit soll man *Tabula rasa* machen und alles neu anfangen. Oder inwieweit soll man von den bestehenden Geschmacksstrukturen, und von den Gewohnheiten beim Publikum ausgehen. Wir entschieden uns für eine Doppelstrategie. Was Information, Politik, Kultur angeht, machten wir einen Neuanfang, und was die Unterhaltung, auch die Spielfilme angeht, knüpften wir an DDR-Traditionen an. Das hat sich, zumindest beim Publikum, als sehr erfolgreich erwiesen. Änderungen gab es für die Leute damals ja genug.

L: *Gab es da Schwierigkeiten mit dem Westen? Denn die Dritten Programme, die auch versuchten, eine Zusammenarbeit hinzubekommen, galten im Westen traditionell als Bildungsprogramme und als Programme für Intellektuelle. Der* MDR *hingegen, wie Sie gerade schilderten, setzte von Anfang an auf ein Vollprogramm mit großen Elementen aus dem DDR-Fernsehen. Was sagten Ihre Kollegen aus dem Westen dazu?*

R: Dazu muss man zweierlei sagen: Zum einen hatte im Westen damals auch schon die Entwicklung der Dritten Programme zu Vollprogrammen eingesetzt; das *Bayerische Fernsehen* war kein Bildungsprogramm mehr zu der Zeit, sondern es war ein weiß-blaues Regionalprogramm. Zum anderen gab es bei uns noch einen besonderen Grund, das zu machen, weil die nationalen Programme ja doch sehr stark westgeprägt waren. 80 Prozent der Bevölkerung leben im Westen, da kann die *ARD* kein Ostprogramm machen. Aus diesem Grund gab es hier ein starkes Bedürfnis, regionalen Bezug und eigene Lebenserfahrung im Fernsehprogramm wiederzufinden. Daher denke ich, war es die richtige Entscheidung. Wir sind auch nicht kritisiert worden vom Westen, eher etwas bestaunt, weil manche Elemente, die wir vom *DFF* übernommen hatten, vor allem in der Unterhaltung, in Köln und Hamburg doch etwas verstaubt wirkten.

L: *Der große Konkurrent damals war* RTL, *der Marktführer wurde. Inwieweit spielte das eine Rolle bei Ihren Programmkonzepten?*

R: Gar keine. Wir haben uns wirklich überlegt, was wollen wir bieten, was wollen wir machen, und so haben wir es durchgezogen. Wir haben nicht nach den anderen geguckt. Der große Erfolg von *RTL* überraschte uns anfangs etwas, aber man kann ihn dann letztendlich erklären: Die Leute hatten Probleme und Sorgen, und ein leicht gestricktes, unterhaltungsbetontes Programm wie *RTL* kam da wahrscheinlich als Entlastung und als Entspannungsangebot besonders gut an.

L: *Der Chefredakteur einer großen ostdeutschen Zeitung sagte damals in einem Interview, er brauche Journalisten für die Ressorts Politik und Wirtschaft, die Einäugige sind, weil Einäugige die Probleme der Blinden besser verstehen. Gab es eine ähnliche Sichtweise auch beim* Mitteldeutschen Rundfunk?

R: Nein, wir haben nicht nach Einäugigen gesucht, und wir haben auch keine Einäugigen. Unser Erfolgsrezept war tatsächlich, dass wir die Lage der Menschen hier analysiert haben: Was bringen sie mit, was haben sie an Erwartungen, welches sind ihre aktuellen Probleme. Das war dann eben eine spezielle Unterhaltung, die stark ost-geprägt war, dann viele Ratgeberangebote, die den Leuten in ihren aktuellen Schwierigkeiten halfen. Das konnten ja die großen nationalen Sender gar nicht leisten.

L: ...*Serviceprogramme im politischen, im wirtschaftlichen Bereich und wenn es um Steuern ging...*

R: Genau das war es. Für die Menschen in unserem Sendegebiet war ja schlagartig alles neu. Alle ihre sozialen Erfahrungen waren mit einem Federstrich nichts mehr wert und mussten neu aufgebaut werden. Da war nun wirklich einer vernünftigen Beratung Tür und Tor geöffnet. Parteipolitische Fragen spielten in dieser Anfangphase fast gar keine Rolle.

Hörfunk: Von DT 64 zu Sputnik

L: *Im Hörfunk setzte der* MDR *von Anfang an auf ein neues Konzept, nämlich auf das der klar profilierten Wellen: sozusagen Spartenprogramme. Als einen Bruch mit der DDR-Hörfunk-Vergangenheit muss man das wohl bezeichnen – außer bei* DT 64[2]. *Da übernahm man ein Konzept und nannte es in „Sputnik" um, aber bei der Politik kam das nicht besonders gut an. Glauben Sie, dass dieser Umstand dazu führte, dass Unionspolitiker dieses Programm immer noch nicht haben wollen?*

R: DT 64 war ein spezielles Problem. Das lag ja außerhalb unseres ursprünglichen Konzepts. Wir bauten den MDR-Hörfunk in der Tat nach dem Modell „Spartenprogramme" auf. Ich hatte damit beim *Bayerischen Rundfunk* gute Erfahrungen gemacht, und das funktionierte ja auch hier. Nach diesem Konzept sollte DT 64 eigentlich eingestellt werden. Nun passierte folgendes: Bei jeder Rundfunkratssitzung, bei jedem öffentlichen Auftritt des MDR demonstrierten ganze Gruppen von Jugendlichen, sehr Jugendlichen, die auch so aussahen, für dieses Programm. Dieses Phänomen schaute ich mir eine Weile an, sprach dann mit den Leuten und stellte fest: Das sind vernünftige, nette, aufgeschlossene junge Leute, die an diesem Programm hängen. Dann rief ich Kurt Biedenkopf an und sagte ihm: ‚Im Staatsvertrag ist es nicht vorgesehen, aber hier sind junge Leute, und wir predigen den Menschen, sie sollen sich jetzt demokratisch für ihre eigenen Interessen einsetzen. Die machen das ganz vernünftig, und jetzt nehmen

---

[2] *DT 64,* das DDR-Jugendradio, war zum Deutschland-Treffen der Jugend 1964 eigentlich als kurzfristiges Programm gestartet worden. Es wurde wegen des Erfolges aber beibehalten und entwickelte sich in der Endphase der DDR zu einem Kultprogramm.

wir ihnen ihr Programm weg. Sollen wir das wirklich tun?' Und dann sagte er: ‚Nein, tun Sie es nicht, sondern schauen Sie, dass sie es auf irgendeine Weise erhalten können.' Dann strahlten wir *DT 64* aus, ein wenig am Rande der Legalität, zum Teil über Mittelwelle. Der Widerstand kam natürlich von allen, die sich von der DDR stark distanziert hatten, wieder aus den Kreisen der Bürgerrechtler, weil die darin noch das alte DDR-Jugendprogramm sahen, obwohl es inhaltlich natürlich weiterentwickelt wurde. Wir änderten dann den Namen als kleines Zugeständnis, aber *Sputnik* kam dann auch nicht sehr viel besser an als *DT 64*. Das war natürlich eine gezielte Spitze der Programmmacher. Manchmal habe ich das Gefühl, dass gerade bei einigen Älteren diese Ressentiments nach wie vor da sind, obwohl sie inhaltlich natürlich durch nichts mehr zu begründen sind.

L: Wissen Sie noch, von wem der Name kam?

R: Die Redaktionen kamen mit *Sputnik*. Wie gesagt, eine kleine Spitze. Aber ich denke, Spaß muss sein, gerade bei der jungen Generation – und da akzeptierten wir es.

L: Aber auch der sächsische Ministerpräsident und die Staatskanzlei waren dann im Endeffekt nicht auf Seiten von Sputnik, als es darum ging, Frequenzen freizugeben.

R: Da kam es dann eben in den Alltag der Medienpolitik hinein. Das eine ist, einen solchen spontanen Beschluss zu fassen, der sicher gut und emotional auf der richtigen Seite ist, und das andere ist dann die bürokratische, tägliche Politik, wo man dann mit sehr vielen Kräften zu tun hat. Da hatte *Sputnik* große Schwierigkeiten, das ist wahr.

L: Wie war denn anfangs die Zusammenarbeit mit der Politik? In Sachsen-Anhalt gab es beispielsweise die Idee, als erstes müsste der Privatrundfunk Frequenzen bekommen und somit Ausstrahlungsmöglichkeiten für Programme. Sie als Intendant mussten sich ja mit diesen Ideen tagtäglich auseinandersetzen.

R: Es war ein sehr unübersichtliches und vermintes Gelände. Das hing auch damit zusammen, dass die unterschiedlichsten Kräfte hier anfingen, Medienpolitik zu machen: zum Teil unerfahrene Leute, die die Entwicklung des öffentlich-rechtlichen Rundfunks nicht kannten, zum Teil massive Lobbyisten, die aus verschiedensten Gründen den Privatrundfunk befördern wollten. Man befand sich ständig in einem Mehr-Frontenkrieg und musste sehen, wie man den öffentlich-rechtlichen Rundfunk einigermaßen durch die Klippen bringt. Summa summarum ist es dann gut gegangen. Wir hatten auch Freunde, die sehr für uns waren, aber wie gesagt, unübersichtliche Frontverläufe.

L: Wie haben Sie das organisiert?

R: Möglicherweise haben wir am Anfang das Geschäft des Lobbyismus in der Politik etwas zu wenig betrieben, einfach, weil wir alle Hände voll zu tun hatten, um den Sender erst mal aufzubauen. Bei einer Dreiländeranstalt multipliziert sich natürlich jede Lobbyarbeit mal drei.

L: *Wann sind Sie eigentlich endgültig nach Ostdeutschland gezogen?*

R: Gleich von Anfang an. Ich bin 1991 hierher gezogen.

L: *Erst nach Dresden, dann nach Leipzig?*

R: Nein, gleich nach Leipzig, und zwar zunächst in einen „14-Geschosser", so hieß das, in den siebenten Stock. Ein Musiker aus dem Orchester stellte mir seine Wohnung zur Verfügung, und er zog zu seiner Freundin einen Stockwerk tiefer. Das war meine erste Wohnung in der „Straße des 18. Oktober".[3]

L: *Wie lange haben Sie dort gewohnt?*

R: Das war so ein dreiviertel Jahr. Ich wäre auch noch länger dort geblieben. Das Problem war nur, dass der Lift oft nicht ging, und das war für mich etwas problematisch.[4] Ich musste dann mehrfach im Hotel schlafen.

Der Glanz der Sonntagsreden wurde matt

L: *Die ARD, die sich gerne als Solidargemeinschaft bezeichnet, hat beim Aufbau des MDR mit einer Anschubfinanzierung geholfen. Aber ganz einfach ist der Umgang der Intendanten untereinander ja nicht. Auch in diesen Runden der Senderchefs geht es um Macht, um den Aufbau von Machtkonstellationen. Sie waren in der Runde neu, und auf der anderen Seite wurde ihnen diese Anschubfinanzierung gegeben. Welche Probleme ergaben sich daraus für Sie? Gab es da Forderungen, Begehrlichkeiten von den West-ARD-Sendern?*

R: Die Anschubfinanzierung verdanken wir nicht der *ARD*, sondern das war eine medienpolitische Entscheidung, eine Entscheidung der Politik, dass jeder Gebührenzahler eine Mark mehr zahlt, dass damit der Aufbau der Sender im Osten finanziert wurde. Insofern war da kein Grund für irgendeine Begehrlichkeit, im Gegenteil: Im letzten Jahr durften die Westanstalten dann die Mark sogar noch für sich behalten. Das Problem war, wie immer, wenn der Kuchen verteilt ist und neue Gäste an den Tisch kommen. In den Sonntagsreden hieß es, dass man jetzt „teilen muss" und dass man sich „freut". Aber wenn es dann konkret darum ging, dass man einen Korrespondentenplatz oder einen Sende-

---

[3] Die „Straße des 18. Oktober" ist zur Erinnerung an das Ende der Völkerschlacht bei Leipzig 1813 so benannt.

[4] Intendant Udo Reiter sitzt im Rollstuhl.

platz abgeben sollte, dann wurde der Glanz der Sonntagsreden relativ schnell matt. Es ging einfach um Macht, um Einfluss, um Sendeplätze, um Korrespondentenplätze – und das musste durchgestanden werden. Ich würde sagen so nach einem, eineinhalb Jahren lief das gut, und inzwischen sind wir ein voll akzeptiertes Mitglied in der *ARD*. Die Schwierigkeiten sind längst vorbei.

L: Es gab und gibt Konstellationen innerhalb der ARD, die traditionell zusammenarbeiten. Wo hat sich da der Mitteldeutsche Rundfunk *positioniert?*

R: Am Anfang standen wir da etwas allein auf weiter Flur. Das hatte verschiedene Gründe: zum einen die Besitzstandwahrung, das habe ich schon gesagt, zum anderen natürlich, dass in den *ARD*-Einrichtungen, also „ARD-aktuell" oder anderen solchen Gemeinschaftseinrichtungen lauter Wessis saßen und dass man da wenig Ahnung von der Situation hier im Osten hatte. Das war ein etwas mühsamer Prozess, hier eigene Leute einzuschleusen. Wir hatten ja auch nicht allzu viele, die wir nach Hamburg schicken konnten. Ich habe versucht, von Punkt zu Punkt, wie alle anderen, Koalitionen zu schaffen und mit einem gewissen Interessensausgleich – wie das halt geht: ‚Gibst du mir, geb' ich dir' – einige Punkte durchzukriegen, die uns wichtig waren. Das größte Stück Arbeit war in diesem Zusammenhang der *Kinderkanal*: Als der beschlossen wurde, setzten wir das als erstes mit den anderen *ARD*-Anstalten im Osten durch, dass er in den Osten kommt. Und dann setzten wir es gegen den *ORB* und gegen den *NDR* schließlich durch, dass er nach Erfurt kommt. Das war ein hartes Stück Arbeit.

L: Welche Konstellationen standen Ihnen da im Westen zur Seite, welche Konstellationen im Wege?

R: Da gibt es die unterschiedlichsten Möglichkeiten. Manches geht über persönliche Beziehungen. Aber es gab auch ein gewisses Verantwortungsgefühl, dass man auch etwas für den Ostteil tun muss. Fritz Pleitgen kann ich hier nennen, der ja als Korrespondent im Osten sehr viel Verständnis für unsere Situation hatte und uns oft geholfen hat. Aber auch andere.

L: Wenn Sie den Lauf der Geschichte sich noch einmal betrachten von 1989 an, als dem DDR-Rundfunk die letzte Runde eingeläutet wurde. Wo unterscheiden sich die Wege des Mitteldeutschen Rundfunks von denen anderer Sender aus dem Westen während dieses Zeitraums?

R: Wir unterscheiden uns zunehmend weniger. Am Anfang war es ganz deutlich: Am Anfang hatten wir keine funktionierende Bürokratie. Wir konnten Entscheidungen in kürzester Zeit treffen, was zum Teil sehr von Vorteil war. Das war dann auch nicht immer ganz rechnungshofsicher. In der Zwischenzeit haben wir eine völlig vergleichbare Organisation wie die anderen Rundfunkanstalten. Vom Programm her haben wir uns am Anfang deutlich gegenüber dem Westen unterschieden, weil der Ostakzent eben doch sehr spürbar war. Inzwischen verwächst sich das etwas. Bei den jungen Leuten hier spielt natürlich die DDR-Vergangenheit auch nicht mehr die Rolle, die sie damals noch spielte. Sie hat jetzt vielleicht schon fast etwas Lockeres, etwas Spielerisches – die Rückerinnerung an die DDR. Das wird auch von anderen Sendern wahrgenommen, bis hin zu *RTL*.

Spott über Ost-Unterhaltung: einseitig, teils bösartig

L: Bei den Programm-Präferenzen der Zuschauer aber anscheinend nicht.[5] Der Osten ist immer noch mehr unterhaltungsorientiert, und der Mitteldeutsche Rundfunk profiliert sich auf dem Unterhaltungssektor auch in der ARD. Wenn an die Grundkonstellation der Rundfunkstaatsverträge gedacht wird, ist Unterhaltung aber nur eines von vielen Elementen. Sehen Sie in den Anfangsjahren ein Defizit, das der Mitteldeutsche Rundfunk während dieser Zeit hatte? Es wurde dem MDR immer wieder vorgeworfen.

R: Wir haben diese Vorwürfe natürlich auch gehört. Es hängt wohl damit zusammen, dass unsere Unterhaltung stärker wahrgenommen wurde als bei anderen Sendern, einfach weil sie ein anderes Feeling vermittelte und eine andere Ästhetik als in Köln oder in München. Als wir diese Vorwürfe einer angeblichen Unterhaltungslastigkeit hörten, stellten wir Statistiken auf und stellten fest, wie denn bei uns die Verteilung der Programmelemente Politik, Kultur, Sport, Unterhaltung war, verglichen mit den anderen Dritten Programmen. Die Unterschiede waren marginal. Wir waren von der Struktur her von Anfang an ähnlich aufgestellt wie im Westen, nur hat man unsere Unterhaltung unter die Lupe genommen und darüber geschrieben – und über andere nicht.

L: Wie und warum kam es zu diesen Vorwürfen? Es wurden ja auch Beispiele für Programme für Minderheiten genannt: anfangs die Programmelemente für die Sorben. Warum hat man nicht darauf geachtet, auch in der Öffentlichkeit, gut dazustehen?

R: Der springende Punkt war tatsächlich, dass unsere Unterhaltung die Spottlust der westlichen Journalisten herausforderte. Da wurden dann die Federn gewetzt, und das war natürlich prächtig, sich über die Ossis zu mokieren, die die Stars immer noch die Showtreppen herunterkommen ließen. Eine einseitige, zum Teil auch bösartige Wahrnehmung. Wir hatten gleich viel Kultur, gleich viel

---

[5] Vgl. den Beitrag von Gerlinde Frey-Vor u.a. in diesem Jahrbuch.

Politik wie der *WDR*, der *BR* und der *NDR*. Das Radioprogramm für die sorbische Minderheit lief von Anfang an bei uns. Aber für den *Spiegel* war es natürlich lustiger, „Ostrentner in Lederjacken" aufzuspüren, die Volksmusiksendungen anschauten.

L: Wohin wird sich der MDR in den nächsten fünf oder zehn Jahren, hin entwickeln?

R: Nach diese sehr stürmischen Aufbruchs- und Anfangszeit brauchen wir jetzt eine Konsolidierungsphase, in der man sich die Programme im einzelnen ansieht, an Details feilt. Da sind wir im Moment dabei. Ich denke, es sind zwei große Aufgaben. Das eine ist: Die Ostelemente im Programm werden an Bedeutung verlieren, je kleiner dieses Segment der Zuschauer wird, die die DDR unmittelbar erlebt haben. Man muss also den regionalen Bezug erhalten, auch wenn diese Ostalgieelemente weniger tragen. Das andere ist, dass wir nicht zu sehr mit unserem Publikum alt werden, sondern dass wir auch zur Mitte hin, also dem Alterssegment 50plus, attraktiv werden oder bleiben. Aber das ist das gleiche Problem bei allen Dritten Programmen, sogar bei allen öffentlich-rechtlichen.

L: Sind die neuen Mitgliedsländer der Europäischen Union für Sie wichtige Länder, die an das Sendegebiet des Mitteldeutschen Rundfunks angrenzen?

R: Ja, das war auch eine unserer wichtigsten Stoßrichtungen von Anfang an, dass wir die Kontakte, die es aus der DDR-Zeit in den damaligen Ostblock gab, wieder aufgegriffen und gepflegt haben. Wir haben gute Verbindungen zum polnischen, zum ungarischen, zum russischen Fernsehen, bis hin in die äußere Mongolei, einfach weil die Leute sich von damals kannten. Da arbeiten wir zum Teil zusammen, betreiben Programmaustausch, und damit sind wir natürlich jetzt in den Zeiten der Osterweiterung für die neuen Länder ein gesuchter Partner. Da gibt es ständig Kontakte auf Arbeitsebene. Das geht bis dahin, dass wir mit den Polen gemeinsam „Tatorte" drehen, dass wir mit Litauen einen Kooperationsvertrag geschlossen haben und dass man in Weißrußland „In aller Freundschaft" übernimmt.

L: Haben Sie da Konkurrenz, etwa vom WDR, der sich immer auch zuständig sah für Osteuropa?

R: Nein. Es geht Hand in Hand. Wir machen das freundschaftlich und nicht im Konkurrenzverhältnis.

Günther von Lojewski

Auflösung des DDR-Hörfunks und Fernsehens im Fluge

Der SFB im Spagat zwischen Wiedervereinigung, Sparzwang und kommerzieller Konkurrenz

La: Herr Professor von Lojewski, am 9. November 1989 begann eine neue Ära der Weltgeschichte, und die Stadt, in der Sie die ARD-Anstalt SFB *leiteten, begann von da an wieder zusammenzuwachsen. Wissen Sie noch, wann Ihnen klar wurde, dass Sie diese neue Situation beruflich mal unmittelbar berühren würde?*

Lo: Das ist ausnahmsweise mit einem klaren „Ja" zu beantworten, denn ich habe ja am 9. November gegen 22.45 Uhr in den „Tagesthemen" den Kommentar gesprochen, und der gehört zu einem der wenigen Kommentare, die man noch heute mit gutem Gewissen nachlesen mag. Ich habe sinngemäß gesagt: ‚Das System ist zusammengebrochen. Die Menschen sollten sich jetzt nicht so verhalten wie die Franzosen im Elsass nach dem ersten Weltkrieg, nie von Wiedervereinigung zu reden, aber immer daran zu denken. Denn die Zukunft eines vereinten Deutschlands kann nur in Europa liegen.' Also ich denke, das zeigt schon, dass hier die politische Dimension sehr rasch begriffen worden ist. Ich danke das einer ganzen Reihe von Gesprächen, die ich im Vorfeld des 9. November mit vielen deutschen Diplomaten gehabt habe.

La: Ursprünglich war im Einigungsvertrag vorgesehen, den Kultur-Bestandsschutz auch auf den DDR-Rundfunk und das Fernsehen zu übertragen. Was sprach aus Ihrer Sicht damals dagegen?

Lo: Lassen Sie mich zunächst darauf hinweisen, dass wir diesen Artikel 35 genutzt haben, um die kulturellen Einrichtungen der ehemaligen DDR im Rundfunksektor, vor allem die großen, bedeutenden Orchester und Chöre, zu retten. Unter Berufung auf diesen Artikel 35 haben wir im Gründungsausschuss des späteren *Deutschlandradio* schon in der ersten Sitzung aus Berliner Sicht festgezurrt, dass diese sehr teuren Unternehmungen in eine eigene Gesellschaft, die spätere „Rundfunk-Orchester und -Chöre GmbH" in Berlin, übergeführt werden müssen. Für Berlin ist das heute noch immer ein kultureller Gewinn. Daran hat sich sogar der keineswegs reiche *Sender Freies Berlin* mit fünf Prozent beteiligt, um den Anstoß zu geben, und dann sind *Deutschlandradio*, der Bund und das Land Berlin als weitere Partner hinzugekommen. In einem von mir intensiv gesuchten Termin mit dem damaligen Bundesinnenminister Wolfgang Schäuble, der ja auch der Verhandlungsführer der Bundesrepublik war, habe ich darauf hingewiesen, dass wir ja Erfahrungen mit einem so großen Propagandaapparat, wie es Rundfunk und Fernsehen in der DDR waren, schon einmal nach dem Dritten Reich gemacht hatten. Spät abends begleitete ich Schäuble von der Zonengrenze aus in der Nähe von Wolfsburg, bei Helmstedt, auf dem Flug nach Bonn. Dort habe ihm gesagt, dass wir aufpassen müssten, dass mit einem Male 14.000 Menschen, so viele waren das, die beim Hörfunk und Fernsehen der DDR gearbeitet haben, nicht als eine komplette Masse nach dem Artikel 35 als kulturelle Einheit übernommen werden würden, denn dann sei immer zu befürchten, das eine Propaganda fortgesetzt würde, die jedenfalls der Wiedervereinigung nicht dienlich wäre.

Ich weiß noch sehr genau, dass Schäuble auf diesem einstündigen Flug mehr als einmal weggenickt ist, aber er hat mich dann morgens so gegen 1 Uhr in Köln-Wahn auf dem militärischen Teil des Flughafens entlassen mit dem Satz: ‚Ich habe verstanden, was Sie mir sagen wollen. Sie können sich auf mich verlassen.' Das habe ich dann selbst verifiziert bei seinem zuständigen Ministerialdirektor Merck, der mir bestätigt hat, dass von diesem Augenblick an der Artikel 36 eingefügt wurde, der ausdrücklich festgelegte, dass Hörfunk und Fernsehen anders behandelt werden sollten als die kulturellen Einheiten; dass Hörfunk und Fernsehen nach der Verfassung der Bundesrepublik in die Hoheit der Bundesländer überzugehen hätten. Wer die Strukturen der Bundesrepublik kannte, dem musste klar sein, dass die neuen Bundesländer nie bereit sein würden, sich einen zentralen Rundfunk mit den alten Strukturen zuzulegen, sondern dass hier eine Föderalisierung stattfinden würde. Von diesem Augenblick an war geklärt: Zunächst würden die in Artikel 36 festgeschriebenen Einrichtungen *Rundfunk* und *Fernsehen der DDR* aufgelöst, wenn sich nicht alle Länder in einem Staatsvertrag auf ihre Erhaltung verständigten. Das aber war politisch nie zu erwarten.

Biedenkopfs Modell erwischte Berlin im Winterschlaf

La: Was den ARD*-Bereich anging, titelten die Zeitungen häufig: „Der Kampf um die Hauptstadt." Am Anfang stand Ihre Idee, aus dem Sendegebiet des* SFB*, erweitert um Ost-Berlin, Brandenburg und Mecklenburg-Vorpommern, ein Sendegebiet zu machen. Letztlich* *kam es dann nicht zur Nordostdeutschen Rundfunkanstalt. Woran ist die Idee* NORA *gescheitert?*

Lo: Leider war einer der ersten, der auf dem Rundfunkgebiet mit einer qualifizierten Idee hervorgetreten ist, Kurt Biedenkopf. Unmittelbar nach seiner Wahl zum Ministerpräsidenten in Sachsen publizierte er die Idee eines *Mitteldeutschen Rundfunks*. Damit traf er zeitlich genau in eine Phase im Spätherbst 1990, in der Berlin verhandlungsunfähig war, weil das Abgeordnetenhaus erst später gewählt wurde. Walter Momper (SPD) war im Wahlkampf, Eberhard Diepgen (CDU) war im Wahlkampf; dann wählte Berlin, und dann war Weihnachtspause. Als die Matadoren in Berlin wieder an die Arbeit gingen, war im Mitteldeutschen Raum schon eine Vorentscheidung gefallen.

In diese Lücke hinein habe ich eigentlich ohne jede Berechtigung zu stoßen versucht, indem ich eine Pressekonferenz abgehalten und ein Konzept „3 plus 1" vorgelegt habe: drei Länder mit eigenen Anstalten plus eventuell eine Mehrländeranstalt. Erst von dem Augenblick an, als deutlich wurde, dass während des Berliner Winterschlafes in Sachsen-Anhalt und aufgrund der Aktivitäten von Kurt Biedenkopf dieser Zug abgefahren war, haben wir uns auf das Projekt *NORA, Nordostdeutsche Rundfunkanstalt*, konzentriert, das die drei Bundesländer Mecklenburg-Vorpommern, Brandenburg und Berlin verbunden hätte. Ich denke, die Idee war richtig und glaube sogar, dass nahezu alle Kollegen, in der ARD und alle, die von Rundfunkpolitik etwas verstanden, dieses Modell für richtig gehalten hätten. Es hätte der *ARD* manche Probleme, die sie danach hatte mit dem kleinen *Sender Freies Berlin* und mit dem kleinen *Ostdeutschen Rundfunk Brandenburg*, erspart. Das sahen auch der Regierende Bürgermeister Diepgen und Ministerpräsident Stolpe so, und es kam zu einem Vertrag, der ihre Unterschriften trug. Auch mit Mecklenburg-Vorpommern war dieser Vertrag fix und fertig ausverhandelt. Aber Ministerpräsident Gomolka konnte keine Mehrheit in der Koalition erreichen, genauer: In Mecklenburg-Vorpommern gab es für seine Regierung im Parlament eine Mehrheit von einer Stimme. In der FDP wollte aber mindestens ein Abgeordneter aus guten – oder schlechten – Gründen der Regierungspolitik nicht folgen. Hier hat also der kleinere Koalitionspartner gewackelt wie der Schwanz mit dem Hund, was im Grunde auch schon ein Hinweis war auf das spätere politische Ende des Ministerpräsidenten Gomolka.

La: In den ersten beiden Jahren nach dem Mauerfall gab es immer wieder Kompetenzprobleme, wer in und um Berlin das Recht der Berichterstattung habe. Oft standen sich die Journalisten im Landtag, in Brandenburg zum Beispiel, gar feindlich gegenüber. Wie haben Sie die damalige Situation empfunden?

Lo: Es gab damals in Berlin eine ganze Reihe von Leuten, die gesagt haben, im Interesse des *Senders Freies Berlin* müsse man sozusagen eine Art Besatzungspolitik treiben und in Brandenburg ein hohes Maß von Präsenz zeigen, um dem Sender die Zukunft auch dort zu sichern. Ich bin dieser Idee damals bewusst nicht gefolgt, weil ich mir nicht den Vorwurf zuziehen wollte, als eine Art Besatzer zu erscheinen. Es war klar, dass Ostberlin in jedem Falle dem *Sender Freies Berlin* als Verbreitungsgebiet zugeschlagen werden würde, im neuen Land Berlin. In Brandenburg wollte ich nicht unter verkehrter Flagge segeln. Wir haben in der ersten Zeit, nach der Wahl von Lothar de Maizière zum DDR-Ministerpräsidenten im April 1990 und bis zur Auflösung der „Einrichtung" Ende 1991 in anderen Bundesländern massiv rundfunktechnische Hilfe geleistet, aber auch personelle und finanzielle Unterstützung gegeben. Das hat der *Sender Freies Berlin* aus seiner Insellage heraus intensiver getan als andere anliegende *ARD*-Anstalten wie der *HR* in Thüringen oder der *BR* in Sachsen. Wir haben Kollegen dort hingeschickt, wo neue dezentrale Rundfunkhäuser entstanden, etwa in Magdeburg oder Halle, auch in Potsdam. Wir haben auch ganze Programmstrecken hingeschickt. Da ist manches gelaufen, was vielleicht nicht ganz präzise im Sinne des Rundfunkrechts war. Aber in solchen Revolutionszeiten machte man schon mal gelegentlich Dinge, die einfach helfen sollten.

La: Es gab damals immer wieder die Diskussion darüber, ob Journalisten, die ihr Handwerk in der DDR gelernt hatten, überhaupt für das journalistische System des Westens geeignet wären. Zeitungen sahen darin kein Problem. Wie sahen Sie das persönlich, damals?

Lo: Wir wussten alle, dass die Journalisten, die in der DDR zu einem weit überwiegenden Teil am „Roten Kloster"[1] in Leipzig ausgebildet worden waren, eine gute Ausbildung hatten. Die Ausbildung hatte nur einen Nachteil: Sie stand unter ideologischen Vorzeichen. Für den *Sender Freies Berlin* stellte sich die Frage nicht sehr dramatisch. Denn einer der wirklich unglücklichen Umstände dieser Zeit war, dass der Sender auf ein extrem hohes Negativkapital zusteuerte, und dieser Intendant hatte nicht nur die Aufgabe, die Wiedervereinigung zu begleiten und dafür Geld einzusetzen, sondern er musste gleichzeitig dramatisch sparen. Unter diesen Umständen war es für den *SFB* überhaupt nicht möglich, Personal einzustellen. In diesen Jahren haben wir immer nur Personal abgebaut, während wir gleichzeitig erheblich mehr zu leisten hatten. Die Frage, wie wir das alte Personal in Ostberlin zu urteilen hatten, stellte sich uns nur in ganz wenigen Einzelfällen.

La: Gab es zwischen dem SFB, RIAS, DS Kultur *und anderen Sendern, z.B.* DT 64, *Konkurrenz?*

Lo: Nein. Ich habe ja auch in dem Gründungsausschuss für *Deutschlandradio* gesessen und hatte dort die etwas schwierige Aufgabe, dem Programmausschuss vorzusitzen. In dieser Eigenschaft war ich regelmäßig zusammen mit dem Kollegen Helmut Drück, dem Intendanten des *RIAS*, dem amtierenden Intendan-

---

[1] Mit diesem doppeldeutigen Begriff wurde die Sektion Journalistik der Karl-Marx-Universität Leipzig bezeichnet: rot wegen des Backsteinbaus, in der die Sektion untergebracht war, und rot wegen der ideologischen Fundaments der Ausbildung. Vgl. hierzu auch den Beitrag von Karl Friedrich Reimers in diesem Band.

ten des *Deutschlandfunks*, Detmar Kramer, und dann auch mit Monika Künzel, der Chefredakteurin von *DS Kultur*. *DS Kultur* hatte sich ja sozusagen auf dem Hintergrund von Artikel 35 und 36 des Einigungsvertrages gerade noch rechtzeitig vom *Deutschlandsender*, einem international ausgerichteten Propagandasender, zu einem Kultursender gewandelt und unter dieser Prämisse sein Fortbestehen verlangt. Dies war manchem in Berlin und Bonn, der die Existenzberechtigung von *RIAS* und *Deutschlandfunk* nach der Wiedervereinigung nicht mehr gegeben sah, gerade lieb, um hier kompromisshaft etwas Neues zu suchen. Wir haben über diese Programme in meiner Gegenwart, unter meiner Federführung, sehr intensiv gestritten – das waren wirklich gewaltige Gefechte, obwohl jedem klar sein musste, dass eigentlich der kommende Intendant erst derjenige sein würde, der über dieses Programm zu entscheiden haben würde. In diesen Gesprächen wurde deutlich: Wir werden einen Bundesrundfunk aus *Deutschlandfunk*, *RIAS* und *DS Kultur* bekommen. Aber der wird einen ganz anderen Charakter haben als eine Konkurrenz zum *SFB*.

Es kam erschwerend zu allen Aufgaben aus der Wiedervereinigung und der Aufgabe, das Haus finanziell zu sanieren, hinzu, dass der *SFB* gleichzeitig gerade im Hörfunk in einer Weise mit der privaten/kommerziellen Konkurrenz konfrontiert wurde, wie das keine andere Landesrundfunkanstalt in Deutschland zu diesem Zeitpunkt kannte. Im Juni 1989 fing ich in Berlin an, und im Juli kamen zu meiner Überraschung und zu meiner wirklich großen Sorge die Zahlen über die Hörfunkreichweiten heraus. Erstmals wurde in einem Bundesland, nämlich in Berlin, die Landesrundfunkanstalt in der Reichweite von einem privaten Sender überrannt. Diese Konkurrenz war für uns weit bedrohlicher als das, was aus *RIAS* oder *Deutschlandradio* oder *DS Kultur* zu werden begann.

La: Radio for you *war mehr ein Konter gegen den Privatfunk als gegen* DT 64?
Lo: Völlig korrekt, aber es gab natürlich auch eine Entwicklung unseres eigenen Programmangebotes. Wir standen vor der Notwendigkeit, in diesem Angebot eine zunehmende Differenzierung vorzunehmen mit Blick auf die jüngere Generation. Der öffentlich-rechtliche Rundfunk war – nicht nur in Berlin – als die alte Tante verschrien, und wir mussten eben aus absolut eigenem Interesse auf die jüngere Zielgruppe zugehen.

Senderübernahmen waren finanziell nicht möglich

La: Wissen Sie noch, wann die Idee Radio for you *entstanden ist und wo? Wann hat man sie an Sie herangetragen?*
Lo: Das kann ich präzise nicht mehr datieren, aber an mich ist sie herangetragen worden vom Hörfunk-Programmdirektor Seifert, der das mit seinen Kollegen besprochen hatte, und das muss entweder Ende 1990 oder im Jahr

1991 gewesen sein. Es gab in Ost-Berlin den sehr erfolgreichen Jugendsender *DT 64*. Man diskutierte lange, ob der *Sender Freies Berlin* nicht auch *DT 64* komplett übernehmen sollte, wie auch viele andere Sender damals gerne vom SFB übernommen wurden wären aus der Erbmasse des DDR-Hörfunks/Rundfunks. Der Rundfunkbeauftragte und Chef der „Einrichtung", Rudolf Mühlfenzl, sagte mir immer wieder: ‚Nehmen Sie doch den Namen *Berliner Rundfunk,* und nehmen Sie den ganzen Sender mitsamt der Kollegen.' *DS Kultur* stand als Sender mit einer älteren Zielgruppe „auf der Matte", und dann noch *DT 64!* Selbst beim besten Willen wären wir dazu finanziell damals nicht in der Lage gewesen, weil uns ja niemand eine Finanzierung dafür gab. Die Finanzlage des *SFB* war einfach nicht derart, dass wir es uns hätten leisten können, noch eine neue Welle mit zusätzlichem Personal, das erhebliche Pensionsansprüche mitgebracht hätte, zu finanzieren. Teils gegen unseren Willen, teils gegen unseren Wunsch haben wir schlichtweg rigide immer wieder „nein" sagen müssen.

La: Wenn man damals schon zwischen Berlin und Brandenburg eine Kooperationsanstalt realisiert hätte: Hätten Sie Interesse gehabt an DS Kultur *oder* DT 64?

Lo: In Brandenburg war zunächst niemand, der das mit uns gemeinsam gemacht hätte. Sie dürfen eines nicht übersehen: Als das Land Brandenburg entstanden war, zeichnete sich ab, dass es dort ein großes Interesse unter den politisch führenden Persönlichkeiten geben würde, nicht zuletzt bei Ministerpräsident Manfred Stolpe, ein eigenes Brandenburg-Bewusstsein zu entwickeln. Das hatte mir Herr Stolpe schon im Februar 1990, also lange vor der Wiedervereinigung, bei einem langen Gespräch und danach immer wieder gesagt: Wenn es in der zu dieser Zeit noch existierenden DDR Bundesländer geben würde, würde eine der wichtigsten Aufgaben sein, diese Bundesländer mit einem eigenen Selbstbewusstsein auszustatten. Dass wir dann zeitweise an der ökonomisch vernünftigeren Lösung einer Dreiländeranstalt arbeiteten, änderte daran nichts, denn Sie wissen, dass es damals zwischen dem Ministerpräsidenten und seinem Fraktionsvorsitzenden Birtler eine heftige Auseinandersetzung gab, ob man überhaupt einer solchen Anstalt beitreten solle. Herr Birtler war es dann auch, der nach dem Scheitern der *NORA* in Schwerin mit dem Vorschlag kam, eine eigene Landesrundfunkanstalt in Potsdam zu gründen. In soweit ist die Politik über potentielle Wünsche des *SFB* relativ rasch hinweggegangen.

Mitterand setzte französische Werbetochter IP durch

La: Der ehemalige ARD-*Vorsitzende Friedrich Nowotny sagte, dass der* SFB *beim Fernsehen 1990/91 Angst vor der Konkurrenz des* DDR-Fernsehens *hätte, weil es eine andere Vermarktungsagentur hatte und somit dem* SFB *eine ganze Menge Geld verloren ginge.*

Lo: Ich weiß nicht, dass sich Friedrich Nowotny so eingelassen hat. Und wenn es das tatsächlich gesagt hat, kann es nicht logisch und konsequent sein. Das *DDR-Fernsehen* hat sich ja im Dezember 1989 entschlossen, auf die französische Agentur IP zuzugehen, und zwar deswegen, weil die Bevölkerung vor dem 9. November immer wieder einen unabhängigen Rundfunk gefordert hatte. *Rundfunk* und *Fernsehen der DDR* sollten daher aus der Staatsfinanzierung entlassen werden und einen Teil ihrer Einnahmen, wie in der Bundesrepublik auch, aus Werbung beziehen. Der *SFB* hatte war in die *ARD-Werbung* eingebunden – damals gab es noch eine weitgehende Ausbuchung der Werbezeiten –, und die ARD hatte ein Interesse daran, schon lange vor der Vereinigung Verbindungen zum *DDR-Fernsehen* herzustellen. Wir hatten auch das Interesse, durchaus zu helfen bei dem Aufbau von Werbung, denn damit hatte man in Ost-Berlin fast überhaupt keine Erfahrung damit. Im Übrigen hätte ein solcher Vertrag, wie das üblich ist in dieser Welt, auch einige Prozent an Provision für die *ARD* und für den *SFB* gebracht; für den *SFB* nach damaligen Quoten 8 Prozent, und der *WDR* hätte 18 Prozent erhalten. Der größere Profit wäre nicht beim *SFB* angekommen sondern weit überwiegend beim *WDR* und den anderen größeren Anstalten. Wir haben dieses hier in Berlin nur verhandelt, weil wir die ortsansässige Anstalt waren, und das sehr ordentlich. Der damalige Verhandlungsführer unserer Werbetochter, Bodo von Dincklage, war wie ich noch viele Jahre später betroffen, dass unser – wie wir meinten – faires Angebot damals von dem Generalintendanten Hans Bentzien nicht angenommen wurde.

Herr Bentzien hat erst vor vier Jahren in einem Seminar bei mir an der Freien Universität diesen Schleier gelüftet. Er hat nämlich berichtet, dass die Entscheidung für diese französische Agentur *IP* und gegen die *ARD* getroffen wurde, weil der französische Staatspräsident François Mitterand als einziger westlicher Staatsmann im Dezember 1989 in Ost-Berlin war. Mitterand hat sich beim Staatsempfang den damaligen Staatsratsvorsitzenden Hans Modrow beiseite genommen, und Modrow hat sich dann Hans Bentzien als damaligen Generalintendanten beiseite genommen und hat gesagt: ‚Ihr müsst ja nicht gleich mit der deutschen Wiedervereinigung und mit solchen Milliardengeschäften anfangen. Nehmt doch bitte mal unsere französische Agentur IP.' On y soit qui mal y pense – ein Schelm, wer Böses dabei denkt...

Dieter Stolte

Senden für Gesamt-Deutschland

Wie das ZDF nach der Vereinigung seinen Gründungsauftrag erfüllte

L: *Herr Professor Stolte, am 9. November 1989 waren die Deutschen „das glücklichste Volk der Welt", wie es der damals regierende Bürgermeister von Berlin bezeichnete. Erinnern Sie sich noch daran, wann Ihnen bewusst wurde, dass der Mauerfall auch der Fall des Hörfunks und des Fernsehens der DDR war?*

S: Das ist ja nicht schlagartig passiert, denn mit dem Fall der Mauer haben für eine gewisse Zeit die staatlichen Organe der DDR fortexistiert. Es gab zunächst eine Regierung Stoph, nach den Volkskammerwahlen eine Regierung de Maizière, mit einem Medienminister Müller und einen sehr tüchtigen Staatssekretär Becker in diesem Ministerium – der im Übrigen seit vielen Jahren Mitglied des ZDF-Verwaltungsrates ist –, die nun ihrerseits versuchten, den *Fernsehfunk* der DDR zunächst einmal weiterzuführen und mit gewissen rechtlichen Überprüfungen und neuen organisatorischen Auflagen zu versehen. Die „Einrichtung" unter Rudolf Mühlfenzl begleitete sie dabei und leitete unter anderem den notwendigen Personalabbau ein. Der *Deutsche Fernsehfunk* war unter Hans Bentzien, dem neuen Generalintendanten, Vertragspartner des *ZDF,* als wir *3sat,* das Programm des deutschen Sprachraums, gemeinsam mit *ORF* und *SRG* um den *Deutschen Fernsehfunk* der ehemaligen DDR erweiterten. Es wurden dann im Laufe eines Jahres in Verbindung mit der staatlichen Einheit Deutschlands die entsprechenden Voraussetzungen geschaffen, dass der öffentlich-rechtliche Rundfunk aufgebaut werden konnte. Das geschah zum Beispiel in der Form, dass die elf alten Länder der Bundesrepublik mit den fünf neuen Ländern in Staatsvertrags-Verhandlungen eintraten, um dem *ZDF* einen Gesamtversorgungs-Auftrag für das geeinte Deutschland zu geben. So entstand die nationale Fernsehanstalt Deutschlands, das *ZDF.*

In den einzelnen Regionen entstanden ferner regionale Landesrundfunkanstalten, entsprechend der Situation in der alten Bundesrepublik. Es gab sehr heftige Bemühungen um die Neuordnung in Mecklenburg-Vorpommern. Dort stellte Ministerpräsident Gomolka verschiedene Überlegungen an, ob sein neues Bundesland mit dem *Sender Freies Berlin* oder aber mit dem *Norddeutschen Rundfunk* zusammengehen sollte. Man entschied sich schließlich für ein Zusammengehen mit dem *NDR*, und dadurch entstand eine Landesrundfunkanstalt, die die gesamte deutsche Küstenregion versorgte. Es entstand außerdem ein eigenständiger Landessender Brandenburg, *ORB*, der dann erst 2003 gemeinsam mit dem *SFB* im Sender *RBB* aufging. Diese Schritte nahmen eine Reihe von Jahren in Anspruch.

Im Radiobereich sollte eine nationale Hörfunkanstalt geschaffen werden. Unter meiner Leitung bemühte sich das *ZDF* darum, entweder diesen Gesamtrundfunk als ein zweites Standbein neben seinem Fernseh-Standbein übertragen zu bekommen; oder, falls dieses nicht klappen sollte, wenigstens durch die Zuordnung des *RIAS*, wenn schon kein Standbein, dann zumindest ein Spielbein zu erhalten. Die Entwicklung ist anders gelaufen: Die Länder haben sich in Verhandlungen mit dem Bund wegen der fortgeltenden Zuständigkeit für den *Deutschlandfunk* entschlossen, eine eigene Hörfunkanstalt zu gründen, die in ihren vertraglichen Grundlagen exakt dem *ZDF* nachgebildet wurde. Diese Rundfunkanstalt, *Deutschlandradio* genannt, wurde mit einer eigenen Rechtsgrundlage und einer eigenen Finanzierung über die Beteiligung an der Hörfunkgebühr ausgestattet. Diese Rundfunkanstalt hatte als Voraussetzung den Auftrag, eng mit *ARD* und *ZDF* zusammenzuarbeiten, was sich unter anderem darin ausdrückt, dass im achtköpfigen Verwaltungsrat je zwei Vertreter von ARD und ZDF vertreten sind, die Länder mit drei Repräsentanten und der Bund mit einem.

Das *ZDF* nahm mit Zustimmung der Länder in einer Übergangsphase von über einem Jahr *DS Kultur* unter seine Fittiche, das heißt, es übernahm die Anstellungsverträge für die Mitarbeiter des Senders und die des Radio-Symphonie-Orchesters Berlin (RSB), die sonst rechtlos auf der Straße gelegen hätten. Ich habe seinerzeit etwa 200 Verträge unterschrieben. Dieses Engagement gründete auch in dem Ziel, eine Hörfunkzuständigkeit zugeordnet zu bekommen. Später wurde der Intendant des *ZDF* Gründungsintendant von *Deutschlandradio*. Ich habe diese Aufgabe übernommen, bis Ernst Elitz auf der Grundlage des neuen Gesetzes zum Intendanten von *Deutschlandradio* gewählt wurde.

Der gesamte Ablauf zeigt, dass wir gewiss nicht ohne Eigeninteresse gehandelt haben, aber immer auch aus der Gesamtverantwortung für die Mitarbeiter von *DS Kultur* und die des RSB. An dem geordneten Entstehen eines nationalen Hörfunks und die Integration von Mitarbeitern aus der ehemaligen DDR hatte das *ZDF* seinerzeit einen großen Anteil.

Ein Hörfunk-Standbein für das ZDF

L: *Bevor es den Paragraphen 36 gab, der den Übergang des* DDR-Fernsehens *und - Hörfunks in das gesamtdeutsche duale Rundfunksystem regelte, war vorgesehen, diese Einheiten als Kultureinrichtungen zu erhalten. Was sprach aus* ZDF-*Sicht damals dagegen?*

S: Das ZDF mischte sich nicht in die politische Diskussionen darüber ein, wie das wiedervereinigte Deutschland staatsrechtlich organisiert werden sollte, und schon gar nicht darüber, wie die Kultureinrichtungen der ehemaligen DDR integriert werden könnten. Das war eine Sache der Politik. Es gab eine Regierung de Maizière, es gab ein eigenes Parlament, die Volkskammer, und erst im Vollzug der Regierungsverhandlungen der Regierung Helmut Kohl mit der Regierung Lothar de Maizière, die Voraussetzungen dafür, dass aus zwei staatlichen Rechtseinheiten mit Zustimmung der alliierten Siegermächte des Zweiten Weltkriegs ein wiedervereinigtes Deutschland in seiner gesamten staatlichen Einheit entstehen konnte. Erst danach begann zwischen den für Rundfunkangelegenheiten zuständigen Ländern und dem Bund die Diskussion darüber, wie in Gesamtdeutschland Rundfunk und Fernsehen rechtlich organisiert werden könnten.

Dass wir für das ZDF, das sich ja größter Anerkennung und Zuneigung der Menschen jenseits des früheren Eisernen Vorhangs erfreuten, anstrebten, einen Gesamtversorgungsauftrag für das vereinigte Deutschland zu bekommen – das hatte eine innere Logik. Die Erfüllung dieser Aufgabe nahm in dem Maße praktische Gestalt an, wie die nicht ausreichenden terrestrischen Frequenzen für ein zweites Fernsehprogramm durch entsprechende Satellitenfrequenzen ergänzt werden konnten und damit auch die Vollversorgung in dem ehemaligen Gebiet der DDR sichergestellt war.

Sehr früh haben wir alle politischen Aktivitäten unterstützt, die dazu führten, nicht nur auf dem Wege des *Free flow of infomation* über Satellit die Versorgung der Bürgerinnen und Bürger in der ehemaligen DDR sicherzustellen, sondern auch eine ausdrückliche rechtliche Legitimation nach deutschem Rundfunkrecht der Länder zu erreichen. Dazu gehörte selbstverständlich auch die entsprechende finanzielle Ausstattung. Parallel dazu liefen die Bemühungen um einen Auftrag für den Hörfunk.

Ich habe diese Situation als Chance gesehen, dem ZDF etwas zu geben, was sich in den Jahren davor als großes Manko herausgestellt hatte: dass wir eben nur eine *Fernseh*anstalt waren, das heißt, nur auf einem, wenn auch auf einem sehr kräftigen Bein, standen. Um dieses Standbein Hörfunk habe ich mich bemüht durch Übertragung solcher Aktivitäten, wie sie bis dahin und im Übergang zum wiedervereinigten Deutschland nebeneinander und ohne ausreichende Rechtsgrundlage bestanden; das waren *DS Kultur* und *RIAS Berlin*. Auf diese beiden Sender konzentrierte sich unser Interesse, nicht auf den *Deutschlandfunk,* der ja nach wie vor eine eigene Rechtsgrundlage auf der Basis des Bundesrechtes mit Sitz in Köln hatte. Aus der politischen Diskussion kam dann der Anstoß für die Überlegung: Wenn man den Rundfunk schon neu ordnet, dann müssen *Deutschlandfunk, RIAS* Berlin und *DS Kultur* in einen Sender zusammengeführt werden. Aber auch dafür fanden wir keine ausreichende Unterstützung in der Politik.

L: Es sah lange Zeit so aus, dass es tatsächlich gelingen könnte, den Hörfunk der DDR zum großen Teil in die Obhut des ZDF zu übernehmen. Warum ist das gescheitert? Die ARD erkannte erst relativ spät, dass mit RIAS und DS Kultur zwei Sender zur Disposition standen. An welchem Punkt ist das in die Richtung gekippt, dass ARD und ZDF das nach dem Willen der Politik gemeinsam taten?

S: Erstens: Die *ARD* ist spät aufgewacht. Zweitens: Sie hat es als Gefahr empfunden, wenn dieser zentralen Anstalt *ZDF* neben dem Fernseh-„Bein" noch ein Hörfunk-„Bein" wachsen würde. Sie hat dann sehr rasch begriffen, dass das eine große Herausforderung auch für sie selbst sein würde, nicht nur in programmlicher Hinsicht. Das *ZDF* hätte damit auch einen Rechtsanspruch auf einen Teil der Hörfunkgebühr erworben, und es hätte sich damit zugleich im Hörfunk wie schon im Fernsehen ein Wettbewerb entfalten können. In einer ersten Phase glaubte die *ARD,* sie könne das dadurch verhindern, dass sie die Notwendigkeit einer neuen Rundfunkorganisation bestritt, wie es der damalige *ARD*-Vorsitzende Hartwig Kelm tat. Man könne unterschiedslos sowohl *DS Kultur* als auch *RIAS* Berlin in die Hörfunkorganisation der *ARD* aufgehen lassen. Natürlich wäre es für die *ARD* ein Leichtes gewesen, über den *Sender Freies Berlin* die Aktivitäten von *RIAS* Berlin mit zu übernehmen und das Gleiche auch mit *DS Kultur* zu tun, denn der Sitz dieser Anstalt war ja Ostberlin. Das hätte alles in der *ARD* aufgehen können.

Nachdem sie aber merkte, dass das nicht geht, sondern dass es ein großes Interesse der Politik, insbesondere auch der ostdeutschen Politiker gab, das, was in den Jahren der Teilung in der ehemaligen DDR entstanden war – das Kulturgut Rundfunk und deren Arbeitsplätze –, in irgendeiner Form zu erhalten, ist sie vehement gegen das *ZDF* in Position gegangen. Dabei zeigte sich etwas, was sich immer wieder bis heute zeigt: dass dort, wo das *ZDF* in eine Kontroverse mit der *ARD* eintreten muss, auf Dauer die größere Nähe der Landesrundfunkanstalten, ihrer Intendanten und ihrer Gremien zu den gesetzgebenden Körperschaften, den Ländern, größer ist und das *ZDF* als eine 16-Länder-Anstalt nicht über die ausreichende Durchsetzungskraft für seine Ziele verfügt. Die Länder haben dann allerdings in ihrer Mehrheit eines gemacht: Sie haben weder dem *ZDF* Recht gegeben, geschweige denn ihm etwas gegeben. Sie haben allerdings auch der ARD nichts gegeben, sondern sie haben sich für die Gründung der nationalen Hörfunkanstalt *Deutschlandradio* entschieden, die in der rechtlichen und organisatorischen Anlage auf dem Hörfunkgebiet genau dem entsprach, was dem *ZDF* auf dem Fernsehgebiet zugeordnet war.

L: *Sie holten damals den* Deutschen Fernsehfunk *als viertes Mitglied zu* 3sat *und öffneten damit institutionell einem Sender aus dem Osten den Weg in den Westen. Was sagten Ihre internationalen Partner in der Schweiz und in Österreich dazu?*

S: Die Programmphilosophie des *3sat* bestand darin, ein Programm des deutschen Sprach- und Kulturraumes anzubieten. Und zu diesem Sprach- und Kulturraum gehörte auch der Teil Deutschlands, der bis zur Wiedervereinigung eine eigene staatliche Form gefunden hatte und in dem 17 Millionen Menschen lebten. Es hat also überhaupt keine Schwierigkeiten gemacht, meinen damaligen Kollegen bei *ORF* – Tedy Podogorski – und *SRG* – Antonio Riva – diese Idee nahe zubringen, genauso wie es auch keine Schwierigkeiten machte, den damaligen Verantwortlichen, Hans Bentzien, für dieses Angebot zu gewinnen. Auch für ihn war das ja ein Akt der Öffnung und der Befreiung, wenn man so will, ein weiteres Stück der Normalität. Die Zusammenarbeit der dann vier Partner im deutschen Sprachraum war von Anfang an von großem Vertrauen, größter Professionalität und Sachlichkeit getragen.

L: *Wissen Sie noch, wann Sie auf die Idee kamen, das ihren Kollegen vorzutragen? Ich meine damit nicht das Datum, sondern in welchen Zusammenhängen.*

S: Das ist in dem Augenblick erreicht worden, als der *Deutsche Fernsehfunk* mit Hans Bentzien, meiner Erinnerung nach in der Zeit der Regierung Lothar de Maizière, unter der Oberaufsicht des Medienministers Müller und seines Staatssekretärs Becker diese Entfaltungsmöglichkeit bekommen hatte. Das ist sehr schnell geschehen. Das Interessante an der Entwicklung war, dass nur wer sehr schnell konstruktive Ideen zur Diskussion stellte und sie anpackte, die Chance hatte, erfolgreich zu sein.

Für das *ZDF* gab es für dieses schnelle Handeln gute Voraussetzungen. Ich brauchte, um diese Schritte realisieren zu können, die Zustimmung meiner Gremien. Als zentrale Anstalt waren wir mit schnellen Entscheidungsstrukturen ausgestattet. Aber vor allem war das Engagement für Gesamt-Deutschland, das Bekenntnis zur deutschen Sprache und Kultur immer schon in den gesetzlichen Grundlagen des *ZDF,* dem Staatsvertrag der elf deutschen Länder von 1961, angelegt. Auch in den Gremien war eine tiefe politische Überzeugung bei allen dort vertretenen Parteien und Organisationen verankert, deutsche Sprache und deutsche Kultur wieder ins Bewusstsein Gesamt-Deutschlands zu bringen. Dafür auch im Ausland mit den Möglichkeiten des Rundfunks und in Verbindung mit der Satellitentechnologie erfolgreich zu werben – das hat sofort die Zustimmung von Fernsehrat und Verwaltungsrat gefunden.

Ostdeutsche wurden in die Programmarbeit integriert

L: *Das Ausland befürchtete nach der Vereinigung der beiden deutschen Staaten, Deutschland werde sich über Jahre hinweg nur mit sich selbst beschäftigen. Aber oft fragte man sich dann als deutscher Zuschauer, ob sich die öffentlich-rechtlichen Sender nicht zu wenig mit dem jetzt größeren Land und seinen wieder hinzu gekommenen Regionen beschäftigten. In der ARD gab es Sätze wie: „In Ostdeutschland von der Ostsee bis zum Riesengebirge", oder im ZDF wurde der Wintereinbruch in Deutschland gemeldet, obwohl es Tage vorher schon Schnee im Erzgebirge gegeben hatte. Woher kam das Desinteresse in den Sendern für den anderen Teil?*

S: Für das ZDF kann ich ein solches Desinteresse nicht bestätigen. Im Gegenteil, es gab immer ein großes Engagement für den zunächst einmal „anderen Teil Deutschlands", wie es hieß, und dann erst recht für das wiedervereinigte Deutschland. Das hatte seine Grundlage im ZDF-Staatsvertrag, in dem sehr klar vom Rundfunkgesetzgeber, den Ländern, vorgegeben worden war, ein Programm zu produzieren, das der „Wiedervereinigung Deutschlands in Frieden und Freiheit" dienen sollte. Aus dieser rechtlichen Vorgabe gab es eine formale Legitimation, immer wieder Aktivitäten rechtlicher, praktischer, konkreter Art zu unternehmen, die diesem Anliegen dienten. Ich habe Besuche in die DDR unternommen und mit Heinz Adameck, dem Vorsitzenden des Komitees für Fernsehen und Mitglied des Zentralkomitees der SED, gesprochen. Ich habe mit ihm abzustecken versucht, wie man konkret, sei es in Form von Produktionshilfen, bei einzelnen Projekten – vor allem im Sport – oder in einem bescheidenen Programmaustausch, zusammenarbeiten kann.

Als die Mauer fiel, sind dem ZDF neue Möglichkeiten eröffnet worden, die sofort zur Gesprächsaufnahme mit den dafür Verantwortlichen in der noch existierenden DDR führten, mit dem Generalintendanten des Deutschen Fernsehfunks, Hans Bentzien, und mit dem Fernsehdirektor Michael Albrecht. Wir haben mit Klaus Wilhelm sehr schnell einen Korrespondenten in die neuen Länder, nach Leipzig, geschickt.[1] Auf der Basis des Gesamtversorgungsauftrags im neuen ZDF-Staatsvertrag errichteten wir später in jedem Bundesland Studios.

Wir haben uns auch sehr intensiv um die neuen Länder gekümmert. Ich will nicht ausschließen, dass uns in unserem Eifer auch Fehler passiert sind, und ich will einen nennen: Wir haben gleich am Anfang mit „Elbflorenz" eine Unterhaltungs-Serie gedreht, die im Elbtal handelte, aber die Schauspieler sprachen alle ein gepflegtes Hochdeutsch. Serien, die in Bayern oder in Schwaben angesiedelt sind, haben selbstverständlich eine mundartliche Einfärbung. Das war hier nicht der Fall, und insofern brachte die Serie zwar unser gutes Bemühen zum Ausdruck, und sie war in den Handlungen auch durchaus akzeptabel, aber sie wurde

---

[1] Siehe den Beitrag von Klaus Wilhelm in diesem Band.

von den Menschen in den neuen Ländern – vornehmlich in Sachsen – nicht ausreichend akzeptiert, weil es für sie befremdlich war: Die sprachen nicht so wie die Zuschauer dort sprechen. Möglicherweise waren die Drehbücher auch nicht von der Qualität, dass sie das Lebensgefühl der Menschen überzeugend zum Ausdruck brachten. Und die Zuschauer im Westen empfanden die Serie auch nicht als etwas Besonderes, Neues und Faszinierendes, wie das wünschenswert gewesen wäre. Ich hatte diese Serie selber angeregt, aber habe dann, als sie fertig war und ausgestrahlt wurde, gemerkt, dass die gute Absicht das Eine ist und die gute Tat das Andere.

L: Später ging es noch ziemlich häufig darum, wie Ostdeutsche in die eigentlich westdeutschen Sender mit einbezogen wurden. Bis zum Ende Ihrer Intendanten-Zeit haben Sie sich dafür engagiert. Gab es keinen Platz, keine Stellen, hat man sich einem Zwang unterworfen?

S: Nein, das kann man nicht sagen. Wir haben ja ganz konkrete Maßnahmen eingeleitet, beispielsweise, dass ein Volontariat für Redakteure ins Leben gerufen wurde, in dem wir auf einen Schlag etwa 25 junge Journalisten aus den neuen Ländern ausgebildet haben für das fernsehjournalistische Handwerk, um sie dann sofort im ZDF einzustellen.

Wir haben sehr rasch Studios aufgebaut in Dresden, Erfurt, Magdeburg, Schwerin, Potsdam und haben beispielsweise die Mitarbeiter und Mitarbeiterinnen, die wir im gesamten Bereich der Produktionstechnik brauchten, vor allem aus dem Bereich des alten *Fernsehfunks* rekrutiert. Wir sind bewusst und gezielt vorgegangen und haben Mitarbeiter, die im journalistischen Feld tätig waren, für unsere Programme engagiert. Ich denke beispielsweise an Maybrit Illner, an Dietmar Schumann, den ich schon während seiner Tätigkeit beim *Deutschen Fernsehfunk* als Korrespondent in Budapest als tüchtigen, erfahrenen Journalisten kennen gelernt hatte. Ferner an Walter Heinz. Im Übrigen sind dies beides Journalisten, die perfekt Russisch sprechen, was auch wichtig war: Journalisten nunmehr ins Programm des ZDF hereinzuholen, die über große Erfahrungen verfügten, die über das Gebiet der DDR hinaus bis in die Sowjetunion und in die osteuropäischen Länder hineinreichten.

Wir haben Künstler engagiert und sie zu Trägern von Sendungen gemacht wie Gunther Emmerlich, der Moderator einer Unterhaltungssendung wurde. Das sind nur Beispiele, aber sie zeigen: Wir sind gezielt vorgegangen, um auch durch das im Sender tätige Personal den Anspruch zu erfüllen, nunmehr ein Programm für Gesamtdeutschland zu machen. Mit Sicherheit haben wir in allen Bereichen 150 bis 200 Mitarbeiterinnen und Mitarbeiter, feste und freie, schrittweise im ZDF angestellt bzw. beschäftigt. Damit wurden Lebenserfahrungen und Biografien in das Programm eingebracht, die neu waren und die die Lebenserfahrungen und Biografien der Menschen in den alten Bundesländern ergänzten.

Vertrauen in gut ausgebildete, junge Journalisten

L: *Von Anfang an gab es diesen Streit, besonders bei den Journalisten, darüber, ob sie ihren Beruf, den sie im Osten gelernt hatten, im neuen System auch ausüben könnten. Wie haben Sie das beurteilt?*

S: Ich habe eine grundsätzliche Unterscheidung gemacht zwischen jüngeren und älteren. Erstens waren auch die Journalisten gut ausgebildet; Sie haben ihr Handwerkszeug im allgemeinen genauso gut gekannt und verstanden wie unsere Mitarbeiter im Westen. Das Problem war, sich davor zu schützen, Mitarbeiter einzustellen, die durch ihre Tätigkeit – in der SED oder anderen staatsnahen Organen oder gar für die Stasi – für eine Zusammenarbeit mit uns nicht in Frage kamen. Es gab die Möglichkeit, bei der Gauck-Behörde nachzufragen.

Es musste außerdem jeder, den wir einstellten, eine eidesstattliche Erklärung abgeben und angeben, in welchen Organisationen er tätig gewesen war. Das war dann nicht gleich die große Katastrophe, wenn jemand in der FDJ war oder in der Gesellschaft für Deutsch-Sowjetische Freundschaft oder gar in der SED. Soviel Phantasie hatten wir schon, dass wir wussten, auf welche Weise man in solche Organisationen hineingedrängt oder gar -gezwungen werden konnte. Sicherlich gab es den einen oder anderen Opportunismus, der auch anderen Menschen, gleichgültig in welchem politischen System sie leben, eigen ist. Aber man musste sich ja insbesondere vergewissern, dass man keine Stasi-Mitarbeiter oder ganze Stasi-Seilschaften ins Haus holte. Mit den eidesstattlichen Erklärungen wurde auch anerkannt, dass, wenn etwas Gegenteiliges bekannt wurde, der Betreffende sofort mit seiner fristlosen Kündigung zu rechnen hatte. Diesen allgemeinen Vorbehalt habe ich noch mit einer praktischen Überlegung verbunden: Je jünger die Menschen waren, die wir einstellten, desto geringer war die Gefahr, dass sie im Stasi-Apparat involviert sein konnten. Wenn wir einen Journalisten einstellen, der zum Zeitpunkt der Einstellung 28 Jahre alt war, so meine Feststellung: ‚Der kann doch nicht 30 Jahre für die Stasi gearbeitet haben. Er kann aufgrund seines Lebensalters nicht so in den kommunistischen Staatsapparat und seine Sicherheitsdienste involviert gewesen sein, dass man ihm nicht die Chance eines Mitwirkens geben könnte.' Ich habe also ein Stück Vertrauen in die jungen Menschen investiert.

Nun war das *ZDF* ein Haus, das nicht so viele Mitarbeiter einstellen musste wie das für einen regionalen Sender gilt, der in Leipzig gegründet wurde, in Potsdam oder in Schwerin. Da gab es weitgehend kein anderes journalistisches Umfeld als das, was vom *Deutschen Fernsehfunk* kam. Insofern war die Gefahr, an die Falschen zu geraten, durch die sehr viel höheren Zahlen stärker ausgebildet. Wir haben vielleicht 50, 60 journalistische Mitarbeiterinnen und Mitarbeiter eingestellt; die sehr viel geringere Größenordnung schützte uns auch vor einem sehr großen Problem. Ich sage das ausdrücklich auch gegenüber den Anstalten der *ARD*, die natürlich beim Neuaufbau sehr viel behutsamer vorgehen mussten – bis zum heutigen Zeitpunkt. Die neue Intendantin des *RBB*, Dagmar Reim, hat ja noch im Sommer 2003 Diskussionen ausgelöst durch ihre Entscheidung, die Überprüfung der Mitarbeiter, die für den *ORB* in Brandenburg gegolten hatte, nunmehr auch für den ehemaligen *SFB* nachzuholen.

L: Der MDR *hat sehr viel Erfolg mit Formaten, die teils noch im Deutschen Fernsehfunk ausgearbeitet worden sind. Warum hat sich das* ZDF *dieser Formate und ihrer Erfinder nicht bedient?*

S: Der *Mitteldeutsche Rundfunk* hat diese Formate, auf die Sie zu Recht hinweisen, ausschließlich in seinem Dritten Programm gesendet. Er hat sie nicht, von wenigen Unterhaltungssendungen abgesehen, in das Erste Programm der *ARD* eingebracht. Die Formate entsprachen dem Lebensgefühl und dem Geschmack der Menschen in den neuen Bundesländern, und sie entsprachen damit in einer besonderen Weise einer Zeit, die Teil ihrer eigenen Biografie war. Diese Programme wären nicht automatisch erfolgreich gewesen in einem nationalen Sender wie dem *ZDF*, der in ganz Deutschland empfangen wird und in allen Regionen von den Zuschauern akzeptiert werden muss. Umgekehrt wäre es auch schief gegangen, wenn man sich vorstellt, dass die Formate, die beispielsweise im Unterhaltungsbereich der *Bayerische Rundfunk* entwickelt hatte, zu den richtungsweisenden Programmformaten für die neuen Länder geworden wären. Man musste eine Formatentwicklung in die Hand nehmen, auch durch die Zusammenarbeit von journalistischen und künstlerischen Mitarbeitern aus beiden Teilen Deutschlands, die dazu führte, dass neue „gesamtdeutsche Formate" entstanden. Im journalistischen Bereich habe ich zum Beispiel eine Grundregel eingeführt, dass immer ein journalistischer Mitarbeiter aus den alten Bundesländern mit einem aus den neuen Bundesländern zusammenarbeitet, weil ich der Meinung war, dass beide aus der unterschiedlichen Biografie und Lebenserfahrung das Meiste für die Arbeit in der Zukunft einbringen können.

Rettung historischer Bausubstanz

L: Mit der Einführung des föderalen Systems in Ostdeutschland stand auch für das ZDF *fest, dass man in den jeweiligen Landeshauptstädten präsent sein musste. Neubauten kamen für Sie nicht in Frage. Wie kam es zu Ihrem Engagement dafür, historische Bauten zu nutzen?*

S: Das hat sehr viel mit meiner eigenen geisteswissenschaftlichen Ausbildung und meinem schon sehr frühen Interesse für den Denkmalschutz zu tun. Ich war Gründungsmitglied der Deutschen Stiftung Denkmalschutz und war auf diese Weise mit der Thematik, wahrscheinlich im Gegensatz zu meinen anderen

Intendanten-Kollegen, vertraut. Mir war klar, wie wichtig es ist, kulturhistorische Bausubstanz, auch schon in der alten Bundesrepublik, die vom Verfall bedroht war, zu retten. Im Zuge der Wiedervereinigung und unseres erweiterten Programmauftrags sah ich die Chance, das programmatisch auch in den neuen Bundesländern umzusetzen. Es war unser erklärter Wille, nichts Neues zu bauen, sondern Altes, das vom Verfall bedroht war, durch unsere Aktivitäten zu retten. Damit sollte ein Stück Geschichte erhalten werden, indem in den Städten Dresden, Erfurt, Schwerin, Magdeburg, Potsdam sehr schöne Bürgerhäuser, zum Teil Bürgerpalais, für unsere Studios saniert wurden. Das wurde von den Bürgern in der jeweiligen Stadt mit außerordentlicher Sympathie begleitet, denn da kam ein „linksrheinischer Sender" wie das ZDF und leistete einen ganz konkreten Beitrag zum Erhalt historischer Bausubstanz. Auf einmal merkte man, welche Kostbarkeiten der Kultur und der Architektur man noch innerhalb der eigenen Städte hatte.

L: Das kommerzielle Fernsehen, Sat.1 und RTL, *hatte Anfang der 90er in der Zuschauergunst der neuen Länder weit die Nase vorn. Haben Sie befürchtet, das Duale System könnte durch das Gewicht Ostdeutschlands zu Ihren Ungunsten kippen?*

S: Ich muss einen Gedanken vorausschicken, woher das kam: Das war erstens ein empfangstechnisches und zweitens ein geschmackliches Problem. Die Privatsender gingen, als sie anfingen, für die neuen Ländern tätig zu werden, sofort auf den Satelliten, weil sie an keine terrestrischen Frequenzen herankamen, die noch sehr beschränkt waren. Das ZDF benutzte terrestrische Frequenzen, allerdings nicht in dem Umfang wie sie seinerzeit Landesrundfunkanstalten der *ARD* zur Verfügung standen. Es gab noch eine Unterversorgung mancher Gebiete mit dem ZDF-Programm, aber wir waren aus finanziellen Gründen – Satelliten-Miete, Lizenzerwerb für die erweiterte Ausstrahlung – der Meinung, wir müssten nicht sofort eine Satellitenausstrahlung anstreben. Diese Zurückhaltung stellte sich später als Fehler heraus. Denn dadurch, dass die Privatveranstalter sofort auf die Satellitennutzung gingen, bekamen sie einen deutlichen Vorsprung in der Akzeptanz.

Die Bürger in den neuen Ländern hatten zwei Interessen im Konsumbereich: das Auto als Synonym für Freiheit, Mobilität, Beweglichkeit und das Fernsehgerät mit Satellitenschüssel. Man war es leid, auf die Kost angewiesen zu sein, die man entweder vom Staatsfunk oder über den Eisernen Vorhang hinweg schon früher von *ARD* und *ZDF* geliefert bekam. Da kamen auf einmal die Privatprogramme.

Und da ist der geschmackliche Aspekt: Die Privatsender brachten etwas, was die Menschen bisher nicht kannten. Das war nicht nur Gutes, sondern auch Frivoles. Da war zum Beispiel „Tutti Frutti" von *RTL* dabei; es gab Spielfilme, die sehr viel freizügiger waren als die, welche man aus dem *Fernsehfunk*, aber auch aus den öffentlich-rechtlichen Programmen von *ARD* und *ZDF* bisher kannte. Die Zuschauer sahen auf einmal Unterhaltungssendungen, die sehr viel frecher, schriller, greller, unbekümmerter daherkamen. In Talkshows wurden Themen behandelt, die wir heute noch als abwegig und geschmacklos bezeichnen würden. Das alles hat die Neugierde und das Interesse der Menschen angezogen, die das bisher nicht kannten.

Dieses Zusammengehen von beidem, technischem Vorsprung und Neugier, auf ganz ungewöhnliche, bisher nicht gewohnte Programme, die zum Teil Erstaunen und Entsetzen verursachten, machten den Programmerfolg des Privatfernsehens in den neuen Ländern aus. *ARD* und *ZDF* brauchten lange, um diesen Vorsprung aufzuholen, und zum Teil ist dieses Problem ja heute noch nicht gelöst. Seriosität ist zu Teil eben auch langweilig!

L: Als diese Programmerfolge für RTL *und* Sat.1 *sichtbar wurden, gab es da einen Punkt, an dem Sie dachten, ‚so ist dieses Duale System nicht mehr zu halten'?*

S: Nein, das habe ich nie gedacht. Bis zum heutigen Tag bin ich von der Notwendigkeit und Richtigkeit des Dualen Rundfunksystems überzeugt. Ich war auch leicht überrascht, dass es auf einmal Privatfernsehen gab. Anfang der 80er Jahre fiel die Frequenzknappheit weg. Sie war ja die entscheidende Barriere im Fernseh-Urteil des Bundesverfassungsgerichts von 1961 dafür gewesen, dass kein kommerzielles Fernsehen in Deutschland entstehen konnte. Das war bis dahin notwendig, das war folgerichtig. Es wäre aberwitzig gewesen, weitere Möglichkeiten der Entfaltung von Hörfunk und Fernsehen immer nur auf öffentlich-rechtlicher Basis zu entwickeln. Die Entstehung des Dualen Rundfunksystems hat ja auch zu einem Wettbewerb geführt, der nicht nur Preise hochgetrieben, nicht nur inhaltliche Konvergenzen zwischen den Programmen hervorgerufen hat, sondern dieser Wettbewerb hat auch das Selbstverständnis der öffentlich-rechtlichen Anstalten und ihrer Programm-Macher neu herausgefordert. Wir spüren auf einmal, dass mehr Kreativität und Elan in uns steckte als uns bisher bewusst war. Und wenn wir heute wieder von einer öffentlich-rechtlichen Programm-Renaissance sprechen können, dann hat das auch mit dieser Erfahrung zu tun und den Konsequenzen, die wir daraus gezogen haben.

Jobst Plog

In norddeutscher Verbundenheit

Der NDR wurde zur Vier-Länderanstalt

L: *Nach dem Ende der DDR überzeugten Sie die Politiker im Norden, nicht in einen Nordostdeutschen Rundfunk einzutreten, sondern sich dem NDR anzuschließen. Fühlen Sie sich im nachhinein durch die Entwicklung beispielsweise in Berlin und Brandenburg bestätigt, Mecklenburg-Vorpommern das Richtige vorgeschlagen zu haben?*

P: In Berlin und Brandenburg beginnt erst jetzt der mühsame Prozess der Integration, den wir schon 1992 begonnen haben. Die Menschen in Mecklenburg-Vorpommern haben von diesem frühen Start profitiert, denn sie hatten sich schon früh für diese Lösung ausgesprochen. Aber der Kanzler hatte eine andere Idee für die damalige CDU-Landesregierung in Mecklenburg-Vorpommern. Die breite Unterstützung in Mecklenburg-Vorpommern, die wir von Anfang hatten, und die hohe Akzeptanz, die wir heute haben, zeigen, dass der Weg alternativlos war. Heute erzielt der NDR dort hervorragende Imagewerte wie in den übrigen drei Staatsvertragsländern. In Vorpommern, dem kleinsten Teil dieses neuen Bundeslandes, kann man sicherlich hier und da noch eine Orientierung gen Süden finden, denn die Küste war traditionell sehr eng mit Berlin verbunden: die schwedische Achse, die über Vorpommern nach Berlin ging. Mecklenburg selbst hatte in seiner Geschichte eine vorwiegende Orientierung nach Westen: gen Hamburg und Schleswig-Holstein. Daher gibt es eine norddeutsche Verbundenheit, eine Art landsmannschaftlicher Zusammengehörigkeit. Daraus leiten sich die großen Akzeptanz-Erfolge durch die Profilierung des NDR-Fernsehens auf Region und auf Heimat ab. Es war eine richtige Entscheidung. Im Übrigen ist es schwer, wenn drei relativ Schwache sich zu einem Verbund zusammenschließen. Man braucht schon einen starken Partner im Rücken. Im Norden ist es das große Flächenland Niedersachsen mit sehr vielen Gebührenzahlern.

Auseinandersetzung mit der Vergangenheit

L: Nun stimmen Zuschauer aber nicht im Vorhinein über ein künftiges Programm ab. Was haben Sie angeboten? Was war attraktiv für die Politiker, sich dem Norddeutschen Rundfunk anzuschließen?

P: Das Bewusstsein darüber, dass man zusammengehört. Das war der entscheidende Punkt. Es gab keine Verbindung landsmannschaftlicher Art nach Berlin. Brandenburg, die gemeinsame lange Grenze, hat ein bestimmtes Zusammengehörigkeitsgefühl erzeugt. Die Image- und Akzeptanzwerte zeigen: Die Menschen in Mecklenburg-Vorpommern sehen im NDR einen starken Sender, der ihre Interessenten optimal bedient. Die dynamische Entwicklung Mecklenburg-Vorpommerns im Tourismus, mit der größten Zuwachsrate in Deutschland, beweist, dass die Bilder aus diesem Bundesland in diesem Umfang in allen vier Staatsvertragsländern des *NDR* und darüber hinaus einen ganz starken Impuls für dieses Wachstum gegeben haben. Wir haben versprochen, das Land durch Studios zu erschließen. Der NDR arbeitet heute in Schwerin im modernsten Funkhaus des Senders. Die Menschen sind von Anfang an mit dem Gefühl bei uns gewesen, sie werden ernstgenommen, ihre Interessen werden bedient.

Wir haben nicht einfach weitergemacht wie vorher. Beim *NDR* hat es eine Auseinandersetzung mit der Vergangenheit gegeben. In der Reihe „Erinnerungen an die Zukunft" arbeiten wir in Mecklenburg-Vorpommern noch heute regelmäßig die Geschichte der DDR auf. Wir haben uns auch genau angesehen, welche Mitarbeiter bei uns bleiben und welche nicht.

L: Hat man in Hamburg den Aufbau eines öffentlich rechtlichen Senders in Ostdeutschland eigentlich auch als so spannend betrachtet wie an anderen Orten? Vieles lief hier anscheinend ruhiger ab. Ist das eine Mentalitätssache, oder woran lag das?

P: Wir haben das ernstgenommen; der NDR sollte ein Stück östlicher werden, aber er sollte auch eine Integrationsleistung anbieten. Die Alternative wäre gewesen, das Profil eines ostdeutschen Bundeslandes deutlicher zu schärfen. Das, was der *Mitteldeutsche Rundfunk* in seinem Programm an Identität hergestellt hat in Anknüpfung an die Sozialisation in der DDR, haben wir nicht gemacht. Das war eine bewusste Entscheidung.

Freiheit ist schnell selbstverständlich geworden

L: Wenn Sie mit dem Auto durch die Landschaft Mecklenburg-Vorpommerns fahren und den NDR hören, denken Sie dann manchmal darüber nach, was Sie damals wollten und was daraus geworden ist?

P: Ich habe damals nichts anderes gewollt als den Bürgern in diesem neuen Bundesland den freien Rundfunk, so wie er im Westen entstanden war, als Möglichkeit zur Verfügung zu stellen und gehofft, dass sie ihn nutzen. Nutzen heißt auch, dass Sie sich einbringen und dass sie ihn nicht einfach nur über sich ergehen lassen. Das war eine Anforderung an die Mitarbeiter, aber auch eine Anforderung an die Menschen, die sich in Vorschlägen, in Briefen, in Kommunikation mit dem Sender als Bürger dieses neuen Bundeslandes entfalten können sollten. Dies ist im vollen Umfang eingetreten. Wir sind dort verwurzelt nach zehn Jahren. Ich fahre gerne und häufig dort hin, weil ich eine außerordentliche Professur an meiner alten juristischen Fakultät in Rostock habe. Ich habe also auch Gelegenheit, mit Menschen zu reden.

L: Gibt es etwas, was Sie enttäuscht hat bei der Entwicklung?

P: Ich kann nicht sagen, dass ich von irgend etwas enttäuscht wurde. Es hat länger gedauert als ich gedacht hatte. Wir alle haben unterschätzt, dass die Jahre 1933 bis 1945, die Diktatur, das Leben mit einem nicht freien Rundfunk und der sich daran anschließende, erneut nicht freie Rundfunk ein Bewusstsein von freiem Rundfunk erst nach und nach ermöglichen würden. Freiheit ist etwas Anstrengendes, wenn man es nutzen will. Als ich nach zehn Jahren Präsenz des NDR in Mecklenburg-Vorpommern in einer Personalversammlung mit meinen Mitarbeitern dort redete und sie genau dasselbe fragten, was Sie mich jetzt fragen, ist mir aufgefallen, wie wenig diese Beschränkung, frei zu sein, sich frei artikulieren zu können, noch im Kopf ist. Freiheit ist so schnell selbstverständlich geworden. Immer wieder wecken muss man die Erinnerung, dass dies kein aufgezwungenes Regime war; genauso wenig wie die Freiheit, die uns im Westen von den Briten gebracht worden ist, aufgezwungen war, sondern dass es das Offerieren einer ungewöhnlichen Chance war und dass diese Chance immer wieder bewusst und aktiv genutzt werden muss.

Helmut Thoma

Vom Underdog zum Marktführer

RTL erlebte mit der Wende seinen Durchbruch

L: Herr Professor Thoma, wissen Sie noch, was Sie als österreichischer Staatsbürger am Abend des 9. November 1989 dachten, als Sie von den Ereignissen in Berlin hörten?

T: Ich dachte, ob wir das für unseren Sender mitbekommen haben. Mit Herrn Klein, dem Sprecher der Bundesregierung, war ich essen und wurde von der Redaktion angerufen, dass die Mauer gefallen ist. Herrn Klein hat sofort das Essen abgebrochen und ist ins Bundeskanzleramt geeilt. Ich habe mich darum bemüht, dass wir Sondersendungen machten und dass wir das sehr intensiv abdeckten. Wir waren noch nicht Marktführer, aber immerhin schon sehr erheblich in der Fernsehlandschaft. Wir hatten dann eine sehr gute Berichterstattung.

L: Ich habe es damals auch über RTL erfahren. Ihr Programm war zum Zeitpunkt des Mauerfalls dabei, sich im Westen als fester Bestandteil des Dualen Rundfunksystems zu etablieren. Im Osten war er nur dort bekannt, wo findige Tüftler sich selbst Satellitenschüsseln gebaut hatten. Wie gelang es Ihnen, so schnell die Marktführerschaft im Osten zu erringen?

T: Wir haben uns sehr intensiv um den Osten gekümmert. Ich bin ein paar Mal rübergefahren und habe mich mit verschiedenen Leuten getroffen. Da gab es Initiativen von Wohngemeinschaften, von ganzen Plattenbauten und Stadtteilen, vor allem in Sachsen, die für uns von Berlin aus nicht erreichbar waren. In Berlin hatte *Sat.1* die einzige Frequenz bekommen, die hinüber strahlte. Da lagen wir ganz weit zurück. Über Sachsen-Anhalt und Sachsen, das berühmte „Tal der Ahnungslosen" in Dresden, habe ich uns populär gemacht: habe mit Antennenherstellern gesprochen, dass sie sehr schnell in den Osten lieferten. Die Menschen stellten schnell Antennen auf. Wir haben versprochen, dafür Werbung zu machen. Wenn man rübergefahren ist nach einigen Monaten oder nach einem dreiviertel Jahr, hat es so ausgeschaut: das Erste, was sich die Menschen kauften, war natürlich ein Auto. Aber das Zweite waren Satellitenschüsseln, so dass viele Häuser aussahen, als wenn sie von großen Pfahlmuscheln befallen wären.

Das war ein wesentlicher Schritt in die Richtung, dass *RTL* sehr gut angekommen ist. Warum? Wir waren das einzig wirklich Neue. *Sat.1* war in großen Teilen über seinen Berliner Sender schon bekannt, aber wir waren absolut neu und kamen auch nicht als Wessis, sondern mit so diesem europäischen Beiklang Luxemburg. Da wusste man, das ist ein Land, das so klein ist, dass man keine Befürchtungen vor einer nationalen Übermacht haben musste. *RTL* hatte zudem einen europäischen Anspruch, und dann kam uns das natürlich der gute Ruf zu Gute, der den der Radio-Sender Luxemburg als Hörfunksender schon immer hatte.

Es war eine Art Goldrausch

L: Anfang der 90er Jahre kam für Sie, für das private Fernsehen, die Zeit, in der die Aufbauarbeit Früchte zu tragen begann. Was besprachen Sie mit der werbetreibenden Industrie? Ab wann spielten die Reichweiten im Osten eine Rolle für den Verkauf von Werbezeiten?

T: Die haben sofort eine Rolle gespielt, das war so eine Art Goldrausch. Wir wussten noch keine Reichweiten, aber wir wussten auch, dass sich die Menschen im Osten sehr dafür interessierten. Wir haben kleine Untersuchungen durchgeführt, die man dann hoch gerechnet hat, und die ergaben ganz imposante Zahlen.

L: Sie hatten also keine Schwierigkeiten, RTL *der werbetreibenden Industrie schmackhaft zu machen?*

T: Nein, es zeigte sich schon 1990, dass wir zum ersten Mal erhebliche Profite machten.

L: RTL *hatte schon zu DDR-Zeiten Verbindungen zum* DDR-*Fernsehen. Sie haben dort beispielsweise „Erotisches zur Nacht" gekauft. Wie kam es dazu, dass Sie sich so leicht taten, Kontakte zum Osten aufzubauen?*

T: Als Österreicher habe ich überhaupt keine Berührungsängste gehabt. Es gab eine Botschaft, und es gab auch Kontakte des *Österreichischen Rundfunks* zum *DDR-Fernsehen*. Da ich beim *Österreichischen Rundfunk* von 1966 bis 1973 war, davon von 1967 bis 1973 Justitiar, hatte ich auch persönliche Kontakte. Ich kannte den langjährigen Generalintendanten Heinz Adameck. Das war alles kein großes Problem.

L: Ist durch Ihre Kontakte auch die Idee entstanden, in Sachsen, im sogenannten „Tal der Ahnungslosen" um Dresden herum, über die ehemalige DDR-Wohnungswirtschaft ins Geschäft zu kommen?

T: Das haben wir von Anfang an gemacht. Wir sind auch nicht auf so viele Widerstände gestoßen wie andere und gut aufgenommen worden. Ich hatte schon vorher Gespräche mit Herrn Adameck, z. B. über die Frage einer gemeinsamen Nutzung von Sendern, die in der DDR standen. Das war schon besprochen, aber dann kam die Wende dazwischen, da hatte sich das natürlich erledigt.

L: Die französische Vermarktungsagentur IP bekam 1990 den Auftrag, für den Deutschen Fernsehfunk die Werbegeschäfte durchzuführen. RTL arbeitete damals ebenfalls mit IP zusammen.

T: Ich war langjähriger Chef von IP, habe sie von 1973 bis 1982 geleitet und aufgebaut.

L: Wie intensiv dachten Sie bei RTL daran, eventuell große Teile des damaligen DDR-Fernsehens zu übernehmen?

T: Ich hatte die Erfahrung aus dem *Österreichischen Rundfunk*, die mich dazu brachte, gegenüber einer zu großen Organisation vorsichtig zu sein. Übernehmen wollte ich gar nichts. Mir ist sehr viel angeboten worden, aber wozu? Es ist auch ohne diese Programme gut angelaufen; das war uns alles viel zu groß.

Ostdeutsche Mitarbeiter: tüchtig und sehr loyal

L: Anfang der 90er Jahre haben Sie viele Mitarbeiter des DDR-Fernsehens übernommen. Im Westen wurde während der Zeit die Frage gestellt, ob ostdeutsches Personal für westliche Sender tragbar wäre? Welche Überlegungen standen hinter diesem Schritt?

T: Ich habe mir angeschaut, ob da jemand besonders schwer belastet war. Jemanden, der der Stasi zugeordnet wurde, habe ich natürlich nicht genommen. Aber der Rest waren gerade die besonders tüchtigen Leute, auch aus der Technik. Die habe ich engagiert und bin damit sehr gut gefahren. Die wussten z. B., wo Einspeisungspunkte bei der Post sind. Da gab es natürlich schöne Netzwerke auf der kollegialen Ebene, und das hat sich sehr bewährt. Die Leute waren sehr, sehr loyal. Bis heute werde ich da immer noch freudigst begrüßt – ein paar von ihnen sind noch da. Dieses Engagement war in Ordnung; bei keinem Einzigen hat sich nachher herausgestellt, dass er zu sehr belastet gewesen wäre.

L: RTL setzte von Anfang an einen Satelliten-Übertragungswagen in Ostdeutschland ein, das ist ja nicht gerade billig. Hat sich dieses Engagement gelohnt, oder waren es eher die Programmformate, die für die Erfolge bei den Zuschauern sorgten?

T: Ohne Programmformate kann man keinen Erfolg haben. Aber man muss die Programmformate auch bekannt machen und die notwendigen Zuspielungen haben. Ich habe mich sehr auf die damalige DDR gestürzt, weil das Neuland war; da konnten wir einen großen Schritt machen in unserer Akzeptanz. Das führte dazu, dass wir im Jahr 1992 die Marktführung übernahmen.

L: *Verraten Sie uns Ihr Geheimnis, wie Sie das Fernsehverhalten der Ostdeutschen ergründet haben. Ihnen wird ja nachgesagt, Sie hätten ein sehr gutes Fernseh-Bauchgefühl. Wie wichtig war der Bauch, und wie wichtig waren wissenschaftliche Erkenntnisse?*

T: Wissenschaftliche Erkenntnisse gab es nicht allzu viele. Mal ganz ehrlich: Das Zahlenmaterial stammte aus der DDR-Zeit und war teilweise noch Interessen-bezogen. Da hat mir mein Bauchgefühl gesagt, wir werden mit einem Schlag enorm aufholen. Wenn nicht die DDR-Entwicklung dazugekommen wäre, wären wir noch nicht Marktführer geworden.

L: *Wann haben Sie Geschäftsmodelle entwickelt, die den Osten mit einbezogen?*

T: Ich will nicht sagen, das begann am Tag des 9. November. Aber unmittelbar danach haben wir überlegt, wie wir diese Chance nutzen können. Man muss sich vorstellen, da war ein völlig unbekanntes Land, das sich einem plötzlich eröffnete und in dem man gegenüber den öffentlich-rechtlichen Anstalten sogar in einer besseren Position war, weil die ja nichts Neues bieten konnten; die waren den meisten Leuten schon bekannt.

L: *„1199" war ein Jugend-Format, das noch zu DDR-Zeiten entwickelt worden und Anfang September 1989 auf Sendung gegangen war. 1992 haben Sie es übernommen. Die Unterhaltung des DDR-Fernsehens galt als recht erfolgreich. Warum haben Sie nicht mehr dieser Programm-Formate übernommen, die entwickelt worden waren?*

T: Der größere Teil der Zuschauer war und ist immer noch im Westen. „1199" war eine für die Zeit des Umbruchs typische Sendung, in der man mit in der DDR bekannten Moderatoren zugleich modernere westliche Inhalte, bezogen auf die DDR-Situation, vermitteln konnte. Das hat uns einen sehr spannenden Zusatzeffekt gegeben. Aber DDR-Fernsehsendungen waren hauptsächlich Revuen, und dann gab es die Krimireihe „Polizeiruf". Den hat sich die ARD sehr schnell geholt; das war damals in unserer Lage finanziell noch nicht möglich, da haben wir noch keine Serien produziert. Da musste ich passen, also habe ich mich auf diese Jugendsendung beschränkt, und das war auch richtig so.

Der Konkurrenzkampf mit Sat.1, ARD und ZDF

L: *Sie mussten intensiv mit der Medienpolitik zusammenarbeiten. Welche Schwierigkeiten gab es für einen Privatsender beim Aufbau in Ostdeutschland?*

T: Die üblichen wie im Westen war und im Osten fast noch stärker. Das war der Konkurrenzkampf mit Sat.1, der sehr schwierig war, weil dieser Sender die Gunst des damaligen Bundeskanzlers und seiner Regierungspartei genossen hat und wir immer eine Art Bergauf-Kampf geführt haben; aber das ist eigentlich relativ flott gegangen. Wir wurden dann zugelassen; ich habe das alles persönlich durch die Medienbehörden gebracht und habe sie überzeugt, uns auf einem guten Platz in die Kabelnetze einzuspeisen. Das war teilweise mühsam, z. B. in

Sachsen-Anhalt führte es dazu, dass sie nur *Sat.1* einspeisen wollten und ich das mit einer einstweiligen Verfügung verhinderte. Es war schon eine relativ harte Kampfsituation.

L: Gab es Unterstützung durch die Landesmedienanstalten?

T: Bedingt - das ist dort sehr verpolitisiert gewesen; es gab schon sehr klar parteipolitische Differenzen. Große Neutralität gab es weniger, stattdessen eine gewisse Zuneigung in den CDU-regierten Ländern zu *Sat.1*.

L: Und Sie galten als SPD-Sender?

T: Wir galten als SPD-Sender, was absurd war, weil ich ja noch in der Oppositionszeit der CDU Ende der 70er Jahre den späteren Postminister Christian Schwarz-Schilling hinsichtlich des Ausbaus des privaten Fernsehens beraten habe. In der Wendezeit war Manfred Lahnstein bei Bertelsmann zuständig für RTL, der war als ehemaliger Minister mit der SPD verbunden. Das Klischee wurde von den Kollegen bei *Sat.1* geschürt, dass wir als linker Sender dastanden.

L: Sie setzten von Anfang an auf Satellitenempfang. Hatten Sie kein Interesse mehr an terrestrischen Frequenzen, oder war das einfach zu teuer?

T: Die Satelliten-Übermittlung bot die schnellste Möglichkeit, möglichst viele Zuschauer zu erreichen, weil die Verkabelung noch weit hinten lag. In den Plattenbauten brauchte man nur eine Antenne und konnte die Programme im ganzen Haus verteilen.

L: Es gab Konflikte mit ARD und ZDF.

T: Na klar. Zunächst haben die uns nicht ernst genommen, und das hing damit zusammen, dass wir als Underdog mit 25 Mann gegen Tausende *ARD*- und *ZDF*-Mitarbeiter und ihre Milliardenumsätze gestartet sind. Erst Anfang der 90er Jahre haben sie uns ernst genommen. Sie arbeiteten mit Diffamierungen aus der tiefsten Schublade. Ich wurde ununterbrochen irgendwelcher Gewaltorgien und mangelnden Niveaus beschuldigt. Als wir die erste Serie „Schlosshotel am Wörthersee" starteten, überschlugen sie sich wegen der „grauenvollen Qualität". In der Zwischenzeit läuft das zum dritten Mal in der *ARD* und nunmehr auch in den Dritten Programmen. Im Dualen Rundfunksystem haben sich die Programme einander sehr angenähert.

L: Wo sehen Sie in Zukunft den Markt in Ostdeutschland? Hat er sich verbessert, verschlechtert, oder ist er gleich geblieben für die Privatsender?

T: Bei den jüngeren Zuschauern ist er fast gleich geblieben. Die Älteren werden heute durch den *MDR* mit seiner unglaublichen Zahl an Volksmusik-Sendungen abgegrast. Dass die Privaten in Schwierigkeiten kämen, sehe ich aber nicht. Gerade die jüngeren Zuschauer im Osten sehen die Programme der Privaten sehr gerne, da hat sich nichts geändert.[1]

---

[1] Vgl. hierzu den Beitrag von Udo Reiter und Gerlinde Frey-Vor u.a. in diesem Band.

Hansjürgen Rosenbauer

Im Schatten der Hauptstadt
Profil entwickeln mit geringen Mitteln

Der ORB in der frühen Nach-Wendezeit

L: *Herr Professor Rosenbauer, erinnern Sie sich noch an den Tag, an dem Sie zum ersten Mal darüber nachdachten, in Ostdeutschland eine Führungsposition im Rundfunk zu übernehmen?*

R: Ich erinnere mich daran, dass mich ein mir bis dahin unbekannter Rundfunkratsvorsitzender, Lutz Borgmann, in Köln beim *WDR* anrief und mich fragte, ob ich mich nicht bewerben wollte. Ich sagte ihm, dass ich dies ungern täte, weil ich der Auffassung sei, es sollte, nachdem in Leipzig im *MDR* eine durchgängige West-Besetzung vorgenommen worden sei, doch am besten jemand aus Ostdeutschland werden.

L: *Wie kam es dann doch dazu, dass ein Mann aus dem Westen gewählt wurde? Denn die Stimmung war ja die, in Ostdeutschland sollten Ostdeutsche wieder Führungspositionen übernehmen können.*

R: Erst später habe ich erfahren, dass es im Rundfunkrat des damaligen *Rundfunks Brandenburg*, später *ORB*, eine klare Stimmung gab, dass man den Ostkandidaten, in diesem Fall Michael Albrecht, den letzten Intendanten des *Deutschen Fernsehfunks*, wohl in der Position für nicht mehrheitsfähig hielt. So hatte man dann mehrere Kandidaten aus dem Westen angesprochen, und in der Schlussphase waren das, wenn ich mich recht erinnere, Rolf Seelmann-Eggebert vom *NDR*, Klaus Klenke, damals *Radio NRW* und ich. Ich habe selbst bei der Vorstellung im Rundfunkrat noch gesagt, dass ich der Auffassung sei, es sollte jemand aus dem Osten werden. Nur für den Fall, dass man das in diesem Gremium nicht so sähe, würde ich gerne zur Verfügung stehen. Es kam dann dazu, dass ich im ersten Wahlgang die erforderliche Mehrheit hatte und relativ wenige Stimmen für Michael Albrecht abgegeben wurden, was es mir dann etwas schwer machte, ihn dafür zu gewinnen, erster Fernsehdirektor des *ORB* zu werden.

Brandenburger wollten nicht Juniorpartner sein

L: Michael Albrecht hatte 1991 für den DFF *mit dem Sender Freies Berlin ein Konzept für ein gemeinsames Drittes Fernsehprogramm erarbeitet. Warum haben Sie sich dann trotz der Finanzknappheit entschieden, ein eigenes ORB-Fernsehprogramm auszustrahlen?*

R.: Ich war der festen Überzeugung und bin es heute noch, das es wichtig war, in der Situation, in der überhaupt erst eine neue brandenburgische Identität entstehen sollte, möglichst dicht an den Menschen ein informationsorientiertes Programm zu machen. Das war mit dem Schema, das zwischen *SFB*-Fernsehdirektor Horst Schättle und Michael Albrecht ausgehandelt worden war, so nicht möglich. Außerdem fand ich in Potsdam sehr motivierte Mitarbeiter vor, die – was das Fernsehen anging – so gut wie alle vom *DFF* kamen und die durchaus den Anspruch hatten, ein eigenes, selbst bestimmtes Programm zu machen und nicht Juniorpartner des *SFB* zu sein. Der wurde noch sehr stark als Westsender empfunden. Auch ich hatte den Eindruck, dass eine Zusammenarbeit „auf gleicher Augenhöhe" nicht möglich gewesen wäre.

L: Wie war das Verhältnis von ORB *und* SFB? *Der* SFB *hatte nach der Wende Brandenburg als sein Berichterstattungsgebiet angesehen.*

R: Der *SFB* war beleidigt. Die Politik war empört, dass es überhaupt diesen Sender in Potsdam gab. Wir galten als die Schmuddelkinder in der *ARD*, zumal auch Sperrfeuer aus Bayern und Sachsen kam, weil man aufgrund der Forderung des Gründungsbeauftragten Friedrich-Wilhelm von Sell damit rechnete, dass wir einen Antrag auf Finanzausgleich stellen würden und die Entstehung neuer, Finanzausgleich empfangender Anstalten im Einigungsvertrag nicht vorgesehen war. Das war ein durchaus gespanntes Verhältnis, und wir waren dennoch zur Kooperation verurteilt, schon aufgrund der Frequenzsituation im Hörfunk. Ich kannte die Kollegen und Kolleginnen beim SFB schon sehr lange, schon aus der Zeit, als ich für den *Hessischen Rundfunk* Korrespondent in Prag war und für das politische Magazin „Kontraste" und dann später für die Kultur arbeitete. Man ist sich daher mit Respekt begegnet, aber es dauerte eine Weile, bis sich das Verhältnis entkrampft hatte. Hinzu kam die Enttäuschung darüber, dass *NORA*, die Verbindung von Mecklenburg-Vorpommern, Brandenburg und Berlin im Rundfunk, nicht zustande gekommen war.

L: Der Gründungsbeauftragte des ORB, *von Sell, hat das Wort von der „schlanken Anstalt" gebraucht. Sie mussten mit diesem schmalen Budget zeigen, was möglich ist. Warum* sind Sie nicht auf die Politik und die ARD zugegangen und haben den Finanzausgleich beantragt, wie der SFB ihn auch bekam?

R: Die ARD hatte sehr schnell klar gemacht, dass sie Finanzausgleich in der herkömmlichen Form nicht bereit wäre zu geben. Ich hielt eine Klage für unsinnig, und außerdem gelangte mein Verwaltungsdirektor Lutz Marmor, der auch vom WDR kam so wie ich – übrigens einer der ganz wenigen Westler, die ich eingestellt hatte –, zu der Auffassung, dass wir durch eine geschickte Kooperation in der Lage sein würden, das aus eigenen Kräften zu leisten. Wir haben im Fernsehen am Anfang kooperiert mit dem SFB, dem NDR und dem MDR, was uns das Leben sehr erleichterte. Im Grunde war es aber so, dass die Landesregierung und der Rundfunkrat den Ehrgeiz hatten zu beweisen, dass man aus eigener Kraft lebensfähig sein würde. Die ARD hat uns dann durch ein zinsloses Darlehen unterstützt, das im Zuge der Fusion von SFB und ORB zum RBB im Jahr 2003 als erledigt betrachtet wurde. Wir haben eine große Hilfe bekommen, was Programmübernahmen anging – also die Eigenständigkeit wurde uns nicht sehr erschwert. Schritt für Schritt konnten wir unsere Programmleistung für das Gesamtprogramm erbringen. Es gab insofern einen indirekten Finanzausgleichs auf Sachebene.

Heilsame Diskussionen durch frühe Stasi-Überprüfungen

L: Sie haben eine Rundfunkanstalt geleitet, in der das fast gesamte Personal aus dem Osten kam und auch weiterhin kommt. Das bedeutete, eine Überprüfung der gesamten Mitarbeiterschaft auf Stasi-Verbindungen stand an. Es gab dann ja auch viele Enthüllungen. Aber sehen Sie im Nachhinein den Generalverdacht gegenüber jedem für gerechtfertigt an?

R: Ich halte nichts von diesem Begriff – ich habe diese Frage mit dem Rundfunkrat, mit den leitenden Mitarbeitern und mit dem Personalrat diskutiert. Wir waren der Auffassung – und vor allen Dingen die ostdeutschen Kolleginnen und Kollegen – , dass es gut sei, wenn der Verdacht, der über allen schwebte, dadurch relativiert würde, dass wir eine Überprüfung durchführten; und zwar nicht nur für leitende Mitarbeiter, sondern auch für alle anderen wie etwa die programmprägenden Freien. Die Zahl derer, die tatsächlich belastet waren, blieb relativ klein, und die ernsthaften Belastungen waren sehr gering. Es führte zu sehr heilsamen Diskussionen, an denen wir sowieso nicht vorbeigekommen wären. Denn auch ohne den Antrag auf Überprüfung bei der Gauck-Behörde wäre es natürlich dazu gekommen, dass durch Recherchen von journalistischen Kollegen die eine oder andere Person aufgeflogen wäre. Deshalb kamen wir zu der Auffassung: dann machen wir das lieber selbst.

L: Gab es persönliche Enttäuschungen?

R: Die Enttäuschungen setzten ein, wenn ich jemandem – wir hatten die Formulierung von der „zweiten Chance" gewählt – diese zweite Chance anbot und sich dann herausstellte, dass selbst diese nichts genutzt wurde, weil – aus welchen Gründen auch immer – man sich nicht erinnern konnte, wollte oder weil man der festen Überzeugung war, dass man vielleicht doch so durchkäme, man sich deswegen entschied, nicht ganz ehrlich mit dem Arbeitgeber umzugehen. Aber im Nachhinein muss ich auch sagen, es ist viel Ungerechtigkeit passiert, weil am Anfang noch keine ausreichenden Kriterien dafür vorhanden waren, wie schwer welche Art von Verstrickung zu beurteilen war. Ich habe mich immer geweigert den Scharfrichter zu spielen.

Neulich habe ich mir meine Stasi-Akte angesehen, die sich besonders auf die Zeit bezieht, als ich Korrespondent in Prag war – also eine Opferakte, keine Täterakte –, und ich muss sagen, ich war völlig verblüfft, was da drin stand. Ich konnte mich an kaum etwas erinnern und schon gar nicht an die Personen, die über mich berichtet hatten. Ich billige jedem nach so vielen Jahren in der Tat zu, dass Einiges aus dem Gedächtnis verschwunden ist. Ob das für einen „Täter" anders ist als für jemanden der nur observiert wurde, kann ich nicht beurteilen. Aber unsere Verdrängungsfähigkeit hält uns ja manchmal am Leben.

Anfangs stand nur der ORB am Pranger

L: Wie kam es dazu, dass hauptsächlich der MDR *an den Pranger gestellt wurde? Der* ORB *stand in der Öffentlichkeit gut da und der* NDR *auch.*

R: Sie beziehen sich jetzt auf die jüngste Vergangenheit, 1999 bis 2002. Wenn Sie aber zurückgehen in die Jahre 1993/94, dann stand ausschließlich der *ORB* am Pranger, mit dem schönen Etikett des „PDS-Stasi-Senders" versehen, weil sich auf merkwürdige Art und Weise beim *MDR* niemand fand der belastet war, ja auch die Überprüfungen in sehr viel geringerem Umfang durchgeführt wurden. Wir aber hatten diese generellen Überprüfungen vorgenommen und bekamen dann prominente Fälle wie Lutz Bertram oder Jürgen Kuttner. Aber ich bin froh, dass wir schon damals sehr grundsätzlich mit dem Problem umgegangen sind, und es uns nicht erst später wie den *Mitteldeutschen Rundfunk belastete*, weil er die Aufarbeitung versäumt hatte.

L: Der MDR *bediente sich von Anfang an des Archivs des* DDR-Fernsehens, *auch mit Formaten. Warum tat das der* ORB *nicht? „1199" wäre doch ein Format gewesen, mit dem man ganz gut dagestanden hätte?*

R: Hätten wir auch gerne gemacht, wenn der Preis gestimmt hätte, den man von uns verlangte. Wir haben eine Reihe von Sendungen weitergeführt, die der

MDR oder andere gar nicht wollten: das Umweltmagazin „Ozon", das Frauenmagazin „Ungeschminkt", Filmsendungen etc. Der *ORB* entwickelte ein anderes Profil, nicht so unterhaltungsorientiert wie der *MDR*, das hatte natürlich auch finanzielle Gründe; wir konnten uns den „Kessel Buntes" einfach nicht leisten.

Der *ORB* war in gewisser Weise die Ergänzung zu dem, was der *MDR* machte, oder auch ein Gegenmodell, eben die zweite „ostdeutsche ARD-Anstalt". Wir waren klein, nicht besonders üppig finanziert und versuchten ein Programm zu machen, das auch der Hauptstadtregion gerecht wurde: mit einem stärkeren Akzent auf anspruchsvollen Sendungen. Das hat uns bei den Quoten nicht immer genutzt, aber es hat unserem Image sehr gut getan. Uns war klar, dass wir bestimmte Dinge im Unterhaltungsbereich auf regionale Angebote, die eher im Bereich Infotainment lagen, beschränken mussten, weil sonst das Geld gefehlt hätte, um unser informationsorientiertes Kernprogramm zu gestalten.

L: *Der* ORB *hatte auf der einen Seite eine hochinteressante Lage um die Hauptstadt herum. Auf der anderen Seite gab es aber immer die Tendenz, den* ORB *als Übergangslösung zu einer größeren Anstalt zu betrachten. Ich erinnere an NORA: Brandenburg sollte dort mit einbezogen werden; der* MDR *hatte Gespräche geführt mit dem Ministerpräsidenten von Brandenburg, ob Brandenburg nicht in den* MDR-*Verbund kommen wollte. Wie hoch war die Akzeptanz des* ORB *in der* ARD?

R: Wir hatten in der *ARD* nach anfänglicher Skepsis ein sehr gutes Standing, das hatte auch etwas mit dem Programm zu tun: Wir haben ja die „Chronik der Wende".[1] Fernsehspiele wie „Der Laden", mit „Polylux" eine wöchentliche Regelsendung, im Bereich der Zeitgeschichte eine Vielzahl von Produktionen wie „Stalingrad" oder „Preußen" verantwortet. Dadurch hat der *ORB* sehr schnell ein Profil entwickelt; die „Polizeirufe" oder die Fernsehspiele aus Babelsberg – etwa die Reihe „Ostwind" gemeinsam mit dem ZDF - hatten sofort ein hohes Renommee. Wir haben auch eine Reihe von Posten in der *ARD* besetzt, nicht nur mit Michael Albrecht als Koordinator für digitale Programme, sondern auch mit dem Sportkoordinator Hagen Boßdorf, mit Rosemarie Windken, der Vorsitzenden der Hauptabend-Serienkommission, und mit Volker von der Heydt als Kirchenkoordinator – das zeigt, dass man uns sehr geschätzt hat. Hinzu kommen Gemeinschaftseinrichtungen wie das digitale Play-Out-Center der ARD und das Deutsche Rundfunkarchiv (Ost), die wir nach Babelsberg holen konnten.

Die Überlegungen, mit dem *MDR* oder dem *NDR* in einen Verbund zu gehen, kamen auch immer von unserer Seite. Ich war nur nach all diesen theoretischen Diskussionen der festen Überzeugung, dass es letztlich keine andere sinnvolle Lösung gab als eine Fusion zwischen *SFB* und *ORB*. 20 Kilometer voneinander entfernt sich letztlich für einen Großteil des selben Publikums Konkur-

---

[1] Vgl. den Beitrag von Lew Hohmann in diesem Band.

renz zu machen, das erschien mir dauerhaft nicht sinnvoll. Nachdem der *ORB* sich konsolidiert hatte, finanziell wie programmlich, sah ich dafür wirklich die Zeit gekommen.

L: Wurde die Lage des ORB *mit seiner langen Grenze zu Polen von der* ARD *richtig genutzt?*

R: Ich fand es ein sehr ermutigendes Signal, dass *WDR*-Intendant Friedrich Nowottny, unmittelbar nachdem der *ORB* Mitglied der *ARD* geworden war, das Studio Warschau mit uns teilte. Aber Sie dürfen nicht vergessen, auch der *Norddeutsche Rundfunk* hat ein Stück gemeinsamer Grenze, und der *MDR* hat durch die Grenze nach Tschechien dorthin Kontakte. Ich erwarte, dass der *RBB*, der mehr Gewicht einbringt, wenn er sich personell und finanziell konsolidiert, eine stärkere Rolle gerade nach Polen hin und in den Osten spielt. Aber selbst der *ORB* konnte etwa durch Geri Nasarski, die in Polen über Jahre Vertrauen aufgebaut hat, durch gemeinsame Produktionen, durch sehr viel Kooperation im Hörfunk, Erhebliches zur Annäherung beitragen. Wir haben die einzige regelmäßige Sendung, die in Polen und in Deutschland gleichermaßen ausgestrahlt wird: „Kowalski trifft Schmidt".

Senderfusion und der Strudel der Länderfusion

L: Sie haben zusammen mit Ihrem Kollegen Horst Schättle vom Sender Freies Berlin die Vereinigung Ihrer beiden Sender zum RBB *geschaffen. Das war eine Umkehrung dessen, was immer vermutet worden war: Zuerst werden die Länder zusammengelegt und dann die Rundfunkanstalten. Wie ist es dann doch zu dieser Lösung gekommen?*

R: Meine Strategie war immer, die Sender zu fusionieren, bevor wir in einen Strudel geraten würden, in dem im Zuge einer Länderfusion alles mögliche auf dem Kompromisswege vereinigt würde, wo man überhaupt nicht mehr in der Lage wäre mitzubestimmen, wie dies auf der Medienebene zu geschehen hat. Ich betrachte die Zusammenführung der beiden Sender nicht als propagandistischen Vorlauf der Länderehe. Aber ich glaube, es ist ein guter Schritt, und wenn es relativ reibungslos funktioniert, dann werden die skeptischen Brandenburger sehen, dass es nicht zum Nachteil des Landes Brandenburg sein muss, wenn die Metropole und das Land zusammenkommen. Es war also immer unsere Strategie, nach Möglichkeit die Sender zusammenzuführen, bevor sich ein großes Gesamt-Zusammenlegungs-Karussell zu drehen beginnt.

L: Wenn Sie sich jetzt den RBB *anschauen, sind Sie mit diesem Ergebnis zufrieden?*

R: Ich bin zufrieden, dass es so schnell und relativ problemlos, was die politischen Rahmenbedingungen angeht; dass das Rundfunkgesetz der Geschäftsleitung sehr viel Spielraum lässt. Wie sich das nun im Alltag bewährt, das muss man abwarten. Aber der Sender hat beste Chancen.

L: Haben Sie eine Erklärung dafür, warum die Politik diese Lösung schließlich doch gefunden hat? Sie hatte ja fast ein Jahrzehnt Zeit.

R: Es kam für alle Beteiligten etwas überraschend, dass mit dem Regierungswechsel in Berlin nun Ernst gemacht wurde mit dem Projekt Senderfusion und dann hat das Ganze eine Eigendynamik entwickelt. Es stimmt, dass wir in Babelsberg schon mal einen ersten Entwurf des Staatsvertrages den Staatskanzleien haben zukommen lassen, damit es vorangig und nicht etwa irgendwelche neuen Modelle gesucht wurden, die eher zum Nachteil des öffentlich rechtlichen Rundfunks gewesen wären. Denn man weiß ja, bei jeder Novellierung eines Rundfunkgesetzes werden die Spielräume nicht größer sondern eher kleiner. Die Fusionsgespräche hatten eine solche Eigendynamik entwickelt, dass die Skeptiker den Prozess nicht mehr bremsen konnten. Dass es dann so geklappt hat, hat auch dem Image der beiden Landesregierungen nicht geschadet.

Die Autoren

Dr. Uwe Breitenborn ist Wissenschaftlicher Mitarbeiter im DFG-Forschungsprojekt „Programmgeschichte des DDR-Fernsehens - komparativ" und arbeitet als Koordinator beim Deutschen Rundfunkarchiv in Potsdam-Babelsberg. Mit einer Dissertation über die *DFF*-Unterhaltungssendungen bis 1969 wurde er 2002 an der Humboldt-Universität zu Berlin promoviert.

Steffi Elwan-Treuger M.A. ist Volontärin beim *ZDF*. Mit einer Magisterarbeit über den Piratensender *Kanal X* schloss sie ihr Studium am Institut für Kommunikations- und Medienwissenschaft der Universität Leipzig ab. Sie arbeitete als Freie Autorin und Cutterin.

Dr. Gerlinde Frey-Vor ist Leiterin der Medienforschung des *Mitteldeutschen Rundfunks* seit Frühjahr 1993. Von 1990 bis 1993 war sie wissenschaftliche Mitarbeiterin und Lehrbeauftragte an der Universität Mannheim. Während ihrer Promotion an der Universität Marburg und der London School of Economics arbeitete sie als freie Medienforscherin für verschiedene Rundfunkanstalten in Deutschland und Großbritannien.

Dr. Heinz Gerhard ist seit 1989 stellvertretender Leiter der ZDF-Medienforschung, vorher an der Forschungsstelle für Gesellschaftliche Entwicklungen der Universität Mannheim, Promotion über „Vielfalt im dualen Fernsehen" am Europäischen Hochschulinstitut Florenz.

Detlef Kühn war Direktor des Gesamtdeutschen Instituts Bonn *(GDI)*, Bundesanstalt für gesamtdeutsche Aufgaben, 1972 bis 1991. 15.11.1990 – 31.8.1991 Beurlaubt für die Tätigkeit als Verwaltungsdirektor, ab April 1991 als kommissarischer Direktor *Sachsenradio* Leipzig. 1992 – 1998 Direktor der Sächsischen Landesanstalt für Privaten Rundfunk und Neue Medien *(SLM)*, Dresden. Mitglied Studienkreis Rundfunk und Geschichte, zeitweise Mitglied des Vorstands. Zeitweise stv. Vorsitzender der *DLM*.

Werner Lange ist Fachjournalist für Medien und leitet in Leipzig *S-WOK,* ein Medienbüro, das u.a. den „Medientreffpunkt Mitteldeutschland" konzipiert und organisiert und zudem Journalisten aus vielen Ländern im Mediensektor weiterbildet.

Prof. Dr. Günther von Lojewski war Intendant des *SFB* von 1989 bis 1997. *FAZ* 1964-1969. *ZDF* Leiter Nachrichtenredaktion 1969. Leiter Fernsehmagazin „Report" beim BR 1977-1989. Honorarprofessor an der FU Berlin. 1999 rief er das Projekt „Journalisten aus Russland" ins Leben, das im Herbst 2002 auf Belarus und die Ukraine ausgedehnt und in „Journalisten International" umbenannt wurde.

Prof. Kurt-Ulrich Mayer ist seit 1998 Präsident der Sächsischen Landesanstalt für Privaten Rundfunk und Neue Medien *(SLM)*. Selbständiger Anwalt seit 1979. Mitglied des Medienrats der *SLM* 1996-1998. Vorsitzender der Sächsischen Stiftung für Medienausbildung *(SSM)* seit 2000. Juristischer Beauftragter und Mitglied der Kommission der Gemeinsamen Stelle Landesmedienanstalten der *DLM/ALM* seit 2001. Vorsitzender der Arbeitsgemeinschaft der Landesmedienanstalten Mitteldeutschlands und Vorsitzender der AG „Medientreffpunkt Mitteldeutschland e.V." seit 2002. Honorarprofessor an der Hochschule für Technik und Wirtschaft Mittweida (FH), Sachsen.

Dr. Annette Mende ist Leiterin der Medienforschung Hörfunk/Online im RBB. Von 1994 bis Mitte 2003 war sie Leiterin der ORB Medienforschung. Von 1990 bis 1992 war sie Projektleiterin bei Infratest Burke Berlin und arbeitete davor in der Abteilung Hörerforschung des Rundfunks der DDR.

Inge Mohr M.A. ist Leiterin der Medienforschung Fernsehen/Digitalisierung und Jugendschutzbeauftragte im *RBB*, seit 1996 Vorsitz des Arbeitskreises der Jugendschutzbeauftragten der öffentlich-rechtlichen Rundfunkanstalten. Von 1994 bis Mitte 2003 war sie Leiterin Medienforschung und -politik und Jugendschutzbeauftragte des *SFB*. 1988 bis 1993 Dezernentin für Programmaufsicht und Medienwissenschaft der Unabhängigen Landesanstalt für das Rundfunkwesen *(ULR)* Schleswig-Holstein.

Prof. Jobst Plog ist Vorsitzender der *ARD* 2003/04. *NDR*-Intendant seit 1991, zuvor Stellvertreter und Justitiar. 1980-1991 Vorsitzender Gesellschafterversammlung, 1995-1999 Vorsitzender Aufsichtsrat der *Degeto-Film GmbH*. 1999-2002 Präsident *ARTE*. Honorarprofessor an der Universität Rostock.

Die Autoren

Prof. Dr. Karl Friedrich Reimers ist em. Ordinarius für Kommunikations- und Medienwissenschaft an der Hochschule für Fernsehen und Film, München, und Honorarprofessor an der Universität Leipzig. 1991-1995 Gründungsdekan des Fachbereichs Kommunikations- und Medienwissenschaften i. G., Universität Leipzig.

Prof. Dr. Udo Reiter ist Intendant des *MDR* seit Juli 1991. Volontariat und freie Mitarbeit beim *BR* seit 1970. Wissenschafts-Redakteur. Leiter Hauptabteilung Familienfunk 1980. Chefredakteur Hörfunk und HA-Leiter Politik und Wirtschaft 1983. Stellvertretender Hörfunk-Direktor 1984, Hörfunk-Direktor des BR 1986. Honorarprofessor an der Hochschule für Technik und Wirtschaft Mittweida (FH), Sachsen.

Prof. Dr. Hansjürgen Rosenbauer war Intendant des *ORB* von 1992 bis 2003. Mitarbeit bei *HR* und *WDR* seit 1968. *ARD*-Fernseh-Korrespondent in Prag und Bonn, Gesprächsleiter „Je später der Abend", Moderator u.a. „Weltspiegel" und „Kulturweltspiegel". 1983 Programmbereichsleiter (Fernsehen) Kultur und Wissenschaft im *WDR*. Kolumnist der *Westfälischen Rundschau* und Moderator verschiedener Fernsehsendungen. Präsident der International Public Television Screening Conference (INPUT) 2002-2003. Honorarprofessor an der Kunsthochschule für Medien, Köln.

Christian Schurig ist Geschäftsführer der Medienanstalt Sachsen-Anhalt (MSA).

Prof. Dr. Rüdiger Steinmetz hat seit 1992 den Lehrstuhl für Medienwissenschaft und Medienkultur an der Universität Leipzig inne. Vorbereitung (1993), Gründung (1995) und Programmdirektion von *mephisto 97.6 – das UniRadio*. Sprecher des DFG-Forschungsprojekts „Programmgeschichte des DDR-Fernsehens – komparativ" (gemeinsam mit Reinhold Viehoff) seit 2000. Stv. Vorsitzender des Studienkreises Rundfunk und Geschichte e.V.

Prof. Dr. Dieter Stolte war Intendant des *ZDF* von 1982 bis 2002. Seit 2002 Herausgeber der „Welt" und der Berliner Morgenpost" im Axel Springer-Verlag Berlin. Honorarprofessor Hochschule für Musik und Theater Hannover. Ehrendoktor am Fachbereich Sozialwissenschaften der Johannes-Gutenberg-Universität Mainz.

Prof. Dr. Helmut Thoma ist Treuhänder von „Mobilcom". Promotion in Kirchenrecht. 1966-1974 Österreichischer Rundfunk *(ORF)*, ab 1968 Justitiar. 1975-1982 Geschäftsführer *IP Deutschland*. 1982 bis 1998 Mitbegründer und Geschäftsführer *RTL*, danach Vorsitzender *RTL*-Senderbeirat. 1998-2002 medienpolitischer Berater der Landesregierung Nordrhein-Westfalen. „Medienmann" des Jahres 1989. Emmy Award 1994.

Prof. Dr. Karola Wille ist Juristische Direktorin des *MDR* seit 1996; Referentin des *MDR*-Justitiars seit November 1991, seit 1993 Stellvertreterin. Sie wirkte 1989-1991 mit an der demokratischen Bewegung für die Neuordnung der ostdeutschen Medien und war am Runden Tisch Medien sowie an der Gestaltung des „Beschlusses der Volkskammer über die Gewährleistung der Meinungs-, Informations- und Meinungsfreiheit" vom 5. Februar 1990 beteiligt.

MEDIENGESCHICHTE

Rudolf Stöber
Deutsche Pressegeschichte
Einführung, Systematik, Glossar
2000, 370 Seiten, br.
ISBN 3-89669-249-6

»Strukturiert, detailliert, kenntnisreich – und dabei allgemein verständlich.«
        Einkaufszentrale für Bibliotheken

Konrad Dussel
Deutsche Rundfunkgeschichte
Eine Einführung
1999, 314 Seiten, br.
ISBN 3-89669-250-X

»Einleuchtend gliedert der Autor das Buch nach den großen Zäsuren der politischen Geschichte, und er sucht in jedem der fünf Kapitel Aspekte der Organisations-, der Programm- und der Rezeptionsgeschichte vorkommen zu lassen.«   Publizistik

Gernot Wersig
Informations- und Kommunikationstechnologien
Eine Einführung in Geschichte, Grundlagen und Zusammenhänge
2000, 210 Seiten, br.
ISBN 3-89669-276-3

»Ein nützliches Nachschlagewerk, das sich besonders für Studierende der bibliothekarischen, informationswissenschaftlichen und publizistischen Studiengänge sehr gut eignet.«
        Deutsche Gesellschaft für Informationswissenschaft und Informationspraxis

www.uvk.de